不法行為責任内容論序説

長野史寛

有斐閣

はしがき

　本書は，私の第一論文である「不法行為法における責任内容確定規範の考察（一）～（八・完）」法学論叢172巻3号1頁以下（2012年），173巻3号42頁以下・6号46頁以下，174巻1号21頁以下（以上2013年），175巻4号1頁以下・6号1頁以下，176巻1号1頁以下（以上2014年），177巻1号1頁以下（2015年）に相応の加筆・修正を加えたものである。

　この原論文は，不法行為法において損害賠償責任の内容がどのように定められ，それはどのように正当化されるのかという基本問題についての試論を提示したものであるが，一瞥していただければ明らかなように，それは駆け出しの若手研究者による習作の域を出るものではない。それゆえ，それを改めて一冊の書物として出版していただくことにためらいがあったことは言うまでもない。しかし，それでも，このようなきわめて基本的な問題（私はこれを「責任内容論」と呼んでいる）について，従来の不法行為法学においては，もっぱら論理の上でのみ回答が与えられるか，逆に（こちらの方がまだ方法論的に誠実だと言うべきだろうが）解決を放棄してこれを裁判官の裁量に委ねるとされていたこと，この点についての実体規範の解明の必要性を意識する立場にあっても，せいぜい損害が「規範的」な概念であることが強調されるにとどまり，責任内容獲得のための規範それ自体の内容が提示されることはついになかったこと（以上の点につき，詳しくは序章を参照されたい），その必然の結果として裁判実務あるいは責任保険実務においては，実体規範の裏づけを欠いたまま個々の問題ごとに無限のカズイスティクが積み上げられ（もっとも，その成果を否定するつもりは全くない），不法行為法学と不法行為実務の対話不能はもはや耐えがたいところにまで達していること，まさにこうした状況が，「不法行為法学の危機」（潮見佳男）が語られることの大きな原因の一つとなっているように，少なくとも私には思われること——こうした状況を目の当たりにしたときに，原論文のような拙劣な試みであっても，学界に対するささやかな問題提起の役割くらいはなお果たしうるかも知れないと考え，出版を決意するに至った次第である。

　原論文における基本的着想および主張内容は，本書においてそのまま維持さ

i

れている。もっとも，今回の出版を機に，多くの誤字・脱字や誤訳を訂正した他，特に不法行為制度目的論に関する箇所を中心に相応の加筆を行った（なお，原論文(八・完)18頁注563で予告しておいた別稿は，この加筆をもって代えることにさせていただく）。

　本書のように取るに足りない成果であっても，多くの方々のご指導がなければ達成できなかったことは言うまでもない。お世話になってきた全ての方々のお名前をここで挙げることはできないが，直接の指導教授に当たる潮見佳男先生に対しては，ここで感謝の言葉を述べないわけにはいかない。潮見先生は，学部のゼミに参加させていただいたのを機に，私に研究者としての道をご示唆くださった。自分のような凡庸な人間にそのような道が開かれているということは，当時の私には思いもよらないことであり，先生のご示唆がなければ今の私はありえなかった。研究生活に入ってからは，先生には，緩すぎずもきつすぎない絶妙な手綱の締め具合でもって原論文の執筆に際してのご指導をいただき，またその後も，学問的なことも，そうでないことも含めて，はかり知れないほどの学恩とご支援を賜っている。これに対しては，今後の研究を通じて少しずつ報いていきたい。

　さらに，特に山本敬三先生に対しては，ここでお名前を挙げてお礼を申し上げておきたい。山本先生にも，学部ゼミの洗礼を受けて以来，研究会等の折のご指導を含め，現在に至るまでひとかたならずお世話になり続けている。その他にも，勤務校である京都大学の先生方からは常々ご指導をいただくとともに，快適で恵まれた研究環境をいただいている。この場を借りて心より御礼申し上げる。

　最後になってしまい恐縮だが，有斐閣の一村大輔氏は，本書の出版を逡巡する私を勇気づけてくださるとともにその後の段取りを進めてくださり，また栁澤雅俊氏には校正や索引作成に関して周到なご配慮とお力添えをいただいた。両氏に深甚の謝意を表したい。

2017年1月16日

長野　史寛

※本書は，科研費（24243014, 15H03299, 16K17027）による成果の一部である。また，本書の出版に当たっては，平成 28 年度京都大学総長裁量経費として採択された法学研究科若手研究者出版助成事業による補助を受けた。心より御礼申し上げる。

目　次

序　章 ―――――――――――――――――――――――1

1　不法行為効果論をめぐる従来の議論　*1*
　(1)　従来の通説――差額説＋相当因果関係説　*1*　(2)　平井の見解――損害事実説＋3段階の評価枠組　*2*

2　従来の議論の到達点と，本書の検討課題　*3*
　(1)　平井による枠組の理論的意味　*3*　(2)　従来の議論の到達点――不法行為法の問題構造　*6*　(3)　責任内容論に関する研究の手薄さと，従来の不法行為制度目的論　*7*　(4)　本書の検討対象――責任内容論　*9*

3　先行学説　*9*
　(1)　差額説＋相当因果関係説，金銭的評価説　*9*　(2)　いわゆる義務射程説ないし規範の保護目的説　*10*　(3)　不可避性・確実性を規準とする見解　*11*　(4)　いわゆる規範的損害論　*11*

4　検討の方法，素材および順序　*14*

第1章　ドイツ不法行為法・損害賠償法の基本構造 ――――*17*

第1節　責任設定と責任充足 ………………………………………*17*

第2節　責任充足と相当因果関係説・規範目的説 ………………*18*

1　問題の所在　*18*

2　責任制限理論の展開――規範目的説の通説化　*20*

3　規範目的説の射程に関する対立と，その原因　*21*
　(1)　学説の対立　*21*　(2)　その原因――通説の曖昧さ　*21*　(3)　有力説　*22*　(4)　通　説　*24*

4　小　括　*27*

第3節　本書の検討対象 ……………………………………………*29*

1　関連条文　*29*
　(1)　総則的規定　*29*　(2)　不法行為に関する特則　*31*

2　基本構造　*31*

3　次章以下の叙述の順序　*32*

第2章　ドイツ民法典249条——原状回復————33

第1節　普通法時代の学説 …………………………………33
　1　モムゼン　34
　　(1)　概　要　34　　(2)　自然的原状回復の位置づけ　34
　2　ヴィントシャイト　35

第2節　ドイツ民法典起草過程における議論 ……………………36
　Ⅰ　キューベル部分草案　36
　　1　条　文　36
　　2　キューベルによる説明　37
　　3　特　徴　38
　Ⅱ　第1委員会における審議　39
　　1　自然的原状回復の原則の採否　39
　　2　自然的原状回復の内容　39
　Ⅲ　第1草案とそれに対する批判　40
　　1　第1草案の関連規定　40
　　2　理由書の説明　41
　　3　デーゲンコルプによる批判　41
　　　(1)　損害賠償としての自然的原状回復への批判　42　　(2)　自然的原状回復の「原則」への批判　43
　Ⅳ　第2委員会における審議　43
　　1　218条，220条に関する修正提案　43
　　2　219条に関する修正提案　43
　　3　帝国司法庁準備委員会案の承認　45
　　4　編集会議案の承認　46
　Ⅴ　第2草案からドイツ民法典成立まで　47
　Ⅵ　小　括　48
　　1　概　要　48
　　2　原状回復の意義　49

第3節　第1期における学説・判例——原状回復の埋没 ……………51
　Ⅰ　自然的原状回復の理解　51
　　1　位置づけ　51
　　　(1)　自然的損害論　51　　(2)　具体的損害論　54　　(3)　事実状態比較説　56　　(4)　客観的損害論とその後　57

2　内実ないし範囲　*59*
　　　3　小　括——学説の「到達点」　*63*
　Ⅱ　原状回復費用賠償の理解　*63*
　　　1　位置づけ　*63*
　　　　(1)　当初の学説および判例——補償としての金銭賠償との相違の強調　*64*
　　　　(2)　後の学説——区別の曖昧化ないし消滅　*64*
　　　2　解　釈　論　*65*
　　　　(1)　「必要な金額」の客観的算定　*65*　(2)　原状回復費用の請求時期および使途　*67*　(3)　仮定的費用の賠償　*67*
　Ⅲ　小　括　*70*

第4節　第2期における学説——3つの見解 ……………………………*70*
　Ⅰ　従来の理解の二極化　*70*
　　　1　必要損害論　*70*
　　　　(1)　内　容　*71*　(2)　論　拠　*71*　(3)　意　義　*72*
　　　2　現実的支出説　*73*
　　　　(1)　内　容　*73*　(2)　意　義　*73*
　Ⅱ　新たな見解——権利回復説　*74*
　　　1　フロッツの見解　*75*
　　　　(1)　内　容　*75*　(2)　意　義　*76*
　　　2　メディクスの見解とその影響　*76*
　　　　(1)　内　容　*76*　(2)　問題点　*77*　(3)　判例への影響　*77*
　　　3　シュトルの見解　*79*
　　　　(1)　内　容　*79*　(2)　意　義　*80*
　　　4　シーマンの見解　*81*
　　　　(1)　内　容　*81*　(2)　意　義　*82*
　　　5　小　括——権利回復説とその意義　*82*
　Ⅲ　小　括——3説の鼎立　*84*

第5節　第2期における判例
　　　　——処分自由・仮定的費用をめぐる展開 ……………………………*84*
　Ⅰ　先　駆——客観的算定規準の維持　*85*
　Ⅱ　処分自由論・仮定的費用論の展開　*86*
　　　1　自己修理における仮定的費用賠償　*86*
　　　2　目的物処分後の仮定的費用賠償——処分自由論の確立？　*87*
　　　　(1)　問題の所在　*87*　(2)　1976年判決　*88*　(3)　その意義　*89*

Ⅲ　学説の対応——判例批判理論　*90*
　　　(1)　判例理論への批判　*91*　　(2)　主張内容　*92*　　(3)　意義　*93*
　　Ⅳ　判例理論の軌道修正　*94*
　　　1　グルンスキーの見解　*95*
　　　2　仮定的修補費用の上限としての再調達価値　*96*
　　　3　人損における仮定的治療費賠償の否定　*98*
　　　4　自己修理における再調達価値による制限の否定　*99*
　　　5　判例理論の到達点　*101*
　　　　(1)　原状回復が不可能な場合の仮定的修補費用——減価分の塡補としての実質　*101*　　(2)　原状回復措置が実際に行われた場合の原状回復費用　*101*　　(3)　物の減価分が仮定的費用として扱われることの背景　*102*　　(4)　結　論——権利回復説との親和性　*105*
　　Ⅴ　ここまでの小括　*105*
　　　1　権利回復説の優位性　*105*
　　　2　判例理論における処分自由論・仮定的費用賠償の機能　*107*
　　　3　ここまでの展開が意味するもの　*110*

　第6節　第3期における新たな学説 …………………………*110*
　　1　C.フーバーの見解　*111*
　　　(1)　内　容　*111*　　(2)　意義および問題点　*112*
　　2　ゴットハルトの見解　*113*
　　　(1)　内　容　*113*　　(2)　意　義　*114*
　　3　U.ピッカーの見解　*114*
　　　(1)　内　容　*114*　　(2)　意　義　*116*
　　4　小　括　*116*

　第7節　本章のまとめ ………………………………………*118*

第3章　ドイツ民法典251条——補償 ——*119*

　第1節　緒　論 ………………………………………………*119*
　　1　検討方針　*119*
　　2　対象の限定　*119*
　　3　問題類型と検討の順序　*120*

　第2節　物損その1——物の利用喪失 ……………………*120*

第1款　抽象的利用賠償——賠償の正当化 …………………………………121
- Ⅰ　問題の所在——肯定説への批判　*121*
- Ⅱ　判例の到達点　*122*
  - (1) 賠償の要件　*122*　(2) 賠償額の算定　*123*
- Ⅲ　肯定説その1——従来の財産損害概念論　*124*
  - (1) 必要損害論　*124*　(2) 挫折理論，商品化論　*125*　(3) 客観的損害論（規範的損害論）　*127*　(4) 補　論——節約報奨論　*128*
- Ⅳ　肯定説その2——権利の保障内容ないし割当内容への着目　*129*
  - 1　サヴィニーからメルテンスへ　*129*
    - (1) サヴィニーの財産概念　*129*　(2) モムゼンの「差額説」へ　*130*　(3) メルテンスの見解　*131*　(4) 小　括　*134*
  - 2　「権利の保障内容」に着目する見解　*135*
    - (1) ルソスの見解　*135*　(2) シュトルの見解　*138*　(3) 小　括　*141*
  - 3　侵害利得との関係を視野に入れる見解　*142*
    - 3-1　利用可能性を賠償対象とする見解　*142*
      - (1) J.シュミットの見解　*143*　(2) ヤールの見解　*145*　(3) ヤンゼンの見解　*150*
    - 3-2　抽象的利用利益を賠償対象とする見解　*154*
- Ⅴ　小　括　*159*
  - (1) 歴史的・解釈論的背景　*159*　(2) 権利の保障内容ないし割当内容の構造　*159*　(3) 所有権の捉え方　*161*　(4) 財産損害性　*162*　(5) 制約の根拠　*162*　(6) 客体関連性要件の否定　*163*

第2款　具体的利用利益——賠償の制限 …………………………………163
- 1　問題の所在と裁判例　*163*
- 2　学説による評価　*164*
- 3　検　討　*165*

第3款　本節のまとめ ………………………………………………………166

第3節　人　損 ………………………………………………………………166
- Ⅰ　労働力喪失　*167*
  - 1　判例・通説とその問題点　*167*
    - (1) 判例・通説　*167*　(2) 問題点　*168*
  - 2　学説の展開　*168*
    - (1) 物損との同等取扱いを説く見解　*168*　(2) 商品化論によるアプローチ　*169*　(3) 権利追求思想に親和的な論者らのアプローチ　*169*

3　検　討　*173*
　　　　(1) 物の抽象的利用賠償の議論との異同　*173*　　(2) その原因――サヴィニーの権利概念　*173*　　(3) 人格的法益の割当内容・保障内容の可能性　*174*　　(4) 同等取扱いの理論的基礎　*175*　　(5) 小　括　*176*
　Ⅱ　逸失利益の賠償制限　*176*
　　　1　問題の所在　*176*
　　　2　違法または良俗違反の行為による収入　*176*
　　　3　偶然的な収入　*177*
　　　4　検　討　*178*
　Ⅲ　本節のまとめ　*179*

第4節　付随的支出 ……………………………………………………*180*
　Ⅰ　損害回避・軽減費用　*180*
　　　1　具　体　例　*180*
　　　2　判例・通説とその問題点　*180*
　　　3　学説の展開　*182*
　　　　(1) ヤールの見解　*182*　　(2) シュトルの見解　*183*　　(3) ヴュルトヴァインの見解　*185*
　　　4　検　討　*187*
　　　　(1) 回避対象への着目　*187*　　(2) 権利侵害の回避　*187*　　(3) 後続損害の回避　*187*　　(4) 賠償内容の確定　*188*
　　　5　補　論　*189*
　　　　(1) 利益保全規範の射程――機能回復説の位置づけ　*189*　　(2) 権利保全規範の射程――事前準備費用に関する議論を素材として　*190*
　Ⅱ　権利追求費用　*192*
　　　1　具　体　例　*192*
　　　2　判　例　*193*
　　　　(1) 規　準　*193*　　(2) 特殊性　*193*
　　　3　学　説――シュトルの見解　*196*
　　　4　検　討　*197*

第5節　物損その2――物の本体損害………………………………*198*
　　　1　緒　論　*198*
　　　2　再調達価値説　*198*
　　　　(1) 通　説　*198*　　(2) ノイナーおよびメルテンスの見解　*199*
　　　3　折衷説　*200*
　　　　(1) 利用利益の程度に着目する見解　*200*　　(2) 機能回復説を出発点とする見解――U. ピッカー　*202*

4　検　討　*203*
　　　(1)　処分価値賠償および再調達価値賠償の基礎にある発想　*203*　　(2)　損害軽減義務の法理に基づく再調達価値賠償の可能性　*203*　　(3)　実質的対立点と共通の思考枠組　*205*

第6節　本章のまとめ……………………………………………………………*207*
　　1　補償としての金銭賠償の基礎に見出される責任内容確定規範　*207*
　　2　「主観的価値」概念の要否　*207*

第4章　各規範の適用関係───────────────*209*

第1節　問題の所在と検討方法 ……………………………………………*209*
　　1　問題の所在　*209*
　　2　検討方法　*209*

第2節　対抗措置規範の排除…………………………………………………*210*
　　1　物　損　*210*
　　　(1)　自動車の修補費用　*210*　　(2)　代車賃料　*214*　　(3)　動物の治療費　*216*
　　2　人　損　*217*
　　3　検　討　*219*

第3節　価値補償規範の排除…………………………………………………*220*
　　1　問題の表れ方──損害軽減義務　*220*
　　2　人損における損害軽減義務　*220*
　　　(1)　医療的処置・手術義務　*221*　　(2)　転職・再訓練義務　*221*
　　3　検　討　*222*

第4節　小　括……………………………………………………………………*223*

第5章　ドイツ法の総括と補足─────────────*225*

第1節　総　括……………………………………………………………………*225*
　　1　獲得された規範群　*225*
　　2　「規範群」の特徴　*226*
　　　(1)　回復の方向性の違い　*226*　　(2)　「権利」概念との結びつき　*226*

目　次

第2節　射　程 …………………………………………………… 227
　　1　対抗措置規範の射程　*228*
　　2　「権限」と「法的地位」　*229*
　　3　行為規範型の構成要件への適用　*230*
　　　⑴　否定説　*230*　　⑵　肯定説　*231*　　⑶　小　括　*233*

第3節　背　景 …………………………………………………… 233
　　1　問題の所在　*233*
　　2　ドイツ不法行為構成要件論（責任成立論）の展開　*234*
　　　⑴　行為不法論の台頭　*234*　　⑵　その背景——命令説とその影響　*234*
　　　⑶　行為不法論の先鋭化　*237*　　⑷　新たな潮流——権利の積極的側面（割当内容）の重視　*238*　　⑸　学説の展開が意味するもの　*240*
　　3　ドイツ不法行為法における権利／秩序の対立軸　*241*
　　4　小　括——権利論と，「規範群」との結びつき　*242*

第6章　日本法へのフィードバック ───────────── 245

第1節　不法行為制度目的論との接合 ……………………………… 245
　　Ⅰ　議論の概要と検討の方針　*246*
　　1　損害填補／抑止・制裁　*246*
　　2　権利・自由の保護／法秩序の維持・回復——山本敬三　*247*
　　3　「厚生対権利」——山本顯治　*248*
　　4　個人的正義／全体的正義／共同体的正義——棚瀬孝雄　*248*
　　5　問題の所在と検討の方針　*249*
　　Ⅱ　制度目的モデルの抽出　*249*
　　1　損害填補／抑止・制裁　*249*
　　　⑴　不法行為制度目的論か？　*249*　　⑵　議論の意味——制度目的論と責任内容論との架橋　*250*
　　2　権利／秩序　*251*
　　 2-1　問題の所在　*251*
　　 2-2　社会本位の法律観——違法性理論　*252*
　　　⑴　社会倫理秩序の維持・回復　*252*　　⑵　損害の公平な分配　*254*
　　　⑶　経済的効率性　*255*　　⑷　権利割当秩序？　*255*　　⑸　補　論——いわゆる「外郭秩序」論の位置づけ　*256*
　　 2-3　「権利本位の法律観」からの転換——その他の見解　*258*
　　 2-4　小　括　*260*
　　3　厚生対権利　*260*

xi

3-1　緒　論　*260*
　　3-2　不法行為法による厚生改善の諸相　*261*
　　　(1)　権利設定・保護による厚生改善　*261*　　(2)　不法行為法それ自体による厚生改善　*262*
　　3-3　ここまでの議論との接合　*263*
　　　(1)　厚生改善説 A　*263*　　(2)　厚生改善説 C　*264*　　(3)　厚生改善説 B　*265*
　　3-4　小　括　*265*
　4　個人的正義／全体的正義／共同体的正義　*265*
　5　小括と補足　*266*

Ⅲ　責任内容論との架橋　*266*
　1　各モデルからの責任内容論の方向性　*266*
　　(1)　権利保護説 A および権利保護説 B＝厚生改善説 A＝厚生改善説 C　*267*　　(2)　厚生改善説 B　*267*　　(3)　社会倫理説　*267*　　(4)　共同体的関係説　*268*
　2　権利保護説と「規範群」　*268*
　　(1)　「規範群」の位置づけ——個別的対応　*268*　　(2)　抑止の可能性　*269*　　(3)　もう1つの対立軸——従属的理解と独立的理解　*271*

Ⅳ　小　括　*273*
　1　要　約　*273*
　2　補　論——関連する諸制度との協働　*274*

第2節　判例法理との接合 ……………………………………*275*
　1　物損に関する判例法理　*275*
　　(1)　交換価値　*275*　　(2)　修補費用　*277*　　(3)　転売利益　*279*　　(4)　利用利益　*280*　　(5)　代物賃料　*282*　　(6)　仮差押解放金のための借入利息・転売契約上の違約金　*283*
　2　人損に関する判例法理　*284*
　　(1)　治療費・逸失利益　*284*　　(2)　後発事情の影響の有無　*284*　　(3)　建物設計・施工者の第三者に対する責任　*286*　　(4)　弁護士費用　*289*
　3　小　括　*290*

第3節　先行学説との接合 ……………………………………*290*
　1　差額説＋相当因果関係論，金銭的評価説　*290*
　2　義務射程説ないし規範の保護目的説　*291*
　3　不可避性・確実性説　*291*
　4　規範的損害論　*293*
　　(1)　生活保障説——淡路剛久　*293*　　(2)　権利追求機能の観点からの規範的損害論——潮見佳男　*294*　　(3)　分析的損害論——水野謙　*296*

5　補　論　*297*
　　　(1) 権利保全規範について　*297*　(2) 山本敬三の見解　*298*
　　6　小　括　*300*

結　章 ─────────────────── *301*
　　1　責任内容論の体系　*301*
　　　(1) 権利の保障内容の解釈　*301*　(2) 対抗措置規範における必要性　*304*　(3) 価値補償規範における価値の算定　*304*　(4) 規範間の適用関係　*305*
　　2　「損害」要件について　*305*
　　3　残された課題　*307*

引用文献一覧　*309*
索　引　*322*

本書のコピー，スキャン，デジタル化等の無断複製は著作権法上での例外を除き禁じられています。本書を代行業者等の第三者に依頼してスキャンやデジタル化することは，たとえ個人や家庭内での利用でも著作権法違反です。

序　章

1　不法行為効果論をめぐる従来の議論

　不法行為の法律効果としての損害賠償の内容がどのように定まるのかという問題については，従来の通説を厳しく批判する新たな見解が現れ，大きな展開を見せて現在に至っていることが知られている。本書における問題の所在を示すために，典型的な理論モデルとしてこの両者を概観することから始めなければならない。

(1)　従来の通説——差額説＋相当因果関係説

　従来の通説は，賠償されるべき「損害」とは「もし加害原因がなかったとしたならばあるべき利益状態と，加害がなされた現在の利益状態との差」[1]であるとの理解を出発点とする。その概念的な帰結として，賠償されるべき損害の範囲は，加害原因との因果関係によって定まることになる。もっとも，そこでの因果関係に「実際上の因果の進展」を全て含めるとすると，「その不法行為なかりせば生じなかつたであらうといふ関係に立つ損害は実際上意外な範囲に及ぶことが少なくない。その場合にその全損害を賠償せしむることは甚だしく公平に反する」。そこで，「当該の不法行為の行はれる場合に通常生ずるであらうと想像せられる範囲の損害のみを賠償せしめ，当該の不法行為に特別の事情が加はつた為めに生じた特殊の損害はこれを賠償せしめまいとする」相当因果関係説が採用され，同内容を定めたものとされる民法416条の類推適用によって，条文上の正当化がされるわけである[2]。

　こうした通説を厳しく批判したのが平井宜雄であるが，その批判は次の2点に大別できよう。1つは理論面に関するものであって，416条において制限賠償原則を表明している日本民法の解釈論に，完全賠償原則を前提とするドイツ

---

[1]　於保『債権総論〔新版〕』(1972) 135頁。不法行為の文脈では，幾代＝徳本『不法行為法』(1993) 276頁等。
[2]　我妻『事務管理・不当利得・不法行為』(1937) 201頁。

流の相当因果関係という概念を持ち込むことは，理論的に無意味だとされる[3]。しかし，この点については，むしろ日本民法は完全賠償原則に近い立場をとっているとの見方も有力であり[4]，批判としての有効性には疑問が示されている。

　むしろもう1つの，実益ないし実用面に関する批判の方がより決定的である。それによると，従来の通説によって「損害賠償の範囲がすべて『相当因果関係』の掲げる規準に帰着するように構成さるべきものとされ，その結果，判決の理由づけにおいても，『相当因果関係』の概念が掲げる『通常生スヘキ損害』，予見可能性等の抽象的な規準は，金何円という具体的損害額に至るまで明快に決定したかのような外観を呈するに至った……。しかし，賠償さるべき損害の範囲をめぐって生ずる現実の紛争は複雑多様であり，むしろ実際には，裁判官は当該紛争の具体的事情に応じて具体的な損害賠償額を決定し，その決定を正当化するために，それがあたかも『相当因果関係』という抽象的な概念ないし『理論』の適用によって明快に決定されたものであるかのごとく構成する，といったほうが，事態の真相に近い……。そうだとすると，これまでの『理論』は……具体的判決の具体的結論について体系的な理由づけを必要とする実務の有効な指針とはなり得ない」[5]。

(2)　平井の見解——損害事実説＋3段階の評価枠組

　以上のような批判を前提として，平井は，「思考の明晰化およびそれを通じて実務に寄与する」[6]ため，従来相当因果関係として論じられてきた問題を，損害と評価される事実の発生を前提として，①事実的因果関係，②保護範囲，③金銭的評価の順に判断するという枠組に細分化する。①が事実認定の問題である[7]のに対し，②は法の解釈・適用問題であり，日本民法が制限賠償原則をとっていると見られることから，それは責任原因と結合させて，過失の規準である行為義務の義務射程によって判断すべきものとされる[8]。③は，実務上形成された準則の枠内で行われる裁量的判断であるとされる[9]。こうした評価の

---

3)　平井『損害賠償法の理論』（1971）90頁以下。
4)　石田『損害賠償法の再構成』（1977）46頁注28，四宮『不法行為』（1987）451頁注1(b)。
5)　平井『損害賠償法の理論』（1971）7頁以下（圏点は原文の傍点）。
6)　平井『損害賠償法の理論』（1971）142頁。
7)　平井『損害賠償法の理論』（1971）136頁。
8)　平井『損害賠償法の理論』（1971）459頁以下。
9)　平井『損害賠償法の理論』（1971）489頁以下。

対象となる「損害」とは何かについては，損害を不利益な事実として捉える理解を前提に，各事実を被侵害利益の重大さに応じてランク付けた際の「最も上位の被侵害利益」が「損害」であり，他の損害の事実は，それに包摂されて，その認定の資料となるとされる[10]。

こうした平井の見解[11]に対しては，最初の権利侵害に続いてさらに生じた別個の権利侵害（いわゆる後続侵害）については義務射程の規準は有用でないとか，「損害」概念が狭いために損害の金銭的評価に多様な問題が含まれることになるといった批判がある[12]。しかし，差額説＋相当因果関係の枠で論じられていた問題を，3つの段階に区別すべきだという認識に限って言えば，学説上これを支持する見解が多数であるのは，周知のところである。

2 従来の議論の到達点と，本書の検討課題
(1) 平井による枠組の理論的意味

(a) もっとも，学説における平井の見解の受け入れ方については，問題がないわけではない。と言うのも，以上からも窺えるように，平井における3段階の区分自体は広く共有されているものの，その「損害」概念については必ずしもそのようには言えなさそうである。しかし，その枠組は「損害」を基点とするものであるため，そこに何を据えるかによって全く理論的意味が違ってくる可能性があるところ，この点が十分に意識されているとは思われない。

これは，そもそも平井における3段階の区分の理論的根拠が必ずしも明らかにされていないという点にも起因すると思われる。これは，とりわけ保護範囲と金銭的評価との区分に当てはまる[13]。平井によれば，この両者の区別は「論理的に」[14]導かれるものであって，前者においては行為義務の解釈という法律

---

10) 平井『損害賠償法の理論』(1971) 474頁以下，同『不法行為』(1992) 125頁。
11) なお，平井の見解の解釈論としての意義について，水野『因果関係概念の意義と限界』(2000) 3頁注10参照。
12) 例えば，森島『不法行為法講義』(1987) 314頁以下等。平井の見解が出された後の展開につき，より詳しくは，前田（陽）「損害賠償の範囲」(1998) 81頁以下参照。
13) 事実的因果関係と保護範囲との区別についても，そもそも事実的因果関係というものを「あれなければこれなし」という事実概念と定義するからこそそうした区別が生じるところ，そうした定義自体が果たして適切なのかという点については，周知のように反省する見解が既に多く見られる（水野『因果関係概念の意義と限界』(2000) 等）。
14) 平井『損害賠償法の理論』(1971) 140頁。

判断が問題となるのに対し，後者は「過去に生じた事実を一定のルールに従って金何円と評価するという創造的・裁量的性質を有する作業」[15]である。しかし，こうした区別および性質の違いが「論理的に」導かれるのは，損害を事実と理解するからに他ならない。それでは，そのように理解するのはなぜなのかと言うと，「損害を金銭で表わす作業が過去に生じた事実の訴訟上の単なる再現ではなく……裁判所の行う裁量的・創造的・評価的要素が介入せざるをえない性質……を有することは，どうしてもこれを認めざるをえない」[16]ことにその理由が見出されている。ここでは，先に見た保護範囲画定と金銭的評価の性質の違いが前提とされており，論理としては循環している。そうすると，平井においては，保護範囲画定と金銭的評価との性質の違いが，理由づけなしに，アプリオリに前提とされていると言わねばならない。

(b) しかし，それにもかかわらず，平井における保護範囲と金銭的評価の区別は，理論的に重要な意味を持つと考えられる。その手がかりは，やはり3段階の枠組の基点である「損害」概念にある。

平井による損害概念の定式化は上述のとおりであり，これは権利侵害とほぼ異ならないと言われる[17]。このことは，権利侵害要件に関する平井の次のような認識と結びつけて理解する必要がある。すなわち，平井によると，権利侵害要件は既に責任限定機能を失っており，独立の要件と認めるべきではなく，過失要件の1つ（すなわち，「被侵害利益の重大さ」）または損害の発生の要件に吸収されたと見るべきだとされる[18]。権利侵害要件の責任限定機能に関する認識の当否は措くとして[19]，ここでは，同じく権利侵害要件を放棄したいわゆる違法性理論[20]とのニュアンスの違いに留意すべきである。つまり，違法性理論においては，権利侵害は違法性の徴標に過ぎず，したがって不法行為の成立を権利侵害がある場合に限るべきではないという認識が，権利侵害要件を放棄する

---

15) 平井『不法行為』(1992) 101頁。
16) 平井『不法行為』(1992) 76頁。
17) 窪田『不法行為法』(2007) 151頁，藤岡『不法行為法』(2013) 433頁等を参照。
18) 平井『不法行為』(1992) 40頁。
19) この点については，大塚「保護法益としての人身と人格」(1998) 36頁以下，潮見『不法行為法I〔第2版〕』(2009) 33頁注35等を参照。
20) 末川『権利侵害と権利濫用』(1970) 453頁以下〔初出1930〕，我妻『事務管理・不当利得・不法行為』(1937) 100頁以下，加藤（一）『不法行為〔増補版〕』(1974) 35頁以下等を参照。

に当たっての積極的な理由をなしていた。これに対し，平井の論旨は，権利侵害はもはや責任限定要件として機能していないから，独立の要件として認識するまでもないという点にある。違法性理論におけるように，積極的にその成立要件性が否定されているわけではない。むしろ，それは過失判断における「被侵害利益」という形で，なお重要な意義を持っているとも言える[21]。

そして，権利侵害要件の吸収先がこの「被侵害利益の重大さ」と損害要件だということは，必然的に後者もまた権利侵害を内容とすることになるはずである[22]。むしろ，このように過失の判断因子と損害概念とが同一の内容であって初めて，責任原因と賠償範囲とを「結合」[23]することが理論的に可能となる[24]。

したがって，これら（責任原因＝賠償範囲）は結局，権利侵害の帰責の有無＝範囲の問題と言うことができる。こう見ると，平井による損害の定式化は，（どこまで自覚されているかは定かでないものの）その枠組の理論的意味を決定づけ

---

[21] 同様の指摘として，山本（周）「不法行為法における法的評価の構造と方法（一）」(2011) 30 頁（「ハンドの定式の中で『被侵害利益の重大性』という因子が考慮されるため，利益の要保護性が審査される場はなお残されていると見ることができる」）。

なお，この点は，平井における過失判断が事後的判断であること（平井『損害賠償法の理論』(1971) 403 頁〔「行為の危険性」の要素につき，「損害発生後からさかのぼって，ex post に」判断すべきだと言う〕。潮見『民事過失の帰責構造』(1995) 277 頁も参照）とも関わる。すなわち，そのような事後的視点を用いるからこそ，そこでの一判断要素たる「被侵害利益」は，「当該行為から類型的に，どのような法益が侵害される可能性が高いか」（前田（達）『不法行為帰責論』(1978) 213 頁）ではなく，事後的に見て実際に侵害された利益を指すことになり，その結果権利侵害要件を吸収することが可能となるのである。

[22] この関係で言うと，平井において損害が「最も上位の」不利益事実とされるのは，過失判断において被侵害利益が「最も上位の」形でハンドの定式の秤に乗せられること（これは，責任成立の可能性を十分に判断するために当然のことである）に対応するものと理解できる。

[23] 平井『不法行為』(1992) 122 頁。

[24] この点に対しては，既に触れたように，後続侵害の場面を適切に処理できないとの批判がある。しかし，ここで述べているのはその点ではなく，結論の妥当性以前に，両者が共通の要素からなるのでなければ，同一の規準（すなわち，「義務射程」）によって処理することはそもそも理論的に不可能であること，そしてその共通の要素とは「権利侵害」だということである。なお，相関関係理論に関する文脈においてではあるが，この関係について的確な認識を示すと見られるものとして，林（良）「不法行為法における相関関係理論の位置づけ」(1986/1989) 196 頁（「相関関係理論の相関的判断の中へ採り込まれた，『権利侵害』要件は，その独立性を失なった結果，直接に故意・過失が及ぶべき侵害客体として，権利侵害とは表裏の関係にある『損害』の発生を，権利侵害に代えて成立要件に採り入れざるをえなくなった……もっとも，ここでの『損害』は，賠償されるべき損害（の範囲）すべてを指すものでなくてよい。違法性判断で登場した被侵害利益のその利益喪失と表裏して発生する損害でよいこととなろう」）。

ていると言える。その意味とはすなわち，一定の事実（権利侵害）の帰責の有無＝範囲の問題と，そのようにして帰責された事実（権利侵害）について負うべき責任の内容に関する問題とを区別するということである[25]。そして，これに対して，後続侵害について義務射程とは別個の帰責規準を適用すべきだとする見解[26]は，帰責の有無と範囲の問題を区分し，それぞれ別個の規準を適用すべきだと説いているわけである。

(2) 従来の議論の到達点——不法行為法の問題構造

このように見てくると，近時の教科書に見られる次のような整理は，従来の議論の到達点を的確に言い表したものと言える。それによると，不法行為法に関する解釈問題は，「ある行為において不法行為責任がそもそも成立するか否か」に関する「責任の成立」，「成立した不法行為責任がどれだけの範囲の結果にまで及ぶか」に関する「責任の範囲」，「成立した当該範囲の不法行為責任がどのような内容において現実化するか」に関する「責任の内容」の3つに区分される[27]。

これらは，「各段階ごとに判断内容・視点が異なる」とされる。筆者なりにそれを言い表せば，次のようになる。

責任成立論においては，一定の事実（権利侵害）をそもそも行為者に帰責することが，主観的・客観的観点から正当化されるかどうかが問題となるのに対し，責任範囲論においては，既にある事実（権利侵害）についての帰責が確定している者について，それに後続する別の事実（権利侵害）の帰責に関して，新たな責任設定が問題となる場合よりも厳格な扱いを認めるべきではないのかが問題となる。これらは，いずれも一定の事実（権利侵害）の帰責の問題であるのに対し，責任内容論においては，既に一定の事実（権利侵害）についての帰責が正当化された場合において，それについての責任がいかなる内容である

---

25) このことは，権利侵害要件を違法性要件に置き換える見解においても，違法性の一因子として被侵害利益というものが観念される限りで，平井におけると同様に妥当する。仮にそうした因子が観念されないとしても，「権利侵害」を「違法と評価される事実」などと読み替えれば同じことである。この点は，以下の論述においても同様である。

26) 石田『損害賠償法の再構成』（1977）48頁以下，前田（達）『不法行為法』（1980）299頁以下，澤井『事務管理・不当利得・不法行為〔第3版〕』（2001）219頁，四宮『不法行為』（1987）448頁以下等。

27) 橋本ほか『事務管理・不当利得・不法行為』（2011）90頁［橋本執筆］。

のか，そこで帰せられた責任とは一体何なのかという点についての確定作業が問題となる[28]。

このような不法行為法の問題構造が浮き彫りになった点に，これまでの不法行為効果論の到達点を見出すことができる[29]。そして，こうした角度から見れば，以上に概観した経緯は，次のようにまとめられる。かつての通説においては，差額説＋相当因果関係説の下で，責任範囲および責任内容の問題が区別されずに扱われていたところ，平井によって①責任範囲の問題と責任内容の問題との異質性，および②責任設定の問題と責任範囲の問題との同質性が主張された。これに対し，①は広く受け入れられたが，②については，いずれも帰責の問題であるという理解は共有されつつも，同じ規準によって処理することについては異論が多く出された。

(3) 責任内容論に関する研究の手薄さと，従来の不法行為制度目的論

(a) そして，こうした視点から従来の研究状況を振り返ると，責任成立の問題は「不法行為の成立要件」として，主観的・客観的帰責の双方にわたり，当然ながら理論的研究が重ねられてきた。一方，「不法行為の効果」としては，「損害賠償の範囲」という題目の下で，主として責任範囲の問題に関する帰責規準をめぐって議論が交わされてきた一方，いわば狭義の効果論とも言える責任内容の問題については，それを裁判官の裁量的判断に委ねる平井に典型的なように，十分な理論的検討がされてきたとは言いがたい状況にある。

(b) こうした状況は，従来の不法行為法の制度目的理解とも関係していると見ることができる。

従来，不法行為法の制度目的として言われてきたのは，被害者に生じた損害

---

28) 四宮和夫が，責任範囲（後続侵害）については「第一次侵害者の帰責事由による，新たな『権利』侵害への危険の設定は，第一次侵害の帰責の場合に類した価値判断（一種の違法性判断）を受けなければならない」（四宮『不法行為』(1987) 452頁）のに対し，責任内容に関して「結果損害自体についての故意・過失を問うことなしに行為者に帰責させること……を認めるのは，『権利』侵害（侵害損害）について加害者がわに責任事由がある以上，右のような結果損害を行為者に帰責させるのが，公平だからである」（前掲460頁）と説明するのも，同様の趣旨である。

29) 近時，米村滋人が，「損害帰属の基本的構造」を分析し，それを①過失と加害行為との間の「帰責連関」，②加害行為と権利・法益侵害との間の「責任設定的因果関係」，③権利・法益侵害と損害との間の「賠償範囲連関」に区分している（米村「損害帰属の法的構造と立法的課題」(2015) 166頁）。これと本文の整理との関係を明らかにしておくと，①および②はいずれも責任成立に，③は責任内容論に，概ね対応する（後者につき，前掲169頁注18参照）。もっとも，米村において責任範囲論，すなわち後続侵害の問題が②と③のいずれに位置づけられるのかは明らかでない。

序　章

の塡補ということである[30]。これに対しては，損害塡補とは不法行為の法律効果である損害賠償を言い換えただけではないのかという，きわめて素人的な素朴な疑問が浮かぶ。もちろん，これに対しては，この説明は民事責任と刑事責任の違いを強調することによって，不法行為法から制裁的要素を排除するという意味があるのだという教示がなされよう。しかし，それでもなお，この疑問は解消しない。

　と言うのは，この後で見るいわゆる規範的損害論の立場から，効果論における損害に関して，その把握において既に規範的評価が介在してくるのであり，そのための視点の提示が必要であるとされるとき[31]，その正当な指摘は，論理上，制度目的論のレベルでも同様に妥当する。それゆえ，そうした規範的評価の中で制裁の要素が考慮され，それにより賠償されるべきものとされた「損害」を塡補することが不法行為法の制度目的であると述べることも，論理的には排除されないわけである[32]。もちろんこれは，上述のような損害塡補論の趣旨に反する。そこで，これを否定しようとするならば，制度目的論における「損害」を把握する際の規範的評価を明らかにした上で，そこに制裁的要素が含まれないことを示す必要があろう。しかし，ひとたびそのような規範的評価が明らかになったならば，むしろその中にこそ真の制度目的が表れているのではないのか。これは，裏返すと，「不法行為法の制度目的は損害の塡補である」と言うだけでは，何も述べないに等しいということでもある。こう考えると，先述の素朴な疑問は，的を外していないと言わねばならない[33]。

---

30)　加藤(一)『不法行為〔増補版〕』(1974) 3頁等。
31)　潮見『不法行為法』(1999) 222頁以下。これに対し，「損害」としては，規範的評価などといったものを含まない，自然的な意味における「不利益」を広く理解しておけば足りると答えることは，(そのような「自然的」な評価が果たしてどこまで貫徹できるのかという疑問を仮に措けば)一応不可能ではない。しかし，このような意味での「損害」を塡補する制度としては，不法行為制度はあまり合理的な制度ではない——したがって，そのような理解によっては，不法行為法を合理的に説明できない——ことは，既に明らかにされている。加藤(雅)「損害賠償制度の将来構想」(1997) 289頁以下，森田＝小塚「不法行為法の目的」(2008) 14頁以下等を参照。
32)　窪田「不法行為法と制裁」(2000) 688頁以下は，効果論における損害について，「発生した不利益な事実(損害)を金銭的に評価する方法としては，複数のものが考えられるはずである」として，損害という要件を維持しながら，金銭的評価の中で制裁的機能を考慮できるとする。同じ論理が，制度目的論のレベルでも成り立ちうるわけである。
33)　淡路「不法行為法における『権利保障』と『加害行為の抑止』」(2011) 417頁が，制度目的としての損害塡補とは「要するに，不法行為の効果を述べたにすぎないことになる」とし，これを

(c) 同様の文脈で,「損害の公平な分担」ということも言われる[34]。この説明から,上述のように法律効果の言い換えに過ぎないと見るべき「損害の塡補」という要素を取り除くと,制度目的の説明として残るのは「公平」という要素だけである。これは,不当利得論におけるいわゆる衡平説[35]を彷彿とさせる。このような——不当利得法の理論レベルではもはや類型論に駆逐されたかの様相を呈する——理解に基づいて,制度目的として「公平」という抽象的な理念のみを掲げ,効果論(責任内容論)においては,相当因果関係とか損害の金銭的評価といった内容の不明確な概念の下で,個別の事例類型ごとに妥当と感じられる処理を行う。これが,上述の2つの典型的理論モデルの実の姿だと言わねばならない。

(4) 本書の検討対象——責任内容論

こうした状況に鑑みると,先述の「責任内容」の問題について,その判断のための規範的評価の提示とその理論的基礎づけが喫緊の課題と言えよう。改めて定式化すると,一定の事実(権利侵害)が加害者に帰責されたときに,加害者が当該事実について負うべき損害賠償責任の内容はいかにして定まるかというのが,本書で扱う課題である。

3 先行学説

もちろん,この責任内容論に関する先行業績がないわけではない。しかし,個別の各論的問題を扱う実務向けの著作が多数にのぼる一方で,理論面からの包括的・体系的な研究は,決して多いとは言えない。ここでは,後者に含まれると見られるものについて概観する[36]。

(1) 差額説+相当因果関係説,金銭的評価説

まず,典型的な理論モデルとして冒頭に挙げた2つの見解がこれに属する。

「この命題の最小限の意味」だとするのも,本文の理解に近いか。
34) 我妻『事務管理・不当利得・不法行為』(1937) 94頁以下。
35) これについては,藤原『不当利得法』(2002) 9頁以下等を参照。同16頁は「衡平説が……積極的には不当利得の制度目的を明らかにしてこなかった」と指摘するが,不法行為法における従来の制度目的論についても,これと全く同じことが言えるわけである。
36) なお,責任内容論に関する先行学説に当たるものとしては,以下に挙げるものの他,いわゆる制裁的慰謝料論とか,利得吐き出し型の損害賠償といった各論的な問題についての研究も多い。しかし,本書では,こうした特殊問題でなく,あくまで責任内容論の基礎を解明するという観点から,責任内容論の一般理論を定立していると言える見解のみを先行学説として扱う。

しかし，伝統的通説については，まさに平井が批判するように，「相当性」の内実が明らかでない。また，差額説による結論が不都合と感じられる場合には，「控え目な算定」等の事実認定レベルで問題が処理されてしまう。そこでは，責任内容論に関する実体法理が，これらの概念や手法により隠蔽されてしまう。平井が，損害の金銭的評価は裁判官の裁量によるとするのは，むしろ，この点に関する悲観的な事実認識の表明として受け止めることもできる。

(2) いわゆる義務射程説ないし規範の保護目的説

平井の見解と同様の3段階の枠組を採用しつつ，その基点としての「損害」を，具体的な個々の損害項目のレベルで捉える見解もある。その例として，幾代通の見解を挙げることができる[37]。この見解においては，出発点としての損害の具体性ゆえに，事実的因果関係・保護範囲・金銭的評価の3段階全てが，帰責された権利侵害についての責任内容の問題に関わることになる。そうすると，保護範囲の確定規準とされる義務射程ないし規範の保護目的が，責任内容論において重要な規準を提供するかのように見える。

もっとも，少なくとも幾代においては，具体的に物損，人損という事例類型ごとの処理準則に言及する際，典型的理論モデルにおけると同様のカズイスティックな叙述に終始しており，義務射程説の適用によって結論が正当化された形跡は窺われない[38]。そもそも，こうした見解においては，基点となる損害概念の改変によって平井の枠組の有する理論的意味が全く異なったものとなる[39]ことが自覚されていないきらいがあり，そこから責任内容論に関する具体

---

[37] 幾代＝徳本『不法行為法』(1993) 134頁（「個々の『負の変化』と，被告の行為や容態との間に，被告に賠償責任を負わせることを正当とするだけのつながり——つまり保護範囲の関係（いわゆる『相当因果関係』）があるか否か，が実質的には問題とされざるをえない」〔圏点は原文の傍点〕）。

教科書レベルで，他にこうした理解を明言する見解は見当たらないものの，「損害事実説のもとで議論を展開する論者の中には，無意識のうちにこのような考え方を基礎としているものが多いように感じられ」るとの指摘がある（潮見『債権各論Ⅱ〔第2版増補版〕』(2016) 60頁）。

[38] 幾代＝徳本『不法行為法』(1993) 291頁以下。

[39] すなわち，「責任設定＝責任範囲と責任内容の区分」という意味から，「責任内容についての判断枠組」という意味に変容するわけである。

なお，その枠組の意味が後者のようなものだとすると，保護範囲画定と金銭的評価との区分は，平井におけるような理論的重要性を失うことになる。実際，幾代＝徳本は，この区分は「必ずしも絶対的に必要というものではない」としており（幾代＝徳本『不法行為法』(1993) 135頁），その限りで一貫している。

的な示唆を得ることはあまり期待できない。

(3) 不可避性・確実性を規準とする見解

さらに，前田達明の見解を挙げることができる。前田は，入院費，治療費，葬儀費用などといった個別の損害項目に当たるものを損害と捉える[40]。そして，責任内容の問題に当たるものを損害賠償の範囲の問題とした上で，その確定規準を多数の裁判例の検討の中から抽出する作業を行った。それによると，消極的損害（逸失利益）については当該利益の取得が確実であったこと，積極的損害についてはそれが権利侵害から不可避に生じたものであることが規準となる[41]。一方，精神的損害については，（その手法ゆえに当然ではあるが）裁判官の自由裁量に委ねるとの判例を支持するにとどまっている。

この見解は，責任内容の問題について一般的なルールを提示する数少ない例であり，一定の支持を受けている[42]。もっとも，精神的損害をその射程に含まない他，裁判例からの帰納という手法ゆえにやむを得ないところではあるが，その理論的根拠が示されていないという問題がある。また，そのことの帰結とも言えるが，「不可避」かどうかはいかなる観点から判断されるのか，消極的損害における「利益」にはどこまでのものが含まれうるのか，またそれは総体財産の差額として現れることが必要なのかどうかなど，細部においてあまり明確でない点もある。したがって，この見解との関係では，これらの点を補うところに本書の意義がありうる。

(4) いわゆる規範的損害論

(a) 最後に，いわゆる規範的損害論と呼ばれる一群の見解を挙げなければならない。これは，公害裁判における原告側のいわゆる包括請求方式を前にして，個別の損害項目の立証を認めつつ，こうした包括請求をも正当化できる理論を探究する試みの中から生まれたものであり[43]，そのような理論としては，淡路

---

40) 前田（達）『不法行為法』（1980）302頁。
41) 前田（達）『不法行為帰責論』（1978）230頁以下。
42) 四宮『不法行為』（1987）460頁，澤井『事務管理・不当利得・不法行為〔第3版〕』（2001）230頁。
43) その先駆として，澤井裕の見解が挙げられる（澤井「新潟水俣病判決の総合的研究(2)」（1972）73頁以下）。さらに，それに先行する，西原道雄による死傷損害説の提示（西原「幼児の死亡・傷害と損害賠償」（1964），同「生命侵害・傷害における損害賠償額」（1965），同「損害賠償額の法理」（1967）等）およびそれをめぐる議論（楠本『人身損害賠償論』（1984）81頁以下〔初出1969〕等）の寄与も忘れてはならない。

剛久により完成されたと言える[44]。

　淡路は，不法行為法の制度目的の 1 つが侵害された権利の回復にあることから，生命・身体の侵害があった場合に，それがない状態に戻すこと，すなわち「原状回復」が損害評価の理念だとする[45]。そして，死傷そのものを損害と見る理解を前提に[46]，その評価における当事者と裁判官の役割分担を説く（「評価段階説」と称される）。すなわち，被害者が個別の損害項目を立証した場合には，裁判官はそれに拘束されるが（「個別的評価」），それがない場合でも，裁判官は創造的役割を発揮して損害を評価すべきだとする（「包括的評価」）[47]。そこでは，原状回復の理念から，被害者およびその家族の状況に注目して，その生活を保障するという観点が重視される（「生活保障説」と称される）[48]。

　(b)　こうした淡路の見解は，潮見佳男によって，より一般的な理論へと高められた。潮見もまた，不法行為法の制度目的の 1 つが権利侵害を前にしての被害の救済にあることから，損害事実の把握に際して原状回復の理念を基礎に据える[49]。もっとも，それは法以前の所与のものではなく，「不法行為がなかっ

---

44)　同様の構想は，既に石田『損害賠償法の再構成』(1977) 35 頁以下においても萌芽的に示されていた。

45)　淡路『不法行為法における権利保障と損害の評価』(1984) 101 頁以下。

46)　淡路『不法行為法における権利保障と損害の評価』(1984) 100 頁。

47)　淡路『不法行為法における権利保障と損害の評価』(1984) 110 頁以下。

48)　淡路『不法行為法における権利保障と損害の評価』(1984) 112 頁以下。
　　さらに，概ね同時期に出された見解として，太田知行によるものも（責任内容論全体についての一般理論を示しているわけではないため，本文では取り上げないものの）注目に値する。彼は，本書と同様にドイツ法を参照しつつ，損害額算定のための一視点として原状回復に要する費用の賠償という考え方を採り入れるべき旨を説く。そこに言う原状回復とは，「加害原因なかりせば存在したであろう状態に比べて現実の状態が賠償請求権者にとってより不利益な場合に，この現実の状態を仮定的状態に可能な限り近づけること，および，現実の状態がさらに悪化することが予想される場合にそれを可能な限り防止すること」と定義される。そこには，「①．賠償請求権者自身の心身の状態，その権利客体の物理的状態，その一般的財産状態が加害原因なかりせば存在したであろう状態に比べて現実には賠償請求権者にとりより不利益であるかより不利益になると予想される場合に，現実の不利益な状態を仮定的状態に近づけたり現実の状態がさらに悪化することを防止すること」と「②．賠償請求権者自身もしくは他人の行為または特定の権利客体から賠償請求権者が一定の便益を受けていたところ加害原因によりその便益享受が阻害された場合に，代替的に便益を提供したり，賠償請求権者自身によるその行為を容易ならしめること」の 2 類型が含まれるとされる（太田「損害賠償額の算定と損害概念」(1981) 223 頁以下）。もっとも，短編の論文ゆえだろうが，「原状回復」をなぜ以上のように定義すべきなのかについては特に理由が示されていない。

49)　潮見『不法行為法』(1999) 222 頁，同「不法行為における財産的損害の『理論』」(2011) 19 頁以下。

たならばあるであろう状態」の確定において既に法的・規範的評価が介在するとし、それを支える視点として、損害賠償請求権の「本来の権利の価値代替物としての性質」（権利追求機能）を挙げる[50]。これによると、まず私法秩序が当該権利に割り当てた客観的価値が「最小限の損害」として賠償され、これを超える損害が立証されたならば、当該被害者にとって権利が有している価値（主観的価値）として、それもまた賠償される[51]。

(c) 近時徐々に展開されつつある水野謙の見解も、この系譜に属するものと見てよいだろう。水野によると、例えば生命侵害の事例においては、「生命という法益が侵害された事実に着目しただけでは、その内実は明らかとはならず、また生命という法益はそれ自体多義的な内容を含んでいる」のであり、それは「個々の被害者が、不法行為時にどのような属性を持ち、いかなる立場に置かれ、何を求めて生きていたのかといった規範的な問いかけを明示的に行うことを通じて、初めてその具体的な姿を現す。……例えば、給与所得者の場合には、生命という法益は賃金と交換可能な労働力という形で具現化し、幼児の場合には、将来に開かれた就労可能性が法的保護に値する」[52]。このように、「損害を適切に把握・算定するためには、一方で侵害された権利ないし法益を規範的観点から具体的なものに変容させ、あるいは損害の算定という効果を意識しながら新たに設定しなおしたうえで、いかなる不利益が被害者に生じたのかを分析的に観念し」[53]なければならない。

他方で、例えば人身事故の後に被害者が減収を防ぐべく努力したとか、別原因により被害者が死亡したというように、「権利侵害ないし法益侵害後の不利益状態に変動があった場合は」[54]、「不法行為による権利侵害時から（訴訟における制約としての）口頭弁論終結時までに観念されうる被害者のさまざまな不利益状態に対し、（それが賠償範囲に入ると判断されれば）規範的評価を行うこと」

---

50) 潮見『不法行為法』(1999) 223頁以下、同「不法行為における財産的損害の『理論』」(2011) 20頁以下。
51) 潮見『不法行為法』(1999) 226頁以下。なお、この点に関しては、同「不法行為における財産的損害の『理論』」(2011) 33頁以下において従前の説明がさらに展開されている。これについては、本書の結論と重なる点も少なくないため、第6章において、それと突き合わせる形であらためて取り上げる。
52) 水野「損害論の現在」(2003) 197頁。
53) 水野「損害論の現在」(2003) 198頁。
54) 水野「損害論の現在」(2003) 198頁。

が重要であり,「口頭弁論終結時までの『プロセスにおける不利益状態』を類型ごとに規範的かつ金銭的に評価したものを損害と捉えるのが事態適合的」[55]である。

(d) これらの見解は,責任内容論における規範的評価の視点を重視する点において,責任内容論のあり方を考える際に参考になる部分が多い。しかし,「包括的評価」の規準や権利の「客観的価値」の確定方法は十分に明らかとは言いがたく,結局は実務上の準則の追認にならざるを得ない面がある。また,具体的な損害の立証がない場合が主として念頭に置かれていることの反面として,そうした立証があった場合,すなわち「主観的価値」と言われるものの扱いは十分に明らかでない(その場合は,「義務射程」とか「規範の保護目的」による制限がかかると考えているのか)。また,水野における「権利・法益の具体化」および「プロセスにおける不利益状態の把握」といった視点は,興味深いものの,そこでの規範的評価の内実はやはり十分に明らかではない[56]。

4 検討の方法,素材および順序

(1) 以上のように,責任内容論に関する十分な理論的根拠と実用性を兼ね備えた理論は,いまだ確立されていないと言ってよいだろう。しかし,責任内容論に関する実体規範を探求する限りは,一定の結論に至るまでの「規範的評価」が明らかにされる必要があるのであって,そうした視点を重視する規範的損害論の妥当性は,その点に限って言えば,疑いの余地がない。もっとも,そうした規範的評価の解明を重視すればするほど,「損害」概念は,そうした規範的評価を経て得られた結論に対するラベリングでしかなくなっていく。このことを考えると,従来ともすれば偏重されがちだった損害概念論[57]からはあえて距離を置き,「損害賠償責任の内容はどのような規範に基づいて確定されるのか」という点を直接に検討することが合目的的と考えられる[58]。本書におけ

---

55) 水野「損害論のあり方に関する覚書」(2001) 6頁。
56) 水野「損害論のあり方に関する覚書」(2001) 7頁において,その「評価の仕方」が論じられているものの,「その事実を規範的に考慮して」とか,「規範評価を行う際には,この点に留意すべきであろう」といった同語反復的説明にとどまっている。
57) この方向の研究の到達点を示すものとして,高橋『損害概念論序説』(2005) 第4, 5章を参照。
58) 若林三奈が,ドイツ法に関してではあるが,「差額説とは異なる結果……はどのような規範によって正当化されるのであろうか。すなわちいかなる規範によって,被害者に生じた様々な不利益

る以下の検討は，こうした「責任内容確定規範」の内容を解明することに向けられる。

　(2)　その際，素材とする事件類型については，いわゆる現代型の類型に着目し，そこに従来自覚されていなかった規範的評価の表出を見出すという行き方もありえよう。しかし，本書ではむしろ，物損・人損[59]といういわば古典的・普遍的な問題を素材とした検討を行い，これによって責任内容論の最も基本的・根幹的な部分の解明を試みる。

　これは，従来，ここに言う責任内容論が理論的研究の対象とされることがそれほど多くなかったために，その最も基本的・根幹的な部分においてすら十分な解明がなされていない（と筆者が考える）ことに基づく。こうした状況の下でいくら新しい問題について論じてみても，およそ地に足のつかない議論となることが避けられないだろう。

　なお，このような方針に基づき，賠償額の減額事由（過失相殺・損益相殺）については，直接の検討対象とはしない[60]。

　(3)　さて，物損・人損を素材とすると言っても，先述のところからも明らかなように，日本法における議論のみでは，理論的な検討の素材としては到底不十分である。そこで，本書では，その素材をドイツの不法行為法ないし損害賠償法における議論に求める。

　これについては，日本の不法行為法理論が従来ドイツ法の影響を受けてきたとか，ドイツでは損害論をめぐる議論の蓄積があるといった理由を挙げることもできる[61]。しかし，それは何よりも，ドイツにおける不法行為法・損害賠償法の展開は，かの地でも十分に認識されていないものの，次に述べる制度目的理解を含めた不法行為法全体の根本理解に関わるものを含んでおり，まさに

　　の中から，賠償すべき損害が抽出，根拠づけられているのであろうか」という見地から，「『損害』正当化規範」を論じるのと（若林「法的概念としての『損害』の意義（三・完）」(1997) 343頁以下），問題意識を共有するものである。もっとも，その検討結果としては，補償，予防，制裁，権利追求，扶助，憲法規範といった雑多なものが挙げられ，それらの相互関係も十分に明らかではなく，自認されるように「これらの規範が個別具体的な場面において十分に実効性のある規範を掲げるには至ってはいない」（前掲381頁）ようである。

59)　もっとも，死亡の事例は，いわゆる相続構成か扶養構成かという別の問題が影響するため，本書では死亡に至らない事例のみを対象とする。

60)　もっとも，いわゆる損害軽減義務に当たるものの一部は，検討の過程で必然的に関連してくる。

61)　若林「法的概念としての『損害』の意義（一）」(1996) 679頁。

上述のような検討方針からすれば無視できないことに基づく。これについては，本書全体を通して示す他ない。

(4)　また，そこでの検討においては，規範的損害論がそうであるように，不法行為法の制度目的理解をも視野に入れる必要がある。先に，不法行為法の制度目的論の空虚さが従来の責任内容論における理論の不在につながったという理解を示したが，最近ではこの制度目的論に関する議論が活性化している。責任内容確定規範を定立するに際しては，それらを無視することはできない。

(5)　以上のような検討方針に基づき，以下ではまずドイツ不法行為法・損害賠償法を素材に，その基礎に窺われる責任内容確定規範の抽出を試み（第1～5章），その上で，そこでの成果が日本法においてそもそも，またいかなる意味を持ちうるかを検討する（第6章）。

第1章　ドイツ不法行為法・損害賠償法の基本構造

　本章では，ドイツ不法行為法および損害賠償法の基本構造を必要な限りで概観し，そのうちのいかなる議論を参照するのが本書において有用かを明らかにする。なお，本章から第5章までのドイツ法の検討においては，ドイツ民法典の条文を条数のみで示す。

第1節　責任設定と責任充足

　損害賠償に関するドイツ民法典の構造は，責任設定の問題と責任充足の問題とを区別するという基本構造を有する[1]。責任設定とは，行為者がそもそも損害賠償責任を負うかどうかに関する問題であり，責任充足とは，成立した損害賠償責任の範囲および内容に関する問題である。前者は，不法行為法に関しては，不法行為の成否の問題と言うことができ，823条以下の規定[2]によってその要件が定められている。一方，後者については，不法行為責任と契約責任とを併せて，249条以下に規定が置かれている。特に後者の領域を指して，「損害賠償法」ないし「損害法」の語が用いられるのが通常である[3]。

---

1) MünchKommBGB[7]/*Oetker* (2016) §249 Rn. 1; NK-BGB[3]/*Magnus* (2016) Vor §§249 Rn. 2.
2) 主要な規定のみを掲げておく。
　823条（損害賠償義務）
　(1) 故意または過失により他人の生命，身体，健康，自由，所有権またはその他の権利を違法に侵害した者は，その他人に対し，これによって生じた損害を賠償する義務を負う。
　(2) 他人の保護を目的とする法律に違反した者も，前項と同様とする。その法律の内容によれば有責性がなくても違反がありうるときは，賠償義務は，有責性があるときに限り生じる。
　826条（良俗違反の故意による加害）
　善良の風俗に反する方法で他人に対し故意に損害を加えた者は，その他人に対し損害を賠償する義務を負う。
3) Palandt[75]/*Grüneberg* (2016) Vor §§249 Rn. 1.

第1章　ドイツ不法行為法・損害賠償法の基本構造

本書では物損・人損の事例を対象とすることから，責任設定に関しては，主として823条1項を念頭に置くことになる。823条1項が問題となる場面では，責任充足の問題は，そこに定める権利・法益侵害に後続する損害のうち，どこまでのものが賠償されるかという形で，後続損害（Folgeschaden）の帰責あるいは後続結果帰責（Folgenzurechnung）の問題として言い表されることもある。

このように責任設定と責任充足を区別する意味は，行為者の有責性は前者にのみ及べば足りるという点にあるとされる[4]。なお，先述の「後続損害」は，一般に，責任設定における権利侵害（一次侵害）に後続する不利益な事実を全て含む概念であり，それ自体独立の権利侵害に当たるもの（後続侵害）もそこに含まれる点に注意を要する[5]。つまり，責任充足ないし後続帰責という題目の下で，本書で言う責任範囲論と責任内容論とが区別されずに論じられるのが一般であり，この点は日本における伝統的見解と同様である。

第2節　責任充足と相当因果関係説・規範目的説

1　問題の所在

以上によると，責任充足に関する問題の法的処理を図るに当たっては，249条以下の条文の解釈に向かうのが自然なように思える。しかし，実際のところは，比較的最近に至るまで，これらの規定の解釈論はそれほど重視されてこなかった。むしろ，そこで出発点とされてきたのは「損害」概念[6]，さらに，い

---

4) この他，ドイツ民事訴訟法287条1項（「損害の発生および損害または賠償すべき利益の額について当事者間で争いがあるときは，裁判所は，これについて，全ての事情を評価して，自由な心証により判断するものとする。（以下略）」）が責任充足にのみ適用されると解されていることも挙げられる。MünchKommBGB[7]/*Oetker*（2016）§ 249 Rn. 107 f; NK-BGB[3]/*Magnus*（2016）Vor §§ 249 Rn. 62.

5) むしろ，「『後続損害』の概念は，時間的または空間的に離れたところで生じた侵害を意味することがほとんどであり，一次侵害から生じた財産の喪失を意味するのはごく稀でしかない」との指摘がある（*Gottwald*, Schadenszurechnung und Schadensschätzung（1979）S. 43）。このことは，後の論述の中でも示される。

6) Staudinger/*Schiemann*（2005）Vor §§ 249 Rn. 2. なお，ドイツの損害概念論につき紹介・検討するものとして，北川「損害賠償論序説」（1963），吉村「ドイツ法における財産的損害概念」（1980），同「ドイツ法における人身損害の賠償」（1982），潮見「人身侵害における損害概念と算定原理」（1991），若林「法的概念としての『損害』の意義」（1996-1997）等がある。

わゆる差額説による（財産）損害把握を制限するための，相当因果関係説[7]や規範の保護目的説（規範目的説）[8]といった責任制限理論である。これらの概念ないし理論が，冒頭に述べた日本の伝統的見解を規定してきたことは改めて言うまでもない。

そうすると，ドイツの責任充足論を知るにはこれらの概念・理論を検討すべきことになりそうである。しかし，まず損害概念については，近時のドイツでは，そもそも議論の有用性につき懐疑的な見解が支配的である。損害概念から一定の結論を演繹することはできず，むしろ個別の問題に即して解決を考えていくべきであり，かつそれで足りるというわけである[9]。これに加えて，損害概念をめぐる議論の隆盛が比較法的にも稀なものであることからすると[10]，現時点においてドイツの損害概念論それ自体を検討対象としてみても新たな比較法的知見を得られる見込みは薄いと言えよう。

そこで，本節では，相当因果関係や規範目的説といった責任制限理論について，それらが「責任内容論にとって」いかなる意味を持ちうるのかという点に

---

7) ドイツの相当因果関係説の紹介として，山田＝来栖「損害賠償の範囲および方法に関する日独両法の比較研究」（1957）172頁以下，鈴木『損害賠償範囲論』（1957）118頁以下，植林「ドイツ法上の因果関係論」（1960）等がある。

8) ドイツにおける規範目的説については，以下の注の中で挙げるものの他，特に米村「法的評価としての因果関係と不法行為法の目的（一）」（2005）が本格的な検討を加える。

　もっとも，米村の論稿については，以下に注記する点の他，次の点に留意する必要がある。米村は，ドイツにおける規範目的説の論者らにおいて，「規範目的判断は従来の帰責範囲を拡大化する道具概念として機能している」とするが（前掲575頁），そこに言う「拡大化」は，2つの異質なものを含むようである。1つは，相当因果関係説によると責任が認められない場合にもそれを認めるという意味での拡大化であり，もう1つは，（事実的）因果関係が認められにくかったり，その立証が困難な場合になお責任を認めるという意味での拡大化である（法的意味での因果関係とはすなわち相当因果関係に他ならないと考えるならば，これらは同一に帰することになろうが，米村も指摘するように（前掲628頁注13），そうした理解はもはやドイツでもされていない）。

　このうち前者は，確かに多くの論者が想定していることであるが，それは，規範目的説という従来とは異なる責任制限理論を採用することの当然の帰結に過ぎず，ことさら「拡大化」などと言うほどのことではない（その限りでは，規範目的説が責任「制限」理論であることに変わりはない）。一方，後者は，確かに責任の「拡大化」を語るにふさわしい議論であり，米村の主眼もおそらくこちらにあると思われるが，ドイツでそうした議論が「規範目的説」の名の下でされることはむしろ稀である。米村の議論は，この両者を「責任範囲拡大化」として括ることによって，前者の多数をもって後者の議論の有力さを装うきらいがあり，ドイツ規範目的説の内在的理解という点では問題を残す。

9) NK-BGB³/*Magnus*（2016）Vor §§ 249 Rn. 18; Staudinger/*Schiemann*（2005）Vor §§ 249 Rn. 42.
10) *Stoll*, Haftungsfolgen（1993）Rn. 205 ff.

絞って検討する。結論を先取りすれば，損害概念論についてと同様のことがここでも当てはまる。

2　責任制限理論の展開――規範目的説の通説化

前提として，これらの理論の展開を簡単に振り返ろう[11]。ドイツ民法典の起草者らは，一旦責任が設定されたならば，責任充足における損害賠償の範囲を因果関係のみによって画するという構想をとっていたが，これでは賠償範囲が広くなりすぎることが当初から認識されていた。そこで，主として責任充足の場面を念頭において展開されたのが，いわゆる相当因果関係説である。

しかし，これに対しては，次第に，責任設定の原因から切り離された抽象的・一般的な定式では有用な判断規準となりえないとの批判が向けられるようになった。こうした問題意識の下に，外国法の知見も踏まえながら，損害賠償を基礎づける規範の目的ないし射程を責任制限の規準とする見解が，エルンスト・ラーベル（Ernst Rabel）によって説かれた[12]。そして，戦後，エルンスト・フォン・ケメラー（Ernst von Caemmerer）によって，この規準が責任設定と責任充足のいずれにおいても有用なものとして唱道され[13]，ヘルマン・ランゲ（Hermann Lange）などの支持[14]を受けた結果，いわゆる規範目的説が（次に見る，その射程についての対立を措けば）瞬く間に通説化し，判例にも受容された[15]。

こうして，現在では，責任設定と責任充足のいずれについても，相当因果関係説に代えて，あるいはそれと並んで，規範目的説が適用されるというのが通説となっている[16]。

---

11)　より詳しくは，平井『損害賠償法の理論』（1971）43 頁以下等を参照。
12)　*Rabel*, Recht des Warenkaufs I（1936）S. 495 ff.
13)　*v. Caemmerer*, Problem des Kausalzusammenhanges（1956）S. 13. この論文については，前田（達）「Hans Stoll 著『不法行為法における因果関係と規範目的』（紹介）」（1970/1978）59 頁以下に詳しい紹介がある。
14)　*Herm. Lange*, Gutachten für den 43. Deutschen Juristentag（1960）S. 38 ff.
15)　BGH 22. 4. 1958（BGHZ 27, 137）.
16)　例えば，Staudinger[12]/*Medicus*（1980）§ 249 Rn. 48; Palandt[75]/*Grüneberg*（2016）Vor §§ 249 Rn. 28.

3 規範目的説の射程に関する対立と,その原因

(1) 学説の対立

もっとも,規範目的説の射程がどこまで及ぶかについては,争いがある[17]。上述のように,通説は,それが責任設定と責任充足のいずれについても適用されるものと理解する。このうち前者については,あまり異論は見られない。これに対し,後者の責任充足についてまで規範目的説を適用することに対しては,早い時期から,カール・ラーレンツ(Karl Larenz)やハンス・シュトル(Hans Stoll)といった有力な論者を中心に,異論が説かれている。

(2) その原因——通説の曖昧さ

こうした対立ないし混乱は,通説たる規範目的説自体に曖昧な点が多いことに起因するものと見られる。この点に関して,エルヴィン・ドイチュ(Erwin Deutsch)は,「規範目的説が成功を収めたのは,驚くべきことである」と言い,その理由の1つとして「構成要件規範(Tatbestandsnorm)と法律効果規範(Rechtsfolgenorm)のいずれの目的に着目するのか,あるいはその両者の目的なのかということが明らかにされていない」ことを指摘する[18]。

ここに言う「構成要件規範」とは,「利益または法益を,抽象的な,または過度の具体的な危殆化を禁止することによって,侵害から保護する」[19]規範であり,責任設定の構成要件レベルでその違反が問題となる具体的な行為義務[20]がこれに当たる。一方,「法律効果規範」とは,「実現した侵害によって生じた損害の賠償を命じる」[21]規範であり,別の個所では「損害賠償規範(Schadensersatznorm)」[22]とも言われている。損害賠償義務の発生を基礎づける823条以下およびその内容を定める249条以下が,これに当たる[23]。四宮和夫の用語法に

---

17) この点に関する,特に後続侵害への射程を念頭に置いた紹介として,既に四宮「不法行為法における後続侵害の帰責基準」(1983/1990) 290頁以下がある。
18) *Deutsch*, Allgemeines Haftungsrecht² (1996) Rn. 301. もっとも,この点は同書の初版において既に指摘されていたところ(*Deutsch*, Haftungsrecht (1976) S. 237),その後に出された論稿には,この点を意識したものが見られるようになっている(例えば,*Mädrich*, Das allgemeine Lebensrisiko (1980) S. 80 ff.; *Lang*, Normzweck und Duty of Care (1983) S. 33; *Spickhoff*, Gesetzesverstoß und Haftung (1998) S. 253 ff.; *ders.*, Folgenzurechnung, Karlsruher Forum 2007 (2008) S. 7 ff., 20 ff. 等)。
19) *Deutsch*, Allgemeines Haftungsrecht² (1996) Rn. 303.
20) 日本法で言うと,過失の前提となる行為義務がこれに対応する。
21) *Deutsch*, Allgemeines Haftungsrecht² (1996) Rn. 303.
22) *Deutsch/Ahrens*, Deliktsrecht⁶ (2014) Rn. 618.

従い[24)]，「構成要件規範」にのみ着目する見解を「個別的規範目的説」と，「法律効果規範」ないし「損害賠償規範」に（も）着目する見解を「全体的規範目的説」[25)]と，それぞれ称しておく。

(3) 有 力 説

以上の観点から，まずは規範目的説の責任充足への適用を否定する有力説の方を見ると，そこには次の2つの流れが見出される。

(a) 1つは，個別的規範目的説を前提とするものであって，シュトルなどがこれに属する。そこでは，「加害者の違反した行為規範……の目的は，責任設定の損害事実を回避することに尽きる」[26)]ため，それは責任を設定する一次侵害については確かに意味を持つけれども[27)]，それに続く後続損害が帰責されるかどうかは，そうした行為規範の目的からは読み取れないとされるわけである[28)]。

---

23) 日本法で言うと，民法709条の他，損害賠償の内容および方法を定める規定（民法710，711，722，723条等。見解によっては，416条も）がこれに当たる。

24) 四宮「不法行為法における後続侵害の帰責基準」(1983/1990) 300頁。そこでは，Mädrich, Das allgemeine Lebensrisiko (1980) が参照されているが，メートリッヒ自身がこうした用語を用いているわけではない。

25) 日本において，いわゆる「日曜日のサッカー」事件の教室設例について，窪田『不法行為法』(2007) 332頁が「保護範囲説によれば，保護法規の保護目的によって賠償範囲が決定されることになる。本件の場合，負傷について問題となる保護法規は，709条である」と言うのは，こうした理解を前提とするものと見られる。

26) *Stoll*, Haftungsfolgen (1993) Rn. 302.

27) *Stoll*, Kausalzusammenhang und Normzweck (1968) S. 14 ff.（この論文については，前田（達）「Hans Stoll 著『不法行為法における因果関係と規範目的』（紹介）」(1970/1978) 97頁以下に詳しい紹介がある）。

なお，こうしたシュトルの論述にもかかわらず，米村「法的評価としての因果関係と不法行為法の目的(一)」(2005) 591頁は，シュトルにおいては一次侵害事例についても「規範目的判断は『基本思想』としてそれらの準則に何らかの影響を及ぼすものとしてのみ位置づけられ，それ自体が独立の要件として責任の成否ないし帰責の範囲を決する余地は否定されている」と言う。その根拠は，「発生した法益侵害が行為者により侵害された社会生活上の義務によって抑止されるべき危険（Gefahr）の発現であるか否か」という「危険の帰責」の視点が重視されていることのようである。しかし，この視点はまさに本来の（個別的）規範目的説そのものに他ならないのであって，以上のような整理は適切と思われない。

28) *Stoll*, Kausalzusammenhang und Normzweck (1968) S. 11 ff., S. 27; *ders.*, Haftungsfolgen (1993) Rn. 302. 同旨を説くものとして，他に，*Schickedanz*, Schutzzwecklehre und Adäquanztheorie, NJW 1971, S. 919; *Gotzler*, Rechtmäßiges Alternativverhalten (1977) S. 103; *Mädrich*, Das allgemeine Lebensrisiko (1980) S. 88 f. 等がある。

それでは，この見解において責任充足の問題はどのように扱われることになるのかが問題となる。シュトルにおいては，一般に責任充足の問題とされるものが，後続侵害（Folgeverletzung）と損害計算（Schadensberechnung）の2つに分けられており，これは本書に言う責任範囲論と責任内容論とに対応する[29]。

　そして，後続侵害については，それが一次侵害の結果として被害者がさらされることになった，一般生活上の危険を超える特別な危険の実現に当たる場合に帰責が認められるとし，この思想は，危険増加の視点を含む相当因果関係の定式と親和的だとされる[30]。

　一方，損害計算については，完全賠償原則ないしそれと結びついた差額説を出発点としつつ，それを「損害塡補の趣旨・目的」によって具体化していくことが損害法の課題であるとする[31]。

　もっとも，この見解の中には，特にこうした区別に言及することなく，後続損害一般につき危険実現の有無を規準とするものもある[32]。

　(b)　もう1つは，全体的規範目的説を前提とするものであって，ラーレンツなどがこれに属する。ラーレンツは，「823条1項の領域においては，この規範の保護目的から後続結果帰責についての限界づけを見出すことはできない」と言う。それは，「法は，この規定（筆者注。823条1項）に列挙された法益および権利に対し，可能な限り包括的な保護を与えようとして」おり，「特定の後続損害が823条1項の保護目的に含まれないという論証は，法律に何らの根拠もないため説得力がない」ことによる。こうして，823条1項における後続結果帰責ないし責任充足の範囲については，なお相当因果関係の規準によるべきものとされるわけである[33]。

---

29)　同様の区分を明示的に採用するものとして，他に，*Sourlas*, Adäquanztheorie und Normzwecklehre（1974）S. 72 ff.; *Roussos*, Schaden und Folgeschaden（1992）S. 33 等がある。

30)　*Stoll*, Kausalzusammenhang und Normzweck（1968）S. 26 f.（「危険思考」が後続損害帰責の中心的視点となるとするヨーゼフ・ゲオルク・ヴォルフ〔Josef Georg Wolf〕の見解（*Wolf*, Normzweck im Deliktsrecht（1962）S. 45 ff.）を援用する）。もっとも，後の体系書においては，相当因果関係への言及は見られない（*Stoll*, Haftungsfolgen（1993）Rn. 302 ff.）。

31)　*Stoll*, Kausalzusammenhang und Normzweck（1968）S. 47 f. 実際，シュトルは，その後の論稿においてこの課題に本格的に取り組んでいくが，その内容については次章以下で扱う。

32)　*Gotzler*, Rechtmäßiges Alternativverhalten（1977）S. 46, 101.

33)　*Larenz*, Lehrbuch des Schuldrechts I[14]（1987）S. 444 f. 同旨を説くものとして，他に，*Friese*, Haftungsbegrenzung für Folgeschäden（1968）S. 60; *Lorenz-Meyer*, Haftungsstruktur und Minderung der Schadensersatzpflicht（1971）S. 23; Staudinger[12]/*Medicus*（1980）§ 249 Rn. 41 等がある。

ここでは，損害賠償規範に当たる823条1項に着目した上で，それが前提とする完全賠償原則ゆえに，その保護目的は包括的であり，そこから責任充足についての制限を導くことはできないとされている。もっとも，ラーレンツは，「確かに，立法者はここでも，通常全く起こりえないような損害については想定していなかったはずだというのは，そのとおりである。しかし，そうした損害は，正しく理解されたところの『相当』因果関係が必要とされることによって既に帰責から排除されるのである」[34]とも述べている。この論述からすると，ラーレンツは責任充足において規範目的説の適用を否定しているというより，仮に規範目的説を適用したとしても相当因果関係説と同一に帰すると述べているだけのようでもある。これによると，ラーレンツの見解は，次に見るU. フーバーの見解とほぼ異ならないことになる。

　なお，ラーレンツにおいて，相当因果関係が妥当する場面として言及されているのは，主として，被害者の素因の介在という後続侵害に当たる事例である[35]ことに留意を要する。

(4) 通　説

　他方，責任充足についてまで規範目的説を及ぼす通説においても，同様に，2つの方向性が見られる。

　(a)　個別的規範目的説から出発しつつ，その射程を責任充足にも及ぼすのは，ランゲの見解である。そこでは，「加害者が違反した，規範の背後にある義務と，この義務によって特定される保護範囲の検討」が必要であり，この点において823条2項と1項とで違いはないとされる[36]。その上で，「合理的に見たならば，違反された義務が，発生した結果をも考慮した上で定立されたものと理解できるかどうか」が常に問われなければならず，これは責任設定と責任充足のいずれについても妥当すると言うのである[37]。これは，一定の権利・法益の保護を直接の目的とする行為規範（ドイチュの言う「構成要件規範」）に着目しつつ，それが，そうした直接の目的に加えて，どこまでの結果をも考慮して設定されたものかを問うものである。

---

34)　*Larenz*, Lehrbuch des Schuldrechts I¹⁴ (1987) S. 445.
35)　同様の指摘として，米村「法的評価としての因果関係と不法行為法の目的(一)」(2005) 572頁。なお，注5) のゴットヴァルトによる指摘も参照。
36)　*Herm. Lange*, Gutachten für den 43. Deutschen Juristentag (1960) S. 45.
37)　*Herm. Lange*, Gutachten für den 43. Deutschen Juristentag (1960) S. 50.

第2節　責任充足と相当因果関係説・規範目的説

　もっとも，こうした理解においては，先のシュトルらの通説に対する批判が示すように，一定の権利・法益の保護に向けられた具体的な行為規範から，当該権利・法益の保護を超える目的を一体どのように読み取るのかという点が問題となるところ，この点は十分に明らかではない。

　(b)　むしろ，通説に属する見解のうちで，いかなる規範に着目するかという問題を自覚するものの中では，全体的規範目的説を前提とする見解の方が有力である。

　(ア)　この発想は，通説確立の契機となったケメラーの論述において既に窺われる。ケメラーは，初期の論稿において，先述のように規範目的説が責任設定と責任充足のいずれについても妥当するとしつつ，責任設定に関しては「違反された規範の保護目的」として，具体的な行為規範（いわゆる「構成要件規範」）の保護目的を論じる[38]。他方，責任充足に関しては，そうした具体的な行為規範にはほとんど言及されず[39]，むしろ「損害賠償の趣旨と目的」[40]とか「期待可能性および公平の問題」[41]といった視点が強調されている。

　さらに，その後の論稿においては，「行為規範の保護の方向性……にのみ着目するのは適当でない。そこで問題となるのは，有責な賠償責任者……への損害転嫁を規定する規範の射程である。それによって，同時に損害賠償の趣旨および機能が考慮されるのである」[42]と述べられており，「損害賠償規範」の保護目的に着目することがより明確にされた。

　(イ)　これに示唆を受けて，通説の立場をさらに理論化したのがウルリッヒ・フーバー（Ulrich Huber）である。フーバーは，責任設定の場面については，「その保護範囲（Schutzbereich）が問題となるところの規範とは，……823条1項においては，社会生活上必要な注意という概念を具体化することによって得られる具体的な行為規範である（よく誤解されているように，823条1項の規定それ自体などではない）」[43]として，個別的規範目的説の理解を示す[44]。

---

38)　*v. Caemmerer*, Problem des Kausalzusammenhanges（1956）S. 13 ff.
39)　*v. Caemmerer*, Problem des Kausalzusammenhanges（1956）S. 15 ff.
40)　*v. Caemmerer*, Problem des Kausalzusammenhanges（1956）S. 16.
41)　*v. Caemmerer*, Problem des Kausalzusammenhanges（1956）S. 19.
42)　*v. Caemmerer*, Bedeutung des Schutzbereichs einer Rechtsnorm, DAR 1970, S. 287.
43)　*U. Huber*, Verschulden, Gefährdung und Adäquanz, FS Wahl（1973）S. 313.
44)　米村「法的評価としての因果関係と不法行為法の目的(一)」(2005) 587頁以下は，本文で引用

一方，後続損害の帰責に関しては，完全賠償原則ゆえに，論証されるべきはむしろ同原則の例外であり，例外的に，「行為規範およびそれに組み込まれた損害賠償規範」が，当該後続損害をも考慮して設定されたのではないと見るべき場合がありうるとされる。「つまり，問題となるのは，行為規範と損害賠償規範の双方の規範の保護範囲である。と言うのも，そもそも後続損害は，損害賠償規範を経由して（auf dem Weg über die Schadensersatznorm）初めて法的意味を獲得する[45]からである」[46]。そして，上述の例外がどのような場合に認められるかについては，後続損害が一次侵害によりもたらされた「禁止された危険」の実現したものか，それとも「許された危険」ないし「一般生活上の危険」の実現したものかを規準とする[47]。これは，シュトルが後続侵害について

したフーバー自身の論述にもかかわらず，フーバーが一次侵害（責任設定）の事例において，個別の行為規範の保護目的に加えて，損害予防という損害賠償法全体の目的をも考慮に入れていると言う。そこで援用されるのは，「何重もの安全措置により保護された危険な技術による損害」に関するフーバーの論述である。フーバーは，該当箇所において，ある安全措置が忘れられた際に，他の全ての安全措置が機能しないというのはきわめて蓋然性の低いことだが，「にもかかわらず，その損害は安全規定の保護範囲に含まれる。なぜなら，それはまさにその他の安全措置が機能しないという稀な事例のために定められていることが明らかだからである。この事情の下では，相当性は疑わしいけれども，保護範囲説によって責任が肯定されなければならない。そうでなければ，誰も安全規定を遵守しなくなり，事故の際には，全員が他人の懈怠および相当性の欠如を援用できるということになってしまうだろう」と述べている（*U. Huber*, Verschulden, Gefährdung und Adäquanz, FS Wahl (1973) S. 319 f.）。

米村は，この最後の部分を捉えて，「不法行為法の損害予防機能ないし抑止機能に関連する理由づけが挙げられ」ているものと見るわけである。しかし，以上の引用部分は，ある規定を，その趣旨・目的に即して適用しなければ，当該規定の趣旨・目的は達成できないという，いわば当然のことを指摘するにとどまるのであって，だから規範目的説（フーバーの用語によれば，保護範囲説）が妥当だということにはなっても，損害賠償法の目的として損害予防機能・抑止機能があるとか，それが責任設定において意味を持つとかいうことについてのフーバーの含意を（上述のように，本人の明示的な論述に反してまで）読み取ることはできないと思われる。

45) 米村「法的評価としての因果関係と不法行為法の目的(一)」(2005) 585 頁は，おそらくこの部分を指して，フーバーは「ここで後続損害に法的な意義を付与するのはまさに規範の保護範囲であるという」とするが，本文から明らかなように，正確でない。この点は，フーバーにおける「保護範囲説」の意味を理解する上では重要な違いである。

46) *U. Huber*, Verschulden, Gefährdung und Adäquanz, FS Wahl (1973) S. 328. ランゲも，1976年の論文でこのような理解に転換した（*Herm. Lange*, Adäquanztheorie, Rechtswidrigkeitszusammenhang, Schutzwecklehre, JZ 1976, S. 205 f.）。同旨を説くものとして，他に，*Lang*, Normzweck und Duty of Care (1983) S. 58 ff., S. 97 ff.; *Spickhoff*, Gesetzesverstoß und Haftung (1998) S. 253 ff.; *ders.*, Folgenzurechnung, Karlsruher Forum 2007 (2008) S. 21 ff., 86 がある。

47) *U. Huber*, Verschulden, Gefährdung und Adäquanz, FS Wahl (1973) S. 321. これは，1969年の論文（*U. Huber*, Normzwecktheorie und Adäquanztheorie, JZ 1969, S. 677 ff.）では，「危険範囲

説くところと異ならず[48]。実際，そこで念頭に置かれているのはもっぱら後続侵害に当たる事例である[49]。

　(ｳ)　もっとも，以上の見解のように，いかなる規範の保護目的に着目するのかという問題を自覚的に論じるのは，この分野を専門とする一部の者に限られたことであり，一般の教科書・注釈書類においては，その点に触れられることなく——したがって，通説における２つの方向性のうちいずれを指向するのかも不明確なまま——規範目的説が「通説」として祖述されるという状況にある[50]。

4　小　括

このように，規範目的説は，少なくとも責任充足に関しては，以上のような曖昧さを抱えたまま，必ずしも熟慮に基づかずに通説化した。しかし，責任充足についていかなる規範の目的が意味を持つのかという点を自覚的に論じる論者らの間では，そこでは損害賠償規範の趣旨・目的が鍵を握るという理解が概ね共有されていると言える。そして，相当因果関係説ないし危険範囲説は，ま

説（Gefahrbereichstheorie）」（S. 682）と称されており，これが日本におけるいわゆる危険性関連説につながったことは（前田(達)『不法行為帰責論』(1978) 222頁，石田『損害賠償法の再構成』(1977) 55頁注４等），周知のとおりである。もっとも，本文から分かるように，1973年の論文においては，（全体的）規範目的説の枠内で同様の考慮がされている。

[48]　シュトルと同様，フーバーも，1969年の論文においてヴォルフの見解を援用していたから（U. Huber, Normzwecktheorie und Adäquanztheorie, JZ 1969, S. 681 Fn. 37），両者の見解の実質が異ならないのは，ある意味で当然である。

[49]　具体的には，第三者の行為や被害者の素因の介在によりさらなる権利侵害が後続する場合である。なお，注5）のゴットヴァルトによる指摘も参照。

[50]　例えば，Palandt[75]/Grüneberg (2016) Vor §§ 249 Rn. 29 ff.; Staudinger/Schiemann (2005) §249 Rn. 27 ff. 等。

　問題は，なぜこのような「驚くべきこと」（ドイチュ）が起きたのかである。これについては，推測する他ないが，当初のラーベルとケメラーについては，彼らが特に比較法に造詣が深かったことから，次のような見方がありうる。すなわち，責任設定と責任充足の分離（そして，後者における完全賠償原則）という，ドイツ法特有とされる要素を，英米のような制限賠償原則にできるだけ近づけようとしたということである。特に，当初のケメラーが，責任設定と責任充足とでは明らかに異質な考慮をしているにもかかわらず，その双方を「規範目的説」という同一概念で包摂しようとしたことの背景には，そうした主観的意図を窺えよう。

　これに対して，その後，学界において規範目的説が熟慮に基づかないまま通説化していったことの背景には，また別の要因を見出すことができる。これについては，のちに改めて触れる（第５章第３節を参照）。

さにそうした観点から，責任充足のうち責任範囲論（すなわち後続侵害の問題）について（少なくとも，それを主として念頭に置いて）損害賠償規範の趣旨・目的を明らかにしたものに他ならないと見ることができる[51]。そうすると，責任内容論の検討に当たっても，損害賠償規範の趣旨・目的を明らかにすることが有益と考えられる。

もっとも，損害賠償責任の内容を確定するためにはそれを基礎づける損害賠償規範の趣旨・目的を明らかにしなければならないというのは，「目的論的な規範解釈の帰結」[52]に他ならず，その意味で「当たり前のこと」[53]である。そうすると，結局，責任制限理論が責任内容論にとって持つ意味という観点から言うと，正しく理解された規範目的説は，責任内容論に関してはもはや責任「制限」理論ではなく[54]，このような「当たり前のこと」に注意を喚起する意味しか持たないことになる[55]。他方，そこで相当因果関係説（あるいは危険範囲説）

---

[51] *Spickhoff*, Folgenzurechnung, Karlsruher Forum 2007（2008）S. 22（「相当因果関係説もまた責任規範……の目的から導かれる」）。

[52] Staudinger¹²/*Medicus*（1980）§249 Rn. 43.

[53] *Lorenz-Meyer*, Haftungsstruktur und Minderung der Schadensersatzpflicht（1971）S. 23.

[54] *Fikentscher/Heinemann*, Schuldrecht¹⁰（2006）Rn. 592 が，「『規範目的説』——正しく理解されたそれ——は，『責任を制限する』理論ではなく，責任を基礎づけ，それがどこまで及ぶかを定める理論（Theorie zur Haftungsbegründung und Haftungserstreckung）である」と述べるのも，同じ趣旨である。

なお，おそらくこの部分につき，前田（達）「Hans Stoll 著『不法行為法における因果関係と規範目的』（紹介）」（1970/1978）96頁は，「責任根拠付けの，責任拡大の理論」と訳する（さらに，米村は，この訳に従った上で〔米村「法的評価としての因果関係と不法行為法の目的（一）」（2005）568頁〕，その記述が，規範目的説に立つ論者の責任範囲拡大化の必要性という問題関心を的確に表現したものだと言う〔前掲622頁，640頁注214〕。この点については，注8）も参照）。

しかし，原文のHaftungserstreckung（-erweiterungではない）を「責任拡大」と訳すならば，そこでの一連の論述は，一体何からの「拡大」を念頭に置いているのかが分からず，意味不明なものとなってしまう。実際，その箇所でフィケンチャーが言わんとしていることは，「規範適合的でなければならないのは，因果関係（Verursachung）だけではない。損害（その主体と態様に関して），因果関係，有責性および賠償すべき利益（とりわけ，後続損害）もまた，規範との関係において重要（有意）でなければならない」ということであり，その「核心は，全ての要素の規範関連性ないし規範相当性ということである」（前掲箇所）。そこに，責任の（「何からの」かはともかく）拡大の必要性などといった問題関心は窺われない。

[55] したがって，結局，それをことさら「全体的規範目的説」などと称する必要もない。むしろ，こうした「当たり前のこと」と，責任制限理論として相当因果関係説と並ぶところの（個別的）規範目的説とは明確に区別すべきであり，それらを同じ「規範目的説」の名の下で捉えることは，有害ですらありうる。

に当たる発想が意味を持つかどうかは，以下の検討の中で自ずと明らかになろう。

第3節　本書の検討対象

1　関連条文

「損害賠償規範」に当たるもののうち，責任の成否を定める規定（823条以下）は主として責任成立論に関わるものだから，以下での検討の対象とすべきは，その内容および範囲に関する規定である。それらの中には，本章の冒頭でも述べたように，契約責任と不法行為責任の総則的規定として定められているものと，不法行為についての特則として定められているものとがある。以下に，それらの規定を掲げる[56]。

(1)　総則的規定

249条（損害賠償の方法と範囲）
　(1)　損害賠償の責任を負う者は，賠償義務を基礎づける事情がなかったならば存在するであろう状態を回復しなければならない。
　(2)　身体の侵害または物の毀損により損害賠償をしなければならないときは，債権者は，原状回復に代えて，そのために必要な金額を請求することができる。物の毀損の場合においては，第1文により必要とされる金額は，それが現実に課される場合および限度に限り，売上税を含む[57]。

250条（期限の指定に基づく金銭による損害賠償）
　債権者は，賠償義務者に対し，原状回復のために相当の期限を指定して，その期限経過後は原状回復を拒絶する旨の意思表示をすることができる。適時に原状回復がされないときは，債権者は，その期間経過後において，金銭賠償を請求することができる。この場合においては，原状回復を請求することができ

---

[56]　これらの規定は，ドイツ民法典が成立してから現在に至るまで，その本質的な内容に変更はないものの，いくつかの点で改正を受けている（次注以下参照）。次章以下の論述では，改正前の議論についても，現在の条数等を用いて説明することにし，引用の場合には，括弧書きで現在の条数等を示すことにする。
[57]　この第2文は，2002年の損害賠償法改正によって付加されたものである。その経緯については，次章で触れる。

第1章　ドイツ不法行為法・損害賠償法の基本構造

ない。
251条（期限の指定によらない金銭による損害賠償）
　(1)　原状回復が不能であるとき，または債権者にとって不十分であるときは，賠償義務を負う者は，金銭による賠償をしなければならない。
　(2)　原状回復が不相当な費用を要するときは，賠償義務を負う者は，金銭による賠償をすることができる。侵害を受けた動物の治療によって生じた費用は，それが動物の価値を著しく上回っただけでは不相当とならないものとする[58]。
252条（逸失利益）
　賠償すべき損害は，逸失利益を含む。事物の通常の経過に基づき，または既になした措置および準備その他の特別な事情に基づき，蓋然性をもって期待することができた利益は，逸失利益とする。
253条（非財産損害）
　(1)　財産損害以外の損害については，法律に定める場合に限り，金銭による賠償を請求することができる。
　(2)　身体，健康，自由または性的な自己決定の侵害を理由として損害賠償をすべきときは，財産損害以外の損害についても，金銭による適切な賠償を請求することができる[59]。
254条（共働過失）
　(1)　損害の発生に際して被害者の有責性が共働したときは，賠償の義務およびなすべき賠償の範囲は，一方または他方の当事者が主として損害を生じさせた範囲その他の事情を考慮してこれを定める。
　(2)　被害者の有責性が，債務者が知らず，また知るべきでもなかった，異常に高い損害の危険を債務者に警告しなかったこと，または損害の回避もしくは軽減を怠ったことに限られるときも，前項と同様とする。この場合においては，278条（履行補助者責任）の規定を準用する。

---

[58]　この第2文は，1990年の「民法における動物の法的地位を改善するための法律」によって付加されたものである。これについては，第4章で触れる。
[59]　ドイツ民法典成立当初は，この第2項に当たる規定は，不法行為法に関する特則として847条に置かれていた。しかし，非財産損害の賠償を不法行為の場合に限るのは妥当でないとの批判がかねてからなされていたことを受け，2002年の損害賠償法改正において，それを総則に移したのが第2項である。その際，併せて性的な自己決定が保護法益に含められた。

(2) 不法行為に関する特則

842条（人身侵害における賠償義務の範囲）
　人に対する不法行為に基づく損害賠償義務は，その行為が被害者の現在または将来の収入に関してもたらした不利益に及ぶ。
843条（定期金または一時金払い）
　(1) 身体または健康の侵害により，被害者の稼働能力が喪失もしくは減少し，または需要が増加したときは，被害者に対し，定期金の支払いによって損害賠償をしなければならない。
（2項から4項は省略）[60]

2 基本構造
これらの規定は，特に総則的規定に即して言うと，以下のような構造をとる。
①　加害者は，原則として，賠償を義務づける事情が生じなかったならば存在するであろう状態を回復しなければならない（249条1項）。これは，自然的原状回復（Naturalrestitution）と呼ばれる。
②　「身体の侵害または物の毀損」の場合には，被害者は，①に代えて，原状回復に必要な金額を請求できる（249条2項1文）。
③　原状回復が不可能または不十分である場合は，加害者は，金銭による賠償をしなければならない（251条1項）。これは，しばしば補償（Kompensation）と呼ばれる[61]。
④　原状回復が可能ではあるが不相当な費用がかかる場合には，加害者は，③と同様に金銭による賠償をすることができる（251条2項前段）。
⑤　被害者の方からも，原状回復に期限を定めることで，その経過により，③と同様に金銭による賠償を請求できる（250条）。
⑥　以上に対し，損害の発生に被害者の有責性が寄与した場合などには，共働過失（過失相殺）による減額がされる（254条）。
③〜⑤に言う「金銭による賠償」の内容については，さらに若干の規定があ

---

60) この他，不法行為に関する特則として，一定の場合にいわゆる間接被害者の賠償請求を認める844条，845条の規定がある。
61) MünchKommBGB[7]/*Oetker*（2016）§251 Rn. 1; NK-BGB[3]/*Magnus*（2016）§251 Rn. 2.

る。それによると、⑦賠償すべき損害には逸失利益も含まれる（252条）一方、⑧非財産損害は、身体・健康等一定の法益が侵害された場合（253条2項）その他法律に特別の定めがあるときにのみ金銭による賠償がされる（253条1項）。なお、以下では、③〜⑤に言う「金銭による賠償」と②原状回復費用の賠償（これも、現象的には「金銭による」賠償である）との区別を明確にするため[62]、前者を「補償としての金銭賠償」と呼ぶことにする。

なお、842条および843条は、基本的に249条以下の一般原則を確認したものに過ぎないというのが通説である[63]。

以上のうち、①自然的原状回復と⑤期限の指定に基づく金銭賠償は、実際上ほとんど使われないため、あまり重要視されていない。ただし、①自然的原状回復がほとんど使われないとしても、②原状回復費用賠償は重要な機能を果たしているということには、留意を要する。

3 次章以下の叙述の順序

以上から、ドイツ民法典における損害賠償法は、人損・物損について、①、⑤、⑥等を度外視して大まかに言うと、「原則としての原状回復費用賠償・それが不可能ないし不相当に高額な場合における補償としての金銭賠償」という2段階の基本構造をなしていることが分かる。これに対応して、しばしば前者は「原状回復（Restitution）」として、補償と対置される[64]。以下では、原則としてこのような意味で、すなわち、自然的原状回復と原状回復費用賠償とを含むものとして「原状回復」の語を用いる。

次章以下では、この2段階、すなわち249条2項1文（第2章）と251条（第3章）に即して、その基礎にある規範的評価を明らかにしていく。

---

62) 次章において紹介するとおり、この両者の区別が曖昧になっていったことが、ドイツ損害賠償法の混迷の一因だった。
63) Staudinger[12]/*Medicus*（1980）§252 Rn. 2. もっとも、843条1項については、需要の増加が生じたこと自体が既に損害であるとして、実際の支出の有無を問わずに賠償を認めるのが通説である。その理論的意義については、次章で述べる。
64) MünchKommBGB[7]/*Oetker*（2016）§251 Rn. 1; NK-BGB[3]/*Magnus*（2016）§249 Rn. 3.

第2章　ドイツ民法典249条——原状回復

　本章では，249条の原状回復，とりわけ2項1文の定める原状回復費用賠償について，その基礎にある規範的評価の解明を試みる[1]。同条については，ドイツ民法典制定当時から最近に至るまで興味深い議論の変遷があり，これはドイツ損害賠償法全体の理解にとって重要な意味を持つと考えられる。そこで，以下では，基本的に時系列に即して議論の展開を追っていく。

　その際，ドイツ民法典制定以降の時期については，議論の推移に鑑み，1960年頃まで（第1期），1990年頃まで（第2期），それ以降（第3期）の3つに区分して検討する（いずれも，大まかな区分にとどまる）。

第1節　普通法時代の学説

　原状回復のうち，自然的原状回復については，その歴史は中世から近世にかけての自然法学派にさかのぼるとされる[2]。そこでは，いわゆる民事責任と刑事責任の分化が完成し，前者の損害塡補機能が重視されるようになった。そして，自然的原状回復は，そうした機能を最もよく実現しうるものとして，金銭賠償に対し優先的な地位を与えられていた。

　これに対し，ローマ法を継受した普通法学説においては，当初はもっぱら金

---

1) 念のため，あらかじめ断っておくと，以下で自然的原状回復の沿革等について紹介するのは，あくまで原状回復費用賠償の基礎にある規範的評価の解明に資するためであって，それ自体が日本法にとって——例えば，賠償方法としての原状回復を認めるべきかどうかといった問題に関して——何らかの意味を持つという趣旨ではない。
2) この点に関する以下の叙述は，*Wolter*, Prinzip der Naturalrestitution in §249 BGB（1985）S. 21 ff.; HKK/*Jansen*（2007）§§ 240-253, 255 Rn. 16 ff. に負う。また，自然法学派による不法行為法理論の展開については，原田『日本民法典の史的素描』（1954）374頁以下［初出1943］，平井「責任の沿革的・比較法的考察」（1984/2011）13頁以下等を参照。

銭賠償を認めるものが支配的だった。しかし，19世紀後半に入ると，それと並んで自然的原状回復による賠償をも認める学説が次第に有力化してきた。

1　モムゼン

その代表として，普通法時代における損害賠償法を完成させたと見られているフリードリヒ・モムゼン（Friedrich Mommsen）の見解を見ておこう[3]。

(1)　概　要

モムゼンによると，「利益」とは「加害事実後におけるある者の現在の財産状態と，当該事実がなければ存在するであろうその者の財産の額との差」[4]と定義され，それが損害賠償の対象となる。この定式は，賠償されるべき損害は侵害された物が万人に対して有している価値（「物の価値」〔Sachwert〕）に限られず，「物が債権者の財産にとって有する特別な価値」もまた賠償される[5]とする点，そして後者の指標として侵害前後の財産総額の差に着目する点にポイントがある。これにより，財産損害については，積極損害であると消極損害であるとを問わず[6]，（少なくとも論理上）完全な賠償が認められることになる反面，非財産損害の賠償は認められない[7]。

こうした理解は，（財産）損害を「総体財産の減少」として把握し，その減少を「塡補」するものとして損害賠償を捉えるという思考様式にその特徴がある[8]。後に見るように，何かと何かとの「差」を問題とする見解は他にもありうるところ，以降の論述では上記のような思考様式を指して「差額説」と呼ぶことにする。

(2)　自然的原状回復の位置づけ

このように，モムゼンにおいては「総体財産の減少」としての財産損害が賠

---

[3]　モムゼンの利益論について，詳しくは，北川「損害賠償論の史的変遷」（1963）31頁以下，樫見「ドイツにおける損害概念の歴史的展開」（1996）213頁以下，内海「訴訟における損害賠償額の確定に関する一考察（一）」（2011）21頁以下等を参照。
[4]　*Mommsen*, Zur Lehre von dem Interesse（1855）S. 1.
[5]　*Mommsen*, Zur Lehre von dem Interesse（1855）S. 16.
[6]　*Mommsen*, Zur Lehre von dem Interesse（1855）S. 134.
[7]　*Mommsen*, Zur Lehre von dem Interesse（1855）S. 122.
[8]　モムゼンの学説の理解についてはこれと異なる見方もありうるところだが（潮見「人身侵害における損害概念と算定原理（一）」（1991）515頁を参照），本章の目的との関係では，後世の学説によってどのように理解されたかを確認しておけば足りる。

償の対象となるが，だからと言ってその賠償方法が金銭賠償に限定されていたわけではなかった。

彼は，評価（Schätzung）が「利益」のメルクマールかどうかということを論じる文脈で，次のように述べている。「形式訴訟の時代に妥当していたローマ法によれば，評価が先行することなしに利益の賠償を命じる判決がされることはなかった。しかし，これは利益の概念から出てくるのではなく，むしろいかなる有責判決も金銭を目的とするものでなければならなかったことだけがその原因だった。それゆえ，今日の法において，加害の事実によって被害者の財産から失われた対象を現実に（in Natur）給付できる場合には，評価を行う理由はない」[9]。また，窃盗や物の占有侵奪の事例に関して，「ここでは2通りの解釈がありうる。（1つには，）被害者が加えられた損害の塡補を求める訴えを，直接には利益を対象とするものと見ることができる。これによると，盗まれまたは無理やり取得された物の原状回復（Restitution）は利益の給付の主要な部分に当たることになり，多くの場合利益の評価は不要となろう。……しかし，ここで問題となっている事例における債務を，利益ではなく盗まれまたは奪われた物を本来の対象とする原状回復の債務と見ることもできる。……どちらの解釈も実際上は同じ結論に至るが，我々にとっては前者がより自然である」[10]とされる。

このように，モムゼンにおいても，自然的原状回復が賠償方法の1つとして認められていた。それは，賠償対象としての「利益」を給付するための1つの手段に他ならず，これによりその「評価」が省略できるという点にのみ，金銭賠償との相違ないしそれに対するメリットがあるに過ぎないものだった[11]。

2　ヴィントシャイト

以上のようなモムゼンの利益論は，ドイツ民法典の起草に大きな影響を与えたベルンハルト・ヴィントシャイト（Bernhard Windscheid）に受け継がれた。それに伴い，自然的原状回復の位置づけについても基本的に同様の理解がとら

---

9) *Mommsen*, Zur Lehre von dem Interesse（1855）S. 12 f.
10) *Mommsen*, Zur Lehre von dem Interesse（1855）S. 14.
11) *Wolter*, Prinzip der Naturalrestitution in §249 BGB（1985）S. 76（モムゼンの理解と，自然法思想において自然的原状回復が中心的な意味を持っていたこととの温度差を指摘する）。

れるが，そこには見過ごせない違いも見られる。すなわち，ヴィントシャイトは，債権者が金銭以外の物を奪われた場合について，「その場合，債権者の請求権は第1に当該物を対象とし，当該物の給付が不可能または強制できない場合に限り，評価によって定められる金額を対象とする」と述べる[12]。

　ここでは，モムゼンにおいて「利益」給付の1つのありうる手段として位置づけられていたに過ぎない自然的原状回復が，目的物が金銭以外の場合に限ってではあるものの，一次的な手段として位置づけられていることが注目される。これは，普通法時代の学説にあっては特異な見解と言うことができるが[13]，そうした理解をとることにつき，特に説明は見られない[14]。

第2節　ドイツ民法典起草過程における議論

　これらの普通法学説を念頭に置きつつ，次に，ドイツ民法典の起草過程における議論を追う[15]。

I　キューベル部分草案

1　条　文

　フランツ・フィリップ・フォン・キューベル（Franz Philipp von Kübel）によるいわゆる部分草案のうち，249条以下の規定に直接または間接に関連するのは，次のものである[16]。

---

12)　*Windscheid*, Lehrbuch des Pandektenrechts II/1 (1865) S. 28 Fn. 5.
13)　*Wolter*, Prinzip der Naturalrestitution in § 249 BGB (1985) S. 75 ff.
14)　結論としては，かつての自然法学説と同様となっているが，その影響を受けた形跡は窺われない。むしろ，ヴィントシャイトによる後の記述を踏まえると，いわゆる債務転形論の発想が影響を及ぼしたのではないかと推測される。すなわち，教科書の後の版においては，本文に引用した記述の後半部分が「当該給付が不可能または直接的に強制できない場合に限り，金銭給付への転形（Verwandlung）が生じる」と変更されている（*Windscheid*, Lehrbuch des Pandektenrechts II⁷ (1891) S. 31 Fn. 6)。なお，ヴィントシャイトにおける債務転形論については，森田『契約責任の法学的構造』(2006) 37頁以下［初出1986］の指摘も参照。
15)　249条以下の規定の起草過程を紹介するものとして，内海「訴訟における損害賠償額の確定に関する一考察（二）」(2011) 118頁以下がある。本書における以下の叙述は，自ずから，責任内容のための実体規範という視点に重きをおいたものとなる。
16)　*W. Schubert* (Hrsg.), Vorlagen der Redaktoren für die erste Kommission. Recht der Schuld-

第2節　ドイツ民法典起草過程における議論

　14条1項　違法な行為の結果として加害者によりもたらされた財産損害の賠償は、被害者が被った財産上の損失と、この者が失った利益とを含む[17]。

　15条1項　損害賠償の義務を負う者は、被害者に対し、この者が違法な作為または不作為によって占有を奪われたものを現物で返還し、滅失または悪化したものを以前の状態に回復し、またこの者に生じたその他の損害を全て賠償しなければならない。

　　　2項　とりわけ、加害者は、占有を奪われた金銭にはその期間の利息を付けて、その他の代替物は同等の種類、量および質の物により返還しなければならず、非代替物は増加分、一緒に占有を奪われた付属物および加害者が取得し、かつ被害者が取得できたであろう果実を含めて返還しなければならない。

　　　3項　損害賠償の義務を負う者が、違法に占有を奪われまたは毀損された物を返還または回復することが不可能であるときは、この者は加害の時点における物の価値を賠償しなければならない。価値の算定に当たっては、共通の取引価値とそれが被害者との関係により被害者にとって有する特別な価値とが共に考慮されなければならない。

　18条　奪われた利益となりうるのは、事物の通常の経過または既になされた措置または準備に基づき被害者が期待できたものに限られる。

2　キューベルによる説明

　キューベルの説明によると、14条は「損害の概念およびその賠償されるべき範囲」を定めるものであり、「それに続く規定は、そこから生じる個々の帰結に関わるものである」。そこでは、過責の程度による賠償範囲の段階づけは否定され、財産損害については「差額説」が採用される[18]。

　次に、15条は、こうした損害の賠償について、上述のような普通法学説に従い、「まずは奪われた物の給付がなされ、それが不可能な場合に限り、金銭

---

verhältnisse I (1980) S. 655 f.
17)　これに続く第2項では、普通法時代の一般的な学説とは異なり、非財産損害の賠償が定められている。この点は、ドイツ損害賠償法の理解にとって重要なものであるが、本章の目的とは直接に関わらないため、以下の紹介の対象とはしない。非財産損害をめぐる起草過程の紹介として、植林『慰藉料算定論』(1962) 22頁以下、斉藤「非財産的損害の金銭賠償とドイツ民法典」(1971) 1031頁以下がある。
18)　W. *Schubert* (Hrsg.), Vorlagen der Redaktoren für die erste Kommission. Recht der Schuldverhältnisse I (1980) S. 59.

給付への転化が生じる」との枠組を採用する。具体的には，1項前段が現物の返還や以前の状態への回復といった「自然的原状回復」を原則として規定する。これについては，モムゼンやヴィントシャイト，自然法思想の影響の下にこの原則を採用するプロイセン一般ラント法やオーストリア一般民法[19]を引用しつつ，それが「損害塡補のための，手っ取り早くかつ自明の手段」であることを理由とする。中段は，自然的原状回復に関して特に重要な点につき定めたものとされる。そして，そのような自然的原状回復が全部または一部不可能な場合について金銭賠償を定めるのが後段であり，そこでは当該物が被害者にとって有する特別な価値も考慮されるとして，「差額説」の理解が確認される[20]。

3 特 徴

原状回復の理解との関連で注目されるのは，14条においてまず賠償されるべき損害について定めた上で，それに続く15条において初めて自然的原状回復の原則が掲げられていることである。こうした順序と，キューベルによる説明からすると，ここでは，14条で定められたところの損害を塡補するための手段として自然的原状回復が位置づけられていることが窺える。これは，財産損害に関する限り，モムゼンの理解と一致する。

もっとも，15条の規定は，主として物損を念頭に置いた書き方になっている。そのため，自然的原状回復の原則については，キューベルの説明においては一般的にそれを第一次的な原則とする旨が示されているものの，規定自体に明確な形でそれが示されているとは言いがたい[21]。また，原状回復費用賠償については，普通法学説におけると同様，まだ想定されていない。

---

19) プロイセン一般ラント法第1部6章79条 損害が生じたときは，全てを可能な限り加害の前に存在していた状態に回復しなければならない。
　　オーストリア一般民法1323条1項 生じた損害を賠償するためには，全てを以前の状態に回復し，それが実現不能である場合は，評価価格を補償しなければならない。
20) *W. Schubert* (Hrsg.), Vorlagen der Redaktoren für die erste Kommission. Recht der Schuldverhältnisse I (1980) S. 64 ff.
21) 第1委員会議事録にも，「この原則は，草案自体に一義的な形で表明されてはおらず，物の侵奪および毀損に関する15条の規定の基礎に据えられている」との記述が見られる (*Jakobs/Schubert* (Hrsg.), Beratung des Bürgerlichen Gesetzbuchs I (1978) S. 86)。

第2節　ドイツ民法典起草過程における議論

Ⅱ　第1委員会における審議

1　自然的原状回復の原則の採否

以上のキューベル草案をめぐる第1委員会の審議では，まず，自然的原状回復の原則自体を採用するかどうかが議論された。一方では，賛成の立場から，それを一般的な形で法典に取り入れる修正提案が出された[22]。他方で，反対の意見も出された。それによると，この原則の下では「債権者は多くの場合に不利な立場に置かれる」。例えば，「以前の状態の回復が可能かどうか疑わしい場合や，債務者が協力的でない場合」がそれである。そこで，「金銭により損害が賠償されることを原則とし，特に物の占有侵奪の場合や権利侵害が継続する場合などについて一定の例外を認める方が適切ではないか」とされる[23]。

審議の結果，委員会の多数は自然的原状回復の原則の採用を支持するに至った。それによると，「この原則は法の論理に適う。これを否定する一般的規定は，ときには債権者にとって，ときには債務者にとって妥当でない。これに対し向けられた疑問は，債務者の作為に向けられた請求権を有する債権者に，非協力的な債務者に対しては金銭的利益による賠償を求める権限を与える旨の規定を，関連する節に設けさえすれば，ほとんど無意味なものとなるだろう」[24]。ここでも，「法の論理」とは何を意味するかなどについての立ち入った説明は見られない点において，キューベルの解説と大差はない。

2　自然的原状回復の内容

こうして，自然的原状回復の原則を採用する旨の決議がされた後，審議の対象は15条の各規定の定め方に移った。その結果，1項および2項はいずれも，

---

[22]　ヴィントシャイトとゴットリープ・プランク（Gottlieb Planck）によるものである。その内容は，それぞれ，「損害賠償とは，違法な行為または不作為がなかったならば存在するであろう状態の回復であり，この回復が不可能な場合には，金銭による等価物の給付である」，「損害賠償の義務を負う者は，違法な作為または不作為がなかったならばあるであろう状態を回復し，被害者に，これによって塡補されない全ての財産損害を金銭で賠償しなければならない。かつての状態の回復が不可能である限りにおいて，それによって被害者に生じた財産損害を同様に金銭で賠償しなければならない」というものだった（*Jakobs/Schubert* (Hrsg.), Beratung des Bürgerlichen Gesetzbuchs Ⅰ (1978) S. 83 ff.）。

[23]　*Jakobs/Schubert* (Hrsg.), Beratung des Bürgerlichen Gesetzbuchs Ⅰ (1978) S. 88.

[24]　*Jakobs/Schubert* (Hrsg.), Beratung des Bürgerlichen Gesetzbuchs Ⅰ (1978) S. 89.

当然のことを定めたに過ぎないか，この原則に適合的でないとして，削除されることになった[25]。そこで「自然的原状回復」として何が理解されていたかということとの関係では，1項に言う「悪化」の場合には以前の状態の回復は不可能である場合が多いとされていることと，2項に言う代替物の調達について，目的物滅失の場合には自然的原状回復は不可能であるとの理解を前提に，当該規定は上記原則に反するとされていることが注目される。つまり，ここでは部分草案におけるよりも狭い意味で「自然的原状回復」が理解されているわけである。

Ⅲ 第1草案とそれに対する批判

1 第1草案の関連規定

その後，編集委員会によって作成された第1草案の関連規定は以下のとおりである。

> 218条 損害賠償がなされる場合，賠償すべき損害は，被った財産上の損失と逸失利益とを含む。
> 逸失利益となりうるのは，事物の通常の経過または特別な事情，特に既になした措置および準備に基づき蓋然性をもって期待することができた利益に限られる。
> 219条 債務者は，損害賠償を義務づける事実が生じなければ存在したであろう状態を回復することによって損害賠償をしなければならない。この回復が不可能であるか，または債権者の補償のために不十分である場合は，債権者に対し金銭による賠償をすることで損害賠償をしなければならない。
> 220条 損害賠償として客体の価値が賠償されるときは，共通の取引価値だけでなく，客体が被害者にとってその特別な関係に基づき有している価値もまた基準となる。

一方，第1委員会の議事録に見られた，「非協力的な債務者に対して金銭的利益による賠償を求める権限を与える旨の規定」に当たるものは，未だ見られない。

---

25) *Jakobs/Schubert* (Hrsg.), Beratung des Bürgerlichen Gesetzbuchs I (1978) S. 87 ff.

2 理由書の説明

これらの規定につき，理由書は以下のように説明する。ここでは，218条と219条に関するもののみを紹介する。

218条は，「財産損害の賠償が義務づけられる場合に，その義務がどこまで及ぶかという問題について定める」。その趣旨は，「損害賠償義務の下で理解されるのは，全ての利益（Interesse）を給付することへの義務づけである」ということであり，その帰結として，加害者の過責の程度による段階づけや，直接損害と間接損害の区別は採用しないとされる[26]。要するに，ここではモムゼンの「差額説」を採用することが明らかにされているわけである。

219条は，「損害賠償がなされるべき方法」について，自然的原状回復の原則を定めたものである。この原則は，今日の制定法にも取り入れられているし，また「事物の本性（Natur der Sache）をその内に含んでおり，法の論理にも適う。これを否定する一般的規定は，ときには債権者にとって，ときには債務者にとって妥当でない」とされる[27]。また，普通法学説として，キューベルの解説におけると同様，ヴィントシャイトが引用される。既に議事録の記述に見られた「法の論理」に，さらに「事物の本性」という表現が加えられているものの，やはりいずれも具体的な説明はない。

さらに，自然的原状回復が実際に用いられる例として，詐欺・強迫の被害者が，取消しの可能な期間が経過した後でも，原状回復請求として同様の結果を得られること，物権的請求権が認められる（有体）物に限らず，原状回復可能な全てのものを回復できることが挙げられている。

3 デーゲンコルプによる批判

第1草案の公表後，損害賠償法の領域に関しては，ハインリヒ・デーゲンコルプ（Heinrich Degenkolb）により厳しい批判がなされた[28]。これが，ドイツ民

---

26) Motive zu dem Entwurfe eines Bürgerlichen Gesetzbuches II (1888) S. 17 f = *Mugdan* (Hrsg.), Materialien zum Bürgerlichen Gesetzbuch II (1899) S. 512. 第1草案218条については，第2委員会以降の展開も含めて，山田＝来栖「損害賠償の範囲および方法」(1957) 183頁注1を参照。
27) Motive zu dem Entwurfe eines Bürgerlichen Gesetzbuches II (1888) S. 19 f. = *Mugdan* (Hrsg.), Materialien zum Bürgerlichen Gesetzbuch II (1899) S. 11.
28) 以下の紹介は，論旨を分かりやすくするためにデーゲンコルプによる叙述の順序を組み替えている。

法典制定後も含めたこの後の展開に重要な意味を持つことになる。

彼の批判は，自然的原状回復を損害賠償の一態様として規定すること，さらにそれを金銭賠償に優先する原則として規定することの2点に向けられる。

(1) 損害賠償としての自然的原状回復への批判

まず，第1点については，自然的原状回復と金銭賠償との異質性を以下のように説く。前者は自然的な侵害を自然的に回復するものであるのに対し，後者は財産の減少を金銭によって回復するものであり，両者はその対象を異にする。そして，第1草案は218条において財産の減少を損害としている以上，そこでの損害賠償概念は金銭賠償に限られなければならない。実際，自然的原状回復は概念上いまだ完結していない変化に対して向けられるものであり，既に完結した過去の損害を除去するものではなく，むしろその発生を将来に向けて阻止するものである。完結した損害は，（それが財産の減少である以上）金銭による代償によってのみ賠償される[29]。

そして，彼は，この両者の相違を権利侵害と損害の相違に関連づける。すなわち，彼によると，既得の権利の対象となっていない利益の喪失も，逸失利益として損害に含まれることから，権利侵害と損害とは明確に区別されるべきである。したがって，権利の追求（Rechtsverfolgung）と損害の追求（Schadensverfolgung）もまた区別されなければならない。しかし，彼は他方で，直接の権利貫徹のみが権利追求のあり方ではなく，権利の転形（Rechtsverwandlung）による場合もあるとし，その一例が積極損害（damnum emergens）であるとする。すなわち，そこでは侵害された権利の客体の代償が給付されるのであり，その点で，既得の権利とは言えない将来の収入の見込みに対する代償が問題となる逸失利益（lucrum cessans）と区別されるとする。その上で，「私の見る限り，逸失利益……との関係では，自然的原状回復の思想は，その形式上の一般性からするとそれを完全に包摂しなければならないはずであるにもかかわらず，後退する。これに誤りがなければ，この対立（積極損害と逸失利益）はさらに意味を持つ。（すなわち，）自然的原状回復の思想全体は，損害法に特有の思想ではない。それはむしろ権利の貫徹から出てくる思想なのである」[30]と言う。

デーゲンコルプによると，金銭賠償と自然的原状回復は以上のように異質な

---

29) *Degenkolb*, Der spezifische Inhalt des Schadensersatzes, AcP 76 (1890) S. 20 f.
30) *Degenkolb*, Der spezifische Inhalt des Schadensersatzes, AcP 76 (1890) S. 75 f.

ものであり，本来は前者のみを「損害賠償」と呼ぶべきである。それらを「損害賠償」の名の下で一括することは，本来異なって扱われるべきものが同じに扱われる危険をはらむというわけである[31]。

(2) 自然的原状回復の「原則」への批判

次に，自然的原状回復を原則とすることについては，実用性に乏しく，オーストリアなどでも金銭賠償を認めるために恣意的に自然的原状回復の不能を認めているし，加害者による原状回復の適切性をめぐって再度争いが生じる恐れもある，などと批判する[32]。こうした批判は，第1草案において非協力的な債務者への対処に関する規定が結局置かれなかったことから生じたものと言える。

Ⅳ 第2委員会における審議

1 218条，220条に関する修正提案

この第1草案についての第2委員会における審議では，上記の3条それぞれについて帝国司法庁準備委員会による修正提案が出された。それらは，218条については，その位置を219条の後ろに変えた上その内容を逸失利益のみに関するものとし，220条については削除するというものだった。

審議では，前者は表現の問題であるということで編集会議に委ねることとされ[33]，後者は，220条の内容は218条の原則から当然に出てくるという理由で承認された[34]。

2 219条に関する修正提案

219条については，8つもの修正提案が出されており，審議が紛糾したことが窺える。このうち，帝国司法庁準備委員会案以外の7つは，その全てが第1草案で採用された自然的原状回復の原則を放棄し，金銭賠償を原則とする内容

---

31) *Degenkolb*, Der spezifische Inhalt des Schadensersatzes, AcP 76 (1890) S. 21.
32) *Degenkolb*, Der spezifische Inhalt des Schadensersatzes, AcP 76 (1890) S. 65.
33) Protokolle der Kommission für die zweite Lesung I (1897) S. 291 f. = *Mugdan* (Hrsg.), Materialien zum Bürgerlichen Gesetzbuch II (1899) S. 510; *Jakobs/Schubert* (Hrsg.), Beratung des Bürgerlichen Gesetzbuchs I (1978) S. 98 f.
34) Protokolle der Kommission für die zweite Lesung I (1897) S. 297 = *Mugdan* (Hrsg.), Materialien zum Bürgerlichen Gesetzbuch II (1899) S. 515; *Jakobs/Schubert* (Hrsg.), Beratung des Bürgerlichen Gesetzbuchs I (1978) S. 101.

第2章 ドイツ民法典249条——原状回復

だった。一方，同委員会による修正提案は，次のようなものだった。

> 1項　損害賠償の義務を負う者は，賠償を義務づける事情が生じなかったならば存在するであろう状態を回復しなければならない。回復が不可能であるかまたは債権者の補償にとって不十分である場合は，賠償義務者は債権者に対し金銭による賠償をしなければならない。
> 2項　債権者は，回復に代えて，回復を行うために賠償義務者が要したであろう費用の額を請求することができる。回復が不相当な費用によってのみ可能なときは，賠償義務者は，回復が不可能な場合と同様に金銭による賠償をすることができる。

2項1文は，第1委員会で積み残されていた，債務者が非協力的である場合に関する規定である。もっとも，ここでは「賠償義務者が要したであろう」額が賠償されることになっており，本来の自然的原状回復の原則との関係は必ずしも明らかでない。むしろ，債務者が原状回復に協力しないことによって不当な利得を受けることの防止を狙っているようにも見える[35]。一方，第2文は，現在の251条2項1文に対応するものである。

もっとも，この2項には，下位提案および追加提案が付けられている。まず前者は，上記提案の「賠償義務者が要したであろう」という部分を「必要な」と変更することを提案する。これは，議事録によると，「自然的原状回復が拒絶された場合に，債務者が要した費用ではなく，債権者自身が原状回復を行うために必要な額を金銭で請求することを認める点において，この者の地位を改善する」[36]趣旨のものである。ここにおいて，原状回復費用賠償とは被害者が自ら自然的原状回復を行えるようにするためのものであるとの理解が示される。一方，後者は，「債権者が定めた相当な期間内に回復が行われないときは，債権者は金銭による補償を請求することができる」との1文の追加を提案するものである。

これらの規定は，デーゲンコルプによる上述の批判のうち2点目，すなわち

---

[35]　U. Picker, Naturalrestitution durch den Geschädigten (2003) S. 95 は，「不当利得に準じる」ものと評する。

[36]　Protokolle der Kommission für die zweite Lesung I (1897) S. 295 = *Mugdan* (Hrsg.), Materialien zum Bürgerlichen Gesetzbuch II (1899) S. 513.

自然的原状回復を「原則」とすることによる不都合の指摘に応えたものと見ることができる[37]。

3 帝国司法庁準備委員会案の承認

審議の結果，他の7つの修正提案は全て否決され，帝国司法庁準備委員会によるこの修正提案は，上述の下位提案および追加提案と併せて承認された。これにつき，議事録では以下のように説明されている[38]。

① 7つもの修正提案の反対にもかかわらず自然的原状回復の原則が維持されたことについては，「特に物の占有が違法に奪われた場合や，不法行為によって法律関係の変動がもたらされた場合には，権利侵害の除去のために自然的原状回復は欠かせないものである」との説明が見られる。これは，第1草案理由書までは見られなかった理由づけであり，先に見たデーゲンコルプの見解を反映したものと見られる。つまり，ここではその見解が，自然的原状回復とは権利の追求を目的とするものであるとの見方の限りで受け入れられているわけである。

また，反対の立場においては第1草案219条の解釈につき誤解があるとして，「本来の状態の回復というのは，加害以前に存在していたのと同じ状態が再び回復される場合にのみ語りうる。それゆえ債権者は，代替物の毀損に対する賠償として同種の他の物を受け取ることを強制されることはないし，毀損された物の修補によって以前の状態が回復されるかどうかは，事案ごとの事情によって異なる」とされる。ここでも，第1委員会における議論と同様，自然的原状回復の範囲を狭く理解することが確認されているわけである。

② 2項1文が，下位提案によって修正された形で承認されたことについては，「㋐多くの場合，毀損された物の回復を請求する代わりに，新しい物と取り替える方が債権者の利益に適うし，㋑原状回復は債務者またはその選んだ作業員がその物に働きかけることを必要とする場合がきわめて多いが，これを甘受することは債権者に期待できない。加えて，㋒原状回復が適切になされたか

---

37) HKK/*Jansen* (2007) §§ 240-253, 255 Rn. 50 (249条2項は「デーゲンコルプの批判に基づいて付加された」とする).
38) Protokolle der Kommission für die zweite Lesung I (1897) S. 296 f. = *Mugdan* (Hrsg.), Materialien zum Bürgerlichen Gesetzbuch II (1899) S. 513.

第 2 章　ドイツ民法典 249 条——原状回復

どうか，債権者がそれを賠償として受領しなければならないかどうかという問題について，紛争が生じやすい。それゆえ，原状回復に必要な額を金銭で請求する権利が債権者に与えられなければならない」とされる（記号は筆者による）。

これらの理由づけのうち，④⑤は，被害者が自ら自然的原状回復を行えるようにするという下位提案の当初の趣旨と整合的である。これに対し，⑦については，後に述べるように問題がある。

③　2 項 2 文については，「信義誠実の原則」の要請とされている。また，追加提案については，「債権者が自然的原状回復の行われるのを待たなければならない期間が際限なく広がることがあってはならない」と説明される。

さらに，②で述べた，原状回復費用賠償に関わる規定については，議事録の別の箇所においても言及されており，起草者らの理解を慮る上で参考になる。それは，現行のドイツ民法 843 条に対応する第 1 草案 726 条に関する部分である。そこでは，人損における治療費の賠償について，その実際の支出に先立ち，加害者には先払いが義務づけられる旨の規定を付加する提案がなされたが，以下のような理由で否決された[39]。「ここでは，本来の意味での先払いは問題とならない。支出を必要とするところの損害は既に発生しているのであり，被害者は，支出をしなければならなくなったことについて賠償を受けるのであって，支出をしたことについてではない。治療費の請求は，この者が費用を支払い，または少なくともその義務を負ったときに初めてなしうるものでないことは，219 条 1 項の現時点での規定ぶりにおいて，『そのために必要な金額』とあることから導かれる。この規定に重ねて先払い義務への言及をすることは，誤解を招きかねないだけである」。

4　編集会議案の承認

以上の審議を受け，編集会議により改めて 219 条の文案が作成され，再度第 2 委員会の審議にかけられた。その 1 項は第 1 草案 219 条 1 項と同じであり，2 項は上述の追加提案と，4 項は第 1 草案 219 条 2 項 2 文と，それぞれほぼ同一の内容である。3 項は，次の内容である。

---

39)　Protokolle der Kommission für die zweite Lesung II (1898) S. 628 f. = *Mugdan* (Hrsg.), Materialien zum Bürgerlichen Gesetzbuch II (1899) S. 1112.

「債権者は原状回復に代えて，その実現のために必要な金額を請求することができる。」

これに対して，再度，当初の第1草案219条2項1文とほぼ同内容の修正提案（「債権者は，回復に代えて，回復を行うために賠償義務者が要したであろう金額を請求することができる。」）が出されたが，委員の多数の受け入れるところとはならなかった。これに関し，議事録では次のように述べられている。「219条は，その議決された形式においては，債権者に原状回復と，それに必要な金額の支払の請求権とを原則として同時に与えるものであると多数派は理解する。従前の決議を実質的に変更する理由はなく，単に他の規定の仕方によって219条の趣旨を明確にするかどうかだけが問題である。結局，被害者の選択的な権利についての説明では，物の毀損または人の傷害が問題となる事例しか出てこず，そのためこれらの事例に関してのみ債権者の選択権が確立したものと見るべきだということが確認された」。

ここで，物の毀損または人の傷害しか問題とならないとされるのは，起草者らにおいて自然的原状回復の範囲が狭く捉えられていたことと関係する。それによると，物の滅失などの場合には，自然的原状回復はもはや不可能であるため，そのために必要な費用ということも問題とならないわけである。

上述の修正提案に関しては，「委員会は，主張された損害の計算は不合理かつ非実用的なものと考える。不合理と言うのは，損害は被害者の財産に基づいて算定されなければならず，その基準は加害者の個人的な事情に求められてはならないからである。非実用的と言うのは，他人が何を支出し，その結果被害者が何を請求しなければならないかは，被害者には分からないことが多く，また賠償義務者が具体的な事案において専門家であった場合には，賠償額が低くなりすぎることが多いからである」[40]とされる。

V　第2草案からドイツ民法典成立まで

以上の審議を受け，編集会議によって第2草案が作成された。その213条は，条文の構成等を除けば成立当初の249条から251条までとほぼ同じである。第

---

40) Protokolle der Kommission für die zweite Lesung I (1897) S. 511 ff. = *Mugdan* (Hrsg.), Materialien zum Bürgerlichen Gesetzbuch II (1899) S. 514 f.

2委員会の審議を受けて，現在の249条2項1文に当たる213条1項2文において，「身体の侵害または物の毀損により損害賠償をしなければならないときは」という限定が付されたことが，ここでは重要である。

また，214条は現在の252条と同文である。「財産上の損失」に関する言及は，当然のことであるとして削除され，逸失利益のみが規定されることとなった。

その後，連邦参議院へ提出する前に，編集会議でさらに体裁に関する修正が施された結果，成立当初のドイツ民法典と同文の規定が完成するに至った。

Ⅵ 小 括

1 概 要

以上の立法過程から，次のことが読み取れる。

① 損害賠償の内容については，249条1項において自然的原状回復が原則とされており，補償としての金銭賠償は例外的にのみ認められる。これは，多くの批判にもかかわらず，部分草案の段階から一貫して維持された。その理由づけは，当初は抽象的な説明にとどまっていたが，デーゲンコルプの批判を受けて，第2委員会において新たな説明が登場した。それが，自然的原状回復は権利侵害の除去のために不可欠だというものである。デーゲンコルプの批判により，自然的原状回復は実用上問題があるということはこの時点で既に知られていたわけだが，それでもなお起草者らは，以上のような観点から，自然的原状回復の原則を維持したわけである。

② 何が自然的原状回復に当たるかについては，第1委員会以降，狭く理解されていた。例えば，目的物滅失の場合には，代物の調達はおよそこれに含まれず，また，物の修繕がこれに当たるかどうかは具体的事情によるとされる。

このうち，少なくとも前者については，①の点と整合的だと言うことができる。と言うのも，自然的原状回復を権利侵害の除去を目的とするものと捉えるならば，目的物が滅失した場合には当該目的物の所有権は既に消滅している以上，その侵害の除去はもはや不可能ということにならざるを得ないからである。

③ 原状回復費用賠償は，当初の狙いとしては，加害者に代わって被害者が自ら自然的原状回復を行うことを可能にするために定められた。この点は，当初の帝国司法庁準備委員会案では明らかでなかったが，その下位提案およびそ

れについての議事録の説明によって明らかになった。また，その請求は実際の支出に先立ってすることができると理解されていた。その賠償が身体の侵害または物の毀損の場合に限定されたのは，②のような自然的原状回復の狭い捉え方によるものである。

④　例外的に補償としての金銭賠償がされる場合，その内容に関しては「差額説」が妥当するとの理解が，第1委員会の時点から異論なく共有されていた。その趣旨を定める規定の一部が残存したものが，252条である。

2　原状回復の意義

さて，本章の問題関心から重要なのは，以上の起草過程において原状回復がどのように位置づけられていたか，とりわけ「差額説」（したがってまた，補償としての金銭賠償）との関係がどう理解されていたかである。これは，自然的原状回復と原状回復費用賠償とに分けて考える必要がある。

(1)　まず，自然的原状回復については，第1草案の段階までは，「事物の本性」，「法の論理」といった抽象的な理由しか示されず，その独自の存在意義がどこにあるのか必ずしも明らかでなかった。また，賠償すべき損害の範囲につき「差額説」を採用する規定（218条）が，自然的原状回復を定めた規定（219条）の前に置かれていた。これらの点からすると，第1草案までは，自然的原状回復もまた「差額」としての損害を前提とするものであり，補償としての金銭賠償とはただ賠償の態様が異なるに過ぎないと理解されていたと見るのが自然である。これは，先に見たように，モムゼンやヴィントシャイトの見解とも一致する。

しかし，デーゲンコルプの批判を経て，第2委員会の審議に至った段階で，以上のような理解は根本的に変更されたと見るべきである。デーゲンコルプにおいても，その批判を意識していた第2委員会においても，自然的原状回復は権利の追求ないし貫徹という思想から導かれるものであり，それによって権利侵害が除去されるという点に，補償としての金銭賠償に対する固有の意義が認められるという認識は共有されていたと考えられる[41]。

こうした理解によれば，ドイツ民法における「損害賠償」の中には，権利の

---

41)　以上の点については，後に紹介するシーマンの論述（第4節Ⅱ4(1)）も参照。

追求ないし権利侵害の除去を目的とするところの自然的原状回復と,「差額説」に依拠した（デーゲンコルプの用語に従えば,「損害追求」を目的とする）補償としての金銭賠償とが混在することになる。言い換えれば，そこにはそもそも目的を異にする異質なものが含まれることになる。まさにこの点が，デーゲンコルプの批判した点の1つだったわけであるが，それが立法者の選択だったことになる[42]。

(2) これに対し，原状回復費用賠償の位置づけについては，起草者らの理解はきわめて曖昧である。

一方で，既に述べたように，これが被害者自ら自然的原状回復を行えるようにするために設けられたことには疑いがない。しかし，他方で，原状回復費用賠償に関する議事録の記述には,「⑦新しい物と交換することが被害者の利益に適う」との説明が見られた。起草者らは上述のように自然的原状回復を狭く理解しており，代物の再調達はおよそこれに含まれないものとされていたから,「新しい物との交換」は自然的原状回復には当たらないはずである。そうすると，起草者らの理解を整合的に説明しようとする限り，被害者は原状回復費用を自然的原状回復に使用しなくてもよいということになる。これは，原状回復費用賠償は被害者が自ら自然的原状回復を行えるようにすることを目的とするとの理解にはなじみにくい。

また，現在の843条に対応する第1草案726条に関する第2委員会議事録には，原状回復費用賠償について,「支出をしなければならなくなったことについての賠償」との説明が見られた。ここでは，自然的原状回復を被害者自ら行うための手段という視点は希薄化しており，むしろ，支出の必要性自体を財産損害と捉え，その塡補に向けられたものとして原状回復費用賠償を理解するという，後の必要損害論と同様の発想を見てとることができる。もっとも，このような理解が明確な姿を伴って現れるには，第2期における学説をまたねばならない。ここでは，ひとまず，原状回復費用賠償に関する起草者らの理解が曖昧さを抱えたものだったということだけ確認しておこう。

---

[42] この点に関し，第2委員会議事録には,「以前の状態の回復と金銭賠償とを対置させるのでなく，損害賠償の概念の下に一括することによって，立法技術がかなり簡単になり，繰り返しを避けることができる」との記述が見られる（*Mugdan* (Hrsg.), Materialien zum Bürgerlichen Gesetzbuch II (1899) S. 513)。

第3節　第1期における学説・判例──原状回復の埋没

　以上のように，ドイツ民法典の起草者らは，少なくとも自然的原状回復については，補償としての金銭賠償に対する固有の存在意義を見出していた。しかし，これは次第に忘れ去られていくことになる。本節では，概ね1960年頃までの学説・判例に即して，その過程をたどる。

　なお，前節に述べたところから明らかなように，251条の財産損害については「差額説」の枠組で理解することにつき，起草過程では疑いが持たれていなかったし，現在でも，少なくとも一般論としてはそれがなお通説である。本章においては，こうした理解をひとまず所与のものとして検討を進める[43]。

I　自然的原状回復の理解

　まず，自然的原状回復について初期の学説がどのように理解していたかを見る。もっとも，この点が直接に論じられることは，この時期において多くないため，損害概念に関する議論などから間接的に読み取ることができるに過ぎない。

1　位置づけ

　ドイツ民法典成立後の損害概念論においては，「差額説」とドイツ民法典の条文との関係をどう理解するかというのが1つの問題だった。と言うのも，そこでは自然的原状回復および非財産損害の（例外的）賠償という，一見「差額説」とはなじみにくい要素が取り入れられているからである。当時の学者らは，この点を矛盾なく説明できる損害概念の構築を試みた。そして，彼らにおける自然的原状回復の位置づけは，そうした損害概念によって規定されることになる。

(1)　自然的損害論

　そうした議論のうち，最も伝統的なものが，自然的損害概念などと呼ばれる

---

43)　そうした理解の背後にある真の規範的評価を探求するのは，次章の課題となる。

第2章　ドイツ民法典249条——原状回復

こともあるものである[44]。その代表として，ハンス・アルブレヒト・フィッシャー（Hans Albrecht Fischer）とルートヴィヒ・エンネクツェルス（Ludwig Enneccerus）の見解が挙げられる[45]。以下では，この両者による論述を対比しながら紹介する。

　(a)　損害の理解——財産損害と非財産損害の総称としての「自然的損害概念」

　(ア)　フィッシャーは，その著書の冒頭で，日常用語的な意味から出発して「損害とは，法主体が自己の法益の侵害によって被った不利益である」[46]と述べた後，「民法典において特に，そしてまず第1に規律されるのは財産損害である。しかし，ドイツ民法においては既に253条の文言……から，『財産損害』は下位概念に過ぎず，他の法益についての不利益もまた損害賠償法における損害と認めなければならない」[47]とする。そして，財産損害について，「価値の総体としての財産は損害賠償法における利益（Interesse）に対応する。損害は計算操作によって，つまり加害の事実の結果生じた現在の財産状態と，損害事実の介在がなければあったと認められる観念上の財産状態との比較によって確定される。……この思考形式は財産損害の確定には不可欠である」[48]として，「差額説」と同旨を述べる。

　以上の論述の冒頭に掲げられた「法益の侵害によって被った不利益」という部分が「自然的損害概念」などと呼ばれたりするのだが，こうした損害概念が以降の叙述で再度登場することはない。

　(イ)　エンネクツェルスもまた，「損害とは，我々が自らの法益（財産，身体，生命，健康，名誉，信用，出世，就業能力など）に対して被った全ての不利益である」と切り出すものの，すぐに「しかし，損害賠償の義務づけは財産損害に限

---

44)　こうした呼称は，特にいわゆる規範的損害論の登場後，それまでの一般的な理解を規範的損害論と対比させる場合に用いられるようになったものである。Mertens, Begriff des Vermögensschadens（1967）S. 21 f., 24 ff., 32 f.; *Lange/Schiemann*, Schadensersatz³（2003）S. 27等を参照。

45)　フィッシャーの見解の紹介として，吉村「ドイツ法における財産的損害概念」（1980）796頁以下がある。この他，自然的損害概念を用いるこの時期の文献として，*Crome*, System des deutschen bürgerlichen Rechts II（1902）S. 63; Staudinger⁵ᐟ⁶/*Kuhlenbeck*（1910）S. 37; *Kreß*, Lehrbuch des Allgemeinen Schuldrechts（1929）S. 280 ff.; Soergel⁹/*R. Schmidt*（1959）§§ 249-253 Rn. 1 ff. 等がある。

46)　*Fischer*, Der Schaden nach dem Bürgerlichen Gesetzbuche（1903）S. 1.

47)　*Fischer*, Der Schaden nach dem Bürgerlichen Gesetzbuche（1903）S. 3.

48)　*Fischer*, Der Schaden nach dem Bürgerlichen Gesetzbuche（1903）S. 21.

られるのが原則であるため，法律用語における『損害』の語は通常財産損害の意味で用いられる」とし，その後は「差額説」の定式を初めとして，もっぱら財産損害に関する叙述が続く[49]。

(ウ) このように，冒頭で損害全般につき「法益の侵害によって被った不利益」として日常用語的な定義を与え，その後直ちに「損害には財産損害と非財産損害とがある」，「特に前者が重要である」などとして財産損害についての説明に移るという叙述スタイルは，現在でもなお教科書・注釈書類に見られる[50]。しかし，それらの書物においても，フィッシャーやエンネクツェルスと同様，その後「自然的損害概念」は二度と登場しない。このことから，それは財産損害と非財産損害とを包摂する名称に過ぎず，法技術的意味を持つものではないと言える[51]。これは，要するにモムゼンが損害＝財産損害と捉えていたところに非財産損害を付加しただけであり，253条1項の規定に合わせて彼の見解を修正しつつ，基本的に維持する見解と見ることができる。

(b) 自然的原状回復の位置づけ──財産損害（および非財産損害）の塡補　こうした理解においては，自然的原状回復の意義についても，自ずからモムゼンと同様の理解に傾くことになる。

(ア) まず，フィッシャーによると，自然的原状回復は「財産損害と非財産損害のどちらにも適するし，一度に両方の態様の損害（の賠償）をもたらすことが多い。かつての状態が完全に回復されれば，被害者は自己の利益を正確に計算する必要がなくなる……。そうした完全な塡補は，金銭賠償においては最初から諦めざるを得ない」[52]。

ここでは，自然的原状回復においては差額の計算が省略できるという指摘に加え，非財産損害をも対象としうるという点に，その意義が認められている。後者は，ドイツ民法に合わせて非財産損害を損害概念に取り込んだことの帰結であり，当然ながらモムゼンの説明には見られなかったものである。しかし，その点を措き，財産損害に限って言えば，彼と同様，「自然的原状回復は財産損害の塡補に向けられたものである」との理解が維持されている。

---

49)　*Enneccerus*, Lehrbuch des Bürgerlichen Rechts I/2[10] (1927) S. 40. 注45) に掲げた文献も，これと概ね同様である。
50)　Palandt[75]/*Grüneberg* (2016) Vor §§ 249 Rn. 9 ff. 等。
51)　もっとも，注44) も参照。
52)　*Fischer*, Der Schaden nach dem Bürgerlichen Gesetzbuche (1903) S. 156.

(イ)　一方，エンネクツェルスには，興味深い論述が見られる。そこでは，ドイツ民法において損害賠償とは「ある者を，賠償を義務づける事実がなかったならばあったであろうのと可能な限り同じ財産状態に置くこと」(圏点筆者)であるとされ，彼はこの理解を249条1項と251条1項とを組み合わせることで得たのだと言う[53]。この説明には，自然的原状回復を財産損害賠償の一態様と見る理解が端的に表れている。他方で，フィッシャーにおけるような自然的原状回復の存在意義に関する叙述はもはや見られない。

(c)　小　括　　以上を要するに，「自然的損害概念」とは財産損害と非財産損害の総称に過ぎず，モムゼンの「差額説」をドイツ民法典に合わせて修正したものであって，その本質は同じである。したがって，そこでは，自然的原状回復は財産損害(および非財産損害)に対する賠償の一手段に過ぎないことになる。財産損害に限って言えば，自然的原状回復は補償としての金銭賠償とその目的を同じくし，ただその態様においてのみ異なるというわけである。

(2)　具体的損害論

このように本質的に「差額説」が維持される中で，かなり早い段階で異を唱えたのがハンス・ヴァルスマン(Hans Walsmann)であり，直後にパウル・エルトマン(Paul Oertmann)によってほぼそのまま支持されるに至った[54]。

(a)　内　容　　彼らの論述はいずれも，損益相殺の文脈で損害概念に言及するものである。ヴァルスマンによると，損害の理解については2通りの解釈がありうる。1つは「抽象的な」理解であって，「損害事実の発生後の主体の財産の額と，当該事実が生じなかったならば形成されたであろう額との差」であり，もう1つは「具体的な」理解であって，「法主体が財産における財産構成要素(Vermögensbestandteil)の剥奪または毀損という形で被った不利益」である。その注において，「財産と財産構成要素はここでは対立する概念として用いている。財産とは総体であり，財産構成要素とはそれぞれの独立した客体(法益〔Rechtsgut〕)である」と説明されている。

---

53) *Enneccerus*, Lehrbuch des Bürgerlichen Rechts I/2¹⁰ (1927) S. 41. 同様の記述は，自然的損害概念を用いるものではないが，既にプランクにも見られる(*Planck*, Bürgerliches Gesetzbuch II (1900) S. 17)。

54) *Walsmann*, Compensatio lucri cum damno (1900) S. 10 f; *Oertmann*, Vorteilsausgleichung beim Schadensersatzanspruch (1901) S. 6 ff. これらの見解の紹介として，北川「損害賠償論序説(一)」(1963) 9頁以下がある。

その上で，どちらも論理的にはありうる解釈であるが，「第1の解釈においては，自然的原状回復を損害の概念から完全に切り離さなければならない。と言うのは，自然的原状回復はそのような差額により表される抽象的な価値の大きさを対象とするのではなく，変化の具体的な内容を直接的に除去することで生じなかったことにするものだからである」。これに加えて具体的な損害概念の単純さ，明確さを指摘した上で，財産損害については後者の理解が妥当であるとする[55]。

(b) 自然的原状回復に関する意義と限界　これらの見解は，自然的原状回復と法益に被った具体的な損害とを結びつける点に特徴がある。その点で，この見解は自然的原状回復に固有の存在意義を明らかにする契機を有していたと言える。しかし，おそらく以下のような理由から，結局そうはならなかった。

第1に，そもそも彼らの損害論の主眼は損益相殺の解釈論，具体的に言うと，「差額説」を採用したのでは必然的に全ての利益を算入せねばならず不都合であるという点にあった。そのため，彼らの叙述においては，「法益に対しての」損害という点よりもむしろ「具体的な」損害という点，すなわち損害把握の具体性という点にウェイトが置かれていた[56]。そこでは，デーゲンコルプが重視したような権利侵害と（財産）損害との異質性という視点は受け継がれなかった。

第2に，この見解は，自然的原状回復を「差額説」から説明することができないとの前提に立ち，ドイツ民法において自然的原状回復が採用されていることから必然的に具体的損害概念が導かれるとするようであるが，その前提自体が必ずしも正しくなかった。先に紹介したモムゼンやフィッシャーの見解から明らかなように，差額としての財産損害を塡補するための一手段として自然的原状回復を位置づけることも，論理的には十分成り立つのである。

---

55) *Walsmann*, Compensatio lucri cum damno (1900) S. 10 f.
56) こうした視点を推し進めた見解として，*Möller*, Summen- und Einzelschaden (1937); *Keuk*, Vermögensschaden und Interesse (1972) が挙げられる。前者については，北川「損害賠償論序説（一）」(1963) 10頁以下を，後者については，吉村「ドイツ法における財産的損害概念」(1980) 829頁以下等を，それぞれ参照。

なお，この点に関し，エルトマンは，「具体的」損害という表現はミスリーディングかも知れないが，他によい表現が浮かばないと述べていた（*Oertmann*, Vorteilsausgleichung beim Schadensersatzanspruch (1901) S. 7）。しかし，そこで憂慮されているのは，有体物の侵害に限定するという趣旨の誤解であって，本文に述べたような観点ではない。

以上に加え，彼らの見解が財産損害から「差額説」の要素を完全に排除してしまった（ように，少なくとも他の論者らの目には映った）[57]ため，多くの論者がこれを受け入れがたいものとして拒絶したことや，「『差額説』によると非財産損害が把握できない」という瑣末な批判[58]を伴っていたことも相俟って，自然的原状回復との関係で彼らの具体的損害論が有する含意は理解されることがなかった。

(3) 事実状態比較説

(a) 損害の理解とその意義　(ア) 一方，おそらくはこれらの見解の影響を受けて，自然的損害概念とは少し異なる説明をする見解も見られるようになった。その先駆はハインリヒ・ジーバー（Heinrich Siber）であり，その後の教科書類には，これに追従するものが多く見られるようになった[59]。

彼もまた，「損害とは，ある者が，自己の財産を含むその生活上の利益（Lebensgüter）につき被った不利益である」と，上述の自然的損害概念と同様の叙述から始めるが，それに続けて「それ（損害）は加害の事実，責任原因がなければあったであろう状態と，この事実の結果存在する状態との間の，権利者にとって不利益な差異の内に存する」と述べる[60]。

その上で，ヴァルスマンらが言う具体的損害と抽象的損害との区別は，「損害概念ではなく，賠償の態様に関わるものに過ぎない」（圏点筆者）とする。さらに，「損害とは差（Differenz）であるとの一般的表現は，いかなる損害も計算によって表される2つの価値の間の差であるというように誤解されてはならない。そのように理解すると，非財産損害が捕捉できなくなってしまう」と言う。

---

57) 例えば，フィッシャーは，「エルトマンとヴァルスマンは，具体的な捉え方こそが唯一の正しいものであると示そうと試みた」と述べている（Fischer, Der Schaden nach dem Bürgerlichen Gesetzbuche (1903) S. 22）。

　　もっとも，後にエルトマンは，注釈書において，自説は「具体的」損害概念を利益概念にとって代わる唯一のものとする趣旨ではないと釈明している（Oertmann, Recht der Schuldverhältnisse I^5 (1928) S. 44）。

58) こうした批判は，「差額説」によるところの財産損害と，非財産損害とを包摂する上位概念を作り出すだけで回避できる。そして，既に見たように，自然的損害概念の内実はまさにそのようなものだった。

59) 例えば，Heck, Grundriß des Schuldrechts (1929) S. 37; Leonhard, Allgemeines Schuldrecht (1929) S. 136 f.; Esser, Schuldrecht (1949) S. 70 等。論文として，やや時代は下るが，Zeuner, Schadensbegriff und Ersatz von Vermögensschäden, AcP 163 (1963) S. 382 f.

60) Planck^4/Siber (1914) S. 67.

(イ)　これは，一見すると「差額説」からの重要な転回であるようにも見える。しかし，この見解においても，事実状態比較という説明が出てくるのはそこだけであり，後はもっぱら財産損害と非財産損害との二分論の下で叙述が進められていく。つまり，事実状態比較というレトリックが法技術的意味を持たされていない点で，自然的損害論と違いはない。そうすると，この見解は，具体的損害論による批判を受けて，「差額説」によって非財産損害の賠償や自然的原状回復を説明することに不安を覚えたがために，上記のような説明でその点を補強する趣旨に出ただけのものであり[61]，財産損害と非財産損害を総称する概念がより「差額説」になじむものとなった点にのみ自然的損害概念との違いがあるに過ぎないと言える。

　(b)　自然的原状回復の位置づけ　このように，この見解が自然的損害概念と実質的に異ならないとすると，自然的原状回復の位置づけについても同様の理解がとられることになる。つまり，自然的原状回復と補償としての金銭賠償とは，いずれも「事実状態の差」としての損害（その実質は，財産損害＋非財産損害）を塡補するものである点でその本質を同じくし，その違いは，——先の引用部分にも現れているように——「賠償の態様」に過ぎない。こうした理解を反映してか，この見解をとる文献においては，自然的原状回復の存在意義についての記述は特に見られなくなっている。

　(4)　客観的損害論とその後

　(a)　内　容　このように，自然的損害論を表現上修正した事実状態比較説が有力化する中，1931 年にロベルト・ノイナー（Robert Neuner）の革新的な論文が現れ，大きな反響を呼んだ[62]。

　ノイナーは，その論文の冒頭で，「差額説」と対立する見解としてヴァルスマンらを引用し，その見解が，「差額説」が抱えるとされる多くの問題を解決する手がかりとなりうることを示唆する[63]。そして，自らも「財産損害を……

---

[61]　先のジーバーの引用部分（(3)(a)(ア)末尾）の他，*Zeuner*, Schadensbegriff und Ersatz von Vermögensschäden, AcP 163（1963）S. 382 f.（「このような見方（事実状態比較説）においては，非財産損害を把握し，自然的原状回復の原則を合理的に理解することにもはや困難はない」）を参照。

[62]　ここでは，本章の目的に必要な限度の言及にとどめる。紹介として，北川「損害賠償論序説（二・完）」（1963）41 頁，吉村「ドイツ法における財産的損害概念」（1980）817 頁以下，若林「法的概念としての『損害』の意義（一）」（1996）690 頁以下等がある。

[63]　*Neuner*, Interesse und Vermögensschaden, AcP 133（1931）S. 278 f.

財産的価値ある利益，すなわち取引において金銭で取得・譲渡できる財貨の侵害と定義し，この利益を客観的に評価する」という見解を提唱する[64]。その根拠として，不法行為に基づく損害賠償は物権的請求権などの「権利追求的な請求権」と同質であり，その目的が「絶対権とそれに対応した状態のサンクションにある」ことが挙げられる。そこでは，先に見たデーゲンコルプの見解が肯定的に引用される[65]。さらに，「債権者が不法行為訴訟によって自然的原状回復を請求する場合にも，債務者は債権者の（差額説の意味での）財産的利益がないとの反論をすることができない」ことにも言及する[66]。

(b) 自然的原状回復に関する意義とその後の展開　ノイナーにおいては，デーゲンコルプや起草者らが理解していたような権利の追求という視点が明確に表れている。それにもかかわらず，これによっても自然的原状回復に固有の存在意義が広く認識されるところとはならなかった。その理由は，おそらく以下の諸点にある。

第1に，「サンクション（Sanktion）」という言葉が，必ずしも権利追求ということの表現として適切なものではなく，そもそも彼の見解が的確に理解されること自体に障害があった[67]。

第2に，自然的原状回復の場合には「差額説」の意味での損害は不要だということが当然の前提として述べられており，ほとんど理由が説明されていない。彼自身は，おそらくその「権利追求的」な性質を自明のものと理解していたのだろうが，既に見たような自然的損害論や事実状態比較説の普及により，一般的にはもはやそれは自明のものではなくなっていた。

そして第3に，ノイナーの主たる関心は，251条に言う財産損害についての

---

64)　*Neuner*, Interesse und Vermögensschaden, AcP 133 (1931) S. 290 f.
65)　*Neuner*, Interesse und Vermögensschaden, AcP 133 (1931) S. 303 f.
66)　*Neuner*, Interesse und Vermögensschaden, AcP 133 (1931) S. 306.
67)　ヤンゼンによると，「ノイナーの学説は，一方で『差額説』の根本的な批判と読まれたため，またノイナーのミスリーディングな定式のために損害賠償の制裁的な理解と結びつけられたため，少数説にとどまった」（*Jansen*, Struktur des Haftungsrechts (2003) S. 478 Fn. 157)。この後半で言われるような見解として，*Steindorff*, Abstrakte und konkrete Schadensberechnung, AcP 158 (1959-1960) S. 431 ff. この点につき，潮見「人身侵害における損害概念と算定原理(一)」(1991) 519頁，522頁注7も参照。

　なお，このように権利追求思想が制裁思考と結びつけられたことの背後には，ドイツの権利論が抱えるある問題が潜んでいると考えられるのだが，これについては第5章注53) を参照。

解釈論を示すことだった。それゆえ，彼に多大な影響を受けたこれ以降の議論もまた，財産損害において「差額説」を維持するか，それとも規範的な評価を入れていくかという点を中心に展開された。

これらの事情により，ノイナーの見解もまた，その自然的原状回復についての含意を理解されることはなかった。これに，そもそも自然的原状回復が実際上ほとんど用いられることがなかったことも相俟って，そうこうするうちに，自然的原状回復の存在意義などということはもはや眼中にも置かれなくなっていった[68]。

2 内実ないし範囲

以上のように，自然的原状回復に固有の存在意義が明らかにされない状態が長らく続いたのであるが，それが補償としての金銭賠償と並ぶ財産損害塡補の一態様に過ぎないとするならば，その範囲を起草者らのようにことさら厳格に捉える必要はないことになる。実際，学説・判例はそのような展開を見せた。

(1) この点に関する先駆的な学説として，ここでもフィッシャーの論述が挙げられる[69]。彼は，249条1項に言う「賠償義務を基礎づける事情がなかったならばあるであろう状態の回復」の意義について，2通りの理解がありうるとする。1つは，加害がなければあるであろう「純粋に事実的な状態をもたらすこと」であり，もう1つは「被害者を経済的な形で損害が生じなかったかのよ

---

[68] ナチス政権下での立法提案ないしそれに類するもののうち，フリッツ・バウアー（Fritz Baur）によるものは，自然的原状回復が用いられることはほとんどなく，民族感情にそぐわないとして，ドイツ民法典とは逆に，金銭賠償を原則，自然的原状回復を例外と改めるべきだとする（Baur, Entwicklung und Reform des Schadensersatzrechts (1935) S. 35 ff.）。いわゆるドイツ法アカデミーによる改正草案理由書（その紹介として，川島「ナチの不法行為法改正論」（1941），前田（達）『不法行為帰責論』（1978）71頁以下等）も，おそらく同様の観点から，同旨を説く（Nipperdey (Hrsg.), Grundfragen der Reform des Schadensersatzrechts (1940) S. 16）。そこには，自然的原状回復の存在意義についての関心は窺われない。

これに対し，ハインリヒ・ランゲ（Heinrich Lange）によるものは，自然的原状回復の原則を積極的に評価する。しかしそれは，起草者らが想定していたような観点からのものではなく，「金銭は常に……物自体よりも価値が高」く，金銭賠償によると「損害事実は被害者にとって取引となってしまう」ことによる（Heinr. Lange, Vom alten zum neuen Schuldrecht (1934) S. 33 f.）。ここに示されているのは，むしろ「不労所得の禁止」という観念であり（ナチス25ヶ条綱領の11には「不労所得を廃止せよ」とある），その限りでこの時代に特殊な見解だったと言ってよいだろう。

[69] Fischer, Der Schaden nach dem Bürgerlichen Gesetzbuche (1903) S. 166 ff.

第2章　ドイツ民法典249条——原状回復

うな状態に置くこと」である。条文解釈としてはどちらもありうるため，法目的を考慮すべきであり，そしてそれは「被害者を，損害事実がなかったならばあるであろうのと経済的に同じ状態に置く」ことに他ならないとする。したがって，第2の解釈が妥当とされる。

こうした理解に基づき，具体的な解釈論として，代替物の滅失の場合には同種の物の給付が自然的原状回復に当たるとされる[70]。これは，起草者らの否定するところであったが，その理解は明示的に退けられている。

(2)　こうした理解は，帝国裁判所の判例にも次第に受け入れられていった。

【1】帝国裁判所1911年4月19日判決（RGZ 76, 146）
〔事案〕被告による鉱山の採掘によって原告の所有する土地が沈下して沼地と化してしまい，その原状回復費用の賠償が問題となった。考えられる措置としては，土地が沈んだ分だけ盛り土をするか，干拓をするという2つがありうるが，いずれも元の状態と完全に同じ状態を回復できるものではないことから，その措置が自然的原状回復に当たるかどうかが争われた。

〔判旨〕これにつき裁判所は，「これは単なる事実の問題ではない。むしろ，249，250，251条が物の以前の状態の回復として何を理解しているのかが，まず法的に検討されなければならない。ここで厳格な要求を立てると，毀損した物が修補作業によって完全に元の性状に戻されるということは考えられず，実行もできないことになろう。それは原状回復の後では多かれ少なかれ毀損の前と異なっているのが常である。……むしろ，法は，毀損した物が修理作業によって，とりわけその経済的な使用・収益可能性の観点において，一般的に毀損の発生前と同様の状態に置かれることで足りるとしていることに疑いはない」として，原告の主張する後者の措置をもって自然的原状回復に当たるものと認めた。

【2】帝国裁判所1929年12月20日判決（RGZ 126, 401）
〔事案〕やや複雑だが，ここで関連する限りで言うと，原告が競売によって取得したはずであった木材が執行吏である被告により二重に競売されたため，原告は同等の木材の提供を求めて訴えを提起した。しかしこれは，被告に原告の競売手続に関する管轄権がなかったとの理由により棄却された。後に原告は，

---

70) *Fischer,* Der Schaden nach dem Bürgerlichen Gesetzbuche (1903) S. 170 ff.

改めて被告に対し，249条2項1文に基づく原状回復費用の賠償を求めて訴えた。そこでは，前訴の既判力によって原状回復請求が認められないことが確定しているかどうかの前提として，前訴の請求が自然的原状回復の請求に当たるかどうかが問題となった。

〔判旨〕裁判所は，【1】判決を引用しつつ，「249条1文（現1項）は，債権者が権利または物の喪失，その他の財産侵害よりも前におけるのと完全に事実上同一の状態ではなく，同一の経済状態の回復を前提としているに過ぎない。……このことから，代替物の隠匿または滅失においては，249条1文（現1項）の意味での賠償は，同一の種類および性質を持つ同量の商品の調達によっても請求され，また履行することができる。この請求権を原告は前訴において行使している」として，既判力による上記請求の遮断を肯定した。

ここでは，【1】判決の引用にもかかわらず，その言い回しがかなり違っていることが注目される。すなわち，【1】判決においては，あくまで毀損された物自体が回復されるべきことを前提に，回復されるべき物の状態について，その経済的な使用・収益可能性という規準が言われただけである。それに対し，ここでは，そもそもいかなる状態が回復されるべきかについて「同一の経済状態」という規準が立てられているのである。

これは，自然的原状回復の範囲を広げる可能性を持つ。実際，ここでは，当初の起草者らの理解と異なり，またフィッシャーにおけると同様，代替物についての同種の物の調達が自然的原状回復に含まれるとされている。

この他，帝国裁判所の判例において自然的原状回復に含まれるとされたものに，目的物の修補期間における代物の賃借がある[71]。

こうした理解は，次の判決において連邦通常裁判所にも受け継がれた。

【3】連邦通常裁判所1959年3月24日判決（BGHZ 30, 29）
〔事案〕被告の放火により，原告の所有する建物が重大な損害を被った。この建物は，築年数が長かったため価値が低下しており，また欠陥も生じていた。そのため，建替費用の請求に対して，建替えによる価値増加分をそこから控除するかどうか（いわゆる損益相殺）が問題となった。

---

71) RG 19. 8. 1943 (RGZ 171, 292). もっとも，直接には，代物賃料の請求を原状回復費用賠償として認めたものである。

第2章　ドイツ民法典249条——原状回復

〔判旨〕裁判所は，「以前の状態の回復とは，その財産を侵害された者を，賠償を義務づける事情が生じなかったならば存在するであろうのと同一の経済的な財産状態に置くことを意味する。これは，249条におけるいずれの選択肢においても同様に妥当する。…それにより必要となる財産比較は，被害者が賠償給付によって損も得もしないということを実現すべきだという損害賠償法の基本思想を反映したものである」として，上記控除を認めた。

　ここで「同一の経済的な財産状態」の回復が語られるのは，直接的にはそこで問題となった損益相殺の正当化を念頭におきつつ，帝国裁判所の判例と同様の理解に出たものである。
　(3)　こうした判例の展開を受けて，学説においても，自然的原状回復とは，損害がなかったならばあるであろうのと経済的に同等の状態の回復であるという説明が一般化した[72]。
　そこでは，【1】判決と同様に，損害がなかったのと完全に同じ状態の実現は実際上不可能であることがしばしば論拠とされる。しかし，厳密に言うと，そのことから導かれるのは，一定の観点から見て同等と評価される状態の回復で足りるとせねばならないということだけであり，そこでの評価が「経済的な」観点からなされるべきことは出てこない（【1】判決も，そのような結論を導いていない）。むしろ，以上の理解は，先に見たような自然的原状回復の位置づけによって規定されていると見るべきだろう。と言うのも，それが「差額説」の意味での財産損害を塡補するための一手段だとするならば，その内実はまさに同等の経済状態あるいは財産状態を回復するような措置ということになるはずだからである[73]。

---

72) Staudinger[5/6]/*Kuhlenbeck* (1910) S. 56; Planck[4]/*Siber* (1914) S. 68（ただし，注意深く財産損害の場合に限定する）; *Kreß*, Lehrbuch des Allgemeinen Schuldrechts (1929) S. 343; *Leonhard*, Allgemeines Schuldrecht (1929) S. 196; *Warneyer*, Kommentar zum bürgerlichen Gesetzbuch I² (1930) S. 443 f. 等。
　　既に見たように，法益に被った具体的な損害と自然的原状回復とを結びつけていたエルトマンでさえ，この点については判例の定式を支持する（*Oertmann*, Recht der Schuldverhältnisse I⁵ (1928) S. 64)。これは整合的とは言いがたく，彼らの見解が支持を得られなかったことの一因であったかも知れない。

73) この点に関わることとして，本文で見たような自然的原状回復の範囲を拡大する動きがそもそも，またいかなる実践的な問題意識の下に生じたのかは明らかでない。
　　と言うのも，自然的原状回復は実際上ほとんど用いられないとされるため，実際に意味を持つの

3 小 括——学説の「到達点」

以上のように，自然的原状回復は，その位置づけと内実のいずれにおいても，財産損害の填補に向けられたものとして理解されるようになった。その結果，それと補償としての金銭賠償とは，少なくとも概念のレベルでは，ほとんど区別のつかないものとなった[74]。と言うのも，自然的原状回復が財産損害を填補する手段であり，その内実が被害者の「経済状態の回復」であるとするならば，まさに補償としての金銭賠償自体がそこに含まれうることにもなるからである。

こうした傾向を象徴するものとして，（やや時代は下るが）学説上，新たな説明が見られるようになる。それは，249条1項は「差額説」を表明したものだとするものである[75]。これは，以上のような展開のまさに延長線上にあるものであるが，起草者の理解とかけ離れたものであることは明らかである[76]。自然的原状回復が補償としての金銭賠償の中に埋没していく様子を，象徴的に物語るものと言うことができる。

II 原状回復費用賠償の理解

1 位置づけ

以上のような自然的原状回復の理解の変遷に対応して，原状回復費用賠償の位置づけについても，学説および判例の説明には変遷が見られる。

は原状回復費用賠償であるところ，ある支出につき賠償を認めるためだけであれば，必ずしもそれを原状回復費用賠償と構成する必要はなく，251条に基づく請求を認めることでも対応できる。確かに，原状回復費用賠償については，後に述べるように支出に先立って請求できるなど解釈上特殊な点が認められてはいるものの，判例・学説においてそうした点が意図された形跡は見当たらない。むしろ，そうした動きは，自然的原状回復の財産損害填補の一態様としての位置づけの帰結として付随的に生じたものに過ぎず，実践的な問題意識を伴うものではなかったと考えられる。

74) そうした指摘ないし批判として，*Roussos*, Schaden und Folgeschaden（1992）S. 129;*Haug*, Naturalrestitution und Vermögenskompensation（Teil 1），VersR 2000, S. 1336;HKK/*Jansen*（2007）§§ 240-253, 255, Rn. 90 等。

75) 例えば，*v. Caemmerer*, Problem der überholenden Kausalität（1962）S. 5;*Bydlinski*, Probleme der Schadensverursachung（1964）S. 24 f. 等。

76) 既に見たとおり，249条はもともと損害賠償の方法を定めたものに過ぎず，損害概念を定めたものではなかった。むしろ，第1草案の時点まではその前に損害概念を定めた規定が置かれており（218条），その名残が現在の252条である。この点は，現在では複数の論者が指摘するところとなっている（*Keuk*, Vermögensschaden und Interesse（1972）S. 19;*Würthwein*, Schadensersatz für Verlust der Nutzungsmöglichkeit？（2001）S. 329）。

第2章　ドイツ民法典249条——原状回復

(1)　当初の学説および判例——補償としての金銭賠償との相違の強調

　先に見たとおり，起草者らが原状回復費用賠償にいかなる位置づけを与えていたかは，必ずしも定かでない。もっとも，少なくとも当初の狙いとしては，自然的原状回復を被害者の手で実現するための手段として原状回復費用賠償が導入されたことは前述のとおりである。

　(a)　こうした経緯を反映して，初期の学説においては，原状回復費用賠償は補償としての金銭賠償とは別物であると説かれた。例えば，フィッシャーは，原状回復費用賠償を，補償としての金銭賠償と併せて「金銭賠償の場合」という項目で論じつつも，それは本来の金銭賠償の場面を扱うものではないとする。その理由として，249条2項1文は「債権者の利益のために修正された自然的原状回復を定めたものに過ぎない」とし，したがって，そこに言う「原状回復費用と（251条における）利益とは別物であり，ときには前者が，ときには後者がより高額になりうる」とする[77]。

　このように，フィッシャーにおいては，原状回復費用賠償は「修正された自然的原状回復」と捉えられ，補償としての金銭賠償とは明確に区別される。これは，上述のような起草過程における経緯を踏まえたものであるとともに，先に見たように，彼が自然的原状回復の存在意義をなお一定程度認識していたことの反映と見ることもできるだろう。

　(b)　同様に，判例においても，「(原状回復費用の) 請求権は，250条2文，251条，253条が扱う金銭賠償と同じものではない。むしろ，それもまた原状回復請求権であって，ただ債務者による直接の給付という形態ではなく，債務者の金銭支払に媒介された債権者の自己処理という形態をとるに過ぎない」と述べるものがある[78]。ここでは，フィッシャーと同様に，自然的原状回復と原状回復費用賠償とが同じ性質のものであって，補償としての金銭賠償とは異なることが強調されている。

(2)　後の学説——区別の曖昧化ないし消滅

　しかし，時代を下るにつれて，学説上，原状回復費用賠償と補償としての金銭賠償とのこうした相違は言及されなくなっていく。むしろ，後の教科書・注

---

77)　*Fischer*, Der Schaden nach dem Bürgerlichen Gesetzbuche (1903) S. 200 ff.

78)　RG 7. 6. 1909 (RGZ 71, 212). ここでは，本文に述べた点から，原状回復費用賠償もまた251条2項による制約に服するという帰結が導かれている。

釈書類では，原則としての自然的原状回復と，例外としての金銭賠償という枠組を設定した上で，後者に原状回復費用賠償と補償としての金銭賠償とを包摂させるという叙述スタイルが増えた[79]。そこでは，フィッシャーにおけるように，その両者の異質性について言及されることはもはやなく，両者の区別は曖昧になっていった。さらに，より明示的に，原状回復費用賠償においても財産損害が前提となるのであり，それは補償としての金銭賠償の下位類型に属するものであるとの説明も見られるようになる[80]。

こうした理解の変遷は，必ずしも自覚的な形で生じたわけではない。しかしそれは，自然的損害論や事実状態比較説による前述のような自然的原状回復の捉え方を前提とすれば，必然的なものだったと言える。と言うのも，自然的原状回復が財産損害を塡補する点で補償としての金銭賠償とその本質を同じくし，ただその態様が異なるに過ぎないとするならば，補償としての金銭賠償とまさに「態様」を同じくする原状回復費用賠償に，それと異なる独自性が認められるはずがないからである。そこでは，原状回復費用賠償は補償としての金銭賠償の一類型でしかありえず，学説による上述のような説明はまさにそうした理解を反映したものと見ることができる。

2 解釈論

以上のように，原状回復費用賠償は補償としての金銭賠償と異ならないものであるとすると，そこでも「差額説」が妥当し，被害者が原状回復措置のために支出した費用が財産損害として賠償の対象となる（それを塡補するのが原状回復費用賠償である）ということになりそうである。しかし，以下に見るように，この時期の判例・学説における原状回復費用賠償をめぐる解釈論には，そうした理解とは必ずしも整合しないものが含まれていた。

(1) 「必要な金額」の客観的算定

第1に，249条2項1文に言う「必要な金額」をいかなる規準により判断するかである。この点については，次の判例がある。

---

79) *Heck*, Grundriß des Schuldrechts (1929) S. 36 ff.; *Esser*, Schuldrecht (1949) S. 70 ff.; Soergel^9/*R. Schmidt* (1959) §§ 249-253 Rn. 73 ff.

80) *Askenasy*, Über den immateriellen Schaden nach dem BGB, Gruchot 70 (1929) S. 376 Fn. 8; Planck^4/*Siber* (1914) S. 69（もっとも，既に原状回復が行われた場合についての記述である。これについては，本章注83）も参照).

第2章　ドイツ民法典249条——原状回復

【4】帝国裁判所1917年4月14日判決（RGZ 90, 154）

〔事案〕被告の経営する鉱山の影響で，鉄道会社である原告の路線に地盤沈下が生じた。原告は，その修繕の過程で必要となった運送を，その従業員と保有する車両等を使用して自ら行った上，当該運送について通常の運送料金表を基準とする費用の賠償を請求した。

〔判旨〕裁判所は次のように述べて，これを認めた原審を破棄し差し戻した。

249条2項1文が原状回復に「必要な」費用と言うとき，そこでは客観的な規準が意図されている。まさに当該被害者にとって通常の方法よりも原状回復を容易にしたり，あるいは困難にしたりする特別な事情は排除される。債権者には，実際に支出した費用ではなく，原状回復に必要な費用が賠償されるのであり，それは原状回復措置のために取引において通常要求され，是認される金額である。

しかし，鉄道路線の修補に関しては，通常は鉄道事業者自身が専門家であり，それに要する人員および物的資源を有しているはずである。反対の証明がない限り，鉄道会社が自ら修補を行うのが合理的であり，また取引上通常の途であるということを出発点とすべきである。そうすると，客観的な計算方法の適用においても，運送料金表は考慮されない。鉄道会社が毀損した施設を自ら修補するのが通常であるならば，そこで鉄道会社が支出すべき自己費用のみが通常の運送費用に当たる。

ここでは，「必要な」費用とは客観的に算定するものとされ，実際に支出した費用とは概念上切り離されている点が注目される（本事案においては，結果的に両者が一致しているに過ぎない）。学説上も，同旨の説明が散見されるようになった[81]。

もっとも，こうした客観的な算定がされるべきなのはなぜか，それは「差額説」とどのような関係に立つのかは，この時期において論じられることがなかった。

---

[81] *Warneyer*, Kommentar zum bürgerlichen Gesetzbuch I² (1930) S. 451 f.; Soergel⁹/*R. Schmidt* (1959) §§ 249-253 Rn. 74 等。
　もっとも，客観的に「必要な金額」と実際に支出した費用とを切り離す点については，既に有力な反対の見解が見られた。*Oertmann*, Recht der Schuldverhältnisse I⁵ (1928) S. 68（「賠償請求権者は，実際に支出された金額のみを，客観的に必要な限度において請求することができる」）を参照。

(2) 原状回復費用の請求時期および使途

　第2に，この時期の有力説によると，原状回復費用は被害者が自然的原状回復を行って初めて請求できるのではなく，それに先立って請求することができる。そして，そのようにして支払われた金額を実際に自然的原状回復のために用いるかどうかは，被害者の自由であるとされる[82]。

　このうち前半は，起草者らの理解に一致するものであり，また後半についても，既に見たように，同様の理解が窺われたところである。もっとも，この時期の学説には，そうした起草過程について特に言及するものは見られない。

　これらの点もまた，原状回復費用賠償を補償としての金銭賠償の一類型と見る理解とはなじみにくいように見える。と言うのも，被害者が実際に費用を支出していない場合には，「差額説」の意味での財産損害は発生していないように見えるからである。もっとも，こうした点も含めて，上述の解釈について理由が説明されることは，この時期においてほとんどなかった[83]。

(3) 仮定的費用の賠償

　第3に，自然的原状回復が不可能となり，実際の支出がもはやありえないことになった場合にも，仮定的な原状回復費用の賠償が認められるかどうかという問題がある。

　この点については，当初，判例・学説は総じて否定的だった。判例として，次のものがある。

　【5】帝国裁判所1937年4月8日判決（JW 1937, 3223）

---

[82]　*Fischer*, Der Schaden nach dem Bürgerlichen Gesetzbuche (1903) S. 201 Fn. 1; Planck⁴/*Siber* (1914) S. 70; *Enneccerus*, Lehrbuch des Bürgerlichen Rechts I/2¹⁰ (1927) S. 59; *Kreß*, Lehrbuch des Allgemeinen Schuldrechts (1929) S. 346 Fn. 16 (ただし，物損に限定する。人損において処分自由を認めることは253条に反するとし，原状回復に使用しなかった金額につき返還義務を認める。ここでは，後に見る判例理論の到達点が既に示されていると言えるが，文献における引用状況から見て，この見解が後世に影響を与えた形跡は窺われない)。

[83]　ほぼ唯一の例外として，ジーバーがこの点につきやや立ち入った説明をする（Planck⁴/*Siber* (1914) S. 69 f.)。彼は，原状回復費用が未だ支出されていない場合には，249条2項1文の請求は原状回復費用の先払いを内容とするとした上で，賠償義務者はそれが実際に原状回復に用いられることにつき何ら利益を有しないこと，別の目的に用いた場合に返還を義務づけるのは煩雑であることを処分自由の理由として挙げる。もっとも，前者については，仮に原状回復費用に処分自由が認められないとすれば，加害者がその利用につき利益を有しないとは言えなくなるため，結論先取りの議論でしかないという弱みがある。

第 2 章　ドイツ民法典 249 条——原状回復

〔事案〕原告が所有する本件土地の隣地を所有する X 会社が，その上にある建物の取壊しおよび新築を被告ほか 1 社に依頼した。その取壊し後に行った掘削の影響で，原告の土地上の建物が倒壊したため，原告は被告に対しその修補費用の賠償を請求した。もっとも，その後原告は本件土地を X に，その評価額を上回る額で譲渡していた。その差額が損益相殺の対象となるかどうかの判断の前提として，そもそも修補費用を賠償の対象とすることができるかどうかが問題となった。

〔判旨〕帝国裁判所は，次のように述べてこれを否定した。

「本件事情の下では，原告は原状回復のために必要な金額を請求することはできず，251 条 1 項に基づく請求ができるにとどまる。この規定によって債権者が金銭賠償を受けられるのは，原状回復が不可能な限りにおいてである一方，249 条 2 文（現 2 項 1 文）は原状回復に『代えて』そのために必要な金額を請求できると定めており，それが可能であることを前提としている。249 条 2 文（現 2 項 1 文）に示されたこの規律は，当該請求の原状回復請求権としての性格を左右するものではなく，ただそれを異なる形態にするだけである。しかし，そのことから，……原状回復請求権自体が消滅したならば 249 条 2 文（現 2 項 1 文）による特別な形態も脱落すること，つまり，そもそも原状回復をなお請求できることが，原状回復費用の請求の要件ともなることが導かれる」。本件では，原告は本件土地を既に譲渡しているため，もはや原状回復は不可能である。したがって，251 条 1 項に基づき，本件土地の減価分を請求できるにとどまる。

ここでは，原状回復費用賠償は自然的原状回復と性質を同じくし，ただその形態が異なるだけであるとの理解から，自然的原状回復がなお可能であることが原状回復費用賠償の要件となることが導かれている。当時の学説も，一致してこのように理解していた[84]。

もっとも，このような自然的原状回復と原状回復費用賠償との同質性という視点は，上述のように，時を経るにつれて次第に薄れていった。そうだとすれば，【5】判決が扱った仮定的費用の問題についても，異なる理解の可能性が出てくる。そして，実際そのような理解を示すに至ったのが，次の判例である。

---

84)　Planck⁴/*Siber*（1914）S. 70 f.; *Oertmann*, Recht der Schuldverhältnisse I⁵（1928）S. 67; *Leonhard*, Allgemeines Schuldrecht（1929）S. 199 等。

【6】連邦通常裁判所 1957 年 10 月 29 日判決（NJW 1958, 627）[85]

〔事案〕交通事故の被害者が医師に強壮剤を処方されたが，資力不足のためそれを調達できないままに自然快復した。その後，被害者は加害者に対し強壮剤のための費用の賠償を請求した。この請求を認容した原審に対し，被告は，被害者が賠償により利得を得ることがあってはならないとして上告した。

〔判旨〕次のように述べて，上告を棄却した。

「249 条 2 文（現 2 項 1 文）によると，身体または健康を侵害された者は，その快復のために必要な金額を請求できる。何が健康の回復（確認）のために必要かは，誠実な医師がどのような治療薬，場合によっては強壮剤を必要と判断するかによって決まるのであり，被害者がその財産状態に基づきこうした手段のうちいずれを調達できたかによるのではない」。

「決定的な視点となるのは，加害者が法律上根拠のある請求の履行を遅延させ，被害者に必要な治療薬ないし強壮剤を購入できなくさせることによって，必要な快復費用の賠償義務から解放されてはならないということである」[86]。

判旨の前半では，【4】判決により確立した原状回復費用の客観的算定が立論の基礎とされている。すなわち，賠償されるべき原状回復費用とは客観的に必要な金額であり，実際に支出された額とは異なるとの理解から，実際に支出された額が 0 である場合，すなわち支出がされないままに終わった場合にも，客観的に必要な金額の賠償が認められるとの帰結が導かれている。

ここでは，もはや自然的原状回復と原状回復費用賠償との同質性といった視点は見られない。むしろ，判旨の後段部分に見られるように，「賠償の遅延によって加害者が免責されるのを認めるべきではない」との価値判断が前面に押し出されている。

もっとも，この判例は，健康保険がいまだ十分に整備されていなかった時期の事案であるという特殊性があり，その射程は広くないとされる[87]。とは言え，

---

85) 本判決については，吉村「ドイツ法における人身損害の賠償」（1982）597 頁に紹介がある。
86) この判例は，以上に引用した理由づけの他，843 条に関する帝国裁判所の判例（RGZ 148, 68; RGZ 151, 298）を引用している。そこでは，同条においては需要の増加それ自体が損害であり，したがって，実際の支出の有無を問わずに賠償が認められるとされており，本事案においても同様の発想が妥当するというわけである。これらの判例については，吉村「ドイツ法における人身損害の賠償」（1982）596 頁以下に紹介がある。
87) *Schiemann*, Argumente und Prinzipien（1981）S. 34.

少なくとも一定の限度で仮定的な原状回復費用の賠償が認められるとすれば，その限りで，やはりそれと「差額説」との関係はどうなるのかが問題となる。この点につき【6】判決では触れられておらず，この時点では不明確なままである。

Ⅲ　小　括

以上に概観した第 1 期の展開を要するに，自然的原状回復については，（財産損害に関する限り）財産損害の塡補のための一手段として，補償としての金銭賠償と目的を同じくするものと理解され，起草者らが想定していた固有の存在意義は見失われるに至った。

これに伴い，当初は補償としての金銭賠償との異質性が意識されていた原状回復費用賠償についても，補償としての金銭賠償の一類型として，それと特に異なるものではないとの理解が次第に広まっていった。もっとも，それをめぐる具体的な解釈論には，一見そうした理解の枠内には収まりにくいような要素が含まれていた。このように，原状回復費用賠償の理解が必ずしも一貫したものとなりきれていない点は，起草者らの理解と通じるものがあると言える。

第 4 節　第 2 期における学説──3 つの見解

こうした中で，原状回復に関する学説は，60 年代を中心に大きな転機を迎えることになった。

Ⅰ　従来の理解の二極化

前述のように，第 1 期の判例・学説においては，原状回復費用賠償に関して，その位置づけと具体的な解釈論との関係に不透明な部分があったところ，この時期には，この点の明確化を図る学説が現れた。もっとも，そこには，逆の方向を目指す 2 つの見解が見られる。

1　必要損害論

そのうち，原状回復費用賠償に関する従来の解釈論を出発点とし，それと整

合する位置づけを目指したのが，アルプレヒト・ツォイナー（Albrecht Zeuner）によるいわゆる必要損害論である[88]。

(1) 内　容

彼の見解は，直接には，次章で取り上げる物の抽象的利用賠償の問題，すなわち物損において被害者が代物を賃借せず，利用喪失の不利益を忍んだ場合にいかなる賠償が認められるかという問題の解決を狙うものである[89]。

この場合，金銭の支出がされていないため「差額説」の意味での財産損害は生じていないと見るのが一般の理解であるが，これに対しツォイナーは，「金銭によって賠償されるべき損害は，……実際の支出をまつまでもなく，そもそも支出が必要となったことの内に存する」[90]とする。すなわち，「損害事実がなければ発生しなかったはずの金銭的な必要性が生じた」[91]ことの中に，差額としての損害が見出されるのであり，249条2項1文は，こうした必要損害という「損害把握および計算の特別形態」[92]を定めたものだとされる。これによると，原状回復費用賠償とは，この必要損害を塡補するものに他ならないということになる。

(2) 論　拠

その理由として，1つには，被害者の節約が加害者を利することになるのは妥当でないとの実質的な価値判断が挙げられる[93]。

それと並んで挙げられるのが，原状回復費用賠償に関する従来の解釈論である。すなわち，従来の学説によると，原状回復費用賠償は実際の支出に先立って請求することができ，そこで受領した額は必ずしも自然的原状回復のために用いる必要はない。ツォイナーによると，仮定的費用賠償を認めた【6】判決も，その延長線上にある。これらの解釈論は，金銭支出の必要性自体を財産損害と見る上述のような理解をまさに前提としているというわけである[94]。

---

[88] ツォイナーの見解の紹介として，吉村「ドイツ法における財産的損害概念」（1980）826頁以下がある。

[89] 以下の議論では，第1期における原状回復概念の拡張の結果，代物の賃借は自然的原状回復に当たり，それが実際に行われたならば，それに要した賃料が原状回復費用賠償の対象となることが前提となる。

[90] *Zeuner*, Schadensbegriff und Ersatz von Vermögensschäden, AcP 163 (1963) S. 395.

[91] *Zeuner*, Schadensbegriff und Ersatz von Vermögensschäden, AcP 163 (1963) S. 396.

[92] *Zeuner*, Gedanken zum Schadensproblem, GS Dietz (1973) S. 99 ff., S. 122.

[93] *Zeuner*, Schadensbegriff und Ersatz von Vermögensschäden, AcP 163 (1963) S. 394 f.

もっとも，この見解は，【6】判決ともども，学説の強い批判にさらされた。そこで論拠とされたのは，【5】判決と同様の論理である。すなわち，ドイツ民法上，原状回復費用賠償は原状回復の一種とされており，自然的原状回復が可能であることを前提とする一時的・附従的な性質のものであるところ，自然的原状回復が不可能となった場合にもなお必要損害として仮定的な原状回復費用の賠償を認めるのは，こうした性質に反するというわけである[95]。これは，前節に述べたように，第1期の後半には忘れられかけていた議論だったが，ここに来てそれが，必要損害論への批判という文脈の中で息を吹き返したわけである。

　これに対する反論として，ツォイナーは，第2委員会議事録の中の，原状回復費用賠償による「新しい物との取り替え」について語る箇所や，それを「支出をしなければならなくなったことについての賠償」とする記述を援用する。前者は，原状回復費用の処分自由を前提とするものであるし，後者はまさに上述のような理解に対応する。これらから，249条2項1文「の基礎にある考え方は，原状回復の法技術的手段を与えることのみを目的としているのではなく……，当初から損害計算の特別形態という要素を含んでいる」[96]ことが窺われると言うのである。

(3) 意　義

　このように，必要損害という損害項目を観念し，それと原状回復費用賠償とを結びつけることにより，原状回復費用賠償は補償としての金銭賠償の一類型であるという位置づけを維持しつつ，そうした位置づけと一見矛盾する従来の判例・学説上の解釈論に統一的な理論的基礎が与えられる。この点に，この見解の原状回復費用賠償との関係での重要な意義を見出すことができる。そしてそれは，ツォイナーが言うように，起草者らの理解とも整合するように見える。

　この見解は，学説においては，上述のように拒絶感をもって迎えられたのだが，その一方で，次節で見る判例の流れに大きな影響を与えることになり[97]，

---

94)　*Zeuner*, Schadensbegriff und Ersatz von Vermögensschäden, AcP 163 (1963) S. 395.
95)　*Larenz*, Vermögensbegriff im Schadensersatzrecht, FS Nipperdey (1965) S. 503 ff.; *Bötticher*, Schadensersatz für entgangene Gebrauchsvorteile, VersR 1966, S. 303 ff.; *Stoll*, Abstrakte Nutzungsentschädigung?, JuS 1968, S. 506 f.; *Keuk*, Vermögensschaden und Interesse (1972) S. 218 ff. 等。
96)　*Zeuner*, Gedanken zum Schadensproblem, GS Dietz (1973) S. 122.

第4節　第2期における学説——3つの見解

その点で重要な役割を果たすことになる。

2　現実的支出説

一方，これとは異なり，原状回復費用賠償の位置づけに関する従来の理解を貫徹させ，それと整合しない解釈論を放棄する方向の見解も見られるようになってきた。この方向の見解が本格的に学説上説かれ始めるのは，次節に見る判例への批判の文脈においてであるが，ここでは，この時期における萌芽的なものとして，ヴォルフガンク・ティーレ（Wolfgang Thiele）の見解を見ておく。

(1)　内　容

彼は，249条2項1文の「特別な機能」は，「被害者が原状回復を，それを加害者に委ねる代わりに，自らの手で行えるようにする」点にあるとし，そこから，同規定が定めるのはもっぱら原状回復費用の支出に先立ってなされる請求についてであるとする。これについては，「客観的な事情に基づいてしか『必要な』金額は確定されえない。なぜなら，算定が事前になされねばならない以上，その他に具体的なよりどころがないからである」[98]。

これに対し，実際に原状回復費用が支出された段階での請求については，同規定は関知するところではなく，相当因果関係ないし損害軽減義務（254条2項）の問題であるとする[99]。

(2)　意　義

この見解は，原状回復費用賠償を補償としての金銭賠償の一類型と捉えた上で，賠償の対象となる財産損害を端的に被害者のした現実の金銭的支出に見出

---

97)　これとは別に，そもそもツヴァイナーが主として念頭に置いていた抽象的利用賠償に関する判例にも，一旦は影響を与えた。すなわち，その場面において249条2項1文に基づき代車賃料相当額の賠償を示唆した判例が現れたのである（BGH 30. 9. 1963 [BGHZ 40, 345]．もっとも，250条をも援用しており，その趣旨は必ずしも明確でない）。しかし，この理解はその後放棄され（BGH 15. 4. 1966 [BGHZ 45, 212]．そこでは，学説における必要損害論批判と同様，原状回復費用賠償の一時的・目的拘束的性格が理由とされている），物の利用可能性ないし利用利益の喪失が251条1項に言う財産損害に当たるかどうかという形で論じられるようになった。この問題については，次章で扱う。

98)　*Thiele*, Aufwendungen des Verletzten, FS Felgentraeger (1969) S. 396 f.

99)　*Thiele*, Aufwendungen des Verletzten, FS Felgentraeger (1969) S. 397 f. ここでは，明確に述べられていないものの，上述の249条2項1文に関する叙述から見て，251条1項が根拠条文とされていることが窺われる。これは，実際の金銭的支出を財産損害として賠償対象と見る発想を端的に表している。

すものである。第1期において，原状回復費用賠償が補償としての金銭賠償の一類型として捉えられるとき，(上述の必要損害論に対する拒絶感からしても) そこでは暗黙のうちにこうした理解が前提とされていたものと推測される。こうした理解を，現実的な支出に財産損害を見出す点で，必要損害論との対比で，以下では「現実的支出説」と呼んでおく。

ここでは，249条2項1文の独自の機能は，もはや原状回復費用の先払いを基礎づける点にしか見出されない。また，これによると，第1期における判例法理のうち，少なくとも処分自由や仮定的費用については，現実的な支出を伴わない原状回復費用賠償を認める点で，正当化できないということになる[100]。

II 新たな見解——権利回復説

以上の2つの見解とは異なり，第3の見解は，自然的原状回復に関する起草者らの本来の構想に立ち戻り，それを理論的に純化する方向を目指すものである[101]。もっとも，この見解が完成に至るまでには，以下に見るような紆余曲

---

100) *Thiele*, Aufwendungen des Verletzten, FS Felgentraeger (1969) S. 406 は，「実際の原状回復費用が——とりわけ，それが市場において一般的な費用よりも低額である場合に——もはやおよそ意味を持たないというところまで，原状回復のために必要な金額を客観化し，実際の展開から抽象化させることができるかどうかは，非常に疑わしく思われる」と言う。

101) こうした潮流の萌芽は，次に見るフロッツ以前に，いわゆる仮定的因果関係をめぐるラーレンツの議論に見出すことができる（仮定的因果関係をめぐるドイツの議論については，植林「損害賠償と潜在的・後発的事情の考慮」(1956-57)，樫見「不法行為における仮定的な原因競合と責任の評価」(1984-86) を参照）。

ラーレンツは，1950年の論文（*Larenz*, Berücksichtigung hypothetischer Schadensursachen, NJW 1950, S. 487 ff.）において，ノイナー等を参照しつつ，この問題に関して直接損害と間接損害とを区別することを主張した。直接損害とは，「侵害された法益……自体に生じ，とりわけ当該利益の回復費用や客観的な価値減少の中に表れる」損害であり，間接損害とは「侵害された法益それ自体にではなく，総体としての，計算上の数額としての被害者の財産に関する」損害である。そして，仮定的因果関係は前者においては考慮されず，後者においてのみ考慮されるとする。

本書の文脈において注目すべきは，彼がこの主張を1963年の論文において補強すべく，次のように述べていることである。「滅失した財貨がそれ自体として有していたり，毀損によりそれだけ低下したり，または原状回復に必要な金額を表すところの客観的価値は……侵害された法益自体を表している。しかし，この侵害された法益は，賠償義務を基礎づける規範によって第一次的に保護されるべきものである。これは，ドイツ民法において認められた自然的原状回復の金銭賠償に対する優位から導かれる。総体としての財産の保護は，これに対し第二次的にのみなされる」。「直接損害は，現実的損害として，可能である限り自然的原状回復によって除去される」(*Larenz*, Notwendigkeit eines gegliederten Schadensbegriffs, VersR 1963, S. 5 f.)。ここでは，デーゲンコルプやノイナーが前提としていた，自然的原状回復の権利追求的性質が論拠とされている点が注目に値する。

折があった。

1 フロッツの見解

この見解の嚆矢となったのは、ゲルハルト・フロッツ（Gerhard Frotz）による1963年の論稿である。彼はそこで、原状回復費用賠償と補償としての金銭賠償との関係につき、従来見られなかった議論を展開した。

(1) 内 容

それによると、「原状回復と金銭賠償との実際上の違いは、とりわけ、毀損された物に取引価値ないし利用価値が全く、またはほとんどないけれども、期待可能な費用によって原状回復が可能である場合に現れる。被害者が適法に原状回復による損害除去または原状回復費用の支払を請求したならば、彼の現実の財産上の損失、すなわちその物の価値が考慮されることはない。249条の原状回復による損害除去に対応する損害概念は、責任を基礎づける事実が被害者の財産に与える影響を原則として度外視し、法益の侵害に照準を合わせるものである（完全性利益〔Integritätsinteresse〕[102]）。まさにそのために、財産的価値のない法益が侵害された場合にも原状回復またはその費用の支払を請求できるわけである。これに対し、249条以下によれば金銭賠償のみが問題となる場合には、法律上指示された差額計算の方法によって、損害事実により被害者の金銭的価値ある財産にどのような損失が生じたかを確定しなければならない（財産利益〔Vermögensinteresse〕）」[103]。

　もっとも、そこでは、法益自体に生じた損害としての直接損害が、「現実的損害として」自然的原状回復によって除去されるとの表現がされている（この点は、後の教科書における記述でも同様である。*Larenz*, Lehrbuch des Schuldrechts I¹⁴ (1987) S. 467）。ここでは、損害が抽象的な数額ではなく現実的・具体的なレベルで把握されるという点にウェイトが置かれているようでもあり、そうだとすれば、自然的原状回復の理解に関する限り、先に見たヴァルスマンやエルトマンとあまり違いはないことになる。

102) 「完全性利益」の語の由来は、管見の及ぶ限り、ヨーゼフ・エッサー（Josef Esser）が、いわゆる積極的債権侵害の文脈で、履行利益や信頼利益に並ぶ概念として用いたのが始まりであり（*Esser*, Schuldrecht² (1960) S. 287）、日本でも、従来この概念はもっぱらこうした文脈で用いられてきた。これに対し、フロッツにおいて同概念が用いられる際には、利益の内容というよりも、権利・法益と（総体）財産との次元の違いに重点が置かれている点で、やや視点が異なることに注意を要する。

103) *Frotz*, Der „Ersatz in Geld" nach § 250 S. 2 BGB, JZ 1963, S. 391.

(2) 意　義

　この見解の最大のポイントは，原状回復によって賠償されるのは侵害された法益の「完全性利益」であり，そこでは被害者の財産に対する影響は度外視されるとした点にある。従来の学説は，原状回復を財産損害塡補の一態様としか理解してこなかったのに対し，この見解は，原状回復と補償としての金銭賠償とでは問題となる利益が異なるとして，前者に固有の存在意義を示しているわけである。これは，自然的原状回復の目的を権利侵害の除去に見出していた起草者らの理解を復刻するものと言うことができる[104]。

2　メディクスの見解とその影響

　このフロッツの論稿は，直接引用されることは現在ではほとんどないものの，当時の有力な見解に大きな影響を与えた[105]。その中でも，現在の判例・通説への影響という点で最も重要なのが，ディーター・メディクス（Dieter Medicus）の見解である。

(1) 内　容

　メディクスによると，「損害法の規定……は，問題となる被害者の2つの利益，すなわち完全性利益と価値利益（総体利益）（Wertinteresse〔Summeninteresse〕）との区別を扱うものである」。物の滅失に即して言うと，損害は第一次的には物の喪失として把握され，この「具体的な損害」は249条の原状回復によってのみ回復される。「それは，被害者の財産を，その価値だけでなく具体的な構成に即して損害のない状態にする」ことによって，「完全性利益を保護し，同時に価値利益をも保護するものである」[106]。

　一方，被害者の財産の価値にもたらされたマイナスの作用，すなわち「差額説」によるところの財産損害を損害と把握することもできる。それを塡補する

---

104) フロッツが，どのようにしてこうした理解にたどり着いたのかについては，特に説明がされていないけれども，おそらく仮定的因果関係をめぐる議論（注101）参照）や起草過程における議事録の記述が元になっているのではないかと推察される。
105) 次に見るメディクスに先立って，エッサーは，原状回復費用が補償としての金銭賠償よりも高額になりうることの説明として，フロッツの「完全性利益」に関する説明をそのまま引用する（*Esser*, Schuldrecht I³ (1968) S. 274）。メディクスにおいては，このエッサーの見解の方が引用されている。
106) *Medicus*, Naturalrestitution und Geldersatz, JuS 1969, S. 449 f.

第4節　第2期における学説——3つの見解

のが，251条に基づく金銭賠償であり，これは被害者の価値利益のみを保護するものである[107]。「このように，249条2文（現2項1文）と251条により支払われるべき金額は，それぞれ異なる損害概念を基礎として算定される。したがって，それらは数額において異なりうるわけである」[108]。

(2) 問 題 点

このメディクスの見解は，現在までの学説に大きな影響を与えており，次に見るように判例にも取り入れられた。その後の教科書・注釈書類では，これに倣い，完全性利益・価値利益という概念を用いて原状回復と補償としての金銭賠償との違いを説明するのが通例となっている[109]。

もっとも，メディクスの論述は，フロッツと異なり，従来の見解との違いが必ずしも明確でないところがある。と言うのも，彼においては完全性利益・価値利益という概念（特に前者）の内実が明らかにされておらず，物の滅失という具体例に即した説明がされているだけである。むしろ，原状回復においては「財産がその具体的な構成に従って」回復されるとの説明からは，——フロッツにおけると同様の，「それぞれ異なる損害概念を基礎とする」との説明にもかかわらず——損害賠償の方法・態様の違いに力点を置く従来の見解との共通性があるようにも感じられる。実際，後の注釈書におけるメディクスの叙述では，「（自然的原状回復）によって塡補される損害とは，2つの状態の差であることが判明する。これが，いわゆる差額説の正しい核心にあるものである」[110] として，従来の事実状態比較説と同様の説明がされ，さらに別の個所では，回復の対象は「経済的に等価値の状態」で足りると述べられている[111]。しかしこれは，上述のように「差額説」を前提とした原状回復理解に至る契機をはらむものであり，「原状回復により完全性利益が保護される」との理解と果たして整合するのかどうか疑わしい。

(3) 判例への影響

ともあれ，こうしたメディクスの説明および用語法は，次の判例において，

---

107) *Medicus*, Naturalrestitution und Geldersatz, JuS 1969, S. 450.
108) *Medicus*, Naturalrestitution und Geldersatz, JuS 1969, S. 455.
109) 例えば，Palandt[75]/*Grüneberg*（2016）§ 251 Rn. 10; Hk-BGB[6]/*Schulze*（2009）§ 249 Rn. 1, § 251 Rn. 1; *Looschelders*, Schuldrecht Allgemeiner Teil[13]（2015）Rn. 949 等。
110) Staudinger[12]/*Medicus*（1980）§ 249 Rn. 4.
111) Staudinger[12]/*Medicus*（1980）§ 249 Rn. 203.

連邦通常裁判所に受け入れられたかに見えた。

【7】連邦通常裁判所1972年6月20日判決（NJW 1972, 1800）
中古車両の毀損の場合における原状回復の方法について，次のように述べる。「損害除去のいずれの形態——249条1文（現1項）または2文（現2項1文）——においても，毀損された自動車に関して被害者をできるだけ事故が生じなかった状態に，すなわちその者がかつて存していたのと同じ状態にすることが求められる。この目的を実現するため，中古車両の毀損においては2つの方法が問題となる。1つは自動車の修補であり，もう1つは同等の他の自動車の調達である。そこでは，修補と代物調達は自然的原状回復の2つの形態であり，それによって被害者の財産がその具体的な構成において維持されることについての被害者の利益（価値利益ないし総体利益と区別されるところの完全性利益）が保護されるのである（メディクスの引用）。
この場合，被害者はその車両を修補するか他の車両を入手するかを自ら決定できる。しかし，被害者が金銭賠償を求めることができるのは，選択された手段およびそのために支払われる金額が，249条2文（現2項1文）の意味において原状回復のために『必要』であった限りにおいてである。すなわち，加害者は実際になされた支出につき，合理的な車両保有者が被害者の特別な事情の下でなしたであろう限りにおいて賠償しなければならない。つまり，合理人の見地から見て，修補または代物調達が目的に適し，かつ相当な損害除去手段であったかどうかが規準となる。この問題の検討に当たっては，事故により生じた損害の規模および態様に加え，その他の事情，特に車両の使用年数および状態をも考慮すべきである」。

この判例は，一般論としてはメディクスの見解をそのまま採用するようである。しかし，注目すべきは，そこでは中古車両の再調達が原状回復に当たるとされていることである。これは，帝国裁判所において代替物の再調達が原状回復に当たるとされていたのを，さらに一歩進めたものである。これに対し，メディクスはこの判例の評釈において，「修補は通常，被害者の財産をその具体的構成に従って保護するという自然的原状回復の目的をより完全に達成する」ことからこれを否定し，再調達費用は補償としての金銭賠償に当たるとする[112]。このように，裁判所がメディクスの論述をそのまま採用しつつも彼と

異なる理解に至ったということは、結局彼における「完全性利益」の内実が明確でなかったことを示している。

いずれにせよ、この判例において、中古車両の毀損においては修補と再調達がいずれも原状回復として位置づけられ、その一方の選択は、当該手段が「必要」と認められる限りにおいて認められることとなった。これは、しばしば、修補費用が再調達費用よりも高くつく場合に、どの限度まで前者を請求できるかという形で問題となるところ、これについては、その後の下級審実務で、概ね再調達価値の130パーセントを限度とするとの基準が形成されていった。このことは、後の展開との関係で意味を持つことになる。

3 シュトルの見解

このように、メディクスの見解が、その本来の含意を必ずしも理解されないまま普及していく一方、フロッツにその萌芽が見られた起草者らの構想への回帰をなお目指す見解も存在する。その代表が、シュトルである。

(1) 内　容

彼は、1973年の論文において、「損害賠償の機能としての原状回復と補償」について、比較法的な知見を踏まえつつ、次のように述べる。「原状回復が補償に優先するとされていることから、原状回復の概念は一般に行われているよりも狭く捉えるべきだと考えられる。正しい見解によれば、原状回復とは、侵害された権利または法益に対応する状態を回復することにより損害源を除去すること以上のものではない。この状態に対して、被害者は通常、有形無形の特別な完全性利益を有しているのであり、原状回復の優位によって保護されるべきなのはまさにこの特別な利益に他ならない」[113]。これによると、「原状回復の要件は、除去されるべき不利益が——物理的な性質であれ精神的なそれであれ——権利に反する（rechtswidrig）状態を体現していることだけである。したがって、原状回復の枠内では、損害は規範的に、すなわち侵害された権利または法益の内容から理解され、導かれる」[114]。

---

112) *Medicus*, Die teure Autoreparatur, JuS 1973, S. 212.
113) *Stoll*, Begriff und Grenzen des Vermögensschadens (1973) S. 7. そこでは、エッサーとメディクスが引用されている。
114) *Stoll*, Begriff und Grenzen des Vermögensschadens (1973) S. 9. „rechtswidrig" は、文脈からこう訳すべきものだろう。なお、念のため確認しておけば、ここでは一般的な損害概念が定立され

そして，ドイツの判例・学説が「経済状態の回復」に役立つ金銭以外の給付を広く原状回復に含めていることについて，「ここでは，原状回復と，金銭以外の等価物による損害の補償……とが混同されている。原状回復と補償は，損害賠償の異なる機能である。それらは賠償給付の目的のみによって区別されるのであって，それぞれの内容によってではない。249条2文（現2項1文）が示すように，金銭給付が原状回復に資することもあるし，他方で，物の給付が原状回復によって除去されない不利益への補償ともなりうる」[115]とする。

(2) 意 義

この見解の意義は，第1に，原状回復を権利・法益の完全性の回復として捉えた上で，回復されるべき状態を「侵害された権利または法益に対応する状態」と定式化し，これによって従来の「経済状態の回復」という理解から決別した点にある。前節に見たように，後者の理解は自然的原状回復に固有の存在意義を見出さない立場の帰結だから，原状回復を以上のように捉える立場とは相容れないはずのものであるところ，ここにおいてその点が明確にされたわけである。原状回復においては「権利に反する状態を体現する不利益」が損害であるとするのは，こうした理解を端的に表したものである。

第2に，原状回復と補償としての金銭賠償とは単なる給付内容，つまり賠償態様において異なるに過ぎないのではなく，そもそもその目的を異にするという点を明らかにした点である。これは，特にメディクスにおいてなお不明確だった点である。シュトルは，「差額説」による金銭賠償とは被害者に被った損害の等価物を与えることでその填補を図るものであるとの理解を基礎としつつ，そのような賠償は金銭以外の等価物によってすることも理論的には可能であることを示す。そうすると，原状回復と補償としての金銭賠償のいずれにも金銭給付とそれ以外の態様とがありうることになり，両者を態様の違いに過ぎないと見ることはできなくなるわけである。この点は，原状回復を「差額説」と結びつけて捉えてきた従来の見解からの決定的な転換を示すものであり，これによって，原状回復費用賠償は自然的原状回復と同様，権利に対応する状態の回復を目的とするものであり，補償としての金銭賠償とは，態様を同じくし

　　ているわけではない。補償による金銭賠償に関しては，シュトルにおいても（少なくとも，この段階では）基本的に「差額説」が維持されている。

115) Stoll, Begriff und Grenzen des Vermögensschadens (1973) S. 8.

つつも異なる目的を有するものであることが明確にされた。

4 シーマンの見解

シュトルの見解は，起草段階において（矛盾をはらみながらも）前提とされており，フロッツによって再発見された構想を完成させたものと言える。しかし，短編の論文であり，またその主眼はやはり財産損害概念の検討にあったことから，そうした見解の理論的な基礎づけは十分に行われていない。こうした基礎づけを提供したのが，1981年の教授資格論文におけるゴットフリート・シーマン（Gottfried Schiemann）の叙述である。

(1) 内 容

シーマンは，「自然的原状回復が指示されていることの中に既に，ある者が有する権利および法益が純粋な財産保護に優先するという思想が見出される」[116]と述べ，これは既にドイツ民法制定以前にデーゲンコルプによって明らかにされていたと指摘する[117]。そして，損害賠償法上しばしば援用される「権利継続思想（Rechtsfortsetzungsgedanke）」は，実はノイナー以前にデーゲンコルプにさかのぼるのであり，ドイツ民法の起草過程において既に知られていたとする。

もっとも，「法律上基礎に据えられた権利継続ないし権利追求思想の内容を正確に把握するためには，ドイツ民法が自然的原状回復の優位を認めることで，法史的な伝統に比べて比較的新しい規定を採用したということを考慮する必要がある。それゆえ，ドイツ民法の立法者はおそらくこの原則の射程とその詳細な姿を完全に見通していなかっただろう」とし，その起草過程においては「当初，自然的原状回復原則と普通法に言うところの『利益』との関係はあまり明確でなかった。損害賠償を一般的に『被った財産上の損失』および『逸失利益』と規定する第1草案218条1項の後に自然的原状回復が定められていたという体系からすると，原状回復原則は被った財産上の損失の賠償の態様の1つに過ぎないと理解することも可能であった。実際，モムゼンなどの後期パンデクテン法学者は自然的原状回復をこのように理解していた」[118]とする。しかし，

---

116) *Schiemann*, Argumente und Prinzipien (1981) S. 206.
117) そこでは，*Degenkolb*, Der spezifische Inhalt des Schadensersatzes AcP 76 (1890) S. 76 が引用されている。

「非財産的な権利および利益も249条1文（現1項）に基づく自然的原状回復によって保護される」ことから，こうした理解が適切でないことを指摘する。

そして，「第2草案以降の，法典の最終的な規定においては，損害賠償の規定の『複線性』が出現していることが明らかである。すなわち，法益損害（Rechtsgutsschaden）は自然的原状回復の原則により，損害と財産との関連を問うことなく賠償される。これに対し，原状回復によって塡補されない損害は，それが財産領域に反映する場合にのみ賠償される」[119]と説く。

(2) 意　義

最後の点から明らかなように，シーマンもシュトルと同様，原状回復を賠償態様の1つに過ぎないものとする理解に反対し，むしろ原状回復と補償としての金銭賠償とでは賠償される損害の内容が異なるとする。そして，彼の見解の意義は，かつてのデーゲンコルプに倣い，そのような理解を権利継続思想によって基礎づけた点にある[120]。

なお，興味深いのは，シーマンが，起草者らにおける原状回復理解が必ずしも明確でないことの一因を，起草者らもまた原状回復の意義と射程を十分に理解していなかったと思われることに見出している点である。この点については，後に改めて触れる。

5　小　括——権利回復説とその意義

(1)　以上のようにして，特にシュトルとシーマンによって完成されるに至った理解によると，自然的原状回復とは権利・法益の完全性の回復を言い，原状回復費用賠償はそのための手段であって，いずれも権利継続思想によって基礎づけられる。特に原状回復費用賠償について言うと，この見解は，その目的を「差額説」の意味での財産損害の塡補でなく，侵害された権利・法益の完全性の回復に見出す点に特徴がある。この点を捉え，これを便宜上「権利回復説」と呼んでおく。

これによると，自然的原状回復の内実ないし範囲についても，起草者らと同

---

118)　*Schiemann*, Argumente und Prinzipien（1981）S. 207.
119)　*Schiemann*, Argumente und Prinzipien（1981）S. 208.
120)　この点については，後にシュトルやラーレンツも支持を表明するに至っている（*Stoll*, Haftungsfolgen（1993）Rn. 165; *Larenz*, Lehrbuch des Schuldrechts I[14]（1987）S. 425 Fn. 5）。

第4節　第2期における学説——3つの見解

様に狭く理解され，再調達[121]や代物賃借[122]はそこに含まれないことになる。なぜなら，それらは侵害された物自体の所有権の完全性を回復するものではないからである。

(2)　こうした見解が登場し，——どこまで正しく理解されていたかは別として——判例・通説にも大きな影響を与えた背景には[123]，既に触れた必要損害論への学説の批判がある。すなわち，そこでは，原状回復費用賠償もまた原状回復としての性格を有し，自然的原状回復が可能であることを前提とすると説かれていた。そのような可能性がなくなったところでなお仮定的な原状回復費用の賠償を認めるならば，それは原状回復としての性質を失い，補償としての金銭賠償と同化してしまうというわけである。

しかし，当の自然的原状回復が財産損害の塡補を目的とする点で補償としての金銭賠償と本質を同じくするとすれば，そのような説明によって原状回復費用賠償と補償としての金銭賠償との違いを正当化することはできない。実際，そうした同化は，第1期の後半には暗黙のうちに進行していたし，ツォイナーが249条2項1文を「損害計算の特別形態」であるとするのは，こうした見方を端的に言い表したものである。

そうすると，必要損害論への批判を説得的たらしめるには，原状回復に固有の存在意義が明らかにされる必要がある。こうした背景の下に，まさにそうしたニーズに応えるものとして登場したのが，権利回復説だったと見ることがで

---

121) *Stoll*, Haftungsfolgen (1993) Rn. 137 ff.
122) *Stoll*, Begriff und Grenzen des Vermögensschadens (1973) S. 11.
123) 第2期において，侵害された権利・法益の完全性の回復という規範的評価を共有した上でこの見解を支持すると見られるものに，*Hohloch*, Allgemeines Schadensrecht, Gutachten Band I (1981) S. 449 f.（シュトルによる自然的原状回復の定式をそのまま引用する）; *Esser/Schmidt*, Schuldrecht I[6] (1984) S. 496（「侵害された権利または法益が，言わば『以前の状態に戻される』ことが必要である」「原状回復義務の内容は，各場面において侵害された権利または法益の種類および侵害結果の態様および範囲によって決まる」）; *Herm. Lange*, Schadensersatz[2] (1990) S. 211 f.（シーマンを引用しつつ，「法の立場によると，損害賠償請求権が第一次的に保護するのは財産ではなく，個々の法益の完全性である。その点で，自然的原状回復の原則は権利継続思想と結びつけることができる」とする）がある（ラーレンツについては，注120）に述べた点にもかかわらず，注101）の最後に述べた点から，明確でない）。
　また，第3期に入ってからのものとしては，*Würthwein*, Schadensersatz für Verlust der Nutzungsmöglichkeit? (2001) S. 329 ff.; *Schack*, Schadensersatz nach Veräußerung beschädigter Sachen, FS Stoll (2001) S. 61 ff.; *Gebauer*, Hypothetische Kausalität und Haftungsgrund (2007) S. 275 ff.; NK-BGB[3]/*Magnus* (2016) § 249 Rn. 2 ff. 等がある。

83

III 小 括——3説の鼎立

(1) 前節に見たように，第1期の学説・判例においては，自然的原状回復とは財産損害（および非財産損害）の塡補を目的とする点で補償としての金銭賠償と本質を同じくし，ただその態様を異にするに過ぎないとされていた。これによると，原状回復費用賠償は，まさに金銭賠償という態様において補償としての金銭賠償と異ならず，必然的にその下位類型として理解されることになる。本節で見た必要損害論と現実的支出説は，いずれもこうした理解を基礎とするものである。その上で，両者は，そこで賠償の対象となる財産損害をどのように捉えるかという点について見方を異にするわけである。

これに対し，権利回復説は，そもそも自然的原状回復について以上のような理解をとらず，むしろ，デーゲンコルプやその指摘を受け入れた起草者らと同様，それを権利侵害の除去を目的とするものとして，補償としての金銭賠償とは異質なものと捉える。そして，原状回復費用賠償もこれと同じ目的に資するものとして位置づけられる。

こうして，この時期の学説においては，原状回復費用賠償につき，理論的に純化された3つの立場が登場したことになる。

(2) なお，以上に述べたところから窺われるように，必要損害論と権利回復説はいずれも，起草者らによる記述の異なる部分を出発点とし，それぞれ全く異なる理解に至っている。このことから，起草者らの理解が果たして首尾一貫したものだったかどうかについて疑問が生じてくる。この点については，後に改めて述べる。

第5節 第2期における判例——処分自由・仮定的費用をめぐる展開

以上のように，原状回復費用賠償の理解をめぐって3つの見解が出そろったのと相前後して，70年代以降の判例は大きな展開を見せた。それは，主として，第3節でも触れた原状回復費用の処分自由ないし仮定的費用に関するものであり[124]，この時期においては，それがより本格的な形で扱われることに

なった。

I 先　駆——客観的算定規準の維持

連邦通常裁判所は，次の判例で，帝国裁判所が「必要な費用」の判断規準として述べていたところを基本的に維持した。そして，その中に，その後の処分自由論へとつながる萌芽を見出すことができる。

【8】連邦通常裁判所 1970 年 5 月 26 日判決（BGHZ 54, 82）[125]
　【4】判決と同種の事案に関し，原状回復費用賠償の算定について，概ね次のように述べる。
　249 条 2 項 1 文は，債権者に対し，毀損した物の原状回復に代えてそれに必要な費用の請求を認めている。したがって，賠償額は客観的に計算されなければならない。実務上，被害者が既に修補を行った場合において，そのために実際に要した費用が出発点とされているが，この実際の費用は原則として客観的に必要だった金額を確定するための手がかりに過ぎない。
　しかし，この客観的計算とは，賠償額を，平均的な費用という意味で，損害事件のより詳細な事情を考慮することなく規範化すべきだという意味ではない。そうした規範的な算定は，損害概念の主体関連性に反するし，また，修補を加害者に委ねることや，そもそも修補を行うことへの強制から被害者を解放するという趣旨を有するにとどまる 249 条 2 項 1 文の規定から要請されるものでもない。
　したがって，個々の事例において，必要な金額とは，合理的かつ経済的に思考する所有者が被害者自身の特別な立場に立った場合に，期待可能な修補のためになすであろう支出によって決まる。例えば，地理的な事情から賠償額が通常よりも高くなることもあれば，被害者に複数の期待可能な修補方法がある場合には，より廉価なものの費用が必要な金額となる。したがって，原状回復を容易または困難にする被害者の特別な事情が考慮されないと一般的に言うことはできない。特に，それを容易にする事情が問題となる場合，それが考慮されるかどうかは，それを利用し，加害者の利益のために用いることを被害者に期

---

124)　この議論につき紹介するものとして，青野「損害賠償金の使途の自由」(2012) がある。
125)　この判例については，田上「車両損害の賠償をめぐる諸問題(上)」(1987) 152 頁に紹介がある。

待できるかどうかのみによって決まる。

　この判例は，「必要な金額」とは客観的に判断するとの帝国裁判所の判例法理を維持するものである。しかも，その際，249条2項1文は「そもそも修補を行うことへの強制から被害者を解放する」ものであるとの言及があり，原状回復費用を必ずしも自然的原状回復のために用いなくてよいこと，すなわちその処分自由を前提とする理解が窺われる。これも，第1期における一般的理解と重なる。

　もっとも，そこには微妙な変化も見られる。すなわち，【4】判決においては「まさに当該被害者に通常の方法よりも原状回復を容易にしたり，あるいは困難にしたりする特別な事情は排除される」とされていたのに対し，ここでは「損害事件のより詳細な事情」として，「被害者自身の特別な立場」を考慮することが認められている。これは，実際の支出額と客観的に「必要な金額」との乖離が生じにくくなることを意味する。

II　処分自由論・仮定的費用論の展開

　その後，【8】判決において言及された処分自由論と一体をなす形で，実際の支出を伴わない仮定的な原状回復費用の賠償を認める判例が展開していく。この点に関しては，既に見たように【6】判決が存在するが，やや特殊な事案だったことや，この時期の判例では物損，とりわけ中古車両の毀損の事例が中心を占めることから，両者の間には断絶がある。

1　自己修理における仮定的費用賠償

　仮定的費用賠償が問題となる場面には，2つのものがある。1つは，被害者が金銭の支出をせずに自ら自然的原状回復を行った場合であり，もう1つは，被害者が自然的原状回復を行うことのないまま，それが不可能となった場合である。このうちの前者について，正面から仮定的費用賠償を認めたのが，次の判例である。

【9】連邦通常裁判所1973年6月19日判決（BGHZ 61, 56）[126]
　〔事案〕車両損害の被害者である原告が，自動車修理工であったことから，

当該車両を自ら修補した上で、通常要する修補費用を、付加価値税相当額をも含め、請求した事案である。

〔判旨〕裁判所は、次のように述べて、これを認めた。

「原告の特別な事情の下で、通常、かつ被告に対しても期待可能な損害除去の方法が、例外的に、車両を自ら修補することである場合には、付加価値税の賠償は問題とならない。すなわち、その場合には、必要な原状回復費用は付加価値税を含まない。しかし、原審が正当に認定したところによると、原告が自動車修理工としての個人的知見とその自由時間を被告のために用いるのは期待できない。それゆえ、彼には、『必要な』金額として、そうした労働を提供する企業を利用した場合に生じる額を計算に入れることが認められる。

249条2文（現2項1文）によるこの賠償請求権は、一般的な見解によると、原告がその損害を、その計算において前提とした方法で除去し、またはする意思があるかどうかに左右されない。損害の除去を完全に放棄することも、この者の自由である。こうして、この請求権は総じて仮定的あるいはむしろ抽象的な性格を有することになる」[127]。

ここでは、被害者に自己修理が期待できない場合、すなわち事業者を利用することが客観的に「必要」と認められる場合には、それに要する費用が、付加価値税相当額を含めて賠償の対象となるとされる。その論拠とされるのは、原状回復費用の客観的算定ということに加え、原状回復費用を受領しつつ損害の除去を放棄することも自由であるということ、すなわちその処分自由である。このように、原状回復費用の処分自由から仮定的費用賠償を導く論理は、次に見る判例においてさらに詳論されることになる。

2 目的物処分後の仮定的費用賠償——処分自由論の確立？

(1) 問題の所在

仮定的費用賠償が問題となるもう1つの場面である、被害者が自然的原状回

---

126) これについては、田上「車両損害の賠償をめぐる諸問題（上）」（1987）152頁に紹介がある。
127) この説示に影響されてか、これ以降、仮定的原状回復費用の問題を「抽象的損害計算」の標語の下に位置づける見解が現れるようになった（*Köhler*, Abstrakte oder konkrete Berechnung, FS Larenz（1983）S. 349 ff.; *Honsell/Harrer*, Entwicklungstendenzen im Schadensersatzrecht, JuS 1985, S. 161 ff.; *dies.*, Schaden und Schadensberechnung, JuS 1991, S. 442 ff.; *Esser/Schmidt*, Schuldrecht I⁶（1984）S. 500 f.）。これについては、注139) も参照。

復を行わないままそれが不可能となった場合として特に問題となるのは，事故によりその所有する自動車を毀損された被害者が，その自動車を修理しないまま，新車の購入の際に支払の一部として下取りに出し，その上でなお加害者に修補費用の請求をするという事案である。ここでは，毀損された自動車の修補はもはや被害者にとって不可能であるため，原状回復費用賠償の請求はもはや認められないのではないかが問題となるわけである。

(2) 1976年判決

連邦通常裁判所は，次の判例でこの問題につき判断を下した。

【10】連邦通常裁判所1976年3月23日判決（BGHZ 66, 239）[128]

〔事案〕交通事故によりその所有する自動車を毀損された原告が，鑑定により算定した修補費用等を加害者に対し請求した。しかし，その後被害者はその自動車を修理しないまま，新車の購入の際に支払の一部として下取りに出してしまったため，その段階でなお当該請求が認められるかどうかが問題となった。

〔判旨〕以下のように述べて，原告の請求を認めた原審を維持した。

「本件のように，被害者が適法に249条2文（現2項1文）の手段を選択した場合，……原状回復に必要な金額を受領した後，実際に当該目的を実行するか，それともそれを他の目的に使用するかは，原則として被害者の自由である。……これによると，被害者は，そもそも最初から原状回復を行う意図がなく，取得した賠償金額を別の目的で使用するつもりであった場合にも，原則として原状回復に必要な費用を請求できるのでなければならない。……しかし，そうであるならば，被害者が立法者により与えられた処分自由の行使として車両を換価し，それによって修補を不可能にした途端に，被害者が原状回復費用の賠償請求権を失い，251条に基づく請求しかできなくなるとするのは，上述のところと矛盾する」。

「従来，被害者は，毀損された物の修補がなお可能である限りにおいてその修補費用を請求できるとするのが通説であったことは間違いない。しかし，冒頭に述べた，修補費用に関する被害者の処分自由に鑑みれば，少なくとも重要な，車両損害の領域においては圧倒的に多い事案類型において，これに従うことはできない」。

「修補の必要性の内に表れ，直接または間接に被害者の財産に表出している

---

[128] これについては，田上「車両損害の賠償をめぐる諸問題（上）」(1987) 151頁に紹介がある。

損失に対応するものが，修補に必要な金銭の支払である。これが，その後にされた譲渡によってもはや修理のために使用されえなくなるということは，被害者が受領した金銭を実際にそのために利用することを自ら適法に放棄したという場合と，何ら法的に有意な相違がない」。

このような解釈は，以下の点に鑑みれば，加害者を不当に不利に扱うものではない。「仮定的な修補費用は，それが厳格な意味で経済的と考えられる場合にのみ認められる。車両の時価（Zeitwert）を超過することは，通常であれば場合により認められうるけれども，ここではわずかの超過も認められないと考えられる。なぜなら，それを正当化する被害者側の公平の見地が，ここでは観念できないからである」。さらに，被害者の処分自由は，「複数の，結果から見て等価値の損害除去手段のうち，明らかに費用の少ないものを選択しなければならないという義務から，被害者を解放するものではない」。

(3) その意義

(a) この判例は，理論面において，従来の学説に大きなインパクトを与えた。と言うのも，従来の学説は，原状回復費用賠償も原状回復の一種であるから，自然的原状回復が可能な限りにおいて認められるとして，仮定的費用賠償を否定し，それを認める必要損害論を批判してきた。その一方で，一旦原状回復費用の賠償がされたときには，その処分は被害者の自由に委ねられるとしてきた。そのため，賠償後に自然的原状回復が不可能となっても，被害者は支払われた原状回復費用を保持し続けることができた。しかし，これによると，賠償の時期と自然的原状回復が不可能となる時期の先後という偶然によって大きな結論の違いが生じることになる。こうした矛盾は，従来の学説においては特に意識されていなかったところ[129]，この判例によってそれが明確に指摘されたわけである。この指摘それ自体は，強い説得力を持つ。

(b) 以上の問題意識の下，連邦通常裁判所は，従来から言われてきた原状回復費用の処分自由との整合性を図るという観点から，自然的原状回復が不可能となった後の仮定的修理費の賠償を認めた。これら双方の基礎には，ツォイナーが明らかにしたように，修理の必要性自体を財産損害と捉える見方がある。

---

[129] 例えば，*Esser*, Schuldrecht I³ (1968) S. 274; *Larenz*, Lehrbuch des Schuldrechts I¹¹ (1976) S. 376 f. 等。

実際，この判例自体も，「修補の必要性の内に表れ，直接または間接に被害者の財産に表出している損失」を賠償の対象と見ており，まさに必要損害論と同様の発想をとっている[130]。

　もっとも，他方でこの判例には，必要損害論の発想からは必ずしも説明できない部分もある。それは，仮定的修理費が車両の時価を超えることは許されないとされる部分である。先の【7】判決で示されたように，実際に修理が行われる場合には，その修理費が時価を上回ることが一定限度で認められるわけであるが，仮定的修理費の場合にはそれと異なる扱いがされるというわけである。その理由は，そのような超過を「正当化する被害者側の公平の見地が，ここでは観念できない」ことに求められているが，それが具体的に何を意味するかは，この時点では明らかでない。

　(c)　ところで，この判例は，被害者の処分自由につき論じる際に，その根拠として第2委員会議事録のある箇所を引用している。それは，第2節でも触れた，原状回復費用賠償による「新しい物との取り替え」について述べる箇所である。この引用も，おそらく，同箇所を自説の論拠の1つとしたツォイナーの影響によるものと推測される。

III　学説の対応——判例批判理論

　【10】判決は，従来の一般的な理解に内在する矛盾を鋭く突くものだったため，学説の大きな反響を呼んだ。もっとも，そこでは，この判例が仮定的費用賠償について述べた一般論を正面から支持するものはごく少数であり[131]，多くの見解はむしろ強い批判を加え，それによって一群の判例批判理論が形成された[132]。

---

130) なお，この判例は，【5】判決との判断の相違につき，車両と土地建物とで目的物が異なることを理由として挙げる。しかし，本文に紹介した説示は一般的な射程を持つものであり，そうした区別を正当化することは難しい。この点については，注132) の末尾も参照。

131) その数少ない例として，後に見るグルンスキーの当初の見解が挙げられる（MünchKomm-BGB/*Grunsky*（1979）Vor §§ 249, Rn. 15 ff.）。

132) 主要な見解として，*Schiemann*, Argumente und Prinzipien（1981）S. 212 ff.; *ders.*, Grenzen des § 249 S. 2 BGB, DAR 1982, S. 309 ff.; *Köhler*, Abstrakte oder konkrete Berechnung, FS Larenz（1983）; *Honsell/Harrer*, Entwicklungstendenzen im Schadensersatzrecht, JuS 1985, S. 161 ff.; *dies.*, Schaden und Schadensberechnung, JuS 1991, S. 442 ff.; *Esser/Schmidt*, Schuldrecht I⁶（1984）S. 500 f.; *Stoll*, Haftungsfolgen（1993）Rn. 138 Fn. 61 等が挙げられる。

第5節　第2期における判例――処分自由・仮定的費用をめぐる展開

(1) 判例理論への批判

この見解が判例理論に対して加えた批判は，次の2つに大別できる。

①　被害者が被った損害は，実際に支出された費用に限られる。実際に支出されていない原状回復費用の賠償を認めるのは，被害者を不当に利することになり，完全賠償原則の裏返しとしての利得禁止に反する[133]。

②　249条2項1文に基づく原状回復費用賠償は，同条1項による自然的原状回復を前提とするものであって，それが可能な限りで認められる一時的・附従的な性格を持つ。自然的原状回復がもはや不可能な場合にまでその賠償を認めるのは，このような原状回復費用の性格に反する[134]。

この他，当初はその従来の立場（注129）参照）を維持しつつ，【10】判決には「疑問がないではない」としていたラーレンツも（*Larenz*, Lehrbuch des Schuldrechts I^{12} (1979) S. 386），こうした批判説，とりわけ自らに献呈されたケーラーの論稿に影響を受けて，体系書の最終版において批判理論へと改説するに至っている（*Larenz*, Lehrbuch des Schuldrechts I^{14} (1987) S. 469 ff.）。

さらに，【10】判決を出した第6小法廷とは別の小法廷（第5小法廷）によっても，この見解に近い理解が示されている（BGH 2. 10. 1981 [BGHZ 81, 385]）。そこでは，毀損された土地建物が譲渡された後に，その修補費用が請求されたのだが，裁判所は，シーマンやエッサー＝シュミット等を引用しつつ，次のように述べて仮定的な修補費用の賠償を否定した。

「249条2文（現2項1文）に基づく請求は，249条1文（現1項）に基づく原状回復請求の特別形態に過ぎず……，それゆえ，法の構想によると，毀損された物の原状回復の可能性に左右される」。「確かに，249条2文（現2項1文）による特別な原状回復請求権を行使した被害者が，目的物をそもそも修補するか，それともそのために必要な金額を他の目的のために使うかはその自由である。……しかし，だからと言って，原状回復が不能となっても249条2文（現2項1文）による請求権が生き残るということにはならない」。「自然的原状回復は，第一次的には被害者の法益の完全性に対する利益に資するものである。すなわち，侵害結果をなかったものとすることはできないとしても，できる限り完全な損害填補のために，被害者の法益が可能な限り損害事実がなかったならばあるであろう状態に回復されるべきである。……所有者が，毀損された物を譲渡することにより，権利の帰属が終了したならば，249条1文（現1項）および2文（現2項1文）によって目指される法益保護はもはや達成できない」。

なお，この判例は，【10】判決と同様，目的物が自動車と土地建物とで異なることを，【10】判決と異なる判断をする理由の1つとして挙げる。しかし，やはり【10】判決と同様，以上に紹介した説示は一般的な射程を持つものであり，そうした区別を正当化することは難しい。学説上も，目的物の種類によって仮定的費用賠償の可否を区別することには合理的な理由がないとするのが支配的である（*Larenz*, Lehrbuch des Schuldrechts I^{14} (1987) S. 470; MünchKommBGB^{7}/*Oetker* (2016) §249 Rn. 368 等）。

133) *Köhler*, Abstrakte oder konkrete Berechnung, FS Larenz (1983) S. 366; *Honsell/Harrer*, Entwicklungstendenzen im Schadensersatzrecht, JuS 1985, 164; *Esser/Schmidt* (1984) Schuldrecht I^{6}, S. 500（被害者が異なる対応をしたことによって加害者が免責されるべきでないというのは，損害賠償法になじまない制裁思想に基づくものであると言う）。

134) *Schiemann*, Argumente und Prinzipien (1981) S. 216; *ders.*, Grenzen des §249 S. 2 BGB, DAR

(2) 主張内容

(a) 以上のように判例理論を批判した上で，これらの見解は，仮定的費用賠償を否定し，原状回復費用として賠償されるのは現実に支出された費用に限られるとする。そこでも，判例のように「必要な金額」を客観的に判断することは否定されないが，それは現実に支出された金額の上限を画すものに過ぎないとされる[135]。

(b) もっとも，これらの見解によっても，被害者は支出を行って初めてその費用を請求できるということにはならず，事前の請求も可能とされる。ただし，事前に支払われた金額は，将来支出されるであろう費用の先払いに過ぎず，実際に自然的原状回復が行われた後に清算を要するものとされる。したがって，その金額について被害者に処分自由はなく，自然的原状回復が行われないことが確定したならば返還すべきことになる[136]。

これは，従来言われてきた処分自由論の否定を意味する。これらの学説は，【10】判決の指摘を受けて，仮定的費用賠償を否定するのであれば，併せて処分自由論をも否定しなければ一貫しないということを認識するに至ったわけである。

(c) さらに，賠償の対象となる「費用」は，実際の金銭の支出には限られない。被害者が自ら労力を投入して原状回復措置を行った場合については，「労働に対する相当な報償」が認められるべきだとされる[137]。そして，これによって被害者の保護は十分に図られる以上，客観的に見て「必要な金額」の賠

1982, S. 310 f.; *Honsell/Harrer*, Entwicklungstendenzen im Schadensersatzrecht, JuS 1985, S. 163; *Esser/Schmidt*, Schuldrecht I⁶ (1984) S. 500.

135) *Köhler*, Abstrakte oder konkrete Berechnung, FS Larenz (1983) S. 359.

136) *Köhler*, Abstrakte oder konkrete Berechnung, FS Larenz (1983) S. 358 f.; *Honsell/Harrer*, Entwicklungstendenzen im Schadensersatzrecht, JuS 1985, S. 164; *dies.*, Schaden und Schadensberechnung, JuS 1991, S. 445; *Esser/Schmidt*, Schuldrecht I⁶ (1984) S. 500. 既に *Keuk*, Vermögensschaden und Interesse (1972) S. 220 ff. において，必要損害論への批判の文脈で同旨が説かれていた。

137) *Schiemann*, Argumente und Prinzipien (1981) S. 219 f.; *ders.*, Grenzen des § 249 S. 2 BGB, DAR 1982, S. 311; *Köhler*, Abstrakte oder konkrete Berechnung, FS Larenz (1983) S. 353; *Honsell/Harrer*, Entwicklungstendenzen im Schadensersatzrecht, JuS 1985, S. 164; *dies.*, Schaden und Schadensberechnung, JuS 1991, S. 446, *Stoll*, Haftungsfolgen (1993) Rn. 324. 現実的支出説の立場から，既にティーレが同旨を説いていた（*Thiele*, Aufwendungen des Verletzten, FS Felgentraeger (1969) S. 401 f.）。

償を認める必要はないとされる。

(3) 意　義

(a) この見解は，仮定的費用の賠償を否定するという点では従来の一般的な学説と異なるものではないが，そのポイントは，それと併せて原状回復費用賠償の処分自由をも否定する点にある。これによって，【10】判決において示された従来の学説における矛盾が解消されているわけである[138]。

(b) ところで，これらの見解が判例理論を批判する際の論拠は，前節に見た学説のうち，仮定的費用賠償の基礎となる必要損害論を除いた２つのものと一定の対応関係にあることが分かる。すなわち，上述の批判①が，実際に支出された金額を上回る仮定的費用賠償は被害者の不当な利得となると説くのは，被害者に生じた（財産）損害はその現実に支出した額に限られるとの見方を前提とするものである。これは，現実的支出説の理解に他ならない[139]。

一方，批判②は，自然的原状回復と原状回復費用賠償の機能的結びつきを説くが，自然的原状回復は財産損害塡補の一態様に過ぎないとの従来の理解が維持される限り，そうした意義を有するに過ぎない自然的原状回復に原状回復費用賠償を機能的に連結させることの合理的な意味は明らかでない。つまり，こうした理解は，自然的原状回復が補償としての金銭賠償に対する固有の存在意義を認められて初めて意味をなす。そうすると，この批判は，そうした存在意義を認めるところの権利回復説を前提とするものと言える[140]。

---

138) もっとも，注132) に挙げた第５小法廷の判決においては，なお「被害者が，目的物をそもそも修補するか，それともそのために必要な金額を他の目的のために使うかはその自由である」とされており，この点が克服されていない。

139) とりわけケーラーやホンゼル＝ハーラーにおいては，現実的支出説の発想が前面に出ている。前者がそうした理解を基礎としていることを指摘するものとして，*Weber*, §249 S. 2 BGB, VersR 1992, S. 529（次項に見る変遷の途上にある判例を擁護する立場からの，批判的な文脈である）。これらの論者が，ここでの問題を，財産損害の算定方法として言われてきた「抽象的損害計算」の概念の下に位置づけるのも（注127) 参照），現実的支出説の理解を反映したものと見ることができる。

140) シーマンやシュトルの他，特に注132) に挙げた第５小法廷の判決には，権利回復説の発想が前面に押し出されている。

　なお，実際には，現実的支出説を出発点とすると見られる見解からも，批判②と同旨の指摘がされている（*Köhler*, Abstrakte oder konkrete Berechnung, FS Larenz (1983) S. 360; *Honsell/Harrer*, Entwicklungstendenzen im Schadensersatzrecht, JuS 1985, 163. もっとも，本文に述べた理由から，十分な説得力を持たない）。逆に，権利回復説を支持すると見られる見解においても，「差額説」の思考枠組の下に批判①を強調する見解もある（*Esser/Schmidt*, Schuldrecht I⁶ (1984) S. 501.

(c) 以上のように，この判例批判理論は，その理由づけの観点から，現実的支出説を基礎とするものと権利回復説を基礎とするものの2つの系統に分かれると見ることができる。もっとも，その主張内容がそれぞれの理解から適切に説明できるかどうかは問題である。

現実的支出説の発想に立つと見られる見解は，(2)で触れた(b)先払いや(c)労働に対する相当な報償について，立ち入った基礎づけなしに認めている。しかし，実際に支出された金額を財産損害として賠償対象と見る理解から，これらが理論的にどう正当化されるのかは明らかでない[141]。

これに対し，権利回復説からは，原状回復費用賠償は侵害された権利の回復を加害者の負担において被害者自ら行うための手段として捉えられるから，そうした目的を実現するためには，原状回復措置に先立って金銭を支出する負担も加害者に帰すべきであり（(b)），また被害者が自ら原状回復措置を行ったならば，それへの対価に当たるものが加害者の負担に帰すべきである（(c)）[142]というように，その内実を機能的に把握することが可能となる。

Ⅳ 判例理論の軌道修正

ともあれ，こうした学説の強い批判を受けた判例は，その後，処分自由論・

主体関連性を伴う差額説からの逸脱に反対し，原状回復費用賠償は，具体的な損害に向けられた伝統的な差額計算の枠組に組み込まれるべきだと言う）。このように，実際には，本文に述べた2つの立場がそれほど明確に区別できるわけではない。

141) 後者の労働に対する報償については，被害者の行った労働給付が財産的価値を有するということから，直ちにその価値相当額の財産損害が生じたとするかの口吻を示す見解が見られる（*Thiele*, Aufwendungen des Verletzten, FS Felgentraeger (1969) S. 402〔通常報酬が支払われるような労働給付をした者は，「少なくとも通常の報酬額だけ財産的損失を被っている」〕; *Weimar*, Einsatz der eigenen Arbeitskraft, NJW 1989, S. 3248〔「実際の労力投入は，労働給付として，評価に適した財産的な次元を有する。……その限りで，……財産的支出についての賠償が認められる」〕）。

しかし，「差額説」による限り，加害がなければそのような労働給付は行われていない以上，そうした結論は，少なくとも容易には出てこない。それにもかかわらず労働給付の価値を差額計算の俎上に載せようとするならば，それについての規範的根拠が示される必要がある。そのようなものとして，仮に「権利の回復は本来加害者の負担において行われるべきものである」といった評価が援用されるならば，それは権利回復説と同一に帰することになる。

142) *Stoll*, Haftungsfolgen (1993) Rn. 324（「原告が補償の対象となる財産的損失を被ったかどうかは重要でない。むしろ，その者は，加害者が実現すべき義務を負うところの目的を達成するためにした財産的価値ある給付について相当な報償を求める権利を有するのである」）。

第5節　第2期における判例——処分自由・仮定的費用をめぐる展開

仮定的費用論に軌道修正を施していった。

1　グルンスキーの見解

その際，判例にとっての理論的支柱となったのが，ヴォルフガンク・グルンスキー（Wolfgang Grunsky）の見解である。そこで，まずはこれを見ておこう。

(a)　彼は，処分自由を肯定する判例の見解は「少なくとも物損については無制限に賛成できる」として，その理由を次のように述べる。「ここでは，損害賠償は被害者の財産を以前の状態に回復するためにされる。しかし，被害者が自己の財産を使って何をするかは，加害者には関係がない。とりわけ，自己の財産を以前の状態から『組み替える』（例えば，損害を除去せず，その代わりにその金額を自分のものとすることによって）ことは，被害者の自由である」。

しかし，こうした仮定的な修補費用が物の再調達価値を上回る場合にまでその賠償を認めるべきかについては，【10】判決は否定しており，かつそれは支持できるとする。そこでは，原状回復とは被害者の完全性利益を保護するものであるとするメディクスの説明が援用される。被害者が修補を行わない場合，この者は自らの完全性利益に対し価値を見出していないのであって，「それにもかかわらず，完全性利益を考慮して初めて正当化されるところの修補費用に達するまでの増額を与える理由はない」というわけである[143]。

(b)　一方，人損においては，非財産損害が問題となっているため，物損と同様に考えることはできないとする。「人損における被害者の処分自由を認めると，253条（現1項）を潜脱することになるだろう。……非財産損害（身体損害もこれに含まれる）が金銭により賠償される（すなわち『売られる』）ことが原則として許されないことは，現行法上争いがない。……ここで，人損において，医療上必要と認められた費用を実際に治療に使うか，他の用途に支出するかを被害者の自由に任せるならば，『健康』という非財産的価値が金銭に換価されるという結果になるだろう。しかし，これはまさに253条（現1項）が阻止しようとしたことに他ならない。非財産損害の除去のために金銭の支払を受けたのに，その後それを損害除去のために使わない者は，それによって非財産的価値を『売った』のと実際上同じである」というのが，その理由である[144]。

---

143)　*Grunsky*, Ersatz fiktiver Kosten, NJW 1983, S. 2648.
144)　*Grunsky*, Ersatz fiktiver Kosten, NJW 1983, S. 2648 f.

2 仮定的修補費用の上限としての再調達価値

このグルンスキーの見解に依拠しつつ，連邦通常裁判所は，次の判例において【10】判決の軌道修正を図った。

【11】連邦通常裁判所 1985 年 3 月 5 日（VersR 1985, 593）

【10】判決と同様の事案につき，同判決を踏襲しつつ，仮定的修補費用は「時価」を超えてはならないというそこでの説示につき，「正確には再調達価値とすべきであった」とし，それを以下のように「補足」する。

「中古車両の毀損において，被害者は原則として修補と代物調達とのいずれかを選択できる。しかし，毀損の程度や事故車両の使用年数などにより修補が非経済的である場合（いわゆる経済的全損），被害者は修補費用ベースの算定を求めることができない。裁判所は，一般的に修補費用が代物調達の費用を 30 パーセント以上上回るかどうかで線引きをしている。この限界までであれば，修補が代物調達よりも高くつく場合でも，被害者は修補費用の賠償を請求できるわけである。しかし，これは原則として，被害者がその車両を保持し，実際に修補を行った場合にのみ妥当する。と言うのも，そのように費用のかかる修補を認めることは，通常，その慣れ親しんだ車を保持することについての被害者の完全性利益が考慮されるがゆえに，そしてその限りで正当化される。しかし，被害者がその車両をもはや使用しない場合には，原則としてそれが考慮される余地はない」。それゆえ，「被害者が事故車両の修補につき利益を示さないならば，仮定的修補費用による算定において，再調達価値による算定によって画される限界を超えることはできない（グルンスキー等の引用）」。

「この計算においては，修補費用にその後に残る技術上または商業上の評価損を加えた額と，事故車両の毀損されていない状態での再調達価値からその残存価値を控除した額とが比較される。修補費用と評価損は，費用の要素として事故車両の残存価値に反映するはずだから，本来，再調達価値と残存価値との差額は，修補費用と評価損の合計を下回ることはないはずである」。もっとも，残存価値がスクラップ価格にまで落ち込んでいる場合などには，この等式は成り立たないところ，「この場合，被害者は，事故車両の修補に対する利益を示していないのであれば，仮定的修補費用の算定において，通常は，再調達価値の算定によって画された上限を遵守しなければならない。彼の完全性利益は影響を受けていないため，再調達価値へのわずかな上乗せも認められない」。

(a) この判例は，第1に，【10】判決において立ち入った説明なしに述べられていた時価による仮定的修補費用の制限について，そこに言う「時価」が再調達価値を意味することを明らかにしつつ補足する。もっとも，その内容は，必要損害論の発想を基礎に据える【10】判決とは様変わりしたものとなっている。すなわち，ここでは，「再調達価値－残存価値＝修補費用＋評価損」との等式が本来成立するはずのものとして示される。再調達価値は，判例・通説において，物自体の価値の基準とされるものである[145]。それゆえ，この定式において（仮定的な）修補費用とは，（評価損を度外視すれば）物の価値の減価分の指標として機能していることが分かる。こうした物の減価分は，自然的原状回復が当初より不可能な場合には，補償としての金銭賠償の枠内で賠償されるものであるが，ここでの仮定的費用賠償は，これと同じ実質を原状回復費用賠償の枠内で実現するものであることになる。ここでは，支出の必要性としての必要損害の塡補という視点はもはや見られない[146]。

そして，仮定的修補費用がそのような意味を持つものだとすると，減価分が物の価値それ自体を上回ることはありえない以上，それが物の価値としての再調達価値を上限とすることは必然の帰結として理解される。また，それはもともと目的物が有していた価値を塡補するものであるから，それを原状回復措置以外の目的に使うことは，グルンスキーが言うように，まさに当初有していた自己の財産を「組み替える」ことでしかなく，否定されるいわれはない。

(b) 第2に，再調達価値を超える修補費用については，「その慣れ親しんだ車を保持することについての被害者の完全性利益」によって正当化される。ここでは，グルンスキーに倣いつつ，【7】判決に登場した「完全性利益」の概念が再び用いられていることが注目される。しかも，その意味するところは，【7】判決におけるのと同じではない。と言うのも，ここでは，上記の表現や，それが代物の再調達との対比で言及されていることからして，毀損された物自体の所有権の完全性が念頭に置かれていることが明らかだからである。これは，【7】判決よりも，本来の権利回復説の発想に接近したことを意味する。

---

145) この点については，次章第5節で改めて取り上げる。
146) 以上のように，この判例は，仮定的費用賠償の理論的意味について【10】判決と全く異なる理解をしているため，もはやその「補足」ではなく「修正」であると評されている（*Magnus*, Schaden und Ersatz (1987) S. 59; *C. Huber*, Fragen der Schadensberechnung (1993) S. 71）。

3 人損における仮定的治療費賠償の否定

さらに，連邦通常裁判所は，人損の場合には仮定的費用賠償を否定するという点についても，次の判例において，グルンスキーの見解に従うことを明らかにした。

【12】連邦通常裁判所 1986 年 1 月 14 日判決（BGHZ 97, 14）
〔事案〕被告が責任を負う交通事故により傷害を受けた原告が，それにより生じた下腹部の傷跡の手術に要する費用を請求した。もっとも，手術の成功が確実ではないことから，被害者はいまだそれを受けるかどうかを決めかねていると述べていた。
〔判旨〕連邦通常裁判所は次のように述べ，請求を棄却した原判決を維持した。
「連邦通常裁判所が被害者の処分自由を認めてきた事例は，いずれも物損に基づく損害賠償請求に関するものだった。……原状回復のために加害者が支払わなければならない金額に関する被害者の処分自由は，人損の場面にまで及ぼすことはできない。そこにおいて重要なのは，被害者が 249 条 2 文（現 2 項 1 文）に基づきそのために金銭を請求できるところの自然的原状回復は，身体的な完全性の回復，したがって非財産損害の除去を目的とするところ，これ（非財産損害）について，被害者による原状回復の放棄は単に 249 条 2 文（現 2 項 1 文）の金額によって適切に評価された財産処分に過ぎないとの理解をすることは，その本質上許されない。被害者が，治療を受ける意思がないにもかかわらず治療費を請求する場合，彼は実際には自己の健康への妨害が継続していることへの賠償（補償）を求めているのと同じである。法秩序は，253 条（現 1 項）により，被害者に対してそのような金銭賠償を 847 条（現 253 条 2 項）の要件の下でのみ認めている。行われることのない治療のための仮定的な費用が被害者に与えられるならば，これは 253 条（現 1 項）の潜脱につながるだろう。847 条（現 253 条 2 項）に定める，慰謝料を認めるための要件が存在しない場合には，被害者は法律上認められない慰謝料を取得することになるし，そうでない場合には，彼は 847 条（現 253 条 2 項）により認められる慰謝料を法律上予定されていない形で増額できることになるだろう」。

ここではまず，原状回復費用としての手術費用の賠償が「身体的な完全性の

回復」を目的とするものと位置づけられていることが注目される。これは，権利回復説の発想に一致するものと見ることができる。

　その上で，仮定的な手術費用の賠償の否定については，理由づけも含めてグルンスキーの見解と同旨が説かれている。上述のように，仮定的修補費用を物の減価分を塡補するものと捉えるならば，人損においては（少なくとも通説による限り）物の減価分に対応する損害項目が観念できない以上，これは論理必然の帰結と言える。これにより，仮定的費用賠償については物損と人損とで異なる扱いをするとの判例法理が確定した[147]。

4　自己修理における再調達価値による制限の否定

　以上の２判例により，仮定的費用の賠償はもはや物の減価分に対応する限度でのみ認められるに過ぎないようにも思われた[148]。しかし，それを超える仮定的費用賠償の可能性をなお認めたのが，次の判例である。

【13】連邦通常裁判所 1992 年 3 月 17 日判決（NJW 1992, 1618）
　〔事案〕自動車事故の被害者が，加害者の責任保険を被告として損害賠償を請求した事案である。鑑定により，事故車両の修補費用は約 16,000 マルク，再調達価値は 15,000 マルク，残存価値は 3,000 マルクと評価された。被害者は自動車修理工であったため，事故車両を勤務先の工場で自ら修理し，その上で鑑定による修補費用を請求した。原審は，原告は実際に支出した費用を主張・立証していないことを理由に，請求を棄却した。
　〔判旨〕次のように述べて，原判決を破棄し差し戻した。「249 条 2 文（現 2 項 1 文）に基づき加害者が支払うべき金額の基準となるのは，被害者が実際に支出した修補費用ではなく，原状回復に必要な金額である。これは，……客観的な基準により，すなわち損害除去のために実際に支出された金額から切り離

---

147)　もっとも，その上で，これによりかつての【6】判決が否定されたのかどうかについては，評価が分かれている（否定されたと見るものとして，*Honsell/Harrer*, Entwicklungstendenzen im Schadensersatzrecht, JuS 1985, 167. これに反対するものとして，*C. Huber*, Fragen der Schadensberechnung (1993) S. 274 f.）。これは，注 182）で述べる点にも関わる。

148)　次の【13】判決以前に出された，そうした理解を前提とする文献として，*Karakatsanes*, Zur Zweckgebundenheit des Anspruchs aus §249 S. 2 BGB, AcP 189 (1989) S. 19 ff.（物損においては，減価分が仮定的な原状回復費用賠償として賠償され，それを超えて支出された修補費用や，人損における治療費等は，財産損害として 251 条 1 項により賠償されるとする）がある。

して，確定される。それゆえ，被害者が事故後にその車両を修理工場に持ち込まず，自己修理によって自ら元通りにした場合でも，この者は加害者から，支出した部品の費用や費やした時間についての賠償だけでなく，専門工場において修補したならば請求されるであろう額を請求できる。と言うのも，本件における原告のように，その個人的な知識や特別な能力によって事故車両を自由時間を費やして自ら修復した被害者に，その損害除去に向けた特別な努力を加害者に有利に働かせることは期待できないからである」。原審の言う，被害者が事故によって『利する』ことがあってはならないということは，「ここで答えるべき問題，すなわち，損害除去に向けた被害者の義務を超えた努力につき，加害者がどこまでその分け前にあずかってよいかということに対して，意味を持つものではない」。

　以上のことは，「必要な修補費用が再調達費用を上回るけれども，再調達価値の130％という許容範囲に収まっている場合にも妥当する。と言うのも，加害者が被害者にこの限度まで賠償をしなければならないのは，……被害者が修補を行うことによってその車両を維持することについての（完全性）利益を示したことに，その根拠があるからである」。

　この判例は，これまでの流れに反し，再び仮定的費用の賠償を認めた。そして，そこでは，【8】判決と同様，実際の支出額と客観的に「必要な金額」との概念的な区別という，従来の必要損害論と結びつく理解が出発点とされている。そしてまた，被害者の特別な努力により加害者を免責させるべきでないという，必要損害論の論拠と同様の考慮も援用されている。

　しかし，その理由づけにおいては，【8】判決や必要損害論との間に看過できない違いもある。まず，そこでは，【8】判例と異なり，もはや原状回復費用の処分自由は援用されていない。それに代えて，ここでの問題は「損害除去に向けた被害者の義務を超えた努力につき，加害者がどこまでその分け前にあずかってよいか」であり，それゆえ実際の支出額を上回る賠償によって被害者が利することにはならないとされる。ここには，被害者自らの特別な努力の結果は，被害者自身に帰属すべきものである——ゆえに，それは回避すべき利得に当たらない——との理解を見てとることができる。これは，まさに判例批判理論における労働への相当な報償と共通の発想に出るものであり，その上でそこでの報償の額を客観的に「必要な金額」を基準に定めるものと理解できる[149]。

ここにおいて，加害者が免責されるべきでないという以上に，客観的に「必要な金額」がなぜ被害者に帰属すべきなのかの積極的な理由が示されているわけである。そして，この点が示されたならば，加害者の免責の不当性というのはもはや二次的な論拠でしかなくなる。

そして，そうした「必要な金額」が（実質的には補償としての金銭賠償に当たるところの）再調達価値を上回りうることについては，ここでも「完全性利益」が援用されている。ここでの「完全性利益」も，再調達価値との対比が示すように，当該目的物の所有権の完全性を指すものとして理解される。

5　判例理論の到達点

判例は，以上のように，基本的にグルンスキーの見解に依拠しつつ軌道修正を図ってきたが，その到達点をどのように理解すればよいだろうか。

(1)　原状回復が不可能な場合の仮定的修補費用——減価分の塡補としての実質

まず，原状回復が不可能となり，もはや行われないこととなった場合にも，仮定的な修補費用が賠償されるとの枠組自体は維持されている。しかし，「実際にはそこで問題となっているのは補償であり，そこで塡補されるべき不利益の額が必要な原状回復費用によって評価されている」[150]に過ぎない[151]。

(2)　原状回復措置が実際に行われた場合の原状回復費用

(a)　これに対し，原状回復が実際に行われた場合における原状回復費用賠償

---

149)　この判例について述べるものではないが，シーマンが，自己修理の場面において客観的に「必要な金額」の賠償を認めるのは，「被害者の処分自由とは何ら関係がなく，損害除去のために行われた労働の『客観的』評価にのみ基づくものである」とするのも（*Schiemann*, Schadensersatz und Praktikabilität, FS Steffen (1995) S. 409），同様の理解に出たものである。

150)　*Stoll*, Haftungsfolgen (1993) Rn. 138.

151)　もっとも，物の減価分の算定において，仮定的な原状回復費用を基準とすることがそもそも適切かどうかというのはまた別の問題である。【11】判決の掲げるような定式が本当に成り立つのならば，こうした算定には合理性があることになるが，その点については，次のような疑問が呈されている（*C. Huber*, Fragen der Schadensberechnung (1993) S. 145 ff.）。すなわち，物の修補方法がただ 1 つしか存在せず，しかもそれが全ての市場参加者にとって同じ費用を要するものであるならば，その費用分だけ常に当該物の価値が低下していると言えるだろうが，実際にはそのような前提は存在しないため，誰がどのように修補を行うかによって，要する費用には違いが出てくる。

判例理論が本文に見たような変遷を経た現在において，なおそこでの処分自由論・仮定的費用論に批判が向けられるとき，そこで実質的に争われているのはこうした減価分の算定方法の是非であると見ることができる。

については，それが「完全性利益」の保護に資するものであることが，その正当化根拠とされる。しかも，そこでの「完全性利益」とは，所有権や身体など，侵害された権利の完全性を指すものとして用いられている。これは，権利回復説の理解に他ならない。

(b) もっとも，判例においては，現実になされた支出と客観的に「必要な金額」とを概念上区別し，後者が賠償の対象となるとの理解がなお維持されている。そのため，権利回復説におけるように，権利の完全性の回復のために実際に支出された費用が賠償されるということにはなっていない。

しかし，この点は，実際上ほとんど違いをもたらさないと考えられる。と言うのも，【8】判決において，客観的に「必要な金額」といっても，当該被害者の特別な事情をも考慮することが明らかにされた。これにより，それが実際の支出額を上回る[152]のは，事実上，次に触れる自己修理の場合のように，被害者が特別な労働ないし努力をした場合に限られると思われるためである[153]。

(c) さらに，自己修理の場合には，例外的に，再調達価値を上回る仮定的費用賠償がなお認められる。その基礎に窺われるのは，完全性利益の保護ということに加え，権利の完全性の回復のために被害者がした特別な努力に対し報償を与えるという発想である。これは，判例批判理論における，労働への相当な報償という発想に対応する。そして，これは上述のように，権利回復説からのみ合理的な正当化が可能である。

(3) 物の減価分が仮定的費用として扱われることの背景

なお，判例理論の到達点を適切に理解するためには，もう1つ検討しておくべき点がある。それは，判例がなぜ(1)のような理解をする必要があったのかである。と言うのも，前述のように，修補が当初から不可能な場合には，物の減価分は原状回復ではなく補償としての金銭賠償により塡補されることに異論は

---

[152] 「必要な金額」が実際の支出額を下回る場合には，判例批判理論によっても，前者が賠償の上限となることは既に述べたとおりである。

[153] そもそも「必要な金額」の客観的算定を強調した【4】判決においても，問題となったのは被害者の自己修理だった。

なお，BGH 20.6.1989 (NJW 1989, 3009) は，鑑定による修補費用評価額につき，被告により「実質的な反論」がなされたときは，実際の支出額が「必要性についての有力な徴憑」となるとする。ここでも，そのような反論がなされた場面に限ってではあるが，実際の支出額と「必要な金額」との乖離を生じにくくする方向が目指されており，本文の理解と軌を一にする。

ない。そうすると，修補が事後的に不可能となった場合に，これと異なる扱いをする必要がどこにあるのかが問題となるわけである。

　(a)　この点に関しては，ランゲの，判例批判理論に対する指摘が参考になる。それによると，「251条1項を拡張解釈し，補償を原状回復が不能になる以前から与えることにするならば，処分自由を完全に放棄することも可能かも知れない。……しかし，これは251条1項の文言に反するだけでなく，原状回復と補償との間の自由選択権という，法が全く意図していなかったものに行き着く」[154]。

　これを敷衍すると，次のようになる。249条および251条においては，自然的原状回復または原状回復費用賠償が原則とされ，補償としての金銭賠償は，それが不可能または不十分な場合に限定されている。この構造をそのまま貫くと，例えば物の修理が可能である場合には，被害者はそれをしなければ賠償を得られないのであって，修理を放棄してその減価分の賠償だけを請求することはできないことになるが，それは不当と感じられる。こうした場面をも視野に入れるならば，判例が物の減価分をあくまで原状回復費用賠償の枠内で扱おうとすることには，被害者に，その望まない自然的原状回復を強いることなく，直ちに補償としての金銭賠償に相当するものを与えるという意義が見出されることになる。

　(b)　もっとも，以上の問題点は，判例批判理論においても意識されていないわけではない。例えば，ヘルムート・ケーラー（Helmut Köhler）は，251条1項に言う「十分でないとき」とは，「原状回復が債権者の利益に適合しない場合」をも含むところ，「原状回復がその利益に適合するかどうかは，債権者自身が最もよく判断できる」から，「債権者が原状回復をしなかったならば，彼はそれによって同時にそれが『十分でない』ことを示したことになる」とする[155]。

---

154)　*Lange/Schiemann*, Schadensersatz³ (2003) S. 230.
155)　*Köhler*, Abstrakte oder konkrete Berechnung, FS Larenz (1983) S. 369.
　　また，シーマンは，この点につき，251条1項が原状回復が不可能または不十分なときとするのは，そのような場合であっても少なくとも補償としての金銭賠償は可能であるということを明確にする意味を持つに過ぎないとして，被害者が自然的原状回復を望まない場合にも同項を拡張適用すべきであるとしていた（*Schiemann*, Schadensersatz und Praktikabilität, FS Steffen (1995) S. 405 ff. ただし，その後若干の改説がある。次注参照）。

(c) これによると，被害者が原状回復を望まない場合には補償としての金銭賠償が得られるということになる。これは，両者の間の自由選択を認めるに等しく，その限りで上述のランゲによる批判が的中するようにも見える。しかし，処分自由論に従い，原状回復の枠内で補償としての金銭賠償に当たるものを認める場合にも，実質的に両者の自由選択が認められていることに変わりはない。そうすると，この自由選択が認められるべきだという点に関しては，実質上，判例・学説においてコンセンサスがあり[156]，それを正面から認めるかどうかの違いがあるに過ぎないと言うことができる。

そして，この点もまた権利回復説の発想と親和的である。と言うのも，原状回復の意義が侵害された権利の回復にあるとすれば，権利が主体に一定の自由を保障するという側面を有する以上，その回復を行うかどうかはもっぱら権利者の自由に委ねられるとするのが合理的だからである[157]。

やや時期が下るが，権利回復説を支持するヴュルトヴァインも，この点についての配慮を示す。それによると，249条2項1文は，原状回復措置を加害者の負担において被害者自ら行えるようにすることと，被害者が原状回復につき利益を有しない場合に，補償としての金銭賠償に当たるものを認めることという，全く異なる2つの目的を有している。前者は自然的原状回復の一手段として認められるものであるのに対し，被害者が自然的原状回復を望まない場合には，後者を内容とする原状回復費用賠償が，物の価値としての再調達価値を上限として認められるというわけである（*Würthwein*, Schadensersatz für Verlust der Nutzungsmöglichkeit？（2001）S. 336 ff.）。権利回復説に即して判例理論を説明しようとするならば，こうした説明が最も的を射ていると思われる。

156) この点につき，やや制限的な理解を示すのが，次節でも取り上げるU. ピッカーである。彼女は，原状回復と補償としての金銭賠償との間の選択については，自然的原状回復の原則は，その履行により免責されるという加害者の利益をも保護するとして，シーマンやケーラーが251条1項の要件を完全に空文化してしまうことに対し批判を向ける。もっとも，249条2項1文（または250条）に基づき被害者が自ら原状回復を行える場合には，加害者はその費用を負担するだけの「支払窓口（Zahlstelle）」になっている以上，そのような利益を有しないとして，両者の自由選択を認める（*U. Picker*, Naturalrestitution durch den Geschädigten（2003）S. 51 ff. なお，シーマンは，注釈書の改訂の際に，この批判を容れて，前注で触れた見解を改めている。Staudinger/*Schiemann*（2005）Rn. 213）。

もっとも，起草過程における議論にも現れていたように，加害者による自然的原状回復が問題となる場合というのは，249条2項1文に掲げる場合以外にはあまり考えられないため，その限りで両説の間に大きな違いはないと言うことができる。

157) 第2委員会議事録における，「多くの場合，新しい物と取り替える方が債権者の利益に適う」との記述は，原状回復費用賠償を正当化する文脈でのものではあるけれども，その趣旨は，本文のような自由選択を認めるべきであるとの価値判断を示すものと理解することもできる。

なお，この点に関しては，責任内容確定規範の間の適用関係という観点から，第4章において再度触れる。

(4) 結　論——権利回復説との親和性

以上の点を踏まえれば，判例理論は，なお処分自由論・仮定的費用論の外形を維持してはいるものの，その実質においては批判理論，その中でも権利回復説に接近していると評価することができる。

V　ここまでの小括

ここで，本章に見てきたこれまでの展開が意味するところを検討しておく。

1　権利回復説の優位性

(1)　既に起草者らの理解において，原状回復費用賠償を支出が必要となったことに対する賠償と見る発想が垣間見え，第1期の学説・判例においても，現実の支出額と客観的に「必要な金額」の分離，原状回復費用の処分自由といった形で，そうした理解がくすぶっていた。第2期に入ってこれを理論的に純化したのが，ツォイナーの必要損害論だった。

こうした流れの背後では，第1期における自然的原状回復の理解が一定の役割を果たしていたと考えられる。第3節で見たように，第1期の学説・判例においては，自然的原状回復とは財産損害（および非財産損害）の塡補を目的とする点で補償としての金銭賠償と異ならず，ただその態様を異にするに過ぎないと考えられてきた。このように，自然的原状回復自体に固有の存在意義が認められないのだとすると，原状回復費用賠償をそのための手段として位置づけ，厳格にその可否にかからしめることには，合理的な理由が見出せなくなる。むしろ，原状回復費用賠償はそこから切り離して，「損害計算の特別形態」と捉えても構わないとの見方がありうるところであり，まさにその旨を説くのが必要損害論だったわけである。

しかし，これによると，自然的原状回復が不可能となった場合にも，仮定的な原状回復費用が賠償されるべきことになり，原状回復費用賠償もまた原状回復としての性質を有することと矛盾する。必要損害論への批判は，この点に集中した。

もっとも，前述のように，こうした批判は，自然的原状回復自体に固有の存在意義が明らかにされない限り，十分な説得力を持ちえない。そして，まさにこの点を，起草者らの当初の構想に即して明らかにしたのが，権利回復説だっ

たわけである。この見解が——どこまで正しく理解されていたかは別として，少なくとも用語法においては——学説上急速に有力化したのは，こうした背景によるものと見ることができる。

(2) これに応じて，権利回復説は判例上も受け入れられたかに見えた（【7】判決）。しかし，そこでは，権利の回復には当たらないはずの代物の再調達が自然的原状回復に位置づけられていた。また，その後の判例は，むしろ必要損害論の発想に従い，処分自由論・仮定的費用論を展開させていく。こうした点から察するに，この時点での連邦通常裁判所は，上述のような権利回復説の意義を適切に理解していなかったと見られる。

それまでの展開からして，こうした判例が学説による強い批判を受けたのは必然的なことだった。その際，批判理論の基礎とされたのは権利回復説だけではなく，実際の支出額を財産損害として賠償の対象と見る理解（現実的支出説）を出発点とする見解もあった。そうした中，判例は批判理論へと次第に接近していき，その際基礎に据えられたのは権利回復説の発想だった。

(3) このように，判例が必要損害論からの軌道修正を図るに当たって，実質的に権利回復説の発想に依拠するようになったことは，そもそも批判理論の主張内容のうちに現実的支出説による説明が困難なものがあるという点を措いても，理由のないことではない。

と言うのも，判例が当初依拠した必要損害論も，それに批判を加えた現実的支出説も，「差額説」の枠組で原状回復費用賠償を捉える点で異ならない。その上で，差額計算において，「必要損害」なる損害項目を観念し，算入すべきか，それとも実際の支出額にのみ着目すべきかという点において見解が分かれるに過ぎない。しかし，「差額説」の枠組からは，いかなる損害項目をなぜ計算に含めるべきかという規範的評価は出てこない。その結果，「必要損害」を観念し，その賠償を認める必要損害論に対し，現実的支出説が，そのような賠償は利得禁止に反すると批判するとき，それは「必要損害」なる損害項目が認められないことを前提とした批判でしかなく，その点で両者の対立は水掛け論に終わる。

もっとも，必要損害論は，単に必要損害という損害項目を観念すべき旨を主張していたわけではなく，一定の実質的な規範的評価をも伴っていた。それが，被害者の節約・謙抑によって加害者が利得を得るべきではないというものであ

る。しかし，このように，実際に被害者が費用を支出した場合とそうでない場合との間で均衡が図られる必要があるかどうかは，実際に費用が支出された場合の賠償がそもそもいかなる規範的評価に基づき認められるのかが明らかになって初めて判断できると言うべきだろう。そして，必要損害論はその点についての回答を与えるものではない。

こうして，結局，以上の2説は，いかなる損害項目をなぜ計算に含めるべきかという規範的評価を示すことができない[158]。これに対し，権利回復説は，自然的原状回復，すなわち侵害された権利・法益に対応する状態の回復を加害者の負担において被害者自ら行うための手段として原状回復費用賠償を位置づけるものであり，それによって，原状回復費用賠償がなぜ認められるべきかという規範的評価を明らかにしえている。しかもそれは，起草者らの自然的原状回復に関する理解を貫徹したものである点で，沿革的にも正統性が認められる。判例が権利回復説に接近したことは，こうした権利回復説の優位性によるものと理解できる。

そして，こうした規範的評価に照らせば，被害者が権利の回復を行ったかどうかは決定的な意味を持つため，そのために費用が支出された場合とされなかった場合とで同じ扱いをすべきだとする必要損害論の発想は維持しえないということになる[159]。

2　判例理論における処分自由論・仮定的費用賠償の機能

もっとも，判例は，その実質は権利回復説と異ならないとは言え，形式ないし論理としては，必要損害論に結びつくところの処分自由論・仮定的費用論を

---

[158]　権利回復説を支持するヴュルトヴァインが，（特に現実的支出説に当たる見解を念頭に置いて）「この費用（筆者注。原状回復費用）を，それが被害者に不利益に作用するという事実だけを理由に，財産損害と評価することは，……本来の，そして決定的な評価問題を隠蔽することになる」とするのは（*Würthwein*, Schadensersatz für Verlust der Nutzungsmöglichkeit？(2001) S. 443），まさにこの点を指摘するものである。

[159]　もっとも，判例批判理論においては，金銭的な支出がされていなくても，被害者が原状回復のために労力を投入した場合には相当な報償が与えられるべきだとされており，必要損害論に対応する発想がその限りで取り入れられているとも言える。

なお，厳密に言うと，ここで触れた，被害者の節約・謙抑による加害者の免責防止という必要損害論の議論と，【6】判決における，賠償の遅延による加害者の免責防止という議論とは，若干視点が異なる。後者については，注182）を参照。

維持している。その理由を考えるに当たっての手がかりとなるのが，それらが判例において果たしている次の2つの機能である。

(1) 第1に，上述のように，判例において仮定的費用賠償は，補償としての金銭賠償の自由選択を被害者に認める機能を果たしている。すなわち，仮定的費用賠償は，原状回復が不可能または不十分な場合にのみ補償としての金銭賠償を認めるというドイツ民法典の枠内で，実質的には両者の自由選択を認めるための便法としての機能を果たしているわけである。

そして，これについては，上述のように，原状回復を侵害された権利の完全性の回復を目的とするものと見る限り，本来自由選択が正面から認められるべきものである。すなわち，起草者らが原状回復につきそのような理解をとりつつ，両者の自由選択を認めない規定ぶりとしたのは，適切でなかったと評すべきことになる。

(2) 第2に，実際に金銭の支出がない場面において賠償を認めるという機能である。

(a) これは，自己修理の場面に関する判例に当てはまる。そこでの賠償の実質は，先述のように，被害者の労働に対して相当な報償を与えるという点にある。しかし，判例はそうした報償を正面から認めることはせず，客観的に算定されるところの仮定的な修補費用の賠償という形式によって同様の実質を実現している。本来，こうした仮定的費用論の基礎にあるのは，「差額説」の枠組の中で支出の必要性自体を総体財産を減少させる損害項目と見る，必要損害論の発想である。

ここから，次のような解釈が成り立つ。すなわち，判例は，原状回復費用賠償の場面でも「差額説」の思考枠組――総体財産の「減少」の「塡補」という枠組――を前提としている。しかし，被害者の労働に対する報償という発想は，そうした枠組にはなじみにくい。そこで，判例は，同様の実質を「差額説」の枠組において実現すべく，仮定的費用賠償の論理をなお維持しているということである。

(b) これと同様の構図は，既に起草過程において，原状回復費用の先払いに関して言及する箇所にも見られた。そこでは，治療費の請求が実際の支出に先立ってなしうることは「必要な金額」との文言から既に導かれるとされるのに加えて，その理論的説明として，「支出を必要とするところの損害は既に発生

している」とされる。しかし，原状回復費用賠償を被害者自ら自然的原状回復を行えるようにするための手段として導入するのであれば，先払いの請求はまさにそうした原状回復費用賠償の機能によって正当化されるのが整合的であり，またそれで足りるはずである。にもかかわらず，そこで起草者らが以上のような必要損害論に類似の説明を援用したことは，彼らもやはり「差額説」の思考枠組に囚われていたことを窺わせる。そして，こうした理解が第2期において必要損害論に結実し，その影響が(a)に述べた判例の態度にも及んでいることは，既に見たとおりである。

(c) このように，起草者らや判例においては，原状回復費用賠償も「差額説」の思考枠組に従うのでなければならないとの理解が窺われる。しかし，これは，それが自然的原状回復の一手段として位置づけられる以上，根拠のないものである。

こうした理解は，おそらく，およそ損害賠償とは「差額説」によるところの損害を塡補するものであるとの固定観念の下に，原状回復費用賠償もまた損害賠償の1つとして定められていることから来るものと思われる。この推測が仮に正しいとすれば，以上のことは，「損害の追求」としての金銭賠償と「権利の追求」としての原状回復とを同じ「損害賠償」の名の下で一括するのは妥当でないとして第1草案を批判していたデーゲンコルプの憂慮[160]が，まさに的中したことを意味すると言えよう。

(3) 以上のようにして，判例が現在でもなお処分自由論・仮定的費用論の外形を維持しているのは，結局のところ，起草者らが自然的原状回復の一手段としての原状回復費用賠償の性質を十分に理解していなかったことに，その遠因があると言うことができる[161]。

---

160) 本章第2節Ⅲ3を参照。
161) 以上に見たように，学説上，処分自由論・仮定的費用論に対して相当に強い批判が展開されたことを受けて，2002年の損害賠償法改正により，従来の249条が2つの項に区分され，2項に第2文として「物の毀損の場合においては，第1文により必要とされる金額は，それが現実に課される場合および限度に限り，売上税を含む」との規定が追加された。その趣旨は，「被害者の処分自由を維持しつつ，具体的損害計算の基本思想を再びより強固に中心に据え，損害賠償の範囲を，従前よりもさらに，被害者が損害除去のために実際にいかなる処分を行ったのかということにかからしめることによって，過剰賠償の危険を低下させる」ことにある（BT-Drucks 14-7752 (2001) S. 13)。こうした目的を達成するためには，学説における判例批判理論が説くように，処分自由論・仮定的費用論を完全に否定するのが最も直接的である。しかし，これによると，長きに亘って蓄積されて

3 ここまでの展開が意味するもの

　起草者らは，自然的原状回復につき，権利侵害の除去という意味を持つものと理解しており，しかも，そうした自然的原状回復を被害者自らの手で行えるようにするために，原状回復費用賠償を導入した。ここからは，その意義もまた侵害された権利の回復にあるとする，権利回復説のような理解が自然に出てきてもおかしくないところだった。しかし他方で，以上に見た点に鑑みれば，シーマンが言うように，起草者らはその「射程とその詳細な姿を完全に見通していなかっただろう」と考えられる[162]。そして，それが障害となって，権利回復説の理解が有力となるには長い時間を要し，また現在でも判例上正面から認められているわけではない。

　このように見ると，本章においてここまで概観してきた展開は，原状回復費用賠償とその基礎にある法思想――権利継続思想――の本来の姿が徐々に発見されていく歴史としての意味を持つものと捉えることができるだろう。

第6節　第3期における新たな学説

　以上のように，判例理論は，その実質において権利回復説と大きく異ならないものとなっている。しかし，原状回復の内実ないし範囲をどのように捉えるかという点においては，なお大きな違いが残っている。と言うのも，権利回復説の理解を貫くならば，侵害された権利自体の回復のみがそこに含まれること

　　　きた判例理論が覆されることになり，法的安定性が脅かされるという理由で，そうした抜本的な再検討は見送られた。それに代えて，当初，「公課（öffentliche Abgabe）」については仮定的費用賠償を認めないとする草案が審議されたが，その範囲が不明確に過ぎるとの批判を受け，それを明確化するために，対象を売上税に限定する修正案が出され，可決された（a.a.O., S. 13 f. なお，以上の改正の経緯を紹介するものとして，潮見「ドイツにおける損害賠償法規定の改正」（2001）173頁以下がある）。

　　　以上の立法の経緯からも明らかなように，この規定は妥協の産物としての性格が強い（*Wagner, Das neue Schadensersatzrecht* (2002) Rn. 47 f.）。そのため，本書ではこの規定およびそれを受けたその後の判例の展開について理論的な検討を加えることはしない。

[162]　オーストリア一般民法やプロイセン一般ラント法を初めとする，ドイツ民法典に先立って原状回復を損害賠償の方法として規定していた法律や草案においては，原状回復費用賠償に関する規定は見られない。そのため，ドイツ民法典の起草者らにおいてその本来有すべき意義が十分に理解されていなかったのは無理からぬことだったとも言える。

になるのに対し、判例・通説においては、「従前と同等の経済状態の回復」という定式が維持され、代替物（の他、判例上は中古車両）の再調達や代物の賃借などが原状回復に当たるものとされている。このような広い原状回復理解から狭い理解に立ち戻ることは、例えそれが起草者らの理解に忠実ではあっても、被害者の救済を縮減してしまう点で妥当でないようにも見える。

　第3期には、おそらくこうした問題意識から、権利回復説の問題意識——原状回復と補償としての金銭賠償とでは、そもそも保護されるべき利益が異なる——を共有しつつも、なおこうした広い原状回復概念を正当化しようとする一群の学説が登場した。以下では、これらを簡単に見ておこう。

1　C.フーバーの見解

　こうした展開の嚆矢となったのは、クリスティアン・フーバー（Christian Huber）の見解である。

　(1)　内　容

　(a)　そこでは、メディクス等を参照しつつ、「完全性利益」と「補償利益」との区別が説かれる。それによると、被害者に現実的損害が発生した場合、それに対する被害者の対応は、被害者が侵害された状態の回復につき利益を有するかどうかによって違ってくる。そうした利益を有する場合、被害者は損害のない状態を直ちに回復しようとする。物損における物の修理、人損における治療などがこれに当たる。それらは、「完全性利益ないし原状回復利益の実現（Betätigung des Integritäts- oder Restitutionsinteresses）」という概念に包摂できる。これに「補償利益ないし価値利益（Kompensations- oder Wertinteresse）」が対置される。これは、加害がなかった場合の現実の状態を回復することにつき特に利益を有しない被害者が受ける全ての不利益であり、そこでは総体財産の欠損の塡補および（法律上定められている限りで）非財産損害の賠償が問題となる。このような「2つの異なる損害の態様の明確な区別と、その賠償額への影響」の法律上の根拠となるのが、ドイツにおいては249条と251条であると言う[163]。

　しかし、このような明確な区別がこれまで十分に尊重されてこなかったとし

---

163)　*C. Huber*, Fragen der Schadensberechnung (1993) S. 153 ff.

て，処分自由論により原状回復と金銭賠償との区別が曖昧にされたことがその一因であるとする。そして，そのような見解を「統合説（Konvergenztheorie）」と呼び，自らはこれと対置される「区別説（Distinktionstheorie）」を支持すると言う[164]。

(b) 以上のような理解においては，どのような場合に「完全性利益の実現」が認められるのかが重要となる。これにつき，フーバーは，狭い原状回復概念の下では，「価値利益」の領域が広がり，そこに再び仮定的な原状回復費用が混入する恐れがあることから，「完全性利益」の概念はできるだけ広く捉えるのがよいとする[165]。実際，ドイツにおいては原状回復の範囲が次第に拡張されてきており，そこでは経済的に等価な状態の回復で足りるとされるに至っていることを指摘し[166]，これをさらに拡張すべく，「被害者は，例えそれが必ずしも100パーセント可能ではないとしても，現実の状態を――加害者の負担において――回復することにつき利益を有することがある……。それにより，より小さな補償利益が指示される場合と比べて，彼の完全性利益はより強く斟酌される」[167]とする。

ここで言う「完全性利益」ないし回復されるべき「現実の状態」の範囲に関しては，主に物損を念頭に置いて，毀損された利用可能性（Nutzungspotential）の回復という観点から，代物の賃借や再調達がそれに当たるとされ，後者については，通説と異なり代替物には限られないとする。もっとも，利用目的が異なる物の再調達は，もはやそこには含まれないとされる。また，人損を念頭に置いた文脈では，損害事実がなかった場合の生活スタイルの回復という観点から，治療・手術の他，介護や各種補助具の調達といった，一般に需要の増加（843条）に位置づけられる措置についても，原状回復の一種として位置づけられる[168]。

(2) 意義および問題点

(a)の部分の要約から，フーバーもまた，原状回復に固有の存在意義を明らかにしようとする権利回復説の問題意識を明確に共有していることが分かる。そ

---

[164] C. *Huber*, Fragen der Schadensberechnung（1993）S. 138 f., 155 f.
[165] C. *Huber*, Fragen der Schadensberechnung（1993）S. 156.
[166] C. *Huber*, Fragen der Schadensberechnung（1993）S. 169.
[167] C. *Huber*, Fragen der Schadensberechnung（1993）S. 172 f.
[168] C. *Huber*, Fragen der Schadensberechnung（1993）S. 313 ff.

して，その上で，むしろそうした原状回復の固有性を保持するという観点から，原状回復の範囲を広く捉える判例・通説の方向性を支持し，それをさらに推し進めようとする。

　もっとも，フーバーにおいては，回復されるべき「完全性利益」の範囲に関して，それをできるだけ広く捉えるべきだとの基本姿勢の下に，以上のような各論的な論述がなされているにとどまり，その明確な外延が明らかにされているとは言いがたい。

2　ゴットハルトの見解

　これと同様の方向を目指しつつ，原状回復概念の内実をより明確に提示するものとして，ペーター・ゴットハルト（Peter Gotthardt）の見解がある。

(1)　内　容

(a)　彼もまた，シュトルを参照しつつ，ドイツ民法における損害回復の形式には「原状回復」と「補償」の2つがあり，両者はその態様ではなく，むしろその機能によって区別されるという理解を共有する[169]。その上で，現代社会においては，個人的な消費や人格権といった市場の存在しない利益が，ドイツ民法制定時よりも重要性を増してきているという現状分析を出発点とする[170]。これによると，そうした利益が侵害された場合，原則として財産損害の賠償しか認められない補償はうまく機能せず，したがって原状回復を積極的に活用する必要性が，ドイツ民法制定時に比べて高まっているとされる。そして，シュトルのような見解（本書で言うところの権利回復説）によると，原状回復の範囲が初めから狭く限定されてしまい，こうした要請に応えることができない点で問題があるとする[171]。

(b)　こうした観点からは，原状回復とは損害事実がなかったのと同等の状態を回復することであると言う場合に，この同等性をどのような視点で判断するかが重要となる。そして，それが市場の視点であっては，上述の目的は達成できない。したがって，「それに代わる立場は，まさに当該被害者にとって，侵害された法益との具体的関係において重要な評価を前面に押し出すものでなけ

---

169)　*Gotthardt*, Wandlungen schadensrechtlicher Wiedergutmachung (1996) S. 7.
170)　*Gotthardt*, Wandlungen schadensrechtlicher Wiedergutmachung (1996) S. 13 ff.
171)　*Gotthardt*, Wandlungen schadensrechtlicher Wiedergutmachung (1996) S. 33 ff.

ればならない。それゆえ、それは、ある実現可能な状態が同価値であり、原状回復として認められるかどうかという問題を、被害者および彼にとって重要な視点という見地から判断しなければならない。この解釈によると、原状回復は、被害者の目的にとって従来と同価値の状態が実現できる場合には常に可能である」。そして、そこでの「同価値性」は、「侵害された法益が被害者の領域において果たしていた機能という視点のみから」判断すべきだとする[172]。

このような「機能的原状回復(funktionale Herstellung)」という観点から、具体的には、C. フーバーと同様の広い原状回復理解が示される。すなわち、そこでは物損における代物賃借[173]や再調達も原状回復に含まれることになり、後者については、その物が被害者にとって重要な機能に関して代替可能なものである限り、常に原状回復は可能であるとされる[174]。また、人損についても、需要増加の場合(843条)を含めた広い原状回復理解がされる[175]。

(2) 意 義

このように、ゴットハルトもまた、原状回復と補償としての金銭賠償との異質性を踏まえつつ、権利回復説における狭い原状回復理解に反対する。そして、そこでの回復の対象を、侵害された権利が被害者の下で果たしていた機能として定式化する。ここにおいて、C. フーバーにおいては明確でなかった広い原状回復概念の外延が一応明らかにされたと言うことができる。

3 U. ピッカーの見解

さらに、こうした発想をより推し進めるものとして、ウルリーケ・ピッカー(Ulrike Picker)の見解を紹介しておこう。

(1) 内 容

(a) ピッカーもまた、「完全性利益」の保護に向けられた「原状回復」と、「財産利益」を賠償する「補償」との機能の相違を重視し、処分自由論に対し批判を向ける[176]。そのうえで、物の再調達がいかなる範囲で原状回復と認められるかという問題を主として念頭に置きつつ、原状回復概念を分析する。

---

172) *Gotthardt*, Wandlungen schadensrechtlicher Wiedergutmachung (1996) S. 35 ff.
173) *Gotthardt*, Wandlungen schadensrechtlicher Wiedergutmachung (1996) S. 39 ff.
174) *Gotthardt*, Wandlungen schadensrechtlicher Wiedergutmachung (1996) S. 92.
175) *Gotthardt*, Wandlungen schadensrechtlicher Wiedergutmachung (1996) S. 42 f.
176) *U. Picker*, Naturalrestitution durch den Geschädigten (2003) S. 42 ff.

ピッカーは，通説・判例が原状回復を「経済的に等価な状態の回復」としてドイツ民法典制定時よりも広く理解しているにもかかわらず，通説は代替物についてしか再調達を原状回復と認めず，判例もそれを中古車両の場合に拡張するにとどまることを，一貫しないとして批判する[177]。しかし，そもそも原状回復に関する上記定式自体が，原状回復によって非財産的な利益も満足させられうる点を考慮していない点で一面的であり，支持できないとして[178]，自らは次のように説く。

　(b)　249条1項が具体的な客体ではなく，「状態」の回復としていることから，侵害された個別の法益の完全性に対する利益だけでなく，「その具体的な姿における，被害者の法益領域（Rechtsgütersphäre）全体の完全性」が保障されていることが分かる。そして，代物の再調達「によって，少なくとも，損害事実の結果欠落した物が被害者の法益全体の中で有していた機能が回復される」。これにより，被害者「の機能利益（Funktionsinteresse），したがってまたその完全性利益の中心部分が満足される。これは，単なる金銭賠償では決して達成されない結果であり，それゆえ代物調達の基本的に原状回復であるという性格を基礎づける」[179]。

　同じことは，人損の場面についても当てはまる。すなわち，「加害事実によって妨げられ，または失われた身体的機能が『修理』，つまり治療によってはもはや回復できない場合，それは，臓器移植や人工補助具の作成その他の補助といった，天然または人工の代替部分によって再度活性化させられることは，ごく自明の理である」[180]。

　(c)　このようにして，ピッカーによると，代物の再調達は代替物の場合に限らず，常に原状回復に当たる。もっとも，その上で，どこまでの再調達が原状回復として認められうるか，「異種物（aliud）」との線引きが問題となるとする。これにつきピッカーは，一方で，被害者の機能利益が部分的にでも満足される限り広く再調達を認めるべきであるという要請と，他方で，加害に乗じてその財産を組み換えることを被害者に認めるべきでもないという要請を考慮する。

---

177)　*U. Picker*, Naturalrestitution durch den Geschädigten（2003）S. 159 ff.
178)　*U. Picker*, Naturalrestitution durch den Geschädigten（2003）S. 171 ff.
179)　*U. Picker*, Naturalrestitution durch den Geschädigten（2003）S. 174 f.
180)　*U. Picker*, Naturalrestitution durch den Geschädigten（2003）S. 177.

その結果，一般的な区別規準を立てることはできず，個別の事例において，他の客観的にありうる選択のうち，機能を回復する程度が最も大きい物の再調達のみが原状回復に当たるとする。そこでは，一方で，市場においてどのような物が入手可能かという客観的事情が意味を持つ。他方で，機能回復の程度を評価する際には，賠償の対象となる客体が被害者の下でどのような機能を果たしていた（であろう）かという主観的な事情が重要だとされる[181]。

(2) 意 義

ピッカーにおいては，物損を念頭に，「物が，被害者の法益全体の中で有していた機能」についての「機能利益」が完全性利益の中心部分であるとされ，これを回復するのが原状回復であるとして，基本的にゴットハルトと同様の理解が示される。そして，具体的事例において最も機能回復の程度が大きい物の再調達のみが原状回復に当たるとして，原状回復の外延がある程度明確に示されていると言える。

さらに，こうした「機能利益」の回復という理解が，物損だけでなく人損の場面にも妥当するとされていることが注目される。本書の対象とする物損・人損の領域については，以上の理解は一般化可能な思想を含んでいるということが示されているわけである。

4 小 括

(1) 以上に見た，第3期における新たな見解は，権利回復説と同様，原状回復に固有の存在意義を重視し，それと補償としての金銭賠償との区分を見失わせることにつながる処分自由論には明確に反対する。他方で，そこでの原状回復の内実を，起草者や権利回復説のように侵害された権利の回復として狭く捉えることはしない。むしろ，その範囲を拡張してきた判例の傾向を引き継ぎ，侵害された権利が被害者の下で果たしていた機能の回復という点にその目的を見出す点に，その特徴がある。こうした理解を，権利回復説との対比で，「機能回復説」と呼んでおこう。

これによると，物の再調達は，機能的に対応する限り，代替物であるかどうかを問わず原状回復に当たる他，人損における増加した需要の満足（843条）

---

181) *U. Picker*, Naturalrestitution durch den Geschädigten (2003) S. 181 ff.

第6節　第3期における新たな学説

も原状回復に含まれることになる[182]。このように，原状回復に固有の存在意義を重視しつつも，その内実を判例におけるよりもさらに拡張させる点に，こうした理解の特徴があると言える。

(2)　このように，原状回復の内実の広狭に関して，権利回復説と機能回復説とは方向性を大きく異にするように見えるが，両者の間にどれほどの実質的な相違があるのかは，ここで速断することはできない。と言うのも，権利回復説において，251条による補償としての金銭賠償の下にどのような規範的評価が見出されるかは次章の検討課題であるところ，仮にそこに機能回復説が示すような規範的評価が含まれるとしたら，両者の間の相違は，単に条文上の位置づけの違いに過ぎないということになるからである[183]。その意味で，機能回復

---

[182] 既に触れたように，判例・通説において，843条に基づく賠償は，実際の支出の有無にかかわらず認められるとされている。したがって，同条を原状回復の一種として位置づけるならば，そうした解釈と，原状回復費用の処分自由・仮定的費用賠償が否定されることとの関係をどう理解するかが問題となる。判例・通説の理解を放棄するという立場を除けば（*Stoll*, Haftungsfolgen (1993) Rn. 253 はそうした立場を示す），この点については次の2つの理解が示されている。

(1)　1つは，ゴットハルトによるものである。彼によると，「この規定によって規律される種類の損害は，その性質上，常に原状回復に服する。なぜなら，被害者は，生じた身体侵害または健康侵害に適切な態様および方法で対処することを常に強いられるからである」。このように「被害者は，常にその損害と共に生きていき，それを『原状回復』によって統制していかねばならない」以上，「自然的原状回復は，被害者が損害事実を生き延びている限り，常に行われている」とされる（*Gotthardt*, Wandlungen schadensrechtlicher Wiedergutmachung (1996) S. 52 f.）。

これは，被害者が自らの労力を投入して自然的原状回復を行ったと構成した上で，それについての相当な報償の評価のレベルで問題を捉えるものである。

(2)　もう1つは，C. フーバーによるものである。彼は，【6】判決を参照しつつ，人損の場面では，治療や介護といった措置が一定期間にわたり行われなければ，被害者は後からそれを取り戻すことはできず，さらに通常は財産損害も生じないことから，加害者には賠償手続を遅らせるインセンティヴが与えられてしまうとして，これを避けるため，「被害者が，その需要を納得のいく形で示した上で，加害者に対し当該措置を行うための先払い給付を請求したにもかかわらず，加害者がこれを拒んだ場合には，当該措置が行われなかったとしても，被害者がこれによって少なくとも非財産的な不利益を受けている限り，賠償義務は肯定されると解すべきである」とし，それは「抑止原理（Präventionsprinzip）によって基礎づけるのが最も説得的だと思われる」とする（*C. Huber*, Fragen der Schadensberechnung (1993) S. 54 ff.）。

これは，自然的原状回復が行われなかったことを前提として，それにもかかわらず，それが行われたことを前提とする原状回復費用賠償を例外的に認めるものである。ここで言われる「抑止原理」とは，不法行為の抑止という意味ではなく，侵害された権利ないしそれが果たしていた機能が回復されるべきことを前提として，加害者に賠償遅延のインセンティヴが与えられることにより当該目的が阻害されることを防ぐという意味であることに注意を要する。【6】判決における賠償遅延による免責の防止という視点は，このような理解によれば，原状回復の基礎にある規範的評価と整合的に理解することもできるということになる。

説の評価については，次章の検討をまたなければならない。

　むしろ，本章の検討にとっては，さしあたり次のことを確認しておけば足りる。すなわち，機能回復説の理解からも，侵害された権利が被害者の下で果たしていた機能を回復する最も直接的な手段は，当該権利それ自体の完全性を回復することであるはずである。したがって，機能回復説の立場も，「侵害された権利の完全性の回復」という，権利回復説におけると同様の規範的評価を，少なくとも原状回復の中核部分については共有していると見てよい。その上で，それを超える規範的評価——侵害された権利が果たしていた機能の回復——をどう捉えるかについては，次章の検討を踏まえて改めて論じることにしたい。

第7節　本章のまとめ

　以上に明らかにしたように，ドイツ民法249条2項1文による原状回復費用賠償は，少なくともその中核部分においては，「侵害された権利の完全性の回復」という規範的評価をその基礎に据えていると言うことができる。こうした規範的評価を，本書がその獲得を目指すところの責任内容確定規範という観点から定式化するならば，「侵害された権利の完全性を回復するために支出された費用は，必要な限度で賠償されなければならない」といったものとして表現できるだろう[184]。以下ではこれを，叙述の便宜上，「権利回復規範」と称しておくことにする。

---

[183] 原状回復を広く理解すべきであるという点に関して，フーバーは，補償としての金銭賠償の領域が広くなると，そこに再び処分自由論の発想が流入してくる恐れがあると言うが，それは別途補償としての金銭賠償の基礎にある規範的評価を明確にすれば済むことである。また，ゴットハルトは，市場性のない利益については補償としての金銭賠償が機能しえないという理解を自明の出発点としているが，そうした理解を維持すべきかどうか自体が問題である。このように，機能回復説の実質を（補償としての金銭賠償でなく）原状回復の枠内に位置づけるべき必然性はないものと思われる。

[184] 既に述べたように，ここでの「費用」は，実際の支出に先立って先払いが認められまた，被害者が自らの労力を投入した場合における相当な報酬を含むと考えるべきである。その他，必要性の具体的な判断要素や，注182）に述べた点など，解釈上問題となる点も少なくない。ここでは，責任内容確定規範の基本的・根幹的な部分を解明するという本書の方針に基づき，本文のような規範的評価の方向性を示す定式を掲げることで満足せざるを得ない。

第3章　ドイツ民法典 251 条——補償

第1節　緒　論

1　検討方針

　前章で見たように，249 条 2 項 1 文による原状回復費用賠償の基礎にある規範的評価については，最近の判例・学説の展開によりその内実が相当程度明らかになっているのに対し，251 条による補償としての金銭賠償については，今なおそのような段階には至っていない。前章での説明からも窺われるように，この領域では現在でも，少なくとも一般論としては「差額説」を維持した上で，必要に応じて修正を加える見解が支配的である。

　こうした状況の下では，前章のように，単に学説・判例の展開を時系列に即して眺めただけでは，基礎にある規範的評価は見えてこない。そこで，本章では，本書で主として念頭に置く物損・人損の事例について，補償としての金銭賠償が問題となる場合をいくつかの問題類型に分け，それぞれにつき，手がかりとなる学説を素材として，それらの根底に通ずる規範的評価を明らかにするという方針で検討を行う[1]。

2　対象の限定

　なお，251 条は財産損害の賠償を定めるものであるから，それを対象とする本章の検討もまた，その直接の検討対象を財産損害に限ることとなる。もっとも，後に明らかになるように，同条による財産損害をめぐる近時の議論の根底には，その射程が必ずしも財産損害に限られない普遍的な思想が見出されることから，その検討結果の射程が財産損害に限られることにはならないと考えて

---

[1]　なお，上述のような理論状況ゆえに，本章で取り上げる学説はいわゆる少数説が中心とならざるを得ないことを，あらかじめ断わっておかねばならない。

いる。もっとも，財産損害と非財産損害とでは自ずとその算定原理に違いがあると考えられるところ，その非共通部分については他日の検討を期する他ない。

3 問題類型と検討の順序

こうした限定を付した上で，物損・人損に関して補償としての金銭賠償が問題となる類型を示すと，それは大きく3つに区分できる[2]。第1に，侵害された権利の客体自体に被った不利益が問題となる場合であって，本体損害（Substanzschaden）とか侵害損害（Verletzungsschaden）と呼ばれるものである。価値の側面から，本体価値（Substanzwert）の語が用いられることも多い。第2に，当該客体の広い意味での「利用」に関する不利益が問題となる場合であって，物損における利用喪失，人損における労働給付（Arbeitsleistung）の喪失がこれに当たる。第3に，不法行為に際して被害者がなした各種の付随的支出に関する賠償が問題となる場合である。もっとも，最後のものからは，当然ながら，前章に言う「権利回復規範」が問題となる場面は除かれる。

これらの問題は，本章の論述で明らかになるように，実は相互に複雑に関連しているため，以下では，叙述の便宜上，やや変則的ではあるが，物損における利用喪失（第2節），人損（第3節），付随的支出（第4節），物損における本体損害（第5節）の順に扱うことにする。

第2節　物損その1——物の利用喪失

その教授資格論文においてこの問題を包括的に検討したズザンネ・ヴュルトヴァイン（Susanne Würthwein）によると，物の利用に関する利益には，いくつかの異なる態様のものが含まれる[3]。①1つは，その物の抽象的な利用可能性（Nutzungsmöglichkeit）そのものである。②もう1つは，特定の利用によって得られる具体的な利用利益（Gebrauchsvorteil）であり，これはさらに(1)金銭の収

---

2) シュトルが損害計算（本書に言う責任内容）に関し侵害ないし一次損害，後続損害，損害への対抗および権利追求のための支出の3つに問題を区分するのと（*Stoll*, Haftungsfolgen (1993) Rn. 314），ほぼ対応する。

3) *Würthwein*, Schadensersatz für Verlust der Nutzungsmöglichkeit? (2001) S. 1 ff.

入に向けられた場合と(2)自らの需要を満たすことに向けられた場合とに分けられる。便宜上，これらをそれぞれ具体的利用利益，抽象的利用利益と呼んでおく。

①あるいは②(2)が問題となる場面は，抽象的利用賠償（abstrakte Nutzungsentschädigung）の問題として論じられる[4]。②(1)は，いわゆる逸失利益（252条）の一形態である。一般的に「差額説」の定式が維持される状況の下では，前者については賠償をどのように基礎づけるか，後者については賠償範囲をどのように画するかが主として問題とされることになる。

以下では，まず前者の問題を扱った後（第1款），後者の問題を検討する（第2款）。

第1款　抽象的利用賠償——賠償の正当化

物の抽象的利用賠償の問題は，特に車両損害に関して判例上展開してきた。そこでは，交通事故により自動車の修補を余儀なくされた被害者が，修補が終わるまで代車を賃借することなく不便を甘受するということがある。こうした場合，「差額説」からは，総体財産の減少が認められないため，不便な思いをしたことは非財産損害として——253条2項の掲げる場合に当たらない以上——賠償されないことになりそうである。しかし，それでは結論として妥当でないと感じられたことが，こうした判例の展開の原動力となった。そして，これを受けて学説の側でもその理論的正当化の試みがなされ，それは財産損害概念論の主戦場となっていった。

I　問題の所在——肯定説への批判

この問題については，次に見る大法廷判決が出された後も，賠償を認めることには否定的な見解がなお有力に説かれている[5]。そこで，問題の所在を示すために，それらが肯定説に対して向ける批判について見ておこう。それは，概

---

[4] *Lange/Schiemann*, Schadensersatz³ (2003) S. 283 等。
[5] 例えば，シーマンにおいてはその理論的基礎づけは断念され，単に判例法の一種と理解されている（*Schiemann*, Argumente und Prinzipien (1981) S. 298 ff.; Staudinger/*Schiemann* (2005) §251 Rn. 85)。

ね次の3点にまとめられる。

① 物の利用価値は，本体価値から分離した独立の財産ではなく，それに含まれるものである。したがって，本体損害に並べて利用価値についての賠償を認めると，二重の賠償を認めることになる[6]。

② 所有者は，賃貸人などとは異なり，その利用権限に時間的制約がないため，使えなかった期間の利用を後から取り戻すことができる[7]。

③ 抽象的利用賠償を認めると，賠償額が際限なく拡大する。これは，責任保険による負担を通じて保険料の高額化へとつながり，社会的・経済的に望ましくない[8]。

これらに対して，賠償肯定説からはどのような回答がされるかというのが，それらを捉える際のポイントの1つとなる。

II 判例の到達点

連邦通常裁判所は，とりわけ自動車については，一貫して抽象的利用賠償を認めてきた。もっとも，特にその他の目的物の範囲については必ずしも安定しなかったが，1986年に大法廷判決[9]が出されて一応の統一が図られた。次に見る学説における肯定説は，多かれ少なかれ判例の結論を意識して展開してきたものと見られるため，それらを検討する前提として，この大法廷判決を中心に，判例理論の到達点を簡単に整理しておく[10]。

(1) 賠償の要件

(a) まず，目的物については，どのような利用が収益獲得目的の利用と同程度に保護に値するかという観点から，「所有者の自己経済上の生活維持が，その継続的な利用可能性に通常依存している」ような物である必要があるとされる。例えば自動車や住宅が，この要件を充たすとされる。

---

[6] *Bötticher*, Schadensersatz für entgangene Gebrauchsvorteile, VersR 1966, S. 301; *Larenz*, Lehrbuch des Schuldrechts I¹⁴ (1987) S. 500.

[7] *Larenz*, Lehrbuch des Schuldrechts I¹⁴ (1987) S. 501; *Lange/Schiemann*, Schadensersatz³ (2003) S. 286.

[8] Staudinger/*Schiemann* (2005) §251 Rn. 85

[9] BGH 9. 7. 1986 (BGHZ 98, 212).

[10] 判例の展開については，菅谷「利用利益の侵害に対する損害賠償について」(1987-88)に詳しい。この他，若林「法的概念としての『損害』の意義(二)」(1997) 123頁以下も参照。

(b) 次に，物損がなければ被害者がその物を利用していたであろうこと，すなわち利用する意思と可能性を有していたことが必要とされる（「実害性（Fühlbarkeit）」の要件と呼ばれる）。これは，収益目的の利用においては金銭的な収益が得られていたであろう場合にのみそれについての逸失利益が認められることと平仄を合わせるものであって，自己経済上の利用を収益目的の利用よりも逆に有利に扱うべきではないとの考慮に基づく。

この要件は，利用によって一定の具体的な利用利益が得られていたであろうことを要求するものであるから，そうした利用利益（抽象的利用利益）をここでの賠償の対象と捉える理解に親和的である。しかし他方で，判例においては，賠償の対象が「利用可能性」と表現されることが多い。そのため，判例が抽象的利用賠償を認める際に，両者のいずれを賠償対象として理解しているのかは明確でない[11]。したがって，この点をいずれに解するかが，賠償肯定説を捉える際のポイントの1つとなる。

(c) この他，大法廷判決においては言及されていないものの，従来から認められているものとして，「客体関連性（Objektbezogenheit）」の要件と呼ばれるものがある。これは，侵害が利用の客体には及んでおらず，したがってその利用が客観的には可能であって，所有者の個人的な事情によりできなくなったに過ぎない場合には，賠償を認めないというものである。例えば，免許証の違法な取上げにより自動車が利用できなくなったという事例について，賠償を否定した判例がある[12]。

実際上の結論として，人身侵害の結果被害者が利用できなくなった所有物全てにつき（それらが(a)の要件を充たす限りでという制限つきではあれ）賠償を認めることができないのは，自明であると思われる。この要件をどのように理論的に正当化するかという点もまた，賠償肯定説におけるポイントの1つである。

(2) 賠償額の算定

抽象的利用賠償における賠償額については，「自己利用のために物を投入する可能性が，取引（Verkehr）においてどれだけの金銭的価値を有するか」に

---

11) この両者の違いは従来あまり意識されてこなかったところ，その重要性を強調したのがヴュルトヴァインである（*Würthwein*, Schadensersatz für Verlust der Nutzungsmöglichkeit?（2001）S. 65 f.）。
12) BGH 31. 10. 1974（BGHZ 63, 203）。

よって決まるとされた上で，具体的な算定方法としては，①取引における利用権の対価から，収益目的の利用に特有の要素（付加価値税，事業者の収益および一般費用など）を控除する方法と，②投下資本の利息分や減価償却費などの固定費用が通常は市場価格の下限と考えられることから，それに「適度の上乗せ」をする方法のいずれをも認める。①は，取引対象としての利用権の価値から自己利用の価値を導くのに対し，②は，「収益性の推定」という発想に基づき，要する費用に適度な上乗せをすることで，言わば下から自己利用の価値を導こうとするものである。

III　肯定説その1——従来の財産損害概念論

以上を前提に，そこでいくつか指摘したポイントも意識しながら，抽象的利用賠償を認める見解の論拠を見ていく。ここではまず，この問題に触発されて展開された主要な財産損害概念論を概観することで，進むべき方向を明らかにする。

(1)　必要損害論

まずは，前章で既に取り上げたツォイナーの必要損害論である。ツォイナーは，代物賃借が原状回復に当たり，したがってその費用は249条2項1文により賠償されるとの理解を前提に，被害者がそれをしなかったことによって加害者が免責されるのは妥当でないとの見地から，そのような原状回復の必要性が生じたことにより既に被害者の総体財産に損害項目が計上されるとの発想の下で，いわゆる「必要損害」を認める[13]。

この見解は，前章で述べたように，原状回復費用賠償を財産損害に解体し，その基礎にある規範的評価を隠蔽してしまう点で問題がある。また，その必然的な結果とも言えるが，いかなる場合に「必要損害」が認められるのかが明確でない[14]。

判例・学説上も，この見解に支持の広がりはない。現在では，抽象的利用賠償は（認められるとすれば）251条1項によるとするのが判例・通説である[15]。

---

13) *Zeuner*, Schadensbegriff und Ersatz von Vermögensschäden, AcP 163 (1963) S. 394 ff.; *ders.*, Gedanken zum Schadensproblem, GS Dietz (1973) 118 ff.
14) この点を批判するものとして，例えば，*Werber*, Nutzungsausfall und persönliche Nutzungsbereitschaft, AcP 173 (1973) S. 165 ff.
15) BGH 15. 4. 1966 (BGHZ 45, 212); *Lange/Schiemann* (2003) Schadensersatz^3, S. 284 f.

第 2 節　物損その 1 ――物の利用喪失

(2)　挫折理論，商品化論

利用喪失の問題に関してかつて比較的有力に主張されたのが，いわゆる挫折理論（Frustrationstheorie）および商品化論（Kommerzialisierungstheorie）である。

(a)　挫折理論とは，アンドレアス・フォン・トゥール（Andreas von Tuhr）の提唱にかかるものであって[16]，その概要は，一定の目的のために費用が支出された後に，責任を基礎づける事実によって当該目的が挫折し，その費用が無駄になった場合には，当該費用についての賠償を認めるというものである。これによると，利用喪失の場面では，被害者がその物の利用のために費用を支出したことが賠償の根拠となり，そうした費用が賠償の対象となる。抽象的利用賠償の場面では，物の維持費などの一般費用がこれに当たる。

もっとも，この考え方を貫けば，人損の場合にも広く利用喪失についての賠償が認められることになり不都合であるため（「客体関連性」の要件），これを支持する論者らにおいても，費用の支出とは別の観点から何らかの制限がなされるのが通常である[17]。

この見解に対しては，かつて，損害事実と費用支出との因果関係が欠けるという批判が常套的になされた。これに対し，挫折理論を支持する論者は，支出された費用自体が損害なのではなく，それと等価のものが失われたことが損害であり，これは損害事実との因果関係を有すると説明する[18]。しかし，まさにここに問題の核心が現れている。それは，「個々の財産主体が，何が財産損害に当たり，それがどれだけの額に評価されるべきかということを決定する権利を有するということはあり得ない」[19]とのランゲの叙述に集約される。ここで指摘されるように，挫折理論の発想を貫くと，ある利益にそもそも，またどの程度価値があるかということを被害者が自由に決定できることになってしまう。これは，そのままの形では法律上の規範的評価として維持しがたい[20]。

---

16)　*v. Tuhr*, Buchbesprechung, KritV 47 (1907) S. 65 f.; *ders.*, Der Allgemeine Teil des Deutschen Bürgerlichen Rechts I (1910) S. 320 Fn. 33a.

17)　これにつき，詳しくは金丸「不法行為法における支出賠償の構造(一)」(2004) 73 頁以下を参照。

18)　*Larenz*, Nutzlos gewordene Aufwendungen, FG Oftinger (1969) S. 161.

19)　*Lange/Schiemann* (2003) Schadensersatz³, S. 257 f.

20)　これは，まさにモムゼンが愛着利益の賠償を排除したことによって否定したものに他ならない。もっとも，第 6 章第 1 節 II 3-2 (2)(a)も参照。

なお,同じ文脈で,253条との抵触が言われることもある。すなわち,被害者が一定の目的を価値あるものと考え,そのために費用を支出することによって,当該目的の挫折を財産損害とすることができるならば,253条が財産損害と非財産損害とを区別し,後者の賠償を一定の場合に限定している趣旨が損なわれてしまうというわけである[21]。しかし,ここでの問題の核心は,両者の区別というよりも,賠償されるべきものが被害者の主観(心理)によって決められること,あるいは,本来賠償されないはずの利益が被害者の主観(心理)によって賠償されることになってしまうことの不当性にある。

ともあれ,以上のような理由から,挫折理論はかつての支持者を失い[22],現在これを不法行為法において[23]純粋な形で主張する者は存在しない。

(b) 次に,商品化論とは,市場において金銭によって取得できる全ての財貨は財産的価値を有し,その喪失は財産損害に当たるという見解であって,ギュンター・ヴィーゼ (Günther Wiese)[24]により提唱され,グルンスキー[25]らにより承継されたものである。もっとも,その物自体について実際に市場が存在する必要はなく,同種の物に取引通念上財産的価値が認められることで足りるとされる。これによると,抽象的利用賠償の場面では,目的物の利用可能性に取引通念上財産的価値が見出されるかどうかが決め手となる。これが肯定されるならば,その喪失が財産損害として賠償の対象となり,その賠償額は市場価値としての同種の物の賃料額となる。

これについても,賠償額算定の基準として市場価値が有用な場合が多いという限りでは批判は少ないものの,賠償の基礎づけというレベルでは,現在では懐疑的な見解が多い[26]。そこでは,これを貫くと,例えば医療によって健康も金銭で買えるために財産だということになりかねず,やはり253条の趣旨に反

---

21) Staudinger[12]/*Medicus* (1980) § 249 Rn. 128.
22) ラーレンツは,その教科書の第11版において,挫折理論は一般的な形で支持することはできないとして,従来の説を改めた (*Larenz*, Lehrbuch des Schuldrechts I[11] (1976) S. 398)。また,次項で取り上げるメルテンスについても同様である(注59)参照)。
23) 契約法においては,2002年の債務法改正により支出賠償を認める284条が設けられたことから,様相は異なる。これについては,金丸「契約法における支出賠償の構造」(2007)を参照。
24) *Wiese*, Ersatz des immateriellen Schadens (1964) S. 21 f.
25) *Grunsky*, Aktuelle Probleme zum Begriff des Vermögensschadens (1968) S. 34 ff.
26) *Lange/Schiemann*, Schadensersatz[3] (2003) S. 253 ff.; Bamberger/Roth[3]/*C. Schubert* (2012) § 249 Rn. 21.

するとされる。しかし，ここでも，問題の根源は挫折理論と異ならない。と言うのも，オークション取引などを考えれば分かるように，市場もまた人の主観的な「愛着」で構成されるため，商品化論によると結局人の主観によりある利益が賠償されるかどうかが決まってしまうことになるからである[27]。これは，商品化ないし取引通念という要素のみでは賠償を基礎づけることはできず，それ以外の客観的な規範的評価が必要だということを示している。

(c) 以上の2つの見解に関する議論状況から分かるのは，ある利益について賠償が認められるかどうかに関しては，当該利益に対する被害者自身の評価や，市場，すなわち一般人の評価は決定的でないということである。実際，その他の有力な学説はいずれも，こうした人の評価ではなく，より客観的な評価に賠償の根拠を求めている。

(3) 客観的損害論（規範的損害論）

そうした見解のうち先駆的かつ典型的なものが，前章でも触れたノイナーらによる客観的損害論である。そこでも述べたように，これによると，損害賠償の権利追求的性質から，財産的価値ある利益が侵害された場合には，その客観的価値が最小限の損害として賠償され，それを超える財産損害は従来と同様「差額説」によって賠償される[28]。

この理解を前提に，ノイナーは物の抽象的利用賠償に関して，奪われた利用が財産的取引の対象に当たるならば，同種の物の賃料相当額の賠償が認められるとし，所有者がその期間に目的物を利用する予定があったかどうかは問わないとする[29]。ここでは，賠償の対象は利用可能性であり，その根拠は，ノイナーを支持するヴァルター・ヴィルブルク（Walter Wilburg）の言葉を借りれば[30]，それが「権利の客観的価値」を示しているからだということになろう。

しかし，問題は，利用可能性の客観的価値がなぜ「権利の客観的価値」を示すと言えるのかである。実際，基本的にノイナーの見解を支持するフランツ・ビドリンスキー（Franz Bydlinski）においては，物の利用は物それ自体から切り離された価値を持たないとして，物の利用喪失についての損害賠償は否定さ

---

27) この点につき，*Köndgen*, Ökonomische Aspekte des Schadensproblems, AcP 177 (1977) S. 11 f. もっとも，第6章第1節Ⅱ 3-2 (2)(b)も参照。

28) *Neuner*, Interesse und Vermögensschaden, AcP 133 (1931) S. 303 ff.

29) *Neuner*, Interesse und Vermögensschaden, AcP 133 (1931) S. 308.

30) *Wilburg*, Zur Lehre von der Vorteilsausgleichung, Jh. Jb. 82 (1932) S. 130.

れているのである[31]。

 このように，損害賠償の権利追求的性質を出発点としたからと言って，結論は直ちには出てこない。むしろ，権利追求的性質からどのような賠償が要請されるのか，何が「権利の客観的価値」に当たるのかという点の検討が必要だということになる。そして，次項に見る一連の見解は，まさにこの問題に取り組むものと言える[32]。

(4) 補　論――節約報奨論

 もっとも，それらの検討に入る前に，もう1つの有力学説を一瞥しておこう。それは，メディクスの提唱にかかるものである。

 そこでは，被害者が代車を必要とする事情があり，かつ被害者が実際に代車の賃借をした場合には，その費用が賠償されるということが出発点とされる。これは，被害者が代車を必要としている場合に，その賃借をしないことにするようなインセンティヴを与えることが，加害者（およびその保険者）にとって利益になることを意味する。ここから，そのような賃借がされなかった場合の抽象的利用賠償は，節約に対する報奨（Sparsamkeitsprämie）として正当化されるというのである[33]。

 この見解は，抽象的利用賠償を機能的に捉える点で，その他の財産損害概念論からのアプローチとは一線を画すものである。しかし，251条の基礎にある規範的評価を解明するという本書の問題意識からは，代車賃料の賠償を当然の前提として出発点に据えている点に問題がある。むしろ，代車賃料の賠償から抽象的利用賠償を導こうというのであれば，何よりもまず前者の基礎にある規範的評価を明らかにした上で，それに照らして後者が正当化されるかどうかを問うのがあるべきアプローチだろう。したがって，この見解は本書の問題関心に資するものではない。

---

31) *Bydlinski*, Der unbekannte objektive Schaden, JBl 1966, S. 440.
32) もっとも，ノイナーにおいても「そこでは絶対権としての構成により権利の利用が原則としてその保有者に与えられていることが前提となる」（*Neuner*, Interesse und Vermögensschaden, AcP 133（1931）S. 308）と述べられており，既に次に見る見解の萌芽が見られる。
33) Staudinger[12]/*Medicus*（1980）§ 253, Rn. 36; *Medicus*, Bürgerliches Recht[21]（2007）Rn. 828; *Medicus/Lorenz*, Schuldrecht I[20]（2012）Rn. 674. これを249条2項2文の解釈論と見た上で支持するものとして，*Wagner*, Neue Perspektiven im Schadensersatzrecht（2006）S. 30 ff.

第2節　物損その1——物の利用喪失

Ⅳ　肯定説その2——権利の保障内容ないし割当内容への着目

そこで，本項では，先ほどの方針どおり，損害賠償の権利追求的性質の内実に（自覚的にまたは無意識のうちに）取り組む諸見解を見ていくことにしよう。

1　サヴィニーからメルテンスへ
(1)　サヴィニーの財産概念

それらは，元をたどればフリードリヒ・カール・フォン・サヴィニー（Friedrich Carl von Savigny）における財産概念にさかのぼる。そこで，まずはそれを概観することから始める。

サヴィニーの財産概念には，2つの特徴がある。第1は，以下の説明に見られる。「双方の権利の形態，つまり所有権と債権によって，権利者の力は外部に，その本質の自然的な限界を超えて，拡張される。このようにして個人の力を拡張する関係の総体を，我々はその者の財産と呼ぶ」[34]。ここでは，意思による支配領域の承認として理解される権利と財産とが結びつけられることで，その言葉どおり，主体の意思の力による可能性の総体が「財産（Vermögen）」と捉えられている。これは，法律的財産概念と呼ばれることもある捉え方である[35]。

第2の特徴は，次のような論述に見られる。すなわち，財産に債務というマイナスの要素を含ませるために，それを抽象的な量として扱う必要があるとして，「この純粋に量的な財産の扱いは……価値という概念によって実現される……。そしてこの概念は，金銭によって外部に表され，経済生活に取り入れられる……。つまり，個人の財産は，その全ての構成要素が金銭の所有権に解消されることによって，純粋な量へと変えられるのである」[36]とされる。ここでは，財産とは金銭的価値を有するものでなければならないという視点が前面に出ている。これは，ローマ法上の金銭補償原則（Geldverurteilungsprinzip）の影響を受けたものとされる[37]。

---

34)　*v. Savigny*, System des heutigen Römischen Rechts I (1840) S. 339 f.
35)　*Köndgen*, Ökonomische Aspekte des Schadensproblems, AcP 177 (1977) S. 139. これは，もともとドイツ刑法学において展開されてきた概念である。林（幹）『財産犯の保護法益』(1984) 16頁以下参照。
36)　*v. Savigny*, System des heutigen Römischen Rechts I (1840) S. 376 f.

そして，サヴィニーにおいては，債権に関する限り，この2つが「債権は金銭に換算できない行為を対象とすることができない」[38]との有名なテーゼによって接合されている。つまり，法律的財産概念を構成する権利自体に金銭的価値が要求されることで，法律的財産概念と，財産とは金銭的価値を有しなければならないとの理解とが両立させられているわけである[39]。

(2) モムゼンの「差額説」へ

以上のサヴィニーにおける理解から，モムゼンの「差額説」へと至るまでの展開を，ヴュルトヴァインは次のように描写する。「債権は金銭的価値ある給付を内容としなければならないという観念は，損害の理解にも影響を与え，『財産損害』が前面に出てくるという結果をもたらした」[40]。しかし「他方で，19世紀には，自然法思想の影響により，いかなる態様の請求権も……訴求・強制できなければならないという理解が一層広まった。したがって，執行ができるためには，請求権を金銭的価値に変換できなければならないという必然性はなくなったわけである。これにより，金銭に対する請求権のみが強制可能であり，したがって請求権は金銭的価値ある客体を内容としなければならないというサヴィニーの理解は，説得力を失った」[41]。これにより「債権法においては，給付義務の内容が財産的価値を有している必要はないとの理解が普及した一方で，損害賠償法においては，多くの批判にもかかわらず，——少なくとも金銭賠償が問題となる限りは——財産損害への限定が維持された」[42]。

要するに，このようにして，サヴィニーにおける金銭的価値の要請が，「財産損害」に姿を変えて一人歩きしていき，それがモムゼンの「差額説」へと至ったというわけである。その反面として，法律的財産概念の思想は削ぎ落とされてしまった。

---

37) *Würthwein*, Schadensersatz für Verlust der Nutzungsmöglichkeit? (2001) S. 371 f.
38) *v. Savigny*, System des heutigen Römischen Rechts I (1840) S. 377 f.
39) ヴュルトヴァインによると，「ローマ法においては，金銭補償原則によって，権利が執行されるためにはそれが金銭的価値に変換できるものでなければならなかったところ，サヴィニーは権利の執行可能性のみならず，その法的存立そのものを金銭的価値への変換可能性にかからしめた」(*Würthwein*, Schadensersatz für Verlust der Nutzungsmöglichkeit? (2001) S 372)。
40) *Würthwein*, Schadensersatz für Verlust der Nutzungsmöglichkeit? (2001) S. 375.
41) *Würthwein*, Schadensersatz für Verlust der Nutzungsmöglichkeit? (2001) S. 373.
42) *Würthwein*, Schadensersatz für Verlust der Nutzungsmöglichkeit? (2001) S. 380.

(3) メルテンスの見解

こうした「差額説」が通説として君臨する状況が続いたのは前章でも見たとおりだが，これに重要な転機をもたらしたのが，ハンス・ヨアヒム・メルテンス (Hans-Joachim Mertens) による1967年の教授資格論文である[43]。

(a) 財産概念　メルテンスは，財産損害概念について論じる前提として，財産概念に取り組む。そして，「財産 (Vermögen)」の日常用語的意味から出発し，それには「力，すなわちある者が『できること』」という主観的な意味と，「ある者が対象として (gegenständlich) 持っているもの，彼に帰属するもの」という客観的な意味の2つがありうるとする。そして，「ある者が何をできるかは，その利用できる手段にかかっている」ため「この両義性は偶然ではない」とし，両者を統合して「可能性，自己実現の手段という意味における対象，物的な補助手段の蓄えに対象的に結びつけられた行為力」，簡潔には「対象によって保障・保護された主体の可能性」とする[44]。

そこでは，財産とは通説が理解するように財貨の単なる総和ではなく，「主体が有する対象関連的な『潜在力』……主体にとっての価値としての財産的利益を包摂する単一体 (Einheit)」[45]であるとされ，通説の「客観的・総和的」な財産の理解に対し，自らの理解を「主観的・機能的」なものと規定する。なお，「通説が損害の主観的解釈（筆者注。モムゼンにおける「所有者にとっての価値」）を主張するとき，その基礎にあるのはこうした人の有する財産の単一体という観念に他ならないのであり，これはサヴィニーにおいても明確に強調されている」[46]との記述が注目される。

(b) 財産損害に関する帰結　この理解を元に，次の3点について財産損害概念に関する帰結が導かれる。

(ア)　第1は損害把握の方法であり，一方で，財産の主体的・機能的な関連性により，それは構造化された単一体をなしているため，財産損害の判断においてはこれを全体として捉えなければならないとする[47]。

---

43) メルテンスの見解については，既に吉村「ドイツ法における財産的損害概念」(1980) 827頁以下，若林「法的概念としての『損害』の意義(一)」(1996) 701頁以下に要を得た紹介があるが，本書におけるその重要性に鑑み，以下ではやや詳しく取り上げる。
44) *Mertens*, Begriff des Vermögensschadens (1967) S. 124 f.
45) *Mertens*, Begriff des Vermögensschadens (1967) S. 139.
46) *Mertens*, Begriff des Vermögensschadens (1967) S. 128.

しかし他方で，物損などの場面では個々の財貨とその価値が決定的な意味を持つとして，個々の財貨に着目した損害把握もまた必要だとする[48]。それがどのような意味を持つのかについて，次のように説明する。「壊された物が財産主体の生活形成のために全くまたは目的に適さない形で，あるいは役に立たない方法で投入されており，そのためその再調達が放棄されることがありうる。それにもかかわらず，ここで基礎におかれる財産概念によれば，その物の価値は賠償されるべきである。なぜなら，その価値は特定の具体的な財産利用のみに着目して構成されているのではなく，物をその好きなように投入できるという主体の可能性からも導かれるものだからである」。つまり，財産が「将来の生活形成についての自由な選択の可能性を形成し，その所有者に自由な社会的活動の領域を保障している」ことから，物の価値は具体的な利用状況を考慮することなく常に賠償されるべきだというわけである[49]。このことから，「所有関係自体に……自由な目的選択の保障に存する固有の価値が認められる」とし，この価値は「財産主体への割当の排他性によってもたらされる」とされる[50]。

こうした理解は，ノイナーらの客観的損害論・最小限の損害論を思わせるが，これに関しては，以下のような論述が注目される。「財産損害の基礎として客観的に打ち出された損害の核というものを認める傾向は，正しい視点に基づいている。しかし，この客観的損害は主観的利益論の外部ではなく，内部に位置づけられる。……損害が，常に個人の財産の減少として理解されるという基本思想は，変更を受けない。物損は，物の所有者に生じた財産損害の現象形態に過ぎない」。「この財産損害の現象形態は，所有権損害（Eigentumsschaden）と呼ぶのがより正確だろう。と言うのは，物が物すなわち物的な実体であるがゆえにではなく，それが我々の法秩序とこれを基礎に置く文化・社会秩序によって，所有者に財産的な価値として排他的に割り当てられており，彼はその物支配の範囲内でそれを自由に用いることができるがゆえに，それは主体の自由領域の保障という具体的な利用に関わらない価値を有するからである」[51]。以上は，各種の利用権などの，「その保有者のために一定の利用領域を画定し，彼に基

---

47) *Mertens*, Begriff des Vermögensschadens (1967) S. 139 ff.
48) *Mertens*, Begriff des Vermögensschadens (1967) S. 141.
49) *Mertens*, Begriff des Vermögensschadens (1967) S. 142.
50) *Mertens*, Begriff des Vermögensschadens (1967) S. 143 f.
51) *Mertens*, Begriff des Vermögensschadens (1967) S. 148 f.

礎となる『享有財（Genußgut）』に関する排他的な利用の領域を割り当てる」権利にも妥当するとされる[52]。

(イ) 第2に，財産損害と非財産損害の区別に関してである。これについては，「まずは財産が主体の展開の対象関連的な保障だということから出発せねばならない。これによると，財産損害は損害事実が対象関連的な領域に関わる場合にのみ存在し，もっぱら人的な領域に関わる場合には認められない」とされる。この他，「金銭的価値が合理的な基礎に基づいて確定できる」ことも必要であり，かつそれで足りる[53]。

なお，この文脈で本項の直接の対象である物の抽象的利用賠償についても言及されている。それによると，「利用可能性は確かに物によってもたらされるが，しかしそれは主体の行為可能性に過ぎない」。「権利主体の人格自体の中にある事情によって利用が妨害されたときは，対象領域への侵害がないため，財産損害は原則として問題とならない。これに対し，財産主体の物的財貨やその他の客体的な排他的地位への侵害によって利用が妨害されたときは，財産損害が認められうる。なぜなら，この対象はその財産的機能において保護されており，そしてそれは利用目的にも及ぶからである」[54]。ここでは，「対象領域への侵害」の有無が，判例における客体関連性の要件に相当する役割を果たしている。

(ウ) 第3に，財産損害の現象形態についてである。ここでは，先に見た個々の財貨の侵害に加え，財産機能の妨害（抽象的利用利益の喪失に加え，費用投下の目的の挫折などを含む），財産への負担（債務負担などを含む），その他の財産残高の減少が挙げられる[55]。もっとも，「主体の可能性」としての財産概念理解からは，「結局全ての財産損害は財産機能の妨害である」[56]ことになり，その他は特別類型ということになる。そして，一般類型としての「財産機能の妨害」には，主体がその財産によって目指した目的の実現が阻止された場合が広く含まれる。

---

52) *Mertens*, Begriff des Vermögensschadens (1967) S. 150.
53) *Mertens*, Begriff des Vermögensschadens (1967) S. 151.
54) *Mertens*, Begriff des Vermögensschadens (1967) S. 152.
55) *Mertens*, Begriff des Vermögensschadens (1967) S. 158 ff. この点につき詳しくは，吉村「ドイツ法における財産的の損害概念」（1980）828頁以下参照。
56) *Mertens*, Begriff des Vermögensschadens (1967) S. 150 Fn. 56.

もっとも，このような財産損害が常に賠償されるべきものとするのは，明らかに広すぎる。そこで一定の制約が必要となるが，「これらの目的は重要性の度合いにおいて様々であ」り，その一般的・抽象的規準を立てることはできない。それゆえ，「損害の限定のために被害者の行為目的を評価するためには，具体的な損害状況に関連づけられた利益衡量が必要となることがきわめて多い」として[57]，こうした「社会性の制約（Soziabilitätsschranke）」が254条2項（損害軽減義務）に表れているとする。これに基づき，「いかなる法主体も服する社会的拘束に基づき，一時的に財貨の投入を放棄することを被害者に期待できる場合，利用可能性の喪失は損害に当たらない」とされる[58]。

(4) 小　括

(a) 以上のような，主体の可能性というモメントを強調するメルテンスの見解に，サヴィニーの法律的財産概念の再生を見て取ることはそれほど困難ではなかろう。

確かに，メルテンスにおける可能性の「対象領域的な」保障という視点は，サヴィニーにおいて直接には見られなかったものである。しかし，サヴィニーにおいて権利による意思支配の対象は，自己の外部にある客体に限られており，そうした権利による意思の力の総体が財産とされていたのである。そうすると，メルテンスにおける「対象領域性」という要素もまた，サヴィニーに由来する（少なくとも，一致する）ものと見ることができる。これに対し，サヴィニーの財産概念の第2の特徴である金銭的価値については，合理的基礎に基づいた評価が可能であれば足りるとされており，モムゼンにおけるよりもはるかに後退したと言える。

このように，メルテンスの財産概念は，サヴィニーの財産概念をローマ法における金銭補償原則のくびきから解放し，継承しようとしたものと見ることができる。

(b) このようなサヴィニーとの共通性を視野に入れると，メルテンスの見解について1つの考えが浮かぶ。それは，サヴィニーと同様彼もまた，財産概念において権利を問題にしているのではないか（あるいはすべきだったのではないか）ということである。そしてこれは，先に見た物損における損害把握に関す

---

57) *Mertens*, Begriff des Vermögensschadens (1967) S. 171 f.
58) *Mertens*, Begriff des Vermögensschadens (1967) S. 184.

る彼の記述において，きわめて明確に「権利による自由領域の割当」という視点が表れていることによって裏づけられていると言えよう。しかしこうした視点は，それが「財産」概念の枠内で論じられたことにより，必ずしも貫徹されなかった。それは，彼が費用投下の目的の挫折や財産残高の減少などをも財産損害の現象形態としていることに表れている。ここでは，権利により割り当てられた自由領域という視点よりも，むしろ金銭的価値の総和として財産を捉える視点が前面に出ている。これはむしろ「差額説」に近い発想と言うべきだろう[59]。

(c) こうしたメルテンスの見解は，その「財産」概念としての特殊性や，最後に述べた点にも起因する財産損害概念の広範さゆえに，一部を除き直接的な支持を受けることはそれほど多くない[60]。しかし，それが「差額説」の通俗化によって忘れられた法律的財産概念の視点を発掘したことには，大きな意義があった。それがいかに後世の学説に影響を及ぼしたかは，以下に紹介する論者らの見解を見れば明らかになろう。

2 「権利の保障内容」に着目する見解

以上に見た，サヴィニーからメルテンスへと受け継がれたと見るべき法律的財産概念の発想を受け継ぐものと言える論者のうち，まずは，クレアンティス・ルソス（Kleanthis Roussos）とシュトルを取り上げる。彼らは，「権利の保障内容」に着目する点で共通する。

(1) ルソスの見解

メルテンスの主観的・機能的財産概念にとりわけ強い影響を受けているのが，ルソスの見解である[61]。

(a) 権利の機能的保障内容　　(ア) ルソスは，その教授資格論文において，先に見たようなサヴィニーからメルテンスに至るまでの流れを追った上で，そのメルテンスにおいても「依然として（主体の）可能性を金銭的に評価できることが決定的とされており，それは経済的に評価しまたは金銭に表現すること

---

[59] もっとも，挫折理論については，後に，外延の不明確さなどから「原則として否定すべきである」とされるに至っている（Soergel[12]/Mertens (1990) Vor §§ 249 Rn. 98）。

[60] ほぼ全面的に支持するものとして，Hagen, Drittschadensliquidation (1971) S. 171 ff.

[61] ルソスの見解については，若林「法的概念としての『損害』の意義(一)」(1996) 704頁以下に若干の紹介がある。

ができる場合に初めて財産の対象と認められる」[62]点で，財産概念の経済的な側面にとらわれており，また「社会性の制約」についても，「不明確に過ぎ」，「解釈上の立ち位置も明らかでない」[63]などの問題点を指摘する。

とは言え，「人的あるいは主観的・機能的な見方がますます主流をなしてきていることは否定できない」[64]とし，これを，自由領域を保障するという権利の積極的な機能を重視する見解が有力化してきたことに由来するものと見る[65]。「権利保護が規範的な意味において個人の自由の保障と保護，積極的な自由保障として理解されるならば，『二次的な次元』における損害法の課題は，法的に保護された自由領域の維持・完全性の保証として機能することでしかあり得ない」[66]というわけである[67]。もっとも，「損害の客観性が必要であることに鑑みれば，一次的な次元における権利の自由保障機能と，損害法の次元におけるその機能とは同一の内容ではありえない。一次的な保護が『法的な力（Rechtsmacht）』，すなわち自由な発展可能性の保障を意味するならば，二次的な保護は，自由の行使によって生じたところの，具体的に設定され，記述・認識可能な事実の保護と理解される。したがって，損害法上の保護は，基本的に，既に実現された可能性（Können）に関するのであり，その保護の限界は，保護された権利の内容および目的によって定まる」[68]。こうして，「賠償されるべき損害は……侵害された権利・利益の機能的保障内容（funktionaler Schutzinhalt）によって決まる」との「機能的損害概念」[69]が導かれる。

(イ) もっとも，このように損害の対象を権利により保障された行為可能性へと拡張すると，場合によっては加害者に過大な財産的負担を課すことになるため，「侵害された権利の保障内容に向けられた損害客体をより狭く限界づけ

---

62) *Roussos*, Schaden und Folgeschaden (1992) S. 156.
63) *Roussos*, Schaden und Folgeschaden (1992) S. 182.
64) *Roussos*, Schaden und Folgeschaden (1992) S. 191.
65) *Roussos*, Schaden und Folgeschaden (1992) S. 191, 220. この点については，第5章第3節を参照。
66) *Roussos*, Schaden und Folgeschaden (1992) S. 226.
67) この他，経済学において，パレートの効用理論以降，効用の客観的価値というものは存在しないと考えられるようになったことを原因として挙げている（*Roussos*, Schaden und Folgeschaden (1992) S. 193 ff.）。
68) *Roussos*, Schaden und Folgeschaden (1992) S. 227.
69) *Roussos*, Schaden und Folgeschaden (1992) S. 40, 404.

ることが必要と思われる。これは，原則として権利の保障範囲に含まれる事実を類型化することを通して達成される」とする[70]。ここでは，メルテンスにおける「社会性の制約」と同様の制限が想定されている。

　(b)　253条1項の意義　　このように，「賠償されるべき損害は，被侵害権利の機能的保障内容によって決まる」との理解からは，非財産損害の賠償を原則として否定する253条1項はどのように理解されることになるのかという疑問が生じる。

　これについては，愛着利益の賠償を否定するとの第1草案理由書の説明を引用しつつ，この規定に言う非財産損害とは「他者によるいかなる侵害にも必然的に伴う付随現象としての感情損害，精神的苦痛」を指すものに過ぎないとする。それによると，この規定は，客観的に追体験できない感情損害が裁判官による損害額の算定に際して併せ考慮されることを防ぐための「確認・注意規定」である。したがって，「それによって，法的に保護された利益の金銭賠償が，それが財産または市場価値を直接に示さないというだけの理由で排除されることにはなら」[71]ず，むしろ，損害を金銭的に評価できるかどうかは「純粋に技術的な問題」[72]だとされる。このような理解こそが，完全賠償の原則に適合すると言う[73]。

　(c)　抽象的利用賠償の場面への展開　　ルソスによる以上の理解が，具体的に物の利用喪失の場面でどう展開されるかを見よう。

　　(ア)　まずは，判例における客体関連性要件に関してである。

　ルソスは，先に触れたいわゆる免許証事件に即して，「判決の結論を支える論拠，とりわけ利用可能性は客観的に存在していたという指摘は，裁判所が免許証の取上げを（自動車に対する）所有権の侵害と見ることができなかったという意味に理解できる。……『客体関連性』，すなわち所有権の本体に変更を加える作用の欠如ではなく，違法行為が人に向けられていること（Personengerichtetheit）が，裁判所をしてそれを所有権侵害行為に当たらないと判断せしめたのである」と述べる。ここでは，客体関連性の要件が所有権侵害の有無に解消

---

70) *Roussos*, Schaden und Folgeschaden (1992) S. 253.
71) *Roussos*, Schaden und Folgeschaden (1992) S. 145 ff.
72) *Roussos*, Schaden und Folgeschaden (1992) S. 229.
73) *Roussos*, Schaden und Folgeschaden (1992) S. 148.

されていることが注目される。

　(イ)　次に，所有権侵害が認められる場合に，どのような利益について賠償が認められるかである。これにつき，ルソスは，先に述べたように，「権利の保障内容に含まれる事実の類型化」によって，当該保障内容を限界づけるという手法をとる。

　そこでは，所有権の保障内容として，所有物の所有と利用とが区別され[74]，「所有は本体保護，利用は機能保護である」[75]とされる。利用に関しては，「本体利益（所有）と異なり，利用利益（利用）の要保護性は包括的な評価手続を前提とし，その中心をなすのは機能目的（所有権の機能）の評価と序列化である」とされ，いかなる利用利益が保護に値するかは個別の事例ごとに判断せざるを得ないとする[76]。その考慮要素として，侵害の態様（滅失か毀損か），物の性質から客観的に見たその利用の必要性の高さ，被害者の具体的な財産状態に照らした利用の必要性の高さを挙げる[77]。

　(ウ)　こうした評価を経て物の抽象的利用利益が保護されるべきものとされたならば，その賠償額の算定については，上述の253条1項に関する理解を背景に，「利用損害の計算上の数額を確定することは技術的な問題に過ぎない」とされる。そして，一般費用等の無駄になった費用について，そのリスクを加害者に転嫁すると同時に，実際に利用できなかったことについての追加的な賠償を認めるべきだとし，結局判例における第2の計算方法を支持する[78]。

　(2)　シュトルの見解

　ルソスとほぼ同時期に，シュトルもまた，彼と根本においてよく似た構想を示した。

　(a)　「不法に特殊な損害」論　　シュトルは，「その違反が責任を基礎づけるところのそれぞれの規範の特定の保護目的と，侵害されたそれぞれの権利の特定の保障内容とが，いかなる範囲で責任効果を協働して決定するのかは，いまだ明らかにされていない」とする。そして，責任を基礎づける規範の目的に着目することは，契約法においては適切である一方，「不法行為法上の行為規範

---

74)　*Roussos*, Schaden und Folgeschaden (1992) S. 253.
75)　*Roussos*, Schaden und Folgeschaden (1992) S. 263.
76)　*Roussos*, Schaden und Folgeschaden (1992) S. 272.
77)　*Roussos*, Schaden und Folgeschaden (1992) S. 275 ff.
78)　*Roussos*, Schaden und Folgeschaden (1992) S. 281.

は法益の保護範囲から導かれるものであるため，通常この行為規範からは一定の法益を保護するという以上の目的を読み取ることができない」から，「不法行為法においては，責任効果を被侵害権利の保障内容に向けることが検討されるべきである」とし[79]，これを「不法に特殊な（unrechtsspezifisch）」責任効果と称する[80]。

原状回復については，彼はシーマンに倣い，それを権利追求機能によって基礎づけるに至ったが[81]，当該機能は補償としての金銭賠償にも影響を与え，むしろそこにその主たる意味があるとして，「『不法に特殊な損害』が不法に対応する形で賠償されるという理解は，そうした思想の特別な，とは言え広範囲に及ぶ一側面に過ぎない」と言う[82]。

(b) 後続損害の扱い　この理解を前提に，物の利用喪失の問題に関わる後続損害の賠償については，そこでは帰責に関する理論は問題とならないとし，「主張されている後続損害が，損害事実によって侵害された権利・法益によって間接的に保護されるべき利益の妨害に基づくものかどうか」を検討すべきだとする[83]。もっとも，そこでは，とりわけ絶対権について「権利の付与は通常，与えられた地位の個人的または経済的な利用について，権利者の広範かつ多様な利益を保障する」ことを考慮すべきだとする。

これによると，「903条[84]によると，所有権の保障は原則として所有者がその物を『自由に』利用してよいという内容を持つ。つまり，所有権の保障は原則として物の領域への侵入を阻止することについての権利者の任意の利益を間接的に保護することを含む」[85]。したがって，利用により財産の増加が生じる場合（本書で言う具体的利用利益が認められる場合）には，容易に賠償が認められ

---

79) Stoll, Haftungsfolgen (1993) Rn. 6.
80) Stoll, Haftungsfolgen (1993) Rn. 26. なお，彼の言う „unrechtsspezifisch" とは，前章で „rechtswidrig" を「権利状態に反する」と訳すべきであったように，本来ならば「権利侵害に特殊な」とでも訳すべきものだろうが（ちなみに，契約責任については「『契約に特殊な（vertragsspezifisch）』責任効果」と言う），原語から離れすぎるようにも思われるため，本文では言葉どおりに訳しておく。
81) 第2章注120) を参照。
82) Stoll, Haftungsfolgen (1993) Rn. 168.
83) Stoll, Haftungsfolgen (1993) Rn. 315.
84) 第903条（所有権の内容）　物の所有者は，法律および第三者の権利と対立しない限りにおいて，物を自由に取り扱い，また，第三者のあらゆる影響を排除することができる。（以下略）
85) Stoll, Haftungsfolgen (1993) Rn. 317.

る。

　しかし，抽象的利用利益に関しては様相が異なる。と言うのも，シュトルは，財産損害は「被害者の受けた不利益が，その個人的な反応と無関係に評価することができる場合にのみ認められる」として，その「客観化可能性」を重視する[86]。これによると，「実害性」といった被害者個人の反応によって賠償の可否が決まる抽象的利用利益は，「人格的利益の侵害」[87]，すなわち非財産損害に当たるということになる。

　(c)　非財産損害の例外的賠償　　しかし，シュトルは，非財産損害が253条2項に定める場合以外にも賠償される可能性を認める。これにつき，彼は「本来的な人格保護（originärer Schutz der Persönlichkeit）」と「派生的な人格保護（abgeleiteter Schutz der Persönlichkeit）」とを区別する[88]。前者は，そもそも人格的利益を内容とする権利の侵害によって生じた人格的利益の保護が問題となる場合であり，253条2項はこれに対応する。

　一方，後者は，その他の権利の侵害によって生じた人格的利益の保護が問題となる場合である。これに関しては，「民事法上認められた権利および法益は，例えば物権および債権もそうだが，結局のところ権利主体の人格のために保障されるものである。ある権利の民法上の保護は，常に同時に人格の保護を含む」ところ，「ある権利の侵害につき法律上予定された責任効果は，その侵害が被害者の人格に与えた間接的な影響をも償うのが原則である」ため，「派生的な人格保護」は通常は必要でないとする。しかし，例外的に，非財産損害の重大性を初めとする特別の事情を考慮しつつ，財産権侵害についての責任効果の中でそうした非財産損害の賠償を認めることは可能であり，「人格保護という基本思想（基本法2条）は」一般的人格権という法制度を支えるだけでなく，「他の法益の侵害から派生した人格保護を，非財産損害についての金銭賠償を認めることによって，法の継続形成という形で格上げすることをも正当化する」と言う。もっとも，どのような場合にこうした特別な保護が認められるかは，いまだ十分に明らかにされてはいないとする[89]。

---

86)　*Stoll*, Haftungsfolgen（1993）Rn. 236.
87)　*Stoll*, Haftungsfolgen（1993）Rn. 268.
88)　*Stoll*, Haftungsfolgen（1993）Rn. 281.
89)　*Stoll*, Haftungsfolgen（1993）Rn. 282.

以上を前提に,「抽象的利用喪失の賠償についての有名な連邦通常裁判所の判例は, 利用侵奪によって間接的に生じる典型的な非財産損害を, 人格保護の要請を考慮しつつ適切に賠償する 1 つの試みとして理解できる」[90]とコメントする。

(3) 小　括

(a)　このように,「権利の (機能的) 保障内容」という観点から抽象的利用賠償の問題にアプローチする見解が, ほぼ同時期に現れたことは注目に値しよう。以下, 留意すべき点を挙げる。

　その主張内容からも分かるように, ルソスにはメルテンスの影響が強く見られる。しかし, 重要な違いは, メルテンスがなお「財産」損害という枠に囚われており,「権利による自由の保障」という視点が (その端々に見られつつも) 明確でなかったのに対し, ルソスはこの点を前面に打ち出したという点である。この意味で, ルソスはメルテンスにおいて道半ばに終わったサヴィニーの法律的財産概念の復刻を完成させたと見ることもできる。

(b)　もっとも, ルソス自身はさらに先を行き, もはや「財産損害／非財産損害」という枠組をとらないようである。この点は, 253 条 1 項は確認規定に過ぎないとする論述によく表れている。これは一見ラディカルだが, ある意味で当然の帰結でもある。と言うのは, 法律的財産概念をとり, かつ「権利の機能的保障内容」によって賠償されるべき損害が決まるとするなら, 上記枠組は「賠償されるべき損害／(原則として) 賠償されるべきでない損害」と言い換えられるからである。この理解の下では, 253 条は「賠償されるべきでない損害は賠償されない」と言っていることになり, 確かに確認規定以外の何物でもない。

　これに対し, シュトルの解釈手法は,「財産損害／非財産損害」の枠組を維持しつつ, 後者の賠償制限の例外を, 法の継続形成として認めていくという, より穏当なものである。もっとも, その反面として, 抽象的利用賠償は特別の事情がある例外的な場合に限られることになる。

(c)　さて, 本書の関心から重要なのは,「権利の (機能的) 保障内容」とは何かである。ルソスとシュトルにおいては, 賠償されるべき損害が「権利の保障

---

90) *Stoll*, Haftungsfolgen (1993) Rn. 290.

内容」に「よって決まる」とか「向けられる」などとされ，それが何なのかは明確に定式化されていない。しかし，その中心に，権利によって保障される自由が位置づけられていることは間違いない。

その上で，ルソスによると，権利による自由の保障という「一次的保護」に対応して，「二次的保護」としての損害賠償は，当該自由の行使によって生じた（であろう）事実を対象とする。これは，抽象的利用賠償の場面で言うと，（利用可能性ではなく）所有権が保障する利用の自由の行使によって得られたはずの抽象的利用利益が賠償の対象となるということである。これは，彼が利用の要保護性に関して，被害者にとっての利用の必要性という，「実害性」要件に相当するものを考慮していることとも整合する。

シュトルにおいても，賠償の対象が抽象的利用利益である点は同様である。彼の表現によると，そのような利益が所有権によって「間接的に保護されている」ということになる。

(d) こうした自由の行使により得られたであろう抽象的利用利益につき，ルソスにおいては権利の保障内容の制限という形で，シュトルにおいては非財産損害の重大性という形で，いずれにおいても一定程度の重要性が要求されている。ルソスは，加害者への過大な負担の恐れをこうした制限の根拠としていたが，その割には賠償額の大きさといった衡量要素は登場せず，むしろ一定の重要性の閾値のようなものを想定しているように見える。シュトルにおいても，加害者の利益との衡量といった視点は窺われないため，同じと見てよいだろう。

3　侵害利得との関係を視野に入れる見解

以上の見解における権利の保障内容という視点は，他の分野におけるある概念を彷彿とさせる。すなわち，不当利得（侵害利得）論における「割当内容」という概念である。

両者の関係を明らかにするためには，不当利得と不法行為との関係を視野に入れて抽象的利用利益の問題を論じる見解が参考となる。以下では，そのような一群の見解を紹介する。

3-1　利用可能性を賠償対象とする見解

侵害利得と不法行為との関係を視野に入れる見解の中でも，抽象的利用賠償

第 2 節　物損その 1 ――物の利用喪失

において何を賠償対象と見るかにつき，結論は一致していない。まずは，利用可能性を賠償対象と見る見解から取り上げる。

(1) J. シュミットの見解

その嚆矢となったのは，1969 年のユルゲン・シュミット (Jürgen Schmidt) による博士論文である。

(a) 「行為権限」と「財産権限」　そこにおいてシュミットは，権利によって「与えられ，保障される自由の具体的内容は何か」という観点から，社会における権利の内容を明らかにしようとする[91]。そこでの問題は，権利の形式的構造と，実質的構造とに分けられる。

彼は，権利によって保障されるべき自由領域を「権限 (Berechtigung)」と呼ぶ。その上で，この「権限」を語りうるためには規範（群）がどのように構成される必要があるかを問う。これが，権利の形式的構造とされる問題である。

これにつき，彼は，次の 2 つの規範が必要にして十分であるとする。すなわち，「ある者は，ある社会関係において，一定の社会的に有意な変更を加える（事実〔Tatbestand〕を設定する）ことをしてよい」という許容規範（特権規範〔privilege-Norm〕）と，「他の全ての者は，当該事実を設定してはならない」という禁止規範（請求規範〔right-Norm〕）である[92]。その上で，いわゆる命令説[93]が後者のみで十分とするのに対して，それでは排他的な自由領域の保障が実現できないと批判する[94]。

一方，シュミットは，こうした同一の「形式」をとる「権限」の中には，2 つの全く異なる「内容」を持つものが含まれるとする。すなわち，「一定の事実関係における行為の排他的実施」についての「権限」，「当該事実関係における財産割当の排他的主張」についての「権限」である。彼は，前者を「行為権限 (Aktionsberechtigung)」，後者を「財産権限 (Vermögensberechtigung)」と呼ぶ[95]。

このいずれの「権限」についても，その「形式」として許容規範と禁止規範が観念される。すなわち「行為権限」については，「権限を有する者は，当該

---

91)　*J. Schmidt*, Aktionsberechtigung und Vermögensberechtigung (1969) S. 12.
92)　特権規範・請求規範の概念は，いわゆるホーフェルドの分析図式に倣うものである。
93)　これについては，第 5 章第 3 節を参照。
94)　*J. Schmidt*, Aktionsberechtigung und Vermögensberechtigung (1969) S. 17 ff.
95)　*J. Schmidt*, Aktionsberechtigung und Vermögensberechtigung (1969) S. 53 ff

権限に記述された一定の事実関係において行為を行ってよい」「権限を持たない全ての者は，当該事実関係において行為を行ってはならない」，「財産権限」については，「権限を有する者は，当該権限に記述された事実関係の財産的価値の帰属を主張してよい」「権限を持たない全ての者は，当該事実関係の財産的価値の帰属を主張してはならない」という具合である。

「財産権限」に言う財産的価値とは，一定の事実関係に関する自由領域，すなわち「所有」についての価値であるから，「財産権限」は「行為権限」の存在を前提とする。そして，両者は通常同一人に帰属する。しかし，例外的に両者は分離することがあることから，それは「同じものの異なる側面」ではなく，常に相互に並び立つ関係にあるとする。そして，シュミットは，信託や制限物権など，実定法上の様々な現象がこの両者の分離として捉えられることを論じていく。このように，彼の権利論は，その解釈論としての有用性を説くところに特徴がある[96]。

(b) 損害賠償の理解　シュミットによると，不法行為による損害賠償もまたそのような分離の一場面として捉えられる。すなわち，絶対権の侵害によって「行為権限」を侵害された被害者に対し，それに対応する「財産権限」を回復するための手段が損害賠償だというわけである。

そこでは，「自然的原状回復と価値賠償は，価値的地位の保持を求める財産権限のみの流出物である。……価値的地位の保持のため，一次的に自然的原状回復が給付されるのは，被害者に再度権限を与えるための疑似的に完全な地位が，客体または法的地位の価値の最適な規準だからである」「自然的原状回復によって，権限を有する者が侵害によって奪われた行為権限がそのままに回復されることはあり得ない。なぜなら全ての事実関係は1回限りだからである」とされる。ここでは，前章で見たような原状回復に固有の存在意義は認識されていない。

(c) 侵害利得との関係　シュミットは，このように損害賠償を「財産権限」の回復と捉えるならば，それと侵害利得との違いは小さくなると言う。と言うのも，「財産権限とは，権利の『割当内容』と呼ばれるものに他ならない」た

---

[96] シュミットの権利論に対してはラーレンツが一定の好意的な評価をしている他（*Larenz*, Zur Struktur „subjektiver Rechte", FS Sontis (1977) S. 138 ff.)，それに依拠しつつ侵害利得論を展開するものとして，*Ellger*, Bereicherung durch Eingriff (2002) S. 417 ff. がある。

め,「損害賠償請求権と不当利得返還請求権とは,財産権限の保護という共通の目的を有する」からである[97]。

もっとも,「財産権限」の価値の確定に際しては,違いが生じると言う[98]。すなわち,侵害利得においては,侵害者にとっての利益が問題となる。そこでは,「特権(privilege)の保有者となることが,侵害者にとってどれだけのコストを生じさせたかという仮定的判断」が規準となる。

他方,損害賠償においては,権限を有する者にとっての利益が問題となる。そこでは,「権限を有しない者の侵害が,権限を有する者にとってどれだけのコストを生じさせたかという仮定的判断」が規準となる。その判断は,現在の財産状態と,以下の2つのいずれかの状態との比較によりなされるとされる。「1つには,行為としての侵害が行われなかったならば存在していたであろう状態と(いわゆる主観的損害計算),もう1つには,侵害が行為としては行われたが『侵害として』は行われなかったならば存在していたであろう状態と(いわゆる客観的損害計算)」である。この両者の選択は被害者の自由であるとされる。

(d) 抽象的利用賠償　これによると,抽象的利用賠償の場面では,被害者が「客観的損害計算」を選択することにより,利用可能性に対しての賠償が認められ,その額は仮定的な賃料相当額ということになると考えられる。

この点につき,シュミットは,利用価値は本体価値から切り離された独立の財産的価値を有しないとの否定説の論拠に反駁する文脈で,そのような賠償を認めることで「利用権に独立の財産的価値が認められ,本体価値から切り離されるわけではない。単に権限の内容が何であったかが明らかになるだけである」と言う[99]。この謎かけのような論述が何を意味するかは,次の見解を見ることで明らかになる。

(2) ヤールの見解

シュミットの見解は,後にその師であるギュンター・ヤール(Günther Jahr)によってさらに展開された。

(a) 不法行為と侵害利得との共通性　ヤールはまず,不法行為と侵害利得

---

97) *J. Schmidt*, Aktionsberechtigung und Vermögensberechtigung (1969) S. 105.
98) *J. Schmidt*, Aktionsberechtigung und Vermögensberechtigung (1969) S. 106 ff.
99) *J. Schmidt*, Aktionsberechtigung und Vermögensberechtigung (1969) S. 92.

の効果の共通性について，以下のように論証する。

　まず，物本体の価値に関して，他人の物を有責に毀損した場合には損害賠償法上その「客観的価値」ないし「共通価値」の賠償が認められるとして，これは他人の物を有責性なく消費した場合の侵害利得の内容と異ならないことを指摘する[100]。

　次に，物の利用について，他人の物を権限なく利用した場合には，当該利用による価値が権利者に排他的に割り当てられている限り，常に侵害利得が成立し，権利者に利用の予定ないし可能性があったかどうかなどは問題とならないことを指摘する[101]。一方，抽象的利用賠償についても，判例と異なり，この点（すなわち，「実害性」要件）を問題とすべきではないとする。

　その理由として，第1に，適法な賃借人と無権限利用者との対比を挙げる。賃借人は，目的物の利用の有無に関わらず，賃料を支払う義務がある。これに対し，この場面で権利者による利用の予定および可能性を損害賠償の要件とするならば，この要件が備わらない場面において，無権限利用者は目的物を自ら利用した場合に限り，賃料相当額を侵害利得によって支払えばよいことになる。これは，所有者を賃貸人よりも不利に扱い，無権限利用者を賃借人よりも有利に扱うことを意味し，妥当でないというわけである。第2に，物の毀損によるその価値の賠償につき，毀損の時から利息を付けるべき旨を定める849条などいくつかの条文を挙げ，物の利用可能性について賠償を認めるべきことが実定法上予定されているとする。

　こうして，「有責な利用侵奪は，有責でない他人の物の自己利用と同等である」と結論づける。

　(b)　損害賠償の内容確定　　以上のような不法行為と不当利得との共通性を前提に，ヤールは損害賠償の内容確定に関して，シュミットの権利論に大きく依拠しつつ，次のように説く。

　「人はある事実が生じ，または生じないことについて利益を有する。……ある事実についての利益の価値は，この事実が生じるかどうかが利益を有する者に財産上与える数額である。……その事実の実現に関する権限が権利（人格権を含む）の内容として排他的に独占されており，個人の利益が法的に保護され

---

100)　*Jahr*, Schadensersatz wegen deliktischer Nutzungsentziehung, AcP 183 (1983) S. 733.
101)　*Jahr*, Schadensersatz wegen deliktischer Nutzungsentziehung, AcP 183 (1983) S. 741.

ている場合，この事実に関する他者の利益の満足には法的な障害がある。この障害は……利益を保護されていない者が……利益を保護されている者に対し財産的犠牲を支払ってその権利を買うことによって，克服できる。つまり，排他的な権限を付与された事実が生じるかどうかがどれだけの価値を持つかは，他人がこの事実に関する利益を満足させるために支出する用意のある金額によって測定できる。この場合，保護された事実に関する利益は，保護された者にとってだけでなく，間主観的に財産的価値を有するのである。この価値は，権限を有する者に排他的に割り当てられている……他人の視点からのこの利益の価値に関する割当が，法律による損害賠償請求権および侵害利得による保護の共通の対象である（権利の割当内容。……）」[102]。ヤールはこれを「客観的損害計算」と呼ぶ。

ヤールにおいても，損害賠償の内容はもちろんこれに限られない。彼によると，この客観的価値は上述のように他人の視点から算定されるところ，それは「保護を受ける者から見た利益の価値を必ずしも制限しない」[103]。そうした利益とはすなわち「保護された利益が被害者にとってどれだけの価値を有していたか，その利益の侵害が，保護を受ける者にとってどれだけの負担を与えたか」[104]であり，これは原状回復がされるかどうかに応じて2通りの方法で算定されるとする。1つは「この差異を除去するために権利者が負担する金額（原状回復費用の負担としての財産損害）」によってであり，もう1つは「この差異が除去されなかった場合に権利者が負担する金額……（原状回復がされない場合の損失としての財産損害……）」によってである。これらは「主観的損害計算」と称される。ここでは，原状回復費用の問題が混在している点が気にかかるが，これについては「その2つには異なる法的規律が存在するため，これらを厳密に区別し，振り分けの判断に際して慎重な検討を行う必要性（残念ながら非常によく疎かにされている）は，いくら強調しても十分ではない」[105]との留保がなされている。

　(c)　所有権と利用権　　以上を抽象的利用賠償の場面に適用する前提として，

---

102)　*Jahr*, Schadensersatz wegen deliktischer Nutzungsentziehung, AcP 183 (1983) S. 769 f.
103)　*Jahr*, Schadensersatz wegen deliktischer Nutzungsentziehung, AcP 183 (1983) S. 770.
104)　*Jahr*, Schadensersatz wegen deliktischer Nutzungsentziehung, AcP 183 (1983) S. 773.
105)　*Jahr*, Schadensersatz wegen deliktischer Nutzungsentziehung, AcP 183 (1983) S. 770.

ヤールは所有権と利用権の関係に関して興味深い分析を行う。

そこでは，物が一定の期間毀損ないし侵奪された場合において，当該期間について用益権が設定されていた場合とそうでない場合とを対比して，「前者の場合には，823条1項のその他の権利に当たる用益権は，所有権が毀損されたり継続的に占有を侵奪された場合と全く同様に侵害されている。つまり，用益権は権利者から侵奪されたのである。しかし，用益権は所有権の分離した一部に他ならない。それゆえ，その侵害に当たる事実は，用益権が設定されていない場合には，所有権の侵害に当たるのでなければならない。『所有権』と称される法的地位の一部を分離することによって，その分離がない場合に権利侵害に当たらない行為を権利侵害に当たるようにすることはできない」[106)]とされる。

これを踏まえて，所有権について，「所有者の法的地位には，物の寿命によって規定される時間の次元が認められる。この次元において，法的地位は，それがある人に『時間ごとに』帰属するという形で分割できる」として，903条を参照しつつ，所有者「は多様な個々の権限を有し，これら権限のそれぞれが時間の次元を有する。すなわち，内容的に同等の，しかし時間的に異なる多数の権限として把握される。……そして，所有者はこれらの権限の全てを有するだけでなく，『割当内容』，（すなわち）これらの権限に属する財産的価値の割当の権限主体でもある……」[107)]とする。

(d) 抽象的利用賠償　　以上によると，物の毀損等によって一定期間物の利用ができなくなった場合，「法的地位の一部が回復できない形で失われる」[108)]。したがって，「全ての所有権侵害は『本体損害』，所有権の内容上の損失であ」り，「責任を基礎づける一時的な利用侵奪の全てにおいて，……侵奪の期間に対応する利用権の価値につき賠償請求権が認められる。……権利全体が侵奪されたかその一部にとどまるか……は，対応する不当利得の構成要件（消費または利用，譲渡または用益権設定による有効な処分）と同様，量的にしか異ならず，質的な違いはない」とされる[109)]。

そして，所有権の時間的一部として捉えられる利用権の割当内容，すなわち

---

106)　*Jahr*, Schadensersatz wegen deliktischer Nutzungsentziehung, AcP 183（1983）S. 752.
107)　*Jahr*, Schadensersatz wegen deliktischer Nutzungsentziehung, AcP 183（1983）S. 754.
108)　*Jahr*, Schadensersatz wegen deliktischer Nutzungsentziehung, AcP 183（1983）S. 755.
109)　*Jahr*, Schadensersatz wegen deliktischer Nutzungsentziehung, AcP 183（1983）S. 756 f.

間主観的な財産的価値について,「それは侵害者が……利用侵奪について権限者の同意を得たならば支出せねばならなかったであろう金額である」が,「これは,単純に利用供与に対し通常支払われる対価としての『賃料』を意味するのではない。そうした対価は3つの内容を含みうる。一定期間の利用供与の対価……,利用期間中に生じる売却価値の低下についての対価,そして契約に即した利用により生じる損耗についての対価である」ところ,最後のものは「加害者が利用を侵奪したにとどまり,損耗を生じさせていない場合には……支払われない」ことから,これを控除したものが賠償額とされる[110]。こうした算定には困難が伴うことがありうるが,「損害計算が困難だからと言って,計算の必要性を否定することはできない。ここでも事情は侵害利得と同じであって,そこでは出発点が誤っていることにして計算の困難性を逃れることはできない」[111]と言う。

(e) 小 括　シュミットからヤールへの流れを,ここで簡単にまとめておこう。

(ア) 以上から分かるように,ヤールは理論構成においてシュミットの権利論に大きく依拠している。ただし,シュミットの「行為権限」と「財産権限」という用語は用いられておらず,同じことが「事実の実現についての権限」とその価値として表現されている。これは,「財産権限」においては禁止や許容というよりも,単に価値の帰属が問題となっているという点を明確にしたものと言えよう[112]。

これによると,権利によって排他的に付与された「権限」が不法行為により侵害された場合には,その「権限」が有する価値が賠償の対象となり,その算定は加害者の視点からなされる場合と,被害者の視点からなされる場合があるということになる。後者は,「被害者にとっての価値」というモムゼンにおける視点に対応するものと見られる。

こうした整理には,賠償の対象を権利が付与する「権限」の価値として一元的に捉えつつ,その計算方法を使い分けることでいわゆる「最小限の損害」の賠償を実現できるというメリットがあると言える。また,そのような「権限」

---

110) *Jahr*, Schadensersatz wegen deliktischer Nutzungsentziehung, AcP 183 (1983) S. 757 f.
111) *Jahr*, Schadensersatz wegen deliktischer Nutzungsentziehung, AcP 183 (1983) S. 758 f.
112) 同様の指摘として,*Larenz*, Zur Struktur „subjektiver Rechte", FS Sontis (1977) S. 140 f.

の価値ないし「割当内容」が侵害されたことが賠償の根拠であるとして，その規範的根拠を一応示してもいる。もっとも，そこにおける「主観的損害計算」には不満が残る。そこでの「被害者にとっての価値」とは，それ自体として無内容な定式であることに加え，そこに原状回復費用が含まれているからである。前章で見たように，これは原状回復費用を（「差額説」によるところの）財産損害に解消し，規範的評価を隠蔽してしまうという問題をはらむ。もっとも，ヤールにおいては，原状回復費用の特殊性が強調されているため，本書の問題関心からも，その見解は十分参考になりうると言えよう。

　（イ）次に，特に物の抽象的利用賠償についてである。シュミットは，その賠償を認めることで新たな利用権が生じるのではなく，「単に権限の内容が何であったかが明らかになるだけ」だと難解なことを述べていたが，その意味はヤールにおいて明らかにされたと言えよう。そこでは，所有権を時間ごとに区分された利用権の集合と観念することで，利用喪失はまさに所有権の一部としての利用権の侵害であると理解される。したがって，それに対する賠償は当該利用権の価値を明らかにするものに過ぎないというわけである。ここでは，賠償の対象は単なる利用可能性ではなく，所有権の内容をなす「権限」そのものだということになる。

　こうした理解により，「実害性要件」の有無に関わらず賠償が理論的に正当化される一方で，この結論を導くに際しては，一定の実質的な価値判断も援用されていた。すなわち，無権限利用者を賃借人より有利に扱うべきでないという観点である。ここには，無権限利用という行為への抑止という視点が窺われる。

(3)　ヤンゼンの見解

　ヤールの見解は，多くの重要な指摘を含んでいたものの，これまでそれほど注目されてはこなかった。しかし，最近になって，ニルス・ヤンゼン（Nils Jansen）が，その教授資格論文においてこれを評価した上で，同様の視点から独自の分析を加えている。

　(a)　「割当」とは何か　ヤンゼンは，判例上抽象的利用利益の賠償などが認められ，通説も結論においてこれを支持するという状況を前にして，その限りで差額説は誤りではないかとか，逆にそこでは不当な行為の制裁が行われているのではないかといった批判がありうるが，どちらも妥当でないとする。そし

て、ヤールの論文全体の参照を指示しつつ、「個人に割り当てられた、財産的価値ある法的地位の喪失は財産の差額、したがって差額説に言う損害を暗示する」[113]、「法益の割当の範囲は、責任構成要件および賠償の範囲の測定に関して、全く同様に出発点となる」[114]とする。

そこで、まずはヤンゼンが責任構成要件に関して「法益の割当」というものをどのように理解しているかを紹介する。彼によると、不法行為法の要件論において、権利の排除機能からその「割当内容」に視点を移す動きがあり、不当利得法上発展してきたこの概念は不法行為法上も有用なものと理解されるようになった[115]。しかし、こうした試みに対しては、絶えず、それが無内容な概念であるとの批判があり、実際、法益の割当の有無は法律上明確に定められているわけではない。「それゆえ、特定の法的地位が割当内容を『持つ』かどうかという問いかけはあまり有用でないことが多い。むしろ、それに割当内容を認めるべきかどうかということが決定的である。もちろん、だからと言って割当内容を問うことは循環論法ではなく、それは適切にも評価を明示的に行うことを指示するものである」[116]。

こうした理解を前提に、彼は「割当の概念は依然として十分に明らかにされたとは言いがたい」として、「そもそも割当とは何を意味するのか」の検討に入る[117]。それによると、「個人に法益が割り当てられると……一方で妨害禁止、他方で返還、不当利得および損害賠償請求権という多様な法律効果が生じる」ことから、割当とは、単なる個人への帰属を超えて、「全ての他人に対して彼のものとして、つまり『彼の権利』として妥当し、それによって原則として完全に保護される地位を基礎づける」という価値判断を含む。その上で彼は、「いかなる法益について原則として完全な保護がふさわしいか」と、「法益に関連するいかなる利益がこの保護に組み込まれるべきか、つまり割当内容は具体的にどこまで及ぶべきか」という2つの問題を区別する。「そこでは、第1の問題はおそらく単純に絶対権の分配と言い表すことができ、そのためその限りで割当内容の概念は冗長に思われるかも知れない。しかし、これは第2の問題

---

113) *Jansen*, Struktur des Haftungsrechts (2003) S. 510 f.
114) *Jansen*, Struktur des Haftungsrechts (2003) S. 514.
115) *Jansen*, Struktur des Haftungsrechts (2003) S. 476 f. この点については、第5章第3節を参照。
116) *Jansen*, Struktur des Haftungsrechts (2003) S. 495.
117) *Jansen*, Struktur des Haftungsrechts (2003) S. 495 f.

には妥当しない。と言うのは、権利の存在に関する問題には厳格な二者択一の答えしかありえないのに対し、割当は漸次的ないし段階的に形成されうるのであり、責任法においてはまさにこれが重要だからである」[118]。

(b) 法益の割当の有無　そして、第1の問題について、「個人の財貨の割当は、自由思想と結びつけられるのが通常である。確かにそれは通常、特定の自律的な決定可能性に寄与する。もっとも、これは必然ではない。とりわけ生命は、もちろん個人に割り当てられているけれども、人はこれを処分する権限を持たない」として、自由ないし決定可能性の保障は不可欠の要素でないとする。その上で、「おそらく決定的なのは、一定の法益の主体が、少なくとも原則として、その（筆者注。法益の）完全性を信頼してよいということだけであ」り、権利が認められる場合に、他人は特別な法規定がなくてもその侵害を禁止されるのは、まさにそのためだとされる。これによると、「割当の判断は……問題となる法益の完全性への客体的な信頼が保護を要し、また正当であることにかかっている」ことになり、それは「必ずしも法益の支配を意味しない」[119]。そして、このように法益の割当を基礎づけるところの対象関連的な信頼（gegenstandsbezogenes Vertrauen）は、823条2項や826条によってもたらされるところの行為関連的な信頼（verhaltensbezogenes Vertrauen）とは区別されると、この時点では説かれていた[120]。

(c) 法益の割当の射程　次に、第2の問題については、所有物の利用可能性のみに対する妨害がいかなる範囲で所有権侵害に当たるかという問題[121]を具体例に、「決定的なのは法益侵害の構成要件の明確な輪郭であり、そのためには個々の法益に結びついて保護された地位を独立に定式化することが有用であ」って、「これによると、ある法的地位がその主体に、その法益についての完全性利益の一側面として、その侵害が構成要件に該当する法益侵害に当たるような形で割り当てられている場合に、それは独立に保護されたものと捉えられる。……これは、責任法上の法益保護（823条1項）が原則として全ての者に対する対象関連的な信頼を正当化しているのが、当該保護利益を考慮した上で

---

118) *Jansen*, Struktur des Haftungsrechts (2003) S. 496 f.
119) *Jansen*, Struktur des Haftungsrechts (2003) S. 498 f.
120) *Jansen*, Struktur des Haftungsrechts (2003) S. 499 f.
121) これについては、第5章第3節2(4)を参照。

のことである場合に認められる」とする。そして，上記具体例の結論としては，「物理的および法的完全性と並んで，およそ物を適切に利用する可能性もまた（そしてそれだけが）所有権に結びつけられた独立の法的地位に当たる」とする[122]。このようにして，「独立に保護された法的地位を特定することで，法益の割当の範囲を構造化し，適切に記述できるようになる」[123]というわけである。

(d) 割当の対象としての「法的地位」　もっとも，このように，どこまでの法的地位が保障されているかという観点から割当の射程を画す理解は，割当の有無において「客体的な」信頼を重視することとの整合性に疑問を生じさせる。この点，ヤンゼンは，後の論稿において見解を修正し，「法的な割当判断の対象は実世界における客体，すなわち利用や事実的独占などでは決してなく，もっぱら法的地位（subjektive Rechtsposition）である。重要なのは常に請求権，自由および権限であって，法はそれらによって法益の完全性および他人の規範適合的な行為を間接的に保護するのである」とするに至っている[124]。

(e) 法益の割当と損害賠償　法益の割当に関するヤンゼンの理解は以上のとおりである。そして，彼によると，こうした法益の割当という視点が，法律効果としての損害賠償法においても「全く同様に出発点となる」。具体的には，特に物の抽象的利用賠償について，「利用可能性が財産的価値を有し，個人に割り当てられている限り，それは差額説にとって有意な財産の計算に取り込まれなければ一貫しない」として，ヤールの他ノイナーを引用しながら，彼らと同様の結論を示す。しかし，次のような修正の余地を残す点で，彼らとは異なる。すなわち，「ひとまず個人に割り当てられた独立の法的地位を，責任設定とパラレルに，損害と捉える。その上で……賠償請求権の排除は特別な損害法上の評価に従う」と言うのである。そこでの「損害法上の評価」として念頭に置かれるのは，判例におけるいわゆる「実害性」要件や「継続的利用可能性への依存」要件であり，以上のような枠組の方がこれらをより適切に考慮できるとする[125]。

(f) 小　括　(ｱ) 以上のように，ヤンゼンの議論は「割当とはそもそも何

---

122) *Jansen*, Struktur des Haftungsrechts（2003）S. 504 ff.
123) *Jansen*, Struktur des Haftungsrechts（2003）S. 509.
124) *Jansen*, Gesetzliche Schuldverhältnisse, AcP 216（2016）S. 214 f.
125) *Jansen*, Struktur des Haftungsrechts（2003）S. 512 ff.

か」という点を正面から検討する点に特徴がある。

そこにおいて，割当の射程の対象が「権限」などでなく「法的地位」とされていることには，一定のニュアンスがある。すなわち，ヤンゼンは，いかなる法益が割り当てられるかに関して，生命という処分不可能な法益に言及しつつ，自由や決定といった要素をメルクマールとすべきでないとした。そうすると，そのような要素を持たない法益についてもその射程が問題となりえ，そこでそのような要素を含む「権限」という概念を用いることはできないがゆえに，「法的地位」との表現が使用されているものと考えられる。これは，権利・法益による保障の対象が「権限」と言えるものに限られないことへの注意喚起として受け止めることができる[126]。

(イ) また，抽象的利用賠償との関係でも，注目すべき指摘がされている。それは，割当内容に含まれる「法的地位」の侵害は常に損害であるとして，ヤールと同様に考えつつも，「特別な損害法上の評価」に従って賠償を排除する余地があるという点である。これは，メルテンスにおける「社会性の制約」などと同様の意図に出たものと思われ，それによると，判例のように利用可能性を賠償対象と捉えつつ「実害性」要件などを立てることは矛盾しないことになる。しかし，そうした評価が可能な理由およびその内実などにつき，多くは語られていない。この点は，最後に検討する。

3-2　抽象的利用利益を賠償対象とする見解

ヴュルトヴァインもまた，損害賠償と侵害利得との関係を（も）視野に入れて抽象的利用賠償の問題を検討するが，その結論は先に見た論者らとは異なる。

(a)　賠償の基礎づけ　ヴュルトヴァインはまず，「賠償がされるべきかどうかについては，損害賠償法上有意味な不利益，すなわち『損害』をどこに見出すかが決定的である」[127]にもかかわらず，物の抽象的利用賠償に関する従来の判例・学説においては，利用可能性と抽象的利用利益のどちらが損害として把握されているのかが明確でないとする[128]。

---

126) もちろん，ヤンゼンにおいても，自由・決定の要素を持つ法的地位，すなわちヤールの言う「権限」が割当内容となることがあるということは，何ら否定されていない。所有権の割当内容として挙げられた「法的地位」は，いずれも権利者による自由・決定の要素を持つ「権限」に当たるだろう。
127) Würthwein, Schadensersatz für Verlust der Nutzungsmöglichkeit? (2001) S. 222.

そして，これをいずれに理解すべきかを明らかにするために，法秩序において物の利用可能性というものがいかなる法的意味を与えられているか，それと具体的な利用や利用権とはどのような関係に立つのかを検討する。

　(ｱ)　その一環として，まず所有権概念の分析が行われる。それによると，所有権は包括的な支配権としての性質を有し，「支配力は，903条によって明らかにされているように，2つの方向に働く。消極的な権限——所有権の消極的な中核，排除権（Ausschließungsrecht）——は他人を物への影響から排除することを目的とする一方，積極的権限——作用権，所有権の積極的な中核——は，所有者が物を自由に利用できることを内容とする」[129]。

そして，前者の「所有権の消極的な中核を通して，対象としての物が具体的に所有者に割り当てられて」おり，「消極的な権限は……物自体に向けられる。それは所有者の物に対する法的地位と関連づけられた，客体関連的なものであり，法的および事実的な観点における物の完全な『所有（Haben）』をその内容とする」。これと利用可能性との関係については，「物の毀損は通常，所有者によるその利用可能性の一時的喪失と結びついている。それは確かに物の毀損，したがってまた排除権への侵害の結果だが，その基礎に第2の独立した所有権の割当内容への侵害があるわけではない」として，それはむしろ後者の積極的権限の問題だとする[130]。

その積極的権限とは「所有者に対し，物に関して開かれた自由領域」であり，「所有権の積極的な概念規定を通して所有者に排他的な処分・利用権が割り当てられることによって初めて，支配力の全体としての意義が確保される」とする。そして，「積極的な包括的処分・利用権限は，所有者に物を利用できることについて多様な潜在力（Potential）を与えている」ところ，そうした可能性により特徴づけられる「自由領域は，『所有』が所有者にとって有する法的および事実的な意味を言い表したもの」に過ぎず，したがって「行為の自由領域自体には所有権と並ぶ固有の法的意味は認められない」とする。しかし他方で，「所有者が自己に開かれた物を利用する可能性を利用したならば，包括的な支配権は具体的な目的へと具体化する」として，その場合における具体的な行為

---

128)　*Würthwein*, Schadensersatz für Verlust der Nutzungsmöglichkeit?（2001）S. 6 f.
129)　*Würthwein*, Schadensersatz für Verlust der Nutzungsmöglichkeit?（2001）S. 78.
130)　*Würthwein*, Schadensersatz für Verlust der Nutzungsmöglichkeit?（2001）S. 79 ff.

自由の実現は，逸失利益の賠償（252条）などに表れているように，特別な保護を受けるとする[131]。

(イ) これに対し，利用権は，契約により所有権から分離し，独立の取引対象となる。これは，所有権と異なり時間関連的（zeitbezogen）な性格を有するため，一時的な利用喪失によってその客観的な価値が失われてしまう。この点で，所有権に基づく利用可能性と利用権とは異なるとされる[132]。

(ウ) 侵害利得論においては，利用利益の返還の場面での「得たもの（das Erlangte）」を利用可能性に見出す見解が多数であるが，以上の分析を元にすると，それは適切でないことになる。なぜなら，「利用可能性とは事実上のものであって，法秩序が独立の価値を付与しているのはそれではなく，利用権限である。……それゆえ，『得たもの』に関する問題は，侵害者が確かに法的に見れば利用権限を取得していないけれども，利用権を行使することによって，事実上まさにこの法的地位を行使したという点にある」。したがって，そこでは，「利得者が権利者であるかのように物を扱うことにより，事実上利用権者の地位を手に入れた」ことについての価値賠償がなされる[133]。そこで問題となるのは，単なる利用可能性ではなく，事実上の利用権限なのであり，それゆえ抽象的利用賠償の場合と同列には論じられないというわけである。

(b) 「損害」の有無　　以上を前提に，損害賠償の問題が検討される。そこでは，「損害」が認められるかどうかの問題と，それが「財産損害」としての性質を有するかどうかの問題とが明確に区別される点が特徴的である[134]。

(ア) ヴュルトヴァインは，前章で紹介したシュトルなどを引用しつつ，原状回復は特定の具体的な不利益に関わることを指摘して[135]，損害を具体的不利益として把握する理解に立つ。そして，そうした具体的不利益としての損害を，「狭義の損害」すなわち「利益の存続（Güterbestand）への不利益な影響，法益の喪失」と，「広義の損害」すなわち「将来の不利益な展開をも含む逸失利益」とに区別する。

これは一般に，「差額説」によって克服された区別と解されているが，それ

---

131) *Würthwein*, Schadensersatz für Verlust der Nutzungsmöglichkeit? (2001) S. 81 ff.
132) *Würthwein*, Schadensersatz für Verlust der Nutzungsmöglichkeit? (2001) S. 85 ff.
133) *Würthwein*, Schadensersatz für Verlust der Nutzungsmöglichkeit? (2001) S. 172 f.
134) *Würthwein*, Schadensersatz für Verlust der Nutzungsmöglichkeit? (2001) S. 8.
135) *Würthwein*, Schadensersatz für Verlust der Nutzungsmöglichkeit? (2001) S. 226.

にもかかわらずそれを重視する理由として，「両者の構造の根本的な違い」を挙げる。「狭義の損害は現存する利益状態とその保護に関わる。賠償は利益の減少についてなされ，これは通常容易に確定できる。これに対し，逸失利益の賠償は将来の展開に関する特定の期待，利益の取得に関わる。それゆえ，ここで決定的なのは，そうした将来展開あるいは収入への期待をどこまで保護に値するものと認めるか……である」というわけである[136]。「狭義の損害概念は……被害者の人格の侵害およびその相対的または絶対的な──非財産的権利をも含む──権利，権利の総体としての『財産（Vermögen）』を捕捉する」[137]一方，広義の損害には被害者の不利益な将来展開が広く含まれ，これを財産増加の逸失に限るべきではないとされる[138]。ここでは，意図的に法律的財産概念の表現が用いられている点が注目される。

　(ｲ)　そして，上述の検討結果を踏まえて，利用可能性自体は所有権から切り離された独立の法益ではないため，その喪失が所有権侵害と並んで狭義の損害に当たることはないとする[139]。

　一方，「自己の需要を満足させるために物から利用利益を引き出すことについての被害者の利益は，……売却益，賃料，果実または生産収益などを取得するという利益と全く同様に保護に値する」として，903条により保障された行為自由の「特定の方向に向けた具体的な行使が，加害事件によって不可能となった場合」に限り，それにより得られる利用利益が広義の損害に当たるとされる[140]。

　(ｳ)　以上のように，具体的にどのような利用利益が得られていたであろうかに着目する立場からは，判例における実害性要件は，そうした利用利益が発生したであろうかどうかの判断に解消される[141]。

　さらに，ヴュルトヴァインは客体関連性要件をも不要とし，個別の場面ごとに，具体的にどのような不利益が被害者に生じたかを明らかにすればよいとする。こうした立場から，例えば免許証取上げの事例においても，判例とは異な

---

136) *Würthwein*, Schadensersatz für Verlust der Nutzungsmöglichkeit?（2001）S. 240.
137) *Würthwein*, Schadensersatz für Verlust der Nutzungsmöglichkeit?（2001）S. 250 f.
138) *Würthwein*, Schadensersatz für Verlust der Nutzungsmöglichkeit?（2001）S. 265 f.
139) *Würthwein*, Schadensersatz für Verlust der Nutzungsmöglichkeit?（2001）S. 255.
140) *Würthwein*, Schadensersatz für Verlust der Nutzungsmöglichkeit?（2001）S. 288 ff.
141) *Würthwein*, Schadensersatz für Verlust der Nutzungsmöglichkeit?（2001）S. 292 ff.

り，被害者がその期間自動車を利用できなかったという不利益が広義の損害に当たるとされる[142]。

(c) 「財産損害」の有無・賠償額の算定　以上のようにして，抽象的利用利益が「損害」に当たることを明らかにした後，ヴュルトヴァインはその「財産損害」性を検討する。そこでは，「差額説」によると，損害が被害者の財産において継続的に残存しなければならないことになり妥当でないなど，多岐にわたり批判する[143]。そして，非財産損害を客観的な評価になじまないがゆえに排除するという253条の趣旨から，金銭による客観的評価になじむ限りいかなる損害も財産損害に当たるとし[144]，物の抽象的利用利益についてはそうした評価が可能だとする。

その財産的価値を算定する具体的手法については，判例における2つの手法をいずれも利用可能とする[145]。

(d) 小括　(ア) ヴュルトヴァインの見解は，ヤールらの見解に対抗すべく，抽象的利用利益を賠償対象と捉える立場から，その明確な理論化を図ったものと言える。その理論枠組は，「自由」としての包括的な利用・処分権限の割当と，その行使による利益の帰属という区別を前提に，前者は所有権自体の一側面として，その侵害は物自体の回復によって併せて賠償される一方，後者は，侵害がなければ当該権限ないし自由の行使により一定の利益が得られていたであろうと言える場合にのみ，所有権とは独立に賠償される，というようにまとめられよう。こうした自由の行使という視点は，ルソスにも見られたものである。そして，狭義の損害／広義の損害という区別は，まさにこの枠組に対応したものである。

(イ) また，財産損害に当たるかどうかを緩やかに判断する点はメルテンスに，上述のような自由の（仮定的な）行使を必要とする点や，客体関連性要件を否定する点はルソスに近い。

もっとも，最後のものについては，ルソスのように権利侵害の有無の判断に解消するのではなく，実際に要件を外して賠償範囲の拡張を図っているように

---

142) *Würthwein*, Schadensersatz für Verlust der Nutzungsmöglichkeit? (2001) S. 297 ff.
143) *Würthwein*, Schadensersatz für Verlust der Nutzungsmöglichkeit? (2001) S. 438 ff.
144) *Würthwein*, Schadensersatz für Verlust der Nutzungsmöglichkeit? (2001) S. 383.
145) *Würthwein*, Schadensersatz für Verlust der Nutzungsmöglichkeit? (2001) S. 450 ff.

見える。そこではおそらく，完全賠償原則ゆえに，「権利により割り当てられた自由の行使により得られたはずの利益は，当該権利への侵害がなくても後続損害として賠償される」との理解が前提となっているものと推測される。しかし，これでは賠償範囲が際限なく広がることが避けられず，問題が残る。

V　小　括

(1)　歴史的・解釈論的背景

ここまで見てきたように，抽象的利用賠償の問題に関して，権利の「保障内容」ないし「割当内容」という観点からアプローチする見解は，相当に有力な潮流をなしている。これは，サヴィニーからメルテンスへと受け継がれたいわゆる法律的財産概念の基本思想を展開したものであり，またノイナーらにおける「権利の客観的価値」という思想の内実を掘り下げたものとも言える。そしてまた，ヤンゼンが指摘するように，不法行為と侵害利得との要件面での接合を図ろうとする近時の有力説とも整合するものである。

こう見ると，これらは歴史的・解釈論的基盤を備えた，言わば生まれるべくして生まれた潮流だと言うことができる。

(2)　権利の保障内容ないし割当内容の構造

もちろん，問題はそこに言う権利の保障内容ないし割当内容の内実である。これについては，ヤンゼンに倣い，「割当」という概念が意味する（しうる）内容を，これまでの概観を元にしながら整理することが有用だろう。なお，そこでは「権限」，「自由」，「自由領域」，「潜在力」といった表現が互換的に使用されていたが，以下では原則としてこれらを「権限」の語で言い表すことにする[146]。

ヤンゼンが挙げていたのは，①権利・法益自体の割当，②当該権利・法益による「法的地位」の割当である。もっとも，シュミットやヤールにおいては，「権限」の客観的・間主観的な価値（あるいは「財産権限」）が割当内容と称されていた。先に述べたように，「法的地位」という表現は自由・決定という要素を持たない法益をも射程に含めたものであるから，ここではひとまず，通常問題となるところの，そうした要素を持つ「権限」を念頭に置く。そうすると，

---

146)　「自由」や「潜在力」だとその「価値」を語りにくいと思われることと，「自由領域」だと対象関連的な領域性がメルクマールとなるかのような印象を与えることによる。

③権利・法益により割り当てられた「権限」の客観的価値もまた，ここに挙げることができる。さらに，ヴュルトヴァインの理論枠組を見ると，④「権限」の行使により得られる「利益」[147]およびその客観的価値というのもまた，ここで言う割当の対象に加えて差し支えないだろう。これは，ヤールにおいては「権限」の価値の「主観的損害計算」として位置づけられていたものに対応するが，当該「権限」の「被害者にとっての価値」と言っても，一向にその内実は明らかにならない。ヴュルトヴァインの枠組を参考に，上記のように位置づけることによって，この点を一部明らかにできる。この他，ヴュルトヴァインにおいて「物の割当」という表現も出てくるが，これは「権限」の割当を原始的な形で言い表したものに過ぎないと考えられる[148]。

　これらのうち，①は権利の設定の問題であるから，責任内容論を扱う本書では対象外となる。責任内容論の観点から重要と考えられるのは，その他のものから示される枠組である。それはすなわち，権利により割り当てられる「権限」を中核に，それ自体の価値と，その行使により得られる「利益」の価値とが賠償の対象となるというものである。そして，そうした賠償の規範的根拠は，(やや同語反復的ではあるものの) そうした「権限」および「利益」がまさに当該権利によって「保障」され，あるいは「割り当て」られていることに求めることができよう。シュトルが「権利追求機能……は，原状回復原則を正しく適用するための理解についてだけでなく，損害の補償の基礎にある評価にも影響を与える」[149]と言うのは，まさにこのようなことを意味するものと理解できる。もちろん，これが所有権以外の権利にどこまで妥当するかは，慎重な検討を要しよう。

　ともあれ，以上の検討によると，近時の有力な潮流の基礎には，概ね共通して，「侵害された権利が保障する権限またはその行使により得られたであろう利益が失われたときは，その価値が賠償されなければならない」との責任内容確定規範を見出すことができる。これを，以下では「価値補償規範」と呼んで

---

147) なお，ここでの「利益」とは，ヴュルトヴァインが「広義の損害」に被害者の不利益な将来展開を広く含めるように，「権限」の行使による有形・無形の利益を広く含みうる (すなわち，非財産損害を含みうる)。その外延をどのように画するかは，権利の保障内容の解釈にかかると言う他ない。
148) この点については，ヤンゼンの改説も参照 (本款Ⅳ 3-1 (3)(d))。
149) *Stoll*, Haftungsfolgen (1993) Rn. 168.

第 2 節　物損その 1 ——物の利用喪失

おくことにする。

(3)　所有権の捉え方

　上述のような枠組は，ヤールらにおいても，ヴュルトヴァインにおいても，少なくとも矛盾なく用いることができる。こうした枠組を前提とした上で，彼らの対立点は，所有権，あるいはその保障内容に含まれる利用・処分権限をどう捉えるかという点にあった。すなわち，一方でヴュルトヴァインは，この「権限」を時間関連的でない単一のものと捉え，そこに利用権との違いを見出した。これによると，物が毀損されて一時的に使えなくなったとしても，利用・処分権限自体は失われないため，それに対する賠償が，本体損害に対するのと別に認められることはない。ここでは，賠償否定説が説くように，利用可能性は本体価値に含まれるものであるとの理解がとられているわけである。その上で，上述のように，そうした「権限」の行使により得られる「利益」というものが観念され，それは本体損害と切り離されて賠償されることになる。これは，自己利用として，判例におけるように賃料相当額よりも低く算定される。

　これに対し，ヤールらにおいては，そもそも所有権が時間的に区分された利用権の総体として理解されていた。これによると，一時的に利用ができなくなることはまさに当該期間に対応した利用権そのものに対する「本体損害」に当たることになり，したがって，それにより割り当てられる，やはり時間的に区分された「権限」の客観的価値が賠償されることになる。これと同じことは，利用権についてヴュルトヴァインも肯定していたところである。そして，これは取引の対象となるものであるから，賠償額は基本的にその市場価格としての賃料相当額により算定される。

　このように，権利の保障内容ないし割当内容というアプローチからは，所有権によって保障され，あるいは割り当てられるところの利用・処分権限の構造をどのようなものとして解釈するかが結論にとって決め手となる[150]。そして，この点に関し，ヤールが加害の抑止を考慮要素としている点が注目される。これは，権利の内容や構造を考慮する際に，そうした要素が意味を持ちうるということを示唆している。

---

150)　なお，この点は，目的物の耐用年数や用途などによって区別して考える可能性は十分にあると思われ，どちらかに一義的に決まるものとは思われない。

(4) 財産損害性

また，メルテンスも含め，以上の論者らにおける傾向は，権利の保障内容に含まれるとされた「権限」ないし「利益」が侵害されたならば，その「財産損害」性をきわめて緩やかに認める点である[151]。この点，権利の保障内容によってある損害が賠償されるべきとされたならば，その金銭的評価は技術的な問題に過ぎないと言いきるルソスに最も顕著である他，ヤールにおいても，金銭的評価の困難性によって賠償が否定されることはないとして，ほぼ同旨が説かれる。

ルソスに関しては，このことは，彼が法律的財産概念を現代的に復刻させたと捉えれば，きわめて当然のことと言える。この概念によれば，財産とはすなわち権利であり，したがって権利の保障内容に含まれる「権限」または「利益」が侵害されれば，それは当然に財産損害となるからである。こうした理解は，ドイツ民法の解釈としてどの程度説得的かはともかくとして，権利追求という思想から見れば非常に一貫したものと言える。

(5) 制約の根拠

ここまでの見解の中には，上述のような権利の保障内容の枠組によって賠償の対象とされるものにつき，さらに一定の制約を加えるものが見られた。特にメルテンス，ルソス，ヤンゼンの見解がそれに当たる。メルテンスとルソスは，「権限」の行使によって得られる「利益」に当たるものにつき，ヤンゼンは，おそらくヤールと同様に時的に区分された「権限」の客観的価値につき，そうした制約を認めていた。

問題は，これらが何に基づくのかである。メルテンスにおける「社会性の制約」とは，社会連帯という観点から，被害者にも一定の期待可能な範囲で不利益の甘受を求めるというもののようであるが，ルソスも言うように，必ずしもその意義は明確でない。そのルソスは，加害者の財産的利益との衡量という枠組をとるようだが，そこでは結局加害者の負担の大きさは考慮されていない。むしろ，被害者の利用に対する利益が一定の重要さを備えているかどうかが問題とされているようである。これは，共通参照枠草案（DCFR）において採用されているいわゆる些事原則（de minimis rule: VI.-6: 102）の考え方に相当する

---

151) 財産損害／非財産損害の区分を「差額説」と同様に捉えつつ，後者の例外的賠償を法律の規定を超えて認めていこうとするシュトルにあっては，この点は例外である。

ものと言えよう[152]。

　この他，より実態に即した理解も念頭に浮かぶ。すなわち，賠償否定説からの批判として，保険料の高額化による社会経済的損失ということが言われていたことを想起すると，ここでも実はこうした点が暗黙のうちに念頭に置かれているのではないかとも推測されるのである。仮にそうだとすると，ここでは権利の保障内容がそのような社会的負担の軽減のために制約されているという構図になる。

(6) 客体関連性要件の否定

　最後に，ここで取り上げた論者らには，もう1つの特徴がある。それは，判例における客体関連性，メルテンスにおける「対象領域性」に対応する要件を重視しないか，（ヴュルトヴァインについては結論的に問題があるとしても）積極的に否定する点である。この要請は，少なくともメルテンスにおいては，サヴィニーにおける特殊な——主体の外部にあるもののみを権利の対象とする——権利観に由来するものと見るべきであったことからすると，以上のことは，前提とされる権利観の変遷を予感させる。これについては，次節で触れる。

第2款　具体的利用利益——賠償の制限

1　問題の所在と裁判例

　次に，具体的利用利益，すなわち金銭的収入を伴う物の利用に対する賠償の問題に移る。ここでは，財産増加の逸失という形で，「差額説」により財産減少が容易に把握されることから，その規範的評価は主としてその制限の場面に表れることになる。

　もっとも，物の利用喪失によって具体的利用利益の喪失が生じていながら，その賠償が制限されるという場面は限られている。そうした例外的な場面を扱ったものとして，次の裁判例がある。

【14】ハンブルク上級裁判所 1984 年 2 月 14 日判決（VersR 1984, 1051）

---

152)　DCFR Ⅵ.-6: 102（「些細な損害は，賠償されない。」）。これにつき批判的に検討するものとして，*Koziol*, Geringfügigkeitsschwellen im Schadensersatzrecht?, FS Bucher（2009）S. 419 ff.; *ders.*, Grundfragen des Schadensersatzrechts（2010）Rn. 6/18 ff. がある。

〔事案〕被告の責めに帰すべき事故によって原告所有のバスが全損した。このバスをもしあと1ヶ月使用できていれば，合計で9年間使用していたことになり，この場合原告は自治体の助成計画により 70,000 マルクの投資助成金を取得できたはずだった。原告は，この投資助成金の逸失について損害賠償を求めた。

〔判旨〕裁判所は，事故と投資助成金との間には相当因果関係が認められるけれども，違法性関連（Rechtswidrigkeitszusammenhang）が認められないとして，原告の請求を棄却した。

「違法性関連」とは，オーストリアの学説によって用いられ始めた概念であるが[153]，現在ではいわゆる規範の保護目的との間に表現以上の違いはないと理解されている[154]。そうすると，この裁判例は，規範の保護目的論という帰責制限の理論によって具体的利用利益の賠償範囲を制限しているということになる。

2 学説による評価

学説においては，第1章で述べたように，責任充足一般について保護目的論等の帰責制限理論を適用するとの一般論が維持されている。そのため，この裁判例自体についての言及はあまり多くないものの[155]，おそらく同様に考えるのが通説だと言えよう。

こうした通説に反対するのが，シュトルである。既に述べたように[156]，彼は，違反された行為規範からは一定の法益を保護するという以上の目的を読み取ることはできないとして，責任内容の問題につき保護目的論等の帰責制限理論を適用する通説に反対する。そして，補償としての金銭賠償の場面においては，それに代えて権利の保障内容に着目するわけである。

それを前提として，彼は先の裁判例の事案に関して，その結論を支持しつつ，

---

153) *Ehrenzweig*, System des österreichischen allgemeinen Privatrechts II/1² (1928) S. 48.
154) *Lange/Schiemann*, Schadensersatz³ (2003) S. 100 (「その問題の立て方および作用は，保護目的説のそれと大きく重なる」); *Koziol*, Österreichisches Haftpflichtrecht I³ (1997) Rn. 8/18 (「それは実質的には正当な理解であるが，適切に表現されていない」).
155) 肯定的に紹介するものとして，*Lange/Schiemann*, Schadensersatz³ (2003) S. 126.
156) 第1章第2節および前款を参照。

次のように言う。「所有権の保障は確かに物の利用または処分によって得られる経済的利益を権利者に保障するものであるが，新品を安く調達することを可能または容易にするという意味を有するものではない。投資助成金の逸失についての賠償を認めるならば，それは，国家による助成のために定められた利用期間が経過していないにもかかわらず，そしてまた，『長期間利用された』車両の廃棄および交換についてのインセンティヴを与えるという助成計画の目的がその対象を失ったにもかかわらず，原告が加害者の費用において投資助成を取得するということを意味しよう」[157]。

3　検　討

シュトルの見解は，抽象的利用利益と具体的利用利益とを同一の規準，すなわち「権利の保障内容に含まれるかどうか」によって判断する点に特徴がある。そして，そこでの検討結果を踏まえれば，彼は上記事案における投資助成金は所有者の利用・処分権限の行使としての「利益」には当たらないと解釈したと見ることができる。

もちろん，そうした解釈自体には異論がありえないではないだろうが，判断の枠組としてはこれが妥当なものと思われる。それは，1つには，抽象的利用賠償におけるのと同一の規範的評価により判断できるという一貫性を有することによる。しかし，次の点がより重要である。

通説において，シュトルの見解に反して，違反された行為規範，すなわち「事故によって原告の所有するバスを毀損しないよう注意を尽くさねばならない」という規範から，バスの所有権の保護以上の内容を導こうとするならば，その所有権の意義・内容といったものに着目する以外にないだろう。それは結局，所有権の保障内容に他ならない。つまり，ここで行為規範の保護目的を問うても，「①行為規範の保護目的は，原告のバスの所有権である。②当該バスの所有権は，その買換えのための投資助成金の獲得をその保障内容に含まない。③したがって，当該行為規範は当該投資助成金の獲得を保護目的としない」という三段論法にならざるを得ない。これは，権利の保障内容（②）に規範の保護目的の衣（①，③）を着せただけであり，その実質が前者にあることは明ら

---

157) *Stoll,* Haftungsfolgen（1993）Rn. 317.

かだろう。ここでは，規範の保護目的論が権利の保障内容という実質を隠蔽していると言わざるを得ない。

第3款　本節のまとめ

　本節では，物の利用利益の賠償が問題となる場面を素材に，その基礎にある規範的評価を探ってきた。そこにおいて一定の客観的な規範的評価を示していると見られる見解の基礎には，概ね共通の発想が見られた。それは，「権利追求思想」を背後に，権利により保障され，割り当てられる「権限」というものを中核に観念し，それ自体の価値およびその行使によって得られたであろう「利益」の価値が賠償されるというものである。

　これは，ローマ法上の金銭補償原則のくびきを逃れている点で，サヴィニーの権利論を現代的に復刻したものと言える。一方，「差額説」は，ヴュルトヴァインによると，この原則の反映である，サヴィニーにおける権利についての金銭的価値の要請が一人歩きして生まれたものである。

　そして，以上のような発想をとる見解においては，もはや財産損害／非財産損害という枠組が維持されない傾向がある。このことは，これらの見解が，補償としての金銭賠償を財産損害に限定するドイツ法の構造に縛られない理論として，比較法的にも十分参考になりうることを予感させる。

第3節　人　損

　次に，身体・健康の侵害による金銭賠償が問題となる場合の検討に移る。既に述べたように，本書では慰謝料の問題を直接の検討対象から外している。そのため，ここで扱うのは労働に関する利益の喪失が問題となる場面である。

　労働に関する利益についても，物の利用に関する利益とパラレルに，いくつかの異なる種類を観念できる。①1つは，人が有する労働能力それ自体である。②もう1つは，労働能力を実際に投入した結果としての，特定の労働給付（Arbeitsleistung）である。これにはさらに，(1)金銭の収入を伴う場合と，(2)そうでない場合とがある。前者はいわゆる逸失利益に当たるものであるから，以降は

後者のみを労働給付と称する。これらは，物の抽象的利用利益におけると同様，判例・学説上区別して論じられないことも多く[158]，また用語法も一様でない[159]。

ここでも，「差額説」によっては損害が把握されにくい①と②(2)が重要な問題となる。もっとも，従来これについての議論は物の抽象的利用利益ほど多くはなかった。その理由の解明も含めて，まずはこの問題（以下「労働力喪失」と総称する）を検討した後で，②(1)逸失利益の賠償が制限される場面を検討する。

I 労働力喪失

1 判例・通説とその問題点

(1) 判例・通説

連邦通常裁判所の判例[160]は，被害者の労働力が失われても，金銭的収入の減少が生じなかった場合には，原則として損害賠償を認めない。その理由として，労働能力それ自体は人の属性であり，財産的価値を有するものではないため，253条2項による慰謝料の原因となるのは格別，その喪失自体は財産損害の発生源に過ぎず，収入の逸失・減少によって金銭的不利益が生じた場合に初めて財産損害が認められるとされる。通説もこれと同旨であり[161]，被害者の収入に関する不利益について定めた842条は，あくまで金銭的収入の減少が生じた場合について，それが逸失利益として賠償されることを確認するものに過ぎないとされる[162]。

不法行為法上，この例外とされるのが，主婦の労働能力が失われた場合であり，この場合判例は「規範的損害」に言及しつつ損害賠償を認める[163]。そこでは，賠償の対象としては特定の労働給付が想定されており，その算定のためには代替労働力の賃金のためにかかる費用が出発点となるとされる。

---

158) *Würthwein*, Beeinträchtigung der Arbeitskraft, JZ 2000, S. 338.
159) 以下での学説の引用の際には，原文において用いられている用語をそのまま使う。
160) BGH 5. 5. 1970 (BGHZ 54, 45) 等。詳しくは，吉村「ドイツ法における人身損害の賠償」(1982) 599頁以下参照。
161) *Larenz*, Lehrbuch des Schuldrechts I^{14} (1987) S. 507.
162) Palandt^{75}/*Sprau* (2016) § 842 Rn. 1; Bamberger/Roth^3/*Spindler* (2012) § 842 Rn. 1.
163) BGH 9. 7. 1968 (BGHZ 50, 304).

(2) 問 題 点

以上の判例・通説に対しては,「規範的損害論」による根拠づけが無内容だという点の他,主婦について労働給付賠償を認めるならば,それ以外の者についても同様の要件の下でそれを認めなければ一貫しないという批判がされる[164]。

2 学説の展開

こうした批判を背景に,学説上は労働力喪失の問題一般について共通の扱いを認める見解が有力となっている。そこでは,労働力喪失について一切賠償を認めないという結論で統一する見解は見当たらず,むしろ,労働能力自体について賠償を認めるか,それとも特定の労働給付について,被害者にその意思および可能性がある限りで賠償を認めるかという点がもっぱら争点となっている。これは,物の抽象的利用利益において利用可能性と抽象的利用利益のいずれを賠償対象とするかという争点に対応する。

(1) 物損との同等取扱いを説く見解

この点からも明らかなように,利用喪失と労働力喪失とでは問題の構造がよく似ている。そうすると,両者を同等に扱うべきではないのかという考えが当然に浮かぶ。これを最も明確に主張するのが,シーマンである。

彼は,今日において自動車や住宅といった財産の潜在的可能性が利用できなかったことについての賠償(抽象的利用賠償)が認められている以上,「少なくとも健康の侵害の結果利用されなかった労働力についても賠償の対象となりうる利益と認めることが,評価の一貫性を維持するために必要である」とする。また,判例が物の抽象的利用利益賠償の要件とする自己経済上の重要性や,その基礎にある自己経済的活動と収益経済的活動を平等に取り扱うという視点は,いずれも労働能力についても同様に妥当するとする[165]。

もっとも,判例に反対する見解のうち,労働能力それ自体に財産的価値を認める見解に従うことはできないとする。それは,「市場価値を持つのは労働能力『それ自体』ではない。それは常に,何らかの方法で価値を生み出すことによって初めて財産的な意味を持つに至る」のであり,労働能力を有する人間自

---

164) MünchKommBGB³/*Grunsky* (1994) Vor §§ 249 Rn. 24.
165) Staudinger/*Schiemann* (2005) § 251 Rn. 105.

体には財産的価値は認められないことによる。また，以上の物損との同等取扱いという視点からは，そもそもこうした扱いまでは要請されない。むしろ，物の抽象的利用利益賠償において「実害性」の要件，すなわち所有者が利用の意思および可能性を有していたことが必要とされていることからすると，労働能力についても同様に考えるべきだとされる。すなわち，「賠償が問題となるのは，被害者がその可能性および意思を有していたところの労働ができなくなった場合に限られる。そうでない場合には，労働能力の侵害は彼にとって『実害性』がなかったのである」というわけである。そして，842条は252条の特則として以上のような取扱いを定めたものだと説明する[166]。

さて，シーマンの言うように労働力喪失の問題を物の抽象的利用賠償と同様に処理すべきだとするならば，それを基礎づける規範的評価もまた，それと同様に理解すべきことになろう[167]。そして，以下に見るとおり，実際に多くの論者が，抽象的利用賠償の場合と同様の説明によって，労働力喪失についての賠償を基礎づけようとしている。

(2) 商品化論によるアプローチ

利用喪失において商品化論により利用可能性の賠償を基礎づけるグルンスキーは，ここでも同じ議論を展開する[168]。それによると，所有権侵害においては権利者の処分意思の有無にかかわらずその市場価値が賠償されるのに対し，今日金銭を取得する重要な可能性である労働力についてこれと異なる扱いをするのは妥当でないとして，労働力が投入されていたであろうかどうかにかかわらず，労働能力自体の賠償を認める。もっとも，商品化論自体の問題性については前節で述べたとおりである。

(3) 権利追求思想に親和的な論者らのアプローチ

次に，抽象的利用賠償の場面で権利追求思想を出発点とし，あるいはそれに親和的な見解をとる論者らの，この問題に関する論述を見る。

(a) ノイナーの見解　客観的損害論の立場からこの問題に言及する論者の代表として，ノイナーの見解を見ておく。彼は，財産的価値ある財貨の客観的

---

166) Staudinger/*Schiemann* (2005) §251 Rn. 106. Erman[14]/*Schiemann* (2014) §842 Rn. 1 も同様。
167) この点，シーマン自身は物の抽象的利用賠償の理論的基礎づけを断念しているため（本章注5）参照），労働力喪失についてもこれ以上の論述はない。
168) MünchKommBGB[3]/*Grunsky* (1994) Vor §§249 Rn. 23 ff.

価値が常に賠償されるとの「客観的損害論」を前提に，労働力も財産的価値ある財貨に当たるとする。もっとも，その価値は被害者の個人的事情により左右されるということを考慮する必要があるとした上で，被害者が普段その労働力を利用していなかったということがそうした考慮すべき事情に当たるかどうかを問う。そして，これはその「一見ラディカルな結論」にもかかわらず否定せねばならないとする。それは，「自らの労働力を利用したであろうという主張を債権者に禁ずるわけにはいかない，なぜなら，もし反対のことを言えば，彼は我々の時代を支配する労働倫理に反することになるだろうからである」ことによる[169]。

「労働倫理」と権利追求機能とがいかなる関係に立つのかは明らかでないものの，ともかく結論としては労働能力そのものの賠償が想定されていることが分かる[170]。

(b) メルテンスおよびハーゲンの見解　　(ア) 財産を主観的な自由領域の保障として捉えるメルテンスにおいては，その自由領域は「対象領域」に属するものでなければならないとされていた。その帰結として，「その特別な経済的機能にもかかわらず，労働力は財産的利益ではない。なぜならそれは対象領域ではなく人的範囲に属するからである」，「それゆえ，そうした人的な利益および行為可能性の侵害の中には財産損害は存しない」とされる[171]。

(イ) これに対し，彼の主観的財産概念をほぼ全面的に支持するホルスト・ハーゲン（Horst Hagen）においては，この点は異なって理解されている。そこではまず，労働力は個人の主要な経済的潜在力であり，金銭による取引の対象となる点で物の利用利益と異ならないとする。ここまではメルテンスも認めるところであるが，ハーゲンはさらに進んで，労働力が対象的な潜在力に属するのか，それとも主体の属性に過ぎないのかを問い，「この疑念は，労働力自体ではなく，その利用価値の中に財産的利益を見出すことによって克服できる」とする。「労働力の利用価値が，法律行為または法により第三者に割り当てられる以上，そのことによってそれは損害法上の財産概念における意味で十分に

---

169) *Neuner*, Interesse und Vermögensschaden, AcP 133 (1931) S. 313.
170) 抽象的利用賠償の場合と異なり，ここでは，ビドリンスキーもまたノイナーと同様の結論に至っている。*Bydlinski*, Probleme der Schadensverursachung (1964) S. 50 ff.
171) *Mertens*, Begriff des Vermögensschadens (1967) S. 152 f.

対象化している」というわけである。そして，842条はこのことを定めたものとして理解されるとする[172]。

ここでは，労働能力と労働給付とを区別した上で，前者と異なり後者は「対象領域性」を有するとして，その賠償が認められている。もっとも，ハーゲンの論理は，商品化論に言う商品化が認められれば「対象領域性」があるとするのとほとんど変わらず，その内容はかなり希釈化されている。これは，メルテンスにおける当該要件がサヴィニーの権利観を引き継いだものと見られることからすると，彼の見解に対する若干の修正にとどまらない大きな変更を意味する可能性がある。

(c) シュトルの見解　侵害された権利の保障内容に対する，その意味で「不法に特殊な」損害を賠償されるべきものと理解するシュトルにおいては，「身体的完全性の保護は，人の経済的および人格的展開についての様々な利益に間接的に寄与し，その意味で所有権の保護に劣ら」ないとされる[173]。そして，労働力喪失の事例は，身体という人格権の侵害によってその「不法に特殊な」非財産損害が生じる場合，すなわち「本来的な人格保護」の問題として位置づけられる。そして，彼は，そうした非財産損害が賠償されるべきことを定めたのが842条だと理解する。すなわち，彼は通説の842条解釈に反対して，現在または将来の収入に関する「不利益は，積極的な財産的損失または逸失利益という意味での伝統的な財産概念に位置づけることはできない」とし，それを財産損害に格上げすることで保護を拡大するのが842条の機能だと捉える。そして，「そうした不利益を比較可能な財産損害へと格上げすることは……不法行為による人格への侵害において，経済的な展開の自由の保護が高められていることの表れである」とする[174]。

こうして，シュトルにおいては842条に基づく請求について具体的な収入の喪失は要件とされない。もっとも，「842条は，ドイツ法において労働能力の喪失または減少が，被害者が実際にしたであろう利用を考慮することなく抽象的に賠償されるべきだと認めるのに適切な根拠とはならない。むしろ，人格的

---

172) *Hagen*, Drittschadensliquidation（1971）S. 193 ff.; *ders*., Fort- oder Fehlentwicklung des Schadensbegriffs?, JuS 1969, S. 68 f.
173) *Stoll*, Haftungsfolgen（1993）Rn. 317.
174) *Stoll*, Haftungsfolgen（1993）Rn. 286.

な展開の自由を保障するという842条の目的からは，被害者が実際に受けた妨害が賠償されるべき損害の中核をなすということが導かれる」として，労働をする意思または可能性があった場合にのみ賠償を認める[175]。

(d) ヴュルトヴァインの見解　ヴュルトヴァインは，物の利用喪失におけると同様，労働力喪失においても，何が「損害」に当たるかの問題と，それが「財産損害」に当たるかの問題を区別して論じる。前者については，「損害」を具体的不利益と捉えた上で，それを現存する権利・法益の侵害としての「狭義の損害」と将来展開の不利益変更としての「広義の損害」とに分ける[176]。

そして，「人はまずその身体的な存在として現れ，それは保護法益と認められる。これは同時に身体的および精神的能力の基礎であり，それらによって広範な行為の自由および様々な態様と方法で活動し尽力する可能性が開かれている。『労働力』とは，その限りでこうした潜在力の一部，すなわち特定の労働給付をなしうるという潜在力に過ぎない。しかし，人の有するこの潜在力は，彼がそれを投入し特定の具体的な労働給付をして初めて外部に現れる」[177]として，労働能力自体が「狭義の損害」として賠償の対象となることを否定し，具体的な労働給付の喪失が「広義の損害」となりうるだけだとする。

その上で，実際に「広義の損害」と認められるためには労働給付が保護に値する利益と言えることが必要だとし，主婦やそれに類する生活共同体の構成員による労働についてこれを肯定する一方，純粋に利他的な第三者のための労働についてはこれを否定する[178]。

残る「財産損害」性については，「差額説」を否定した上で，当該労働が社会通念上財産的価値ある利益と捉えられる限り肯定されるとする[179]。

以上のように，ヴュルトヴァインの論述は物の抽象的利用賠償の場合とほぼ同じ展開をたどる。抽象的利用賠償においては，所有権による利用処分の権限ないし自由の保障が中心に据えられていたのに対し，ここでは身体という保護法益により開かれた可能性ないし潜在力としての「労働力」がこれに対応するものと考えられる。もっとも，そこでは，そうした労働力の「保障」というこ

---

175)　*Stoll*, Haftungsfolgen（1993）Rn. 287.
176)　*Würthwein*, Beeinträchtigung der Arbeitskraft, JZ 2000, S. 340.
177)　*Würthwein*, Beeinträchtigung der Arbeitskraft, JZ 2000, 341.
178)　*Würthwein*, Beeinträchtigung der Arbeitskraft, JZ 2000, 343 ff.
179)　*Würthwein*, Beeinträchtigung der Arbeitskraft, JZ 2000, 344.

とよりも，どちらかと言うとそれが「潜在的」なものに過ぎないという点に重心が置かれており，その限りで所有権に関する彼女の論述とはややニュアンスが異なる。

3 検　討
(1) 物の抽象的利用賠償の議論との異同

以上のように，多くの論者が労働力喪失の問題につき物の抽象的利用賠償とパラレルな議論をしており，両者を同等に扱うべきだとの見解は実質的に広く共有されていると見ることができる。

もっとも，両者の議論状況には2つの違いを指摘できる。1つは，なお判例・通説においては労働力喪失について一般的には賠償が認められていないということである。もう1つは，抽象的利用賠償の場面である程度有力な潮流をなしていた，権利の保障内容ないし割当内容を規準とする見解が，ここではあまり見られないことである。ヴュルトヴァインにおいても，「特定の労働給付をなしうるという潜在力」ということが言われるものの，この点はあまり強調されていない。

(2) その原因――サヴィニーの権利概念

これについては，以下のヨハネス・ケントゲン（Johannes Köndgen）の論述が，その背景を理解するために参考になる。彼は，労働喪失の場面で賠償が認められにくいことの原因を，サヴィニーの法律的財産概念に求める。サヴィニーにおいては，権利は主体の外部に対するものに限られるため，健康や労働力といった人格的法益は権利から排除される。そして，「こうした構想が，財産を金銭的価値を有する権利の総和として定義する法律的財産概念と結びつくことにより，必然的に経済的主体としての人格――したがってまた，財産的潜在力としての労働力――を損害法上把握できなくなった」[180]と言う。

サヴィニーの法律的財産概念自体は，前節で見たとおり次第に放棄されていったのであるが，この指摘によると，その前提となる権利概念に含まれていた「外部性」という要素は受け継がれていったということになる。モムゼンの「差額説」において，この要素の対応物を考えるならば，それは「総体財産の

---

180) *Köndgen*, Ökonomische Aspekte des Schadensproblems, AcP 177 (1977) S. 10 f.

減少」という目に見える形での結果が要求されていることに求められよう。そして，メルテンスにおいては，前節で見たように，「対象領域性」の要素がこれに対応する。このように，サヴィニーにおいて「外部性がない→権利ではない→財産ではない」という形で，その権利概念を介して財産に外部性の要素が取り込まれていたところ，その後の展開は，そのような権利概念自体を維持しないにもかかわらず，その要素を直接に財産概念に組み込み，言わば固定化してしまったと見ることができる。

ところで，そもそもサヴィニーの権利論における外部性の要素とは，権利とは主体の外部にある自由領域を割り当てるものであり，自分自身に対する力は所与のものだから法によってわざわざ割り当てる必要がないという理解に由来するものだった[181]。そうすると，現代の学説は，少なくとも損害賠償法の領域においては，身体・健康といったものは「権利」ではないため，その「割当内容」とか「保障内容」といったものを語ることができない（「排除機能」しか持たない）という理解を，財産概念を通じて受け継いでしまっているということになる。

これを踏まえると，労働力喪失の場面で権利の割当内容ないし保障内容に着目する見解が多くないことは，健康や身体は「権利」ではないため，その「割当内容」ないし「保障内容」を語ることができない，との理解が暗黙のうちに前提とされていることに起因するとの見方が成り立ちうる。そこでは，人格的法益は主体に何かを割り当てるといった意味を持たず，単に一定領域への侵害を排除する機能を有するだけだと理解されるわけである。そして，これが上述の第2点の原因ともなっていると推測される。

(3) 人格的法益の割当内容・保障内容の可能性

実際，こうした理解は，侵害利得論においても長らく一般的なものだったと思われる。最近になって，指名権や肖像権などの一般的人格権について割当内容の可能性を認める見解が増えてきたが[182]，それでも生命・身体といった商業的利用可能性を欠く法益についてそれを認める見解はほぼ皆無である[183]。

---

181) この点については，末川『権利侵害と権利濫用』（1970）28頁［初出1927］，原島『市民法の理論』（2011）420頁注6［初出1975］等を参照。

182) *Reuter/Martinek*, Ungerechtfertigte Bereicherung (1983) S. 266 ff.

183) *Reuter/Martinek*, Ungerechtfertigte Bereicherung (1983) S. 268 は，一般的人格権は「その多くの側面において法主体の人格と直接に結びついており，第三者に対して尊重（Achtung）を求め

これは，1つには，生命・身体などについて侵害利得が問題となる場面というのが事実上あまり考えられないという，侵害利得に特有の事情にもよるのだろう。しかし，これは全くありえないことでもない。例えば，ヤンゼンは「両親が子供を売る」という「時に生じる恐ろしい現実」を例として挙げる。この場合，「特に両親への帰責可能性またはその責任能力がなかったという仮定的な事例において，対価が誰に『与えられるべき』かが問題となる。その後自由を取り戻した子供が，あるいはその金額の返還を請求しようとするかも知れないからである」。そして，これにつき，「生命および自由は，主体から切り離せないがゆえに割当内容を持ちえないと述べることは，誤った類の回答である。現実は，他人がそれらに手を出すということを示している。『支配権としての性質』とか財貨帰属の必要性とかいった概念的な議論は，そこでは役に立たない」として，彼自身は「生命および自由は主体から切り離せないけれども，主体に割り当てられている」と理解する[184]。

この議論は，人格的法益の侵害がより日常的に問題となる不法行為においては，より一層同様の理解が要請されることを示している。

(4) 同等取扱いの理論的基礎

上述のように，物の抽象的利用賠償の場合と同等の取扱いをすべきだとする見解が有力であるわけだが，その議論状況からも分かるように，同等の取扱いをするためには同様の理論的基礎が必要となる。そして，物の抽象的利用賠償において見たように，権利の保障内容ないし割当内容を規準とする最近の見解においては，メルテンスにおける「対象領域性」に当たる要素は強調されず，むしろ所有権侵害の有無に解消されている。これは重要な変化である。なぜなら，前者においては，およそ「財産」損害一般の属性として「対象領域性」の要求が固定化されているのに対し，後者においては，所有権以外の権利・法益が侵害された場合に，いかなる賠償が認められるかは，当該権利・法益の割当内容ないし保障内容の理解次第だからである。つまり，こうした最近の流れは，サヴィニーの権利概念を克服する契機を有している。

そして，シュトルやヴュルトヴァインの見解は，まさにそのような方向にあ

　　る請求権を与えるだけであって，財産権として換価可能な支配客体を与えるものではない」とする。
184) *Jansen*, Struktur des Haftungsrechts（2003）S. 493 f. Fn. 256. なお，ヤンゼンによる「割当」概念の分析については，前節第1款Ⅳ 3-1 (3)参照。

るものとして理解できる。すなわち，そこでは，「人格的・経済的な展開の自由」（シュトル）ないし「特定の労働給付をなしうるという潜在力」（ヴュルトヴァイン）といった，本書に言う「権限」に当たるものが，身体・健康という法益によって割り当てられている——したがって，その行使により得られたであろう「利益」としての労働給付の客観的価値が賠償される——という理解が（ヴュルトヴァインにおいては必ずしも明確でないものの）志向されていると捉えられるのである。他にも，メルテンスの見解に依拠しつつ，そこでの「対象領域性」の要求を限りなく無意味なものに近づけようと試みるハーゲンの見解も，問題意識を共有していると言える。また，ノイナーのように「権利の客観的価値」という視点から労働能力についての賠償を基礎づけることは，上述のような「権限」を時間的に細分されたものと捉え，まさに権利の時間的一部が失われたと見ることによって，よりよく説明できることになろう。

(5) 小 括

こうして見ると，以上に見た学説はいずれも，「人格的法益には排除機能しかなく，割当内容ないし保障内容を持たない」とのドグマの克服を志向するものとして，侵害利得論において人格的法益にも割当内容を認めようとする試みとパラレルなものとして理解できる。

物の抽象的利用賠償に関する学説の展開がサヴィニーの財産概念の復刻だったとすれば，ここでの展開はその克服だと言える。そして，その点さえ克服できれば，ここでも権利の割当内容ないし保障内容の規準が有用となることは，以上に示したとおりである。

Ⅱ 逸失利益の賠償制限

1 問題の所在

次に，労働給付による金銭的収入の喪失，すなわち逸失利益の賠償が制限される場合について検討する。これについても，物の具体的利用利益におけると同様，あまり例は多くないが，類型としては違法または良俗違反の行為による収入と偶然的な収入の2つを挙げることができる。

2 違法または良俗違反の行為による収入

違法または良俗違反の行為によって得られたであろう収入については，その

第3節 人 損

賠償がどのような場合に，いかなる限度で制約されるかという点について，判例の主導の下多くの議論が蓄積されている[185]。しかし，ここでの関心事はこの議論自体ではなく，そこでの賠償制限がいかなる根拠によって正当化されているかである。

これについては，判例上，「逸失利益は，それが法律上の禁止に違反しなければ取得できなかった場合には賠償されない」という表現がされており[186]，逸失利益の要保護性の欠如が根拠とされていると言える。教科書・注釈書類にも，これと異なる説明（例えば，それが規範の保護目的に含まれないといったもの）は見受けられない。

3 偶然的な収入

(1) 次に，偶然的な収入については，ジーバーが挙げる次のような設例が有用である[187]。それは，トンネルの掘削に従事する工員が不法行為により身体を侵害され，仕事を続けられなくなり，代わりの工員が投入されたところ，彼が仕事の最中に高価な埋蔵物を発見したというものである。ジーバーは，この設例につき相当因果関係を否定する。

これに対し，シュトルは異なる説明をする。彼は，権利の保障内容が損害賠償の内容の規準となり，後続損害については「侵害された権利が当該利益を間接的に保護するものかどうか」が規準となるという理解を前提に，「確かに，身体の完全性は人の労働力投入による収入に関する任意の利益にも間接的に寄与する。しかし，そうした収入の利益の間接的保護を，目指されていた収入と関係がなく，収入活動を外部的なきっかけとして純粋に偶然に得られたに過ぎない利益にまで拡張することはできない」[188]と述べる。ここでは，そのような利益にまでは権利の保障内容が及ばないということが，賠償を否定する根拠となっている。

(2) また，連邦通常裁判所の判例に表れたものとしては，次のような事案がある。

---

185) 例えば，MünchKommBGB[7]/*Oetker* (2016) §252 Rn. 7 ff., 9 ff. 等を参照。
186) BGH 6. 7. 1976 (BGHZ 67, 119); BGH 30. 11. 1979 (BGHZ 75, 366).
187) Planck[4]/*Siber* (1914) S. 99.
188) *Stoll*, Haftungsfolgen (1993) Rn. 317.

【15】連邦通常裁判所 1968 年 6 月 7 日判決（NJW 1968, 2287）
　〔事案〕国鉄の踏切番をしていた原告が，被告の責めに帰すべき事故によって身体を侵害された。その手術の過程で，原告が以前より脳動脈硬化を患っていたことが判明し，これを理由に退職を余儀なくされた。原告は，賃金と退職後の年金との差額を被告に対して請求した。
　〔判旨〕裁判所は，規範の保護目的論を援用しつつ，「身体侵害の禁止は，その時点まで知られていなかった病気が発見され，それにより退職に至るということからの保護を目的としない」として，右請求を認めた原審を破棄した。

　教科書・注釈書類では，この事案は「一般生活上の危険」に関するものとして紹介されることが多いが[189]，これは相当因果関係ないし規範の保護目的を裏返しにした概念として理解するのが多数であるから[190]，一般的にもこの事案は帰責の問題として捉えられていると言えよう。
　これに対し，やはり反対の見解を述べるのがシュトルである。彼によると，「この結論は，責任原因および加害者が違反した規範の目的とは関係がない。決め手となるのは，就労能力に支障をきたす病気があるにもかかわらず予定よりも早く退職させられないという被害者の利益が，責任法上保護に値するかどうかである。これは，実際否定されるべきだろう」[191]。ここでは，上記事案が帰責の問題としてではなく，当該逸失利益の要保護性の有無の問題として理解されている。

4　検　討

　以上において，シュトルの見解は，違法または良俗違反の行為による収入の事例と偶然的な収入の事例とを，利益の要保護性の有無という同一の規範的評価によって処理できるという点で優れている。そして，彼においてこの要保護性の有無は，右に紹介した論述から，当該利益が身体（あるいは健康）という法益の保障内容に含まれるかどうかによって判断されることになると考えられるため，労働力喪失の場合における規範的評価とも一貫する。

---

189)　Soergel¹²/*Mertens* (1990) Vor § 249 Rn. 131; MünchKommBGB⁷/*Oetker* (2016) § 249 Rn. 189.
190)　*Larenz*, Lehrbuch des Schuldrechts I¹⁴ (1987) S. 447 ff.; Palandt⁷⁵/*Grüneberg* (2016) Vor § 249 Rn. 54; MünchKommBGB⁷/*Oetker* (2016) § 249 Rn. 194.
191)　*Stoll*, Haftungsfolgen (1993) Rn. 210.

第3節 人 損

　一方，判例のようにここで規範の保護目的を持ち出す見解には問題がある。物の具体的利用利益について既に述べたのと全く同様に[192]，ここで規範の保護目的を問うても，それは権利の保障内容に規範の保護目的の衣を着せることでしかなく，真の規範的評価を隠蔽するだけだからである。

Ⅲ　本節のまとめ

　以上を要するに，人損の場面においても，権利の保障内容を規準とし，その中核たる「権限」とその行使による「利益」の価値の賠償という観点から，補償としての金銭賠償の内容を確定することができる。

　そこでは，サヴィニーの権利概念を背景とした「人格的法益には排除機能しかなく，割当内容ないし保障内容を持たない」とのドグマが障害となるが，この考え方は，それを固定化する機能を持つ「差額説」とか，メルテンスにおける「対象領域性」のくびきを逃れているため，その点は克服可能であり，また実際にドイツでもそのための理論的試みがなされている。

　なお，以上の検討においては，もっぱら財産損害をめぐる議論を直接の検討対象としてきた。しかし，その結果得られた思考枠組は，必ずしも財産損害に限られるものではないと考えられる。と言うのも，身体・健康に対する権利により保障されるのは，既に述べた労働力の投入に関する「権限」に限られるものではありえず，（シュトルの論述にも窺われたように）広く人格的な展開に関する「権限」もそこに含まれるはずである[193]。そして，そうした「権限」の行使により自由に自己の人格を展開することにより生じる，一定の精神的な「利益」というものをも観念できる。そうすると，そうした身体・健康への侵害によりそうした「利益」が失われた場合に，それを価値的に補償するのが慰謝料であると理解することができる。こうした理解は，ドイツ民法253条2項が慰謝料の賠償の可否を一定の人格的な権利の侵害の有無にかからしめていることとも整合する。それらの権利には，上述のような人格的展開に関する「権限」の保障が当然に含まれていると考えられるからである。

---

192)　前節第2款3参照。
193)　そのような「権限」としてどこまでのものが含まれるかは，身体・健康に対する権利の保障内容の解釈によると言う他なく，ここで明らかにすることはできない。

第3章　ドイツ民法典251条――補償

第4節　付随的支出

　続いて，不法行為に際して被害者が支出した費用について金銭賠償が問題となる場合について検討する。これは，被害者がさらなる被害を回避または軽減するために費用を支出する場合と，加害者に対して権利を行使するために費用がかかる場合の2つに大別できる。

I　損害回避・軽減費用

1　具体例

　損害回避・軽減費用として講学上挙げられることがあるのは，不法行為により建物の屋根や窓ガラスが壊れた場合に，その内部が雨風にさらされて損害が拡大するのを防止するためにした応急処置のための費用とか[194]，購入した牛が伝染病にかかっていたために，買主が有する他の家畜への感染を防ぐため予防接種をした場合のその費用といったものである[195]。この他，以下の論述から明らかになるように，一般的には原状回復費用として位置づけられている代物の賃料もこの類型に属する。

2　判例・通説とその問題点

(1)　この文脈で比較的よく挙げられる判例としては，次のものがある。

　【16】連邦通常裁判所1976年4月6日判決（BGHZ 66, 182）
　〔事案〕有名な銀行家である原告が，テレビ放送によってその名誉を侵害されたとして，被告に反論のための放送を請求したが拒絶された。そこで彼は，315,000マルクもの金額を費やし，15の雑誌に見開きで反論広告を掲載し，後にその費用の賠償を請求した。
　〔判旨〕裁判所は，賠償の限度について，それが「合理的で，経済的に思考する人が，当該事情の下で……損害の回避のために合目的的なだけでなく，必

---

194)　MünchKommBGB⁷/*Oetker*（2016）§249 Rn. 179.
195)　*Larenz*, Lehrbuch des Schuldrechts I¹⁴（1987）S. 508 f.

要でもあるものとして行ったであろう措置」によるものかどうかとの定式を立てる。本件では，反論権を行使すべきであったとして，請求を棄却した。

　この判例は，一方で249条2項に言及しており，以上の定式も同項における賠償額の算定規準に似ている。しかし，他方で254条も持ち出されており，根拠条文は結局明らかでない。

　(2)　教科書・注釈書類では，以上と同様の定式が立てられるにとどまり，その根拠条文や法的意味についての立ち入った説明はあまり見られない[196]。しかし，これらにおいては，ここでの損害回避・軽減費用は「損害の帰責」という項目において扱われるのが通例である[197]。一般的に帰責の規準として相当因果関係ないし規範の保護目的が採用されていることからすると，上記定式もそのいずれかを具体化したものと理解されていると見るべきだろう。

　一方，これとは別に，通説においては損害回避・軽減費用につきより積極的な賠償の根拠を与えようとする姿勢も見られる。それは，254条2項により損害回避・軽減義務が認められる場合を念頭に，損害回避義務を課すことが公平に適うのは，少なくともそのための費用が加害者により賠償される場合に限られる，という説明である[198]。

　(3)　以上の判例・通説に対しては，特に帰責規準としての相当因果関係について，それをここで単純に適用することはできない——少なくとも上記判例の定式とは整合しない——との問題が指摘されている。なぜなら，被害者による損害回避のための費用は，責任原因となる事実と内的・実質的な関連を有するため，当該回避措置が合理的かどうかとか，費用が相当かどうかにかかわらず，常に相当因果関係は肯定されてしまうからである[199]。しかし，ここではむしろ当該費用が必要かつ相当であったかどうかという規範的な評価が行われているため，相当因果関係論をそのまま適用するわけにはいかないというわけであ

---

196)　Palandt[75]/*Grüneberg*（2016）Vor §§ 249 Rn. 44; Bamberger/Roth[3]/*C. Schubert*（2012）§ 249 Rn. 78; MünchKommBGB[7]/*Oetker*（2012）§ 249 Rn. 178.
197)　前注の文献は，いずれもそうである。
198)　Staudinger/*Schiemann*（2005）§ 249 Rn. 57; Bamberger/Roth[3]/*C. Schubert*（2012）§ 249 Rn. 78.
199)　*Thiele*, Aufwendungen des Verletzten, FS Felgentraeger（1969）S. 397; *Würthwein*, Schadensersatz für Verlust der Nutzungsmöglichkeit?（2001）S. 348.

る。もちろん，——明言する見解は見当たらないが——こうした規範的評価を規範の保護目的の判断に際して行うとすることも考えられるが，そこではなぜ規範の保護目的からそうした評価が取り出せるのかの論証が必要となろう。

また，損害回避・軽減義務の裏返しとしてその費用の賠償を基礎づけるという説明は，確かにそうした義務が認められる場合には有効だろうが，このような義務がない場合にも被害者が損害の回避・軽減につき利益を有し，実際にそのために費用を費やすことがありうるのは，先の【16】判決からも明らかである。そして，損害回避・軽減費用の賠償がどこまで認められるかが問題となるのは通常こうした場合だと考えられるから，通説によるこの説明にはほとんど意味がないと言うべきである。

3 学説の展開

もっとも，この問題についても，最近ではより実質的な賠償の基礎づけを行い，それによって賠償の限度をも明らかにしようとする動きが見られる。以下ではこれらの少数有力説を概観する。

(1) ヤールの見解

(a) まずは，物の抽象的利用賠償でも取り上げたヤールの見解である。彼は，前述のとおり，損害賠償の内容に関して，権利によって付与された「権限」を出発点として，当該「権限」が他人の視点から見て有する価値の賠償（客観的損害計算）と権利者自身にとって有する価値の賠償（主観的損害計算）とを区別する。これによると，損害回避・軽減費用を含む後続損害は，侵害された「権限」が権利者にとってどれだけの価値を有するかという「主観的損害計算」の問題として扱われる。

この点に限って言えば，「差額説」とそれほど違いはない。しかし，「差額説」では，結局財産状態の変化として現れる差額が「物の権利者にとっての価値」とイコールなものとして扱われるという同語反復に終わるのに対し，ヤールは積極的に「主観的損害計算」における規範的評価を示そうとする。すなわち，「単に被害者が責任を基礎づける事実によって妨害された利益を満足させるために費用を支出したというだけの理由で，賠償されるべき財産損害が存在することにはならない。さもなくば，253条が無意味になってしまうからである」。そして，損害回避・軽減費用が賠償される場合については，「その追求の

ために支出がなされ，あるいは必要となったところの被害者の利益が，それ自体財産的損失から保護されたものであるかどうか，すなわちその価値が被害者に排他的に割り当てられているかどうかが決定的である」と言う[200]。

(b) ここでは，通説におけるのと異なり，損害賠償法上保護された利益と財産状態の変化との間に一定の内的関連，すなわち当該利益の追求のために一定の支出がなされたという関係が要求されている。もっとも，そうした費用の賠償の限度については特に触れられていない。

なお，253条に言及されているが，ここで重要なのは財産損害と非財産損害との区別ではない。このことは，次の見解を見れば判明する。

(2) シュトルの見解

(a) シュトルもまた，これと同様の構想を打ち出す。シュトルは，まず損害回避・軽減費用一般について，249条2項1文の原状回復費用を引き合いに出しつつ，「賠償されるべき財産損害という意味での費用は，原則として被害者がその財産を賠償法上意味のある目的のために意図的に支出した場合にのみ語りうる」[201]とする。それでは何が「賠償法上意味のある目的」に当たるかということについては，別の箇所で「損害事実により生じた被害者の費用は，それが損害回避の目的に適切な形で貢献する限り，加害者の負担に帰するとすることが，損害を回避し，被害者から除去するという責任規範の目的に適う」[202]と述べる。

その上で，ここに含まれる問題を2つに区別する。1つは，権利侵害の具体的危険が生じた場合に，それを除去することによって権利侵害が回避された場合である。これについては，「損害法上の原状回復原則は，損害事実が既に生じて初めて発動するのではない。損害事実の具体的な危険があるだけで既に，それについて有責であり，それが現実化した場合に責任を負わねばならないであろう者は，危険を回避する義務を負う。原状回復の保護目的にとって，加害者が保護された法益を既に侵害したのか，それとも具体的に危殆化したのかということは何の違いももたらさない」とする。前章で検討した原状回復原則ないしその基礎に見出された権利回復規範を，言わば時間的に拡張して適用でき

---

200) *Jahr*, Schadensersatz wegen deliktischer Nutzungsentziehung, AcP 183 (1983) S. 784 ff.
201) *Stoll*, Haftungsfolgen (1993) Rn. 214.
202) *Stoll*, Haftungsfolgen (1993) Rn. 320.

るというわけである。こうした「賠償請求権は，責任規範の保護目的により直接にカバーされる。それは，損害事実は回避されるべきだという，損害賠償義務に内在する基本思想から導かれる」。もっとも，このように考えることについては，ドイツ法において発展してきたいわゆる予防的不作為の訴え（vorbeugende Unterlassungsklage）[203]との関係をどう理解するかが問題となる。これについては，「差止請求による予防的な権利保護は，直接に差し迫った損害事実を回避するために状況に応じて必要な措置を権利者が自ら講じた場合には，その費用の賠償請求権によって責任法上補完されなければならない」とする[204]。

　もう1つは，権利侵害が生じたことを前提に，それにより生ずべき後続損害を回避するための措置がとられた場合である。シュトルによると，この場合は被侵害権利に対応する状態の回復が目指されているわけではないため，原状回復の射程は及ばず，補償としての金銭賠償の問題である。そして，「予測される損害は，一般原則によれば補償の対象となりうる（kompensationsfähig）ものでなければならず，さらに被害者の費用は，本来生じるはずの補償義務の数額から見て相当なものでなければならない」とする。「損害への対処の相当な費用の賠償が，それが生じたとしても補償の対象とならない後続損害についての『代替的補償』につながることがあってはならない」というわけである[205]。ここでは，「一般原則によれば補償の対象となりうる損害の回避」が「賠償法上意味のある目的」とされていることになる。

　(b)　シュトルにおいては，支出がどのような目的によってされたのかを重視することで，「本来ならば賠償されるはずのない不利益が，被害者がそれに関して支出をすることによって賠償されるべき損害に転化するのは不当である」との——既にヤールの論述においても窺われた[206]——考慮が明確に示されて

---

203)　これについては，中井『民事救済法理の展開』（1981）1頁以下，藤岡『損害賠償法の構造』（2002）334頁以下等を参照。

204)　以上につき，Stoll, Haftungsfolgen (1993) Rn. 327. このように，予防的不作為の訴えの要件が備わる場合には損害回避措置を自ら行ったことによる費用の賠償を請求できるとする見解は，他にも注釈書類において散見される。Staudinger[12]/*Medicus* (1980) §249 Rn. 115; MünchKommBGB[7]/*Oetker* (2016) §249 Rn. 178; Soergel[12]/*Mertens* (1990) §249 Rn. 54 等を参照。

205)　以上につき，Stoll, Haftungsfolgen (1993) Rn. 334.

206)　ヤールにおいて253条への言及が見られたのも，財産損害と非財産損害との区別にポイントがあるのではなく，本来ならば賠償されないはずの損害が，被害者の対応によって賠償されるものに変わってしまうことの不当性を説くものと理解すべきだろう。

いる。これは，「何が賠償の対象となるかが被害者の主観（心理）によって左右されるのはおかしい」という，挫折理論が不当であることの根拠と共通する発想である。

また，賠償の限度についても，通説と同様の規準が用いられているが，その法的性質ないし理論的根拠は未だ明らかでない。

(3) ヴュルトヴァインの見解

こうした流れは，さらにヴュルトヴァインによって展開される。

(a) 彼女は，本項の冒頭にも触れた代物賃料の賠償の正当化を念頭に置いてこの問題を論じる。すなわち，原状回復の内実について権利回復説をとる彼女においては，代物の賃料は侵害された所有権を回復するものではないため，原状回復措置には当たらない。むしろそれは，将来生じうる物の利用利益の喪失を回避することを目的としており，その意味で損害回避措置に当たるというわけである。

(b) そこではまず，一般的見解のように損害回避費用自体を『損害』と評価することは，「差額説」による財産損害概念の外延が際限なく広がりうるという問題を明るみに出していると指摘される。そして，「損害回避措置のための費用の賠償請求権が被害者に認められるかどうかは，被害者の行為が損害賠償法上の評価から見て保護に値し，正当なものと言えるかどうかによって決まる。それゆえ……本来の評価問題は，なされた損害回避措置につき被害者がそもそも，またいかなる範囲で権限を有していたか，この権限はいかなる根拠に基づき，したがってまたいかなる範囲で加害者に対して当該費用の賠償を請求できるのか，というものである」として，こうした「従来ほとんど顧みられることのなかった問題」に取り組む[207]。

その際，彼女は，不法行為の成立によって加害者と被害者の間に生じる法定の法律関係に着目し，「この法律関係の内容は加害者の損害賠償義務に尽きるものではなく，加害者と被害者の間の法律関係を包括的に規律するものである」とする。その根拠として，249条2項1文が被害者に自ら原状回復を行い，その費用を加害者に請求する権限を与えていることや，254条2項が一定の場合に被害者に損害回避・軽減義務を課すことなどを挙げる。そして，この損害

---

207) *Würthwein*, Schadensersatz für Verlust der Nutzungsmöglichkeit？（2001）S. 348 f.

回避・軽減義務がある場合については，それが本来生じるべき損害につき責任を負うはずの加害者の利益のためのものであることから，その費用は加害者により賠償されるべきであることが導かれるとする。この点は通説と同じだが，彼女の特徴は，そこでの「賠償請求権は，損害事実により生じ……た法律関係から直接に生じるため，この損害回避費用を『損害』と評価して，その賠償可能性を基礎づける必要はない」とする点である[208]。

これに対し，予見される損害よりも損害回避費用の方が高いため，損害回避措置が254条2項により義務づけられない場合にも，被害者が加害者の費用においてそれを行う権限を有するかどうかはより困難な問題だとする。そこでは，上述のように原状回復は問題とならないため，249条2項1文を直接適用することはできない。しかし，「ドイツ民法の損害賠償システムが完全性利益に付与しているウェイトからすると，それは損害回避措置についての被害者の権限を考える際にも考慮されなければならない」ため，被害者の利益が金銭の形で表れないことのみを理由に，被害者に一定の利益の享受を諦めることを要求することはできない。「むしろ，249条に表れた，非財産的利益をも保護するという思想によれば，被害者は差し迫る非財産損害についても加害者の費用において回避する権限があると認められる」。したがって，被害者が「その財貨またはそこからの利益の取得につき特別な完全性利益を有している場合」にも，損害軽減義務がある場合と同様に，損害事実により生じた法律関係に基づいて損害回避費用の賠償を請求できるとされる[209]。なお，その数額については，249条2項1文および251条に表れた思想に基づき，当該費用が具体的状況から事前的に見て必要と考えてよいものであり，かつ回避されるべき損害との関係で相当なものでなければならないとされる[210]。

(c) ここでは，損害回避費用について，249条の直接適用は否定されつつも，そこに表れた思想を援用してその賠償が基礎づけられている点が注目される。また，回避費用の支出自体を「財産損害」と捉えることを否定するのは，前節で紹介したヴュルトヴァインにおける損害論を一貫させたものであり，責任内容論の体系を考える際に示唆に富む。

---

208) *Würthwein*, Schadensersatz für Verlust der Nutzungsmöglichkeit？（2001）S. 349 ff.
209) *Würthwein*, Schadensersatz für Verlust der Nutzungsmöglichkeit？（2001）S. 353 f.
210) *Würthwein*, Schadensersatz für Verlust der Nutzungsmöglichkeit？（2001）S. 355 ff.

4 検 討

(1) 回避対象への着目

　これらの学説の共通点は，支出された費用自体ではなく，それが支出された目的，すなわちそれによりいかなる不利益が回避されようとしたのかに着目する点である。これは，支出された費用を「財産損害」と捉えること自体に反対するヴュルトヴァインにおいて顕著である。その費用が賠償されるべき規範的根拠は，「総体財産が減少したこと」ではないというわけである。

　そして，シュトルの見解を踏まえると，ここでの回避されるべき不利益には2種類のものが含まれる。

(2) 権利侵害の回避

　1つは，それ自体が独立の権利・法益侵害に当たるものである。この場合，シュトルは前章で見た原状回復原則ないし（本書に言う）権利回復規範を時間的に拡張して適用できるとする。彼の言うように，原状回復原則を権利・法益の完全性の保護に向けられたものとして，すなわち権利回復規範として捉える限り，切迫した権利侵害の危険が実現した場合に責任成立の要件が充たされるならば，権利侵害が既に生じたかどうかは重要でなく，むしろ未だ侵害が生じていない場合にこそその効果が発揮されるべきだと言えよう。ここには，権利侵害の予防という視点が表れているとも言える。

　そして，以上のことは，一次侵害の回避だけでなく，後続侵害の回避についても同様に（むしろより強く）妥当するだろう。本項の冒頭で紹介した設例では，家畜の予防接種の事例が前者に，窓ガラスの応急処置の事例が後者に該当する。

(3) 後続損害の回避

　もう1つは，一次侵害ないし後続侵害から生じた後続損害に当たるものである。これについては，シュトルやヤールによって，「損害回避費用が賠償されるためには，回避されるべき後続損害が，それがもし生じたならば一般原則により賠償されるべきものでなければならない」ということが強調されている。特にシュトルの言うように，本来賠償されないはずの不利益が，被害者の費用支出によって賠償されるべきものに転化するということには合理的根拠を見出しがたい。これを認めるならば，被害者の主観によって賠償されるべき損害が決まることになり，物の抽象的利用賠償の箇所で見た挫折理論と同じ問題点に逢着することになるからである。

さて、このように、「本来賠償されるべき損害を回避するための費用のみが賠償の対象となる」との理解は、ヴュルトヴァインにおいて、「249条に表れた思想」によって正当化されている。このことをどう理解すればよいか。まず、「249条に表れた思想」とは、前章で見たように、権利回復規範に他ならず[211]、それは(2)に見たように現実の侵害以前にまで時間的に拡張できる。そして、補償としての金銭賠償において「本来賠償されるべき損害」とは、前節までの検討によると、侵害された権利の保障内容に含まれるもの、すなわち権利によって保障された「権限」自体およびその行使による「利益」の価値である[212]。このうち、後続損害として問題となりうるのは後者である[213]。そうすると、ヴュルトヴァインによる上述の正当化は、時間的に拡張可能な権利回復規範を、その対象を「権利」からそれによって保障される「利益」にまで広げることで、さらに拡張するものと見ることができる。

権利によって保障される「利益」についても、その完全性というものを観念できる。そしてそれは——権利によって保障されている以上——法的保護に値するものと言えようから、以上のような拡張には十分な理由があると言えよう。

(4) 賠償内容の確定

(2)および(3)のいずれも、権利回復規範の拡張によって処理されるとするならば、そこでの具体的な賠償内容の確定は、前章で述べたのと同様ということになろう。すなわち、それらは、「権利侵害を回避するために支出された費用は必要な限度で賠償されなければならない」、「権利の保障する権限の行使によって得られる利益の喪失を回避するために支出された費用は、必要な限度で賠償されなければならない」[214]という規範として表現できる。以下では、これらをそれぞれ、「権利保全規範」、「利益保全規範」と呼んでおく。

---

211) 既に述べたように、ヴュルトヴァイン自身もこの見解を支持している。
212) これは、まさにここで取り上げた3人の論者を初めとする最近の有力な見解から取り出された考え方である。
213) 前者は、後続侵害として(2)の問題となる。
214) なお、「権限」とは言わば権利の本体を構成するものだから、それに対する侵害の回避は、権利保全規範の問題となると考えられる。

5 補 論

(1) 利益保全規範の射程——機能回復説の位置づけ

　ところで，前章においては，原状回復の捉え方に関する近時の有力説として，被侵害権利が被害者の下で果たしていた機能を回復するための措置を広くそこに含める「機能回復説」を紹介しつつ，その評価は積み残しておいた。本項の検討結果を踏まえれば，これをどう見るべきかは自ずと明らかになると思われる。

　すなわち，機能回復説が念頭に置いている場面は，上述の利益保全規範の適用範囲と重なる関係にある。と言うのも，この両者は，被侵害権利が果たしていた機能が回復されることによって，当該権利から得られていたであろう「利益」の保全が図られる，という関係に立つと考えられるからである。これは，例えばヴルトヴァインが念頭に置いていた代物賃料の例を見ても明らかである。ここで，代物を調達することによって物の機能を回復するという側面に着目するのが機能回復説であるのに対し，そうした機能の回復によって本来得られていたはずの利用利益の喪失が回避されるという側面に着目するのが利益保全規範であって，両者は同じ事柄を異なる側面から見たものに過ぎない。

　同様のことは，いわゆる需要増加のケース（843条）についても言える。これらは，前章に述べたように，機能回復説においては原状回復の問題として位置づけられるものである。一方，例えば入院中に生じる各種娯楽・通信手段や生活用品などのための入院雑費を例にとると，これらは被害者の様々な生活上の精神的利益を確保する目的で支出されるものと言える。これを逆から言えば，そうした精神的利益が入院によって喪失の危機にさらされているということである。これらの精神的利益が生ずる源を観念するならば，「自らの日常生活のあり方を好きなように決定する権限」とでも言うべきものになろう。こうした「権限」が，身体・健康に対する権利によって保障される人格的展開に関する「権限」の一環をなしていると考えることは，（人格的法益ゆえに割当内容なしとのドグマさえ否定すれば）それほど違和感がないと考えられる。上述のような精神的利益が失われた場合に，慰謝料による賠償がなされる（253条2項）という結論には，およそ疑いがないと思われるが，その規範的な根拠は，以上のように考えることで明らかにできるものと考えられる。したがって，その喪失を回避するために支出される上記各種費用は，利益保全規範によって基礎づけられ

るわけである。ここでも，身体・健康が果たしていた機能の回復に着目するか（機能回復説），それにより保全される精神的利益に着目するか（利益保全規範）は視点の違いに過ぎない。

このように見ると，原状回復の内実に関する権利回復説と機能回復説との対立は，利益保全規範に当たるものを原状回復と補償としての金銭賠償のいずれに位置づけるかという問題でしかない。これは，それぞれについて別個の条文を有するドイツ法にあっては，条文上の位置づけという限りで意味を持ちうる問題であるものの，比較法的な知見を得るという観点からは重要とは言えないだろう。したがって，以下では，機能回復説は利益保全規範に解消されるものとして理解しておく。

(2) 権利保全規範の射程——事前準備費用に関する議論を素材として

なお，ここで見た損害回避費用は，権利侵害に先立って事前に支出されている場合でも，一定の場合にその賠償が認められないかどうかが議論されている。これは，事前準備費用（Vorsorgekosten）などと称される問題である。上述の権利保全規範の理解に資するため，そのうちの一類型である，事前に支出された費用が権利侵害（一次侵害）の回避ないし抑止に寄与する場合を簡単に検討することにする[215]。

(a) 判　例　主要な判例は，以下のものである。

【17】連邦通常裁判所 1972 年 5 月 10 日判決（BGHZ 59, 286）

〔事案〕原告である音楽著作権協会（GEMA）が，その管理する音楽著作権を侵害した被告に対し，実施料相当額の倍額の賠償を請求した。このような上乗せが，原告が著作権侵害を探知するための監視機構を設立・維持するため普段から多額の出費をしていることにより正当化されるかが問題となった。

〔判旨〕裁判所は次のように述べ，請求を一部棄却した原審を破棄し，差し戻した。

損害事件より前になされた支出は，それが結局加害者の利益にもなるような損害軽減・回避措置に関するものであるなどの特別な事情がある場合にのみ賠償される。具体的な損害事件と無関係に一般的になされた権利侵害回避措置は，

---

215) もう 1 つの類型として，事前に支出された費用が後続損害の回避に寄与する場合があり，予備車両事例に代表される。これにつき，詳しくは若林「法的概念としての『損害』の意義(二)」(1996) 115 頁以下を参照。

通常自己の保護のためにそれをした者の負担に帰する。しかし原告によって保護されているいわゆる小さな音楽上演権は多数存在し，同時に至る所で様々な人により利用される。それゆえ，個別の著作権者によって著作権侵害を追及することは実質的に不可能であり，特別な監視機構を設立し，かつ相応に多額の出費をなさない限り，音楽著作権の保護はなしえない。

【18】連邦通常裁判所1992年1月14日判決（NJW 1992, 1043）
〔事案〕被告が所有する化学工場で事故が発生し，ガス漏れにより周辺地域に悪臭被害が生じた。その直近に住む原告は，これを受け，自宅にガスの流入を防ぐドアを設置し，その費用を被告に請求した。
〔判旨〕裁判所は次のように述べ，請求を棄却した。
原告の措置は，本件事故に起因する将来の妨害を回避するものとは認められない。なぜなら，原告の主張においても，この事故がさらに展開・継続するとは考えられていなかったからである。むしろ，原告の措置はもっぱら将来の同種の事故に備えるものである。そうすると，被告が責任を負う事故と当該措置との関連性が欠けることになる。原告が本件事故により当該措置に動機づけられたというだけでは足りない。所有権その他の絶対権を一般的に保護するための措置は，通常被害者の領域に属する。なぜなら，それは具体的な権利侵害との関連を持たないからである。

以上のように，判例は権利侵害回避のための事前費用の賠償を原則として認めない。それは，そのような一般的措置は通常「被害者の領域」に属するとの理由による。自分の権利は自分で守るのが原則だというわけであり，それは一応了解可能な規範的評価と言えよう。

(b) 学説　㋐ こうした判例の一般論に対し，学説はむしろ費用と加害行為との因果関係が欠けるという理由で，こぞって賛成する。そして，判例がGEMAにつき例外を認めることには反対する見解が支配的である[216]。しかし，因果関係がないというだけの議論は，上述のような規範的評価に対し直接応答するところがなく，本書の問題関心には資するところがない。

㋑ これに対し，GEMAに関する判例に賛成し，そうした例外をより拡張すべきことを説く異説の1つとして，クラウス-ヴィルヘルム・カナーリス

---
216) Staudinger/*Schiemann* (2005) § 249 Rn. 115 ff.

(Claus-Wilhelm Canaris) の見解が挙げられる[217]。彼は,【17】判決等が出されて以来,「財産上の損失と侵害行為の間に因果関係が存在しなければならないというのはもはや絶対のドグマではない」[218]とし,商店における万引き防止のための各種費用 (監視カメラや警備員のための費用など) に関して次のように述べる。「今日,万引きに対する実効的な対策は,特別な監視組織なしにはおよそ不可能であ」り,「当事者による特別な損害回避対策がまさに不可欠となっている」。「国家による権利保護の広範な機能不全,それに起因する通常の損害予防措置をはるかに超える高められた自己保全の必要性の中に,ここでもGEMAの事例と同様の判断をするきわめて重要な論拠がある」[219]。

カナーリスは,こうした特殊事情から,商店における万引きに関しては,もはや自分の権利は自分で守るべしという原則が妥当しないと説いているわけである。ここでは,判例のような理解——被害者の領域に属する防衛措置は,被害者の負担に帰するという理解——を前提とした上で,どこまでの措置が「被害者の領域」に属するかが問題となっていると見ることができる。因果関係ではなく,まさにこの点をどう考えるかという点に問題の核心があると言うべきである。

(ｳ) 以上を踏まえると,「権利保全規範」においては,回避措置が「被害者の領域」に属するものと言えるかどうか——自分の権利は自分で守るべしとの原則が妥当するかどうか——が重要であり,権利保全規範における侵害の切迫性は,これを具体化した要件として位置づけられると見ることができよう。

Ⅱ 権利追求費用

1 具体例

次に,一般に権利追求費用 (Rechtsverfolgungskosten) として扱われるものの典型は,弁護士費用である。その他,債権取立業者の使用による費用,加害者を探し出すための懸賞金・探偵費用,損害額の鑑定費用,被害者自身による労力の投入などが挙げられる[220]。

---

217) *Canaris*, Zivilrechtliche Probleme des Warenhausdiebstahls, NJW 1974, S 521.
218) *Canaris*, Zivilrechtliche Probleme des Warenhausdiebstahls, NJW 1974, S. 523.
219) *Canaris*, Zivilrechtliche Probleme des Warenhausdiebstahls, NJW 1974, S. 524.
220) MünchKommBGB[7]/*Oetker* (2016) §249, Rn. 180 ff.

なお，民事訴訟が開始されると，訴訟手続と直接の関連を有する費用は訴訟費用として処理されるが（敗訴者負担。ドイツ民事訴訟法91条），判例・通説においてはこうした訴訟法上の請求権と並んで実体法上の損害賠償請求権も発生することが認められている。ここでは，もっぱら後者のみを対象とする。

2 判　例
(1) 規　準
以上のうち，弁護士費用については，古いものには相当因果関係論を適用する判例も見られるが[221]，最近のものは，被害者の視点から見て権利保護のために必要かつ合目的的な費用に限り賠償されるとして，249条2項1文と同じ規準を用いる[222]。鑑定費用についても同様の規準が用いられる[223]。このことからすると，ここでも損害回避費用におけると同様，原状回復原則が何らかの形でその射程を及ぼしているようにも思われる。

(2) 特　殊　性
(a) しかし，判例には，相当因果関係論や原状回復原則とは必ずしも整合しない視点も見られる。それは，権利行使のために被害者が自ら労力を投入した場合の扱いについてである。

【19】連邦通常裁判所1969年2月28日判決（NJW 1969, 1109）
〔事案〕原告である国が，被告に対し，その所有する水門の毀損による損害の賠償に併せて，損害の確定および清算に要した期間に対応する一般費用の賠償をも請求した。
〔判旨〕裁判所は，次のように述べて請求を棄却した。
ここでは「社会通念（242条）によれば，賠償されるべき損害が一般費用をも含むかどうかが問題である。私人や，人を雇わず全てを自分で処理する零細な事業者は，第三者が責任を負う損害事実の態様に応じて，その損害の賠償を得るために多かれ少なかれ労力を費やす。それでも，社会通念によると，自らの工場において損害を除去したのでない限り，その労働時間を収益的な活動に利用できた場合であっても，その個人的な労力につき賠償を得ることはできな

---
221) BGH 1.6.1959（BGHZ 30, 154）.
222) BGH 8.11.1994（BGHZ 127, 348）.
223) BGH 30.11.2004（NJW 2005, 356）.

い。社会は，原因の確定や損害事件の清算に要する努力を，それが第三者によってもたらされるものであっても，被害者自身の義務領域に帰せしめる。大企業や官庁が，その管理のために延長された腕として固有の人員を雇わざるを得ないというだけで，有利に扱われなければならない理由は見出しがたい」。
「第三者が損害の除去を行った場合，その共通費用は加害者の行為に帰責され，それゆえ賠償される。なぜなら，ここでは一般費用は修理作業の範囲内に含まれるからである。同じことは，修補が被害者自らの工場で行われた場合にも当てはまらなければならない。しかし，修補作業，損害の除去の際の一般費用に妥当することは，損害の確定および清算の際の一般費用には通常妥当しない」。

【20】連邦通常裁判所1976年3月9日判決（BGHZ 66, 112）
〔事案〕原告である連邦高速道路当局が，1971年から73年に起きた89件の事故による高速道路の修補費用を，事故車両の責任保険の保険者である被告に対し請求した。ところで，原告においては，こうした事故が年間3,000件以上発生し，通常の行政活動の範囲内では処理できないことから，もっぱらそうした事故処理を担当する者を雇っている。そこで原告は，上記請求に加えて，各事故につきその清算に通常要する人件費の賠償をも請求した。
〔判旨〕裁判所は，次のように述べて請求を棄却した。
「私人が損害を被った場合に，裁判外における賠償請求権実現のための活動により生じた時間の費消については，通常，賠償請求権は存在しない……。これはまず，民事訴訟法91条に基づくいわゆる訴訟費用賠償について一般的に認められている」。これは，「社会が権利行使におけるこうした努力を当事者自身の義務領域に帰せしめている」ことによる。もっとも，被害者にはこれと並んで実体法上の費用賠償請求権も成立しうる。「しかしここでも，広く普及した実務によると，請求権貫徹のための通常の被害者自身の努力についての賠償は，（自ら損害を除去する措置でなければ）……認められないのが通常である」。ここでも，この制限は，訴訟費用の賠償に関するのと同様，「答責領域と実用性の考慮」により正当化される。このことは，原告のように損害処理のために特別に人員を雇っている場合においても異ならない。

以上のように，これらの判例には「通常の権利行使の努力は被害者自身の義務領域に属する」という視点や，民事訴訟法上の訴訟費用の規定との関係とい

う視点など，相当因果関係論や原状回復原則には見られない視点が出てくる。

　(b)　もっとも，これらはいずれも，労力が投入されただけであり，金銭の減少がないことから，「差額説」によれば損害が把握されにくい事案である。したがって，賠償が否定された原因はその点にあると見る余地もなくはない。もっとも，いずれの判例も，直接の損害除去，すなわち原状回復の場合との違いを指摘し，その場合には賠償が認められることを示唆している。この点は，次の判例を見ることでより明らかになる。

　【21】連邦通常裁判所 1980 年 2 月 26 日判決（BGHZ 76, 216）
　〔事案〕被告は，原告である国の文書保管所から 140 点余の文書を盗み出し，窃盗罪で有罪判決を受けた。原告は，被害の範囲を確定するため，主にラテン語で書かれた 65,000 点に上る文書をチェックしなければならなかった。原告は，これによる労働の増加分について被告に賠償を請求した。
　〔判旨〕原審は，先に見た【20】判決に依拠して賠償を否定したが，連邦通常裁判所は次のように述べてこれを破棄した。
　「本法廷は，被告の犯罪行為によって必要となった文書の検査を，被告により生じた所有権侵害の除去に直接に寄与する措置（249 条 1 文〔現 1 項〕）と理解する。被告による窃取の継続は，それが直接に関連するところの個別の対象についての原告国の所有権を侵害するにはとどまらない。それはむしろ物の総体としての文書を侵害している。その機能性と規則に従った利用の価値は，その完結性と体系的把握に本質的に依存するのである。時間のかかる並外れた検査は，この完結性と秩序を回復するために不可欠であった」。こうして，「文書の再検査は行為者の不法行為によって損なわれた状態を直接に回復することに寄与する。原告国はそのために必要であった費用を損害賠償として請求できる……。その被用者に追加的な対価が支払われていないために，原告国に……実際に財産的支出が生じていないことは重要でない」。「原状回復のために実際に支出した費用ではなく，そのために必要な費用が問題である。なぜなら，金銭賠償の場合には，原状回復を実際に行うか，損害を甘受するかは被害者の自由だからである」。

　このように，判例法理においては，原状回復費用については処分自由が認められるがゆえに，現実の金銭的支出は問題とならない。また，処分自由を否定

する見解にあっても，被害者の労働への報償という観点から，一定の賠償が認められる。これらは，前章第5節で見たとおりである。したがって，現実の金銭的支出があったかどうかは判断の決め手ではないと言えよう。

3 学　説──シュトルの見解

以上に見たように，権利追求費用に関する判例においては，他では見られない特殊な賠償制約原理が働いているようである。これに対し，学説では，完全賠償という損害賠償法の一般原則をここでも妥当させるべきだとの方向での批判もなされている[224]。しかし，判例法理にはむしろ，その他の賠償されるべき損害とは異なる権利追求費用の特殊性が表れていると見ることもできよう。そうした特殊性を強く打ち出す見解として，ここでもシュトルの見解を取り上げる。

彼は，損害賠償義務を一般的に権利追求費用にまで拡張することはできないとする。それは，「権利行使は第1に，またとりわけ権利者自身の関心事であって，損害の除去と異なり，そもそも加害者に義務づけられた給付ではな」く，また「加害者の側にも，提示された請求に対する相当な防御としての権利保護が認められる」ことによる[225]。そして，こうした通常の損害との相違や，上述のように判例上権利追求費用の賠償に特殊な制限がかけられている点に着目して，それは「ドイツ法における手続法上の費用賠償を補完する形で，手続外の権利追求費用の賠償請求権を実体法上独立の制度として認めるべきではないのかとの問題を投げかける」とする[226]。

この問題につきシュトルは，判例と同様「権利保護は一般的に権利者自身の義務領域に属する」との理解を出発点にしつつも，「しかしこれは，一定の要件の下で，相手方が原因を与えた手続外の権利追求費用がその者に転嫁されうるということを否定するものではない」と述べる。そして，民事訴訟法上の訴訟費用規定を手がかりに，「民事訴訟法91条以下に定められた費用賠償が，訴訟に至ったかどうかという，ときには偶然の事情に常に左右されるとする理由

---

224) この方向を最も明確に打ち出すものとして，*Lieb*, Personalkosten als Schaden, FS Steindorff (1990) S. 708 ff. がある。
225) *Stoll*, Haftungsfolgen (1993) Rn. 347.
226) *Stoll*, Haftungsfolgen (1993) Rn. 351.

第4節　付随的支出

は見出せない」とする。そこから，「手続外の権利追求費用が賠償されるためには，権利者が相手方の与えた原因によって，これに対し訴訟を提起し，その中で相手方に費用を負担させることができる権利を有していたことで足りる」として，手続上の訴訟費用と手続外の権利追求費用をパラレルに扱うべき旨を説く。こうした「実体法上の費用賠償請求権は，私法上の権利を追求および行使することや法秩序の範囲内で他人による権利の不当な行使に対する相当な防御をすることが法治国家において保障されることから導かれる」。その賠償の要件および範囲は，民事訴訟法上の訴訟費用規定の類推によって導かれるとされる[227]。

4　検　討

シュトルの見解は，権利追求費用が賠償されることの規範的根拠の核心に迫るものであり，本書の問題関心にとって有益である。それを踏まえて考えると，彼の説くとおり，権利行使のために費用がかかるのは損害賠償に限ったことではなく，契約の履行請求や所有権に基づく請求を初め，およそあらゆる私法上の請求について問題となりうる。これらの場合でも，弁護士費用を訴訟費用に含めるドイツにおいては，一旦訴訟になってしまえば問題は生じない。しかし，訴訟外の権利行使に限って言うと，行使される権利の内容が損害賠償である場合にのみ，その費用の賠償をも併せて請求できるとするのは明らかに不均衡である。したがって，シュトルの説くように，権利追求費用の賠償を権利行使一般についての「実体法上独立の制度」として，損害賠償法とは切り離して構想するのが適切だと考えられる[228]。上述の判例の傾向も，そうした価値判断の表れと見ることができる。

もっとも，訴訟費用の規定は訴訟に直接関わる費用のみを対象としたものだ

---

227) *Stoll*, Haftungsfolgen（1993）Rn. 351 f. シュトルと同様，訴訟手続外での権利行使につき，民事訴訟法91条の類推によって実体法上の費用償還請求権を構築すべき旨を説く近時の文献として，*Bergmann*, Der allgemeine materiellrechtliche Kostenerstattungsanspruch, AcP 211（2011）S. 813 ff. がある。
228) もっとも，このように切り離して構想されたところの当該制度が，別途損害賠償法に属するものとして理解されることはありうる。例えば，*Bergmann*, Der allgemeine materiellrechtliche Kostenerstattungsanspruch, AcP 211（2011）S. 836 ff. は，それを権利関係につき争うという許された行為についての危険責任であると性格づける。こうした理解が妥当なものかどうかの検討は，他日を期さざるを得ない。

197

から，こうした権利追求費用に関する実体法上の制度を構想する際には，当該規定を参照するだけでは足りず，シュトルが示唆するように，「法治国家における手続保障」という観点から独自の解釈を展開する必要があると考えられる。こうした作業によって初めて，権利追求費用に関する内容確定規範が明らかとなろう。しかし，ここでそうした検討を行う用意はなく，またそれは本来の損害賠償と切り離されたものである以上，そもそも本書の検討範囲に属さない。

第5節　物損その2——物の本体損害

1　緒　論

最後に，検討を後回しにしていた，物の本体損害の賠償を取り上げる。一見最も典型的に思われるこの損害項目を最後に検討するのは，結論の先取りになるが，その扱いがこれまでの検討成果の応用によって最もよく理解されるからである。

物の本体価値の金銭的評価に関する基準として一般に言及されるのは，処分価値（Veräußerungswert）と再調達価値（Wiederbeschaffungswert）の2つである[229]。そこで，まずはこの両者の関係を明らかにしておこう。再調達価値とは，滅失した物と同等の価値を持つ物を調達するためにかかる費用であり，処分価値とは滅失した物を売却したならば得られたであろう金額のことである。そして，前者は付加価値税や事業者の収益を含むため，後者を15〜20%程上回るのが通常だとされる[230]。以下では，このように，再調達価値が処分価値を一定程度上回ることを前提に検討を進める。

2　再調達価値説

(1)　通　説

これらのうち，通説は再調達価値を基準とする[231]。そこで理由として持ち

---

229)　これに対し，その物の製作に要した費用は問題とならない。これは，挫折理論が妥当でないことと同じ理由による。
230)　MünchKommBGB⁷/*Oetker* (2016) §251 Rn. 18.
231)　従来，この点に関する議論はそれほど見られなかった。しかし，前章で紹介したように，【7】判決において中古車両の再調達が原状回復と位置づけられたのに対し，中古車両は代替物とは言え

198

出されるのは，被害者に再調達の可能性を与えないと，物が利用できないことによる後続損害が生じるおそれがあるということである[232]。

もっとも，前章で述べたように，通説は，代替物についてはその再調達は原状回復に当たるとし，判例はこの扱いを中古車両にも及ぼす。したがって，その範囲においては，原状回復費用としても再調達価値の賠償が認められることになる点に注意を要する[233]。

(2) ノイナーおよびメルテンスの見解

これと結論を同じくしながら，ややニュアンスの異なる説明をする見解もある。

(a) まず，ノイナーは，侵害された財貨の客観的価値が最小限の損害として常に賠償されるとの理解を前提に，市場価格が存在する場合はそれが客観的価値となると述べた後，「それは主観的価値とも同一である。なぜなら，いかなる者も財貨の喪失を代物のために必要な金額の喪失よりも高く評価しないからである」とする[234]。ここでは，「市場価格」として再調達価値が理解されていることが明らかである。

(b) これを参照しつつ，独自の立場から敷衍するのがメルテンスである。彼は，既に紹介したように[235]，所有権による自由領域の保障という観点から，物が所有者の財産において現実に機能していない場合でも物の価値の賠償が認められることを説明する。その上で，その算定方法について，それは物的・現実的存在であることに意味があるわけではないため，全財産における部分価値としての算定はできず，また，所有権による自由領域の保障は収益獲得以外の目的をも含むため，将来の財産展開の予測によって算定することもできないとする。この問題を解決するため，彼は税法上採用されているとされる「ある客

ないため，むしろ251条の枠内で本体価値を再調達価値により算定することで同じ結論を得るべきだとの見解が唱えられた（*Medicus*, Die teure Autoreparatur, JuS 1973, S. 212）。これが急速に通説化して現在に至っている。

232) *Medicus*, Die teure Autoreparatur, JuS 1973, 212; Staudinger[13]/*Schiemann*（1998）§251 Rn. 43.

233) このように，原状回復か補償としての金銭賠償かで結論に違いが生じないのは，原状回復に固有の意義が見出されず，原状回復費用賠償は補償としての金銭賠償の一種でしかないというかつての（前章で言う第1期の）理解と整合的であるとも言える。

234) *Neuner*, Interesse und Vermögensschaden, AcP 133 (1931) S. 307.

235) 本章第2節第1款Ⅳ **1**(3)を参照。

第 3 章 ドイツ民法典 251 条——補償

体は，誰に対しても，それを——直ちに再調達できることを前提として——再調達できる価格よりも高い価値を持つことはない」との考え方に言及し，民法上もこれを採用できるとする[236]。さらに，「物が財産的価値として，主体に目下の利用を超えていかなる自由な利用をも（法秩序の範囲内で）行う可能性およびその利用からの他者の排除を保障しているという思想からは，……客観的な再調達価値は上限だけでなく……下限でもあることになる」[237]と述べる。

(c) これらの見解においては，一方で，物の（主観的）価値は再調達価値を上限とするということが言われている。もっとも，それについての理由づけは必ずしも明確でなく，同語反復の域を出ていない。他方で，メルテンスにおいては，物のいかなる自由な利用も法によって保障されるとの理由で，再調達価値が物の価値の下限でもあるとされている。この 2 点を理由に，上述の通説と同様の結論が導かれるわけである。

3 折衷説

以上に対し，処分価値が賠償される場合と再調達価値が賠償される場合とを区別する見解もある。その中には，出発点を異にする 2 つのタイプのものが見られる。

(1) 利用利益の程度に着目する見解

(a) 1 つは，利用可能性の程度に着目して両者を使い分ける見解であり，ラーレンツのものがその典型として挙げられる。彼はまず，「利益（Interesse）」との対比で「共通価値（gemeiner Wert）」について論じ，それは最小限の損害として常に賠償されるべきものとする。その理由として，「(所有者) は，物がおよそ算定しうる客観的な金銭的価値を有する限り，それを処分したり，あるいは賃借することでその価値をいつでも実現できる。したがって，それは常に彼の財産における借方項目を表している」[238]と述べる。ここでは，「共通価値」として処分価格が考えられている。

しかし他方で，物の滅失の場合について述べる別の箇所では，「物の利用に関する被害者の利益は，彼が同等の価値の物を再調達できる地位に置かれるこ

---

236) *Mertens*, Begriff des Vermögensschadens (1967) S. 145 ff.
237) *Mertens*, Begriff des Vermögensschadens (1967) S. 148.
238) *Larenz*, Lehrbuch des Schuldrechts I¹⁴ (1987) S. 483.

とを要請する。それにより初めて，彼は失われた利用可能性をも取り戻すことができる」ことから，「推定される処分価格よりも高いことが多い再調達価格が，通常賠償されるべき価値と評価される」と述べており[239]，両者の関係が問題となる。これに関しては，「物が被害者にとって役に立たず，それゆえ彼が再調達につき利益を有しない場合は，処分価値よりもかなり高い可能性のある再調達価格ではなく，前者のみを『共通価値』として評価すべきである」[240]との記述が見られる。

　(b)　シュトルの議論もまた，これと同様の方向にある。彼によると，物損においては，加害の時点でその物を処分することによって得られたであろう価格，すなわち処分価格が損害算定の出発点となる。これは，所有者が物の処分にのみ利益を有していた場合だけでなく，その利用にのみ関心を有し，処分は全く予定していなかった場合についても妥当するとされる。それは，「物の処分価値は，物の利用が通常もたらす効用の経済的な評価を表したものである」ことによる[241]。

　しかし，例外的に物が所有者にとって処分価格よりも高い価値を有することがあるとし，この場合については，債権者にとって物が有する特別の価値の賠償を規定していた第1草案220条[242]を参照しつつ，その高い価値が賠償されるべきだとする。そして，物が所有者にとって有する特別の価値という概念は，特に有利な処分価格を意味することもあれば，企業など一定の物の総体に属することにより高い「部分価値」を有する場合を意味することもあるなど多義的であり，十分に明らかにされていないとする。しかし他方で，滅失した物が再調達可能な場合には，「メルテンスが正当にも述べるように，ある物は権利者にとって，彼がそれを再調達できる価格以上の経済的価値を有しない」として，再調達価値がその上限となるとする[243]。

　(c)　これらの見解は，物の本体価値として再調達価値が賠償されるべき場合を限定し，その他の場合には処分価値の賠償のみを認める点において共通する。その際の制限の規準として，ラーレンツにおいては，当該物が被害者にとって

---

239)　*Larenz*, Lehrbuch des Schuldrechts I¹⁴ (1987) S. 488.
240)　*Larenz*, Lehrbuch des Schuldrechts I¹⁴ (1987) S. 484.
241)　*Stoll*, Haftungsfolgen (1993) Rn. 243.
242)　これについては，第2章第2節Ⅲ1を参照。
243)　*Stoll*, Haftungsfolgen (1993) Rn. 244 f.

役に立ち，したがって彼が再調達につき利益を有するかどうかが問題とされている。これは，既に見た通説と同様，利用利益に着目した議論である。シュトルが言う，当該物が所有者にとって「特別の価値」を有する場合のうち，一定の物の総体に属することによって高い「部分価値」がある場合というのは，そうした総体に属することによって特別の利用利益が生じる場合を言うものと理解されるから，やはり利用利益に着目したものと言える。一方，特に有利な処分価格というのは，譲渡による逸失利益を意味していることが明らかである。

　(2)　機能回復説を出発点とする見解——U. ピッカー

　もう1つの見解は，前章第6節で紹介した，原状回復の範囲を広く捉える見解，すなわち機能回復説を出発点とするものである。ここでは，この点について最も詳細に述べる U. ピッカーの論述を見ることにする[244]。

　(a)　前章でも紹介したとおり，彼女は機能回復説の見地から物の再調達を常に原状回復に当たるものとする。ところで，同説は，原状回復に固有の存在意義を重視する見地から，原状回復費用の「処分自由」を否定する点において，権利回復説と問題意識を同じくする。この角度からは，物の本体価値を再調達価値によって把握し，それゆえ補償としての金銭賠償として再調達価値の賠償を認める通説は，否定されるべき原状回復費用の処分自由を，補償としての金銭賠償の枠内において別の形で存続させるものとして拒絶されるべきことになる[245]。

　(b)　むしろ，「市場経済が機能している状況の下では，全ての者の物的財産は，実質的には，その者がそれによって得られる金銭的価値に相当するだけの価値しか有しない」ため，「ある客体の価値とは，市場においてそれと引き換えに得られる価格，すなわち処分価値に他ならない」[246]として，補償としての金銭賠償の枠内における物の本体価値としては，いわゆる処分価値が妥当すべ

---

244)　前章で機能回復説として紹介した論者のうち，C. フーバーは簡潔ながら同旨を説く（*C. Huber*, Fragen der Schadensberechnung (1993) S. 74, 150)。ゴットハルトにおいては，この問題について特に言及されていない。その他，シーマンも，注釈書の改訂の際に処分価値説へと見解を改めた（Staudinger/*Schiemann* (2005) §251 Rn. 43)。同書では別の点に関して U. ピッカーの批判を容れた改説が見られることから（第2章注156）参照），ここでも彼女の見解に影響を受けたのではないかと見られる。

245)　*U. Picker*, Naturalrestitution durch den Geschädigten (2003) S. 107 f.

246)　*U. Picker*, Naturalrestitution durch den Geschädigten (2003) S. 122.

きものとされる。

4 検　討
(1) 処分価値賠償および再調達価値賠償の基礎にある発想

　前述したように，機能回復説が利益保全規範に解消されるものと見るべきだとすると，同説による右の主張は，再調達価値賠償を利益保全規範の適用事例として位置づけるべき旨を説くものと理解することができる。そして，実際，そうした角度から通説の論拠を見ると，そこで「再調達の機会が与えられないと物が利用できないことによる後続損害が生じる」とされるのは，まさに利用利益の喪失という後続損害の回避という発想に出たものであることが明らかとなる。このような発想は，ラーレンツやシュトルにおいて，物の利用利益の有無ないし程度によって再調達価値賠償の可否が判断されていることとも整合する。シュトルにおいては，譲渡による逸失利益も念頭に置かれていたが，そこでもやはり逸失利益という後続損害の回避が問題となっていることに変わりはない。

　一方，この機能回復説を説くピッカーによると，処分価値については，それが当該財産を用いることにより市場において得られる価格であるとの理由で，それこそが物の本体価値を表すものとされる。これは，ラーレンツやシュトルの出発点とするところと重なるだけでなく，第2節で見た論者の中で唯一この点を詳述していたヤールが「権限」の価値の規準としていた「間主観的価値」という概念とも一致する。実質的にも，処分価値とは権利者がその気になればいつでも利用・処分権限の行使としての処分によって取得できたはずの価値であり，その意味で当該権利によってこの者に対しまさに保障され，割り当てられていたものと言うことができるから，これを利用・処分権限の価値と見ることには正当性が認められよう。このようにして，処分価値の賠償は，利用・処分権限の価値を補償するものであり，前述の価値補償規範の適用と見ることができる。

(2) 損害軽減義務の法理に基づく再調達価値賠償の可能性

　以上によると，再調達価値賠償を利益保全規範に，処分価値賠償を価値補償規範に，それぞれ対応させて理解する可能性が示唆される。もっとも，そのように理解するに当たっては，なお障害が残っている。と言うのも，利益保全規

範は上述のように権利回復規範の拡張として位置づけられるべきものだから，そこでは利益保全のための費用の処分自由は否定されるべきことになる。機能回復説が実際にこの旨を説いていることは，先に見たとおりである。しかし，これと異なり，通説においては，補償としての金銭賠償の枠内で，実際に再調達がされたかどうかを問うことなく再調達価値の賠償が認められており，またメルテンスのようにこれを積極的に根拠づけようとする見解もある。以上のような整理が奏功するためには，この不整合をどう理解すべきかを明らかにしなければならない。

　この点については，再調達価値を利益保全規範と結びつけて捉えたとしても，再調達価値の賠償は必ずしも実際の再調達を前提としないと考えられる。そこで鍵となるのは，ドイツ民法254条2項による損害軽減義務の法理である。

　そこでは，被害者が損害の回避・軽減を怠ったときにも，1項，すなわち損害の発生自体につき被害者の過責が寄与した場合におけると同様の賠償額の減額がなされると定められている。1項の場合には，過責の程度等に応じて損害が割合的に分割されるとの理解に異論はない[247]。そうすると，2項の損害軽減義務違反の場合にも損害が割合的に分割されると考えるのが素直なようであるが，しかし判例・通説は，この場合には割合的分割ではなく，それにより増加した損害について，単に加害者の賠償義務が排除されるだけだとしている[248]。これは，被害者が回避すべきだったのにしなかったために生じた分の損害はもっぱら被害者の支配領域において生じたものであるとの考慮による[249]。

---

247) *Larenz*, Lehrbuch des Schuldrechts I¹⁴ (1987) S. 549.
248) MünchKommBGB⁷/*Oetker* (2016) §254 Rn. 107; Palandt⁷⁵/*Grüneberg* (2016) §254 Rn. 41. (就労義務違反に関して); *Larenz*, Lehrbuch des Schuldrechts I¹⁴ (1987) S. 550 f.; *Stoll*, Haftungsfolgen (1993) Rn. 215. なお，イギリス法を手がかりに同様の区別の必要性を説く見解として，長谷川『損害賠償調整の法的構造』(2011)，特に37頁以下。
249) 厳密に言うと，これについては2通りの説明が見られる。1つは，被害者の協働過失による損害の増加分が明確に画定できることに着目するものである。つまり，増加分の損害はもっぱら被害者の支配領域において生じたものとして，その他の損害はもっぱら加害者の支配領域において生じたものとして，それぞれの負担に帰せしめるというわけである (*Larenz*, Lehrbuch des Schuldrechts I¹⁴ (1987) S. 550 f.)。これは，それぞれの損害について「いずれの当事者が主として損害を惹起したか」を問題としている点で，1項の一般原則を維持した説明だと言える。

　これに対し，もう1つの説明は，損害発生についての協働過失と損害回避義務違反の違いを強調する。こうした理解は，ドイツにおいてはメルテンスの「社会性の制約」に端を発する。これを最

第5節 物損その2——物の本体損害

　これによると，一定の利益保全措置が損害軽減義務として義務づけられる場合には，それに違反したことにより生じた損害について補償としての金銭賠償を請求しても，それが利益保全措置に要したであろう費用を超える分についての賠償は否定され，結果として当該利益保全費用の賠償を指示されるということになる。

　以上を踏まえて物の再調達の場面を考えると，そこでは，具体的場面において賠償されるべき利用利益の喪失が生じるかどうかが重要な意味を持つことが分かる。と言うのも，物の滅失によって賠償されるべき利用喪失が生じる場合，それは時間とともに延々と集積していき，いずれかの時点で必然的に再調達に要する費用を超過する[250]。こうした状況の下で，再調達をしないままにしておいた被害者が集積した利用喪失についての賠償を全て請求できるとは考えにくく，むしろ再調達が損害軽減措置として容易に義務づけられると考えられる。そうすると，損害軽減義務違反の効果により，再調達を実際にしたかどうかにかかわらず再調達価値の賠償を認めることができ，これは利益保全規範に基づく賠償について処分自由が認められないということと両立しうる。そしてまた，メルテンスやシュトルの論述に見られた，「物は再調達に要する価格以上の価値を有しない」との説明は，以上のように理解することでより説得力を増すように思われる。

(3)　実質的対立点と共通の思考枠組

　さて，このように考えれば，再調達価値賠償をどの程度広く認めるかは，利用喪失についての賠償をどの程度広く認めるかに依存することになる。そしてまた，こうした対応関係は実際の議論状況の中にも見出すことができる。例え

　　も明確に打ち出すシュトルは，比較法的な知見を踏まえて，「254条の中では，損害事実についての協働過失と損害結果の回避とが区別されるべきである」とする（Stoll, Haftungsfolgen（1993）Rn. 216 ff.）。前者においては，被害者はそれを回避する責務ないしオブリーゲンハイトを負い，その違反は協働過失として損害の割合的分割を基礎づける。「これに対し，被害者の支配領域において生じ，それゆえ回避可能と認められる損害結果は，254条にかかわらず法的意味における損害とは評価されない。損害結果が一定の，少なくとも『より安価な』費用によって期待可能な形で回避されうる限り，その損害結果はその必要な費用の限度においてのみ損害と評価される」。

250)　言うまでもなく，この議論は，当該物の耐用期間が侵害時点においてあとわずかだった場合には妥当しない。もっとも，そうした場合にまで再調達価値の賠償を認めるのはそもそも妥当ではないと考えられる。通説においてこの点がどう理解されているかは不明だが，ラーレンツやシュトルの見解においては，再調達価値の賠償を認めるに足りるほどの利用利益が認められないとして，同じ結論が導かれるのではないかと考えられる。

ば，物の本体価値として一般的に再調達価値の基準を用いるノイナーやメルテンスは，第2節で見たとおり，抽象的利用賠償を広く認める論者である。メルテンスが，物のいかなる自由な利用も法によって保障されるべきだとの理由で再調達価値説を説くのは，まさにこうした対応関係を踏まえることでよく理解できる論述である。一方，例えば，再調達価値賠償についてやや制限的なシュトルは，抽象的利用賠償を非財産損害の例外的賠償と位置づけるがゆえに，その点にはやはり制限的だった[251]。

こうした点を踏まえれば，以上の検討は次のように整理することができよう。すなわち，物の滅失の際には，一方で価値補償規範によれば物の利用・処分権限の価値としての処分価値が賠償される。他方で，利益保全規範によれば利用利益保全措置としての再調達の費用，すなわち再調達価値が賠償される。いずれが適用されるかは，価値補償規範により（処分価値に加えて）利用喪失についての賠償が可能であり，したがって損害回避義務の法理が発動するかどうかによって決まる。したがって，その結論は抽象的利用賠償についての理解によって異なってくるが，そうした結論の違いは，以上のような2つの規範の枠内で把握することが可能である。言い換えれば，当該2つの規範に依拠した思考枠組自体は，いずれの理解にも共通して妥当していると見ることができる。このように，物の本体価値をめぐる議論がこれら2つの規範によって把握できるということは，翻って，これら2つの規範の存在を裏づけるものと言うことができよう。

---

251) この他，シュトルと同様再調達価値賠償に謙抑的であるラーレンツは，物の利用価値は本体価値と切り離された独自の価値を有しないとして，抽象的利用賠償を認めることに対して否定的である。その上で，この賠償を認める判例理論を仮に正当化するとしたら，この場面でなお挫折理論の発想を維持し，ある期間における利用可能性を維持するために費用が投下された場合に限り当該利用可能性を財産損害と見る他ないとする（*Larenz*, Lehrbuch des Schuldrechts I¹⁴ (1987) S. 500 ff.）。なお，彼が挫折理論を一般的には維持しえないと説くに至った（本章注22）参照）こととの関係をどう理解するかが問題となる。該当箇所の記述からは明らかでないが，支出によって「『購入された』——まさしく『価格』を有するがゆえに『財産的利益』とみなされるべき——利益」というものを観念できるかどうかが意味を持つようである。

さらに，実際に再調達がされた場合にのみ再調達価値賠償を認める U. ピッカーは，抽象的利用利益の喪失は非財産損害に過ぎないとして，その賠償を否定している（*U. Picker*, Naturalrestitution durch den Geschädigten (2003) S. 146 ff.）。

これらの見解もまた，本文に述べた対応関係を裏づけるものと言える。

第6節 本章のまとめ

1 補償としての金銭賠償の基礎に見出される責任内容確定規範

 一般に，251条による補償としての金銭賠償が問題となる場面では，賠償の内容は「差額説」によるとの理解が今もなお支配的である。しかし，本章において，主として少数有力説を中心に，その基礎に窺われる規範的評価を検討したところ，そこにはいくつかの異なる責任内容確定規範が含まれていることが分かった。

 第1に，権利によって保障される「権限」またはその行使による「利益」が，当該権利の侵害によって失われたならば，その客観的価値が賠償されるというものである（価値補償規範）。第2に，権利の侵害や上記「利益」の喪失を回避するために支出された費用が，必要な限度で賠償されるというものである（権利保全規範，利益保全規範）。他方，権利行使費用に関するルールは，損害賠償と切り離して権利行使一般につき構想されるべきものだから，責任内容確定規範に含めるのは適切でない。

 これらのうち，権利保全規範および利益保全規範は，権利回復規範の拡張と位置づけられる。したがって，具体的な賠償額確定に関しては，前章に述べたことが当てはまると考えられる。

 これで，「権利回復規範」「権利保全規範」「利益保全規範」「価値補償規範」という4つの責任内容確定規範が得られたことになる。価値補償規範以外のものは，いずれも不法行為に対する被害者の対抗措置が問題となっている点，また賠償内容の確定規準も同一である点で共通することから，次章以下ではこれらをまとめて「対抗措置規範」と称しておく。

2 「主観的価値」概念の要否

 なお，本章において，とりわけヤールやシュトルの見解の中に，「主観的価値」ないしこれに類する概念が登場した。これは，前章の冒頭に見たモムゼンにおける，「物の価値」に対するところの「被害者にとっての価値」という表現に由来するものであるが，彼においては総体財産の差額＝「被害者にとって

の価値」とされるから，同語反復に過ぎない。問題は，上述のような責任内容確定規範が把握された今，責任内容論においてこの概念を維持する必要があるかどうかである。

　まず，モムゼンにおいてこの概念の下で特に念頭に置かれていたのは逸失利益であるが，これは利用・処分権限の行使としての処分による「利益」に他ならず，価値補償規範により賠償される。また，ヤールは原状回復費用や損害回避費用について「主観的損害計算」という概念を用いていた。これらは，それぞれ権利回復規範，利益保全規範によりカバーされる。シュトルは，物の再調達価値の賠償について「被害者にとっての価値」に言及していたが，これもまた利益保全規範（および損害軽減義務の法理）によって基礎づけられる。

　この他，「主観的価値」概念が意味を持つ場合として，複数の財産が結合することにより特別な価値を有するという場合が挙げられる。しかし，ここでもやはり利用・処分権限の行使としての処分による逸失利益を価値補償規範によって認めれば足りる[252]。以上の他に，「主観的価値」概念が意味を持つとされる事例は見当たらない。

　結局のところ，「主観的価値」概念とは，以上のような異なる内容の規範的評価を「所有者にとっての価値」という内容の不明確な概念で包摂し，それらの内実および相違を言わば隠蔽するものに他ならない。

　そして，この概念がそのような総称としての意味しか持たないならば，その具体的な内実が明らかになった今，それを責任内容論において維持する理由はない。「所有者にとっての特別な価値」という発想は，むしろ，権利者にいかなる「権限」が保障されており，それを権利者がどのように行使した（であろう）かという私的自治の問題として既に汲み尽されており，それによりいかなる価値が得られたかはあくまで客観的に決まると整理して問題ないと考えられる。また，そもそも，仮に以上の場合以外に賠償を認める必要が生じたならば，その都度その基礎にある規範的評価を明らかにし，それが維持できるものかどうかを判断すべきだろう。

---

[252] *Larenz*, Notwendigkeit eines gegliederten Schadensbegriffs, VersR 1963, S. 6. もっとも，これによると，逸失利益の蓋然性（252条），すなわち譲渡の蓋然性がなければ賠償が認められないことになる。しかし，こうした蓋然性がないにもかかわらず複数の財産全体の価値の賠償を認めるべき場合というのは，おそらくそれら財産全体を集合物と評価すべき場合だと思われる。この場合，当該集合物全体の利用・処分権限の価値につき賠償が認められる。

第4章　各規範の適用関係

第1節　問題の所在と検討方法

1　問題の所在

前章まで，ドイツ損害賠償法における原状回復と補償としての金銭賠償の基礎にある規範的評価の内実を検討してきた。その結果，そこには対抗措置規範（権利回復規範およびその拡張としての権利保全規範・利益保全規範）と価値補償規範という異なる責任内容確定規範が存在することが判明した。そこで最後に，それらの適用関係について検討する必要がある。

例えば，物の修理費用と修理が終わるまでの利用利益の賠償を同時に請求するという場合には，権利回復規範と価値補償規範とが同時に適用され，特に問題はない。問題が生じるのは，第1に，例えば同一期間につき代物賃料と利用利益の賠償を同時には請求できないというように，同一の目的に関する対抗措置規範と価値補償規範との関係である。第2に，例えば修理と再調達はどちらも利用利益の保全に資するため[1]両者を同時に行うことはできないというように，同一の目的に関する複数の対抗措置規範同士の関係である。これらの場合，各規範の適用が内容的に両立しえないため，どちらが優先するかという問題が生じるわけである。

2　検討方法

これらの適用関係は，条文上は単純なように見える。と言うのも，249条において原状回復が原則であるとされており，251条において，それが不可能または不相当な費用を要する場合にのみ，例外的に補償としての金銭賠償が認め

---

[1]　このように，原状回復（権利の回復）は，損害との関係では，それを回避する機能を果たす。この関係は，既に見たように，つとにデーゲンコルプが指摘していた（第2章第2節Ⅲ3を参照）。

られるとされているからである。しかし，そもそも，いずれの条文にいずれの規範を割り当てるかという点について見解は一致していない[2]。さらに，第2章で見たように，まさにこの原則・例外構造を不当なものとして克服し，両者の自由選択を認めようとするのが「処分自由論」だったのであり[3]，そうした問題関心自体は肯定的に捉えられるべきものだった。そうすると，こうした条文構造を出発点とすることはできず，むしろ出発点とすべきは被害者による規範選択の自由であるべきことになる。

したがって，以下では，被害者が適用規範を自由に選択できることを原則としつつ，各規範の適用がどのような場合に排除されるかを個別的に検討していく他ない。さしあたり，対抗措置規範と価値補償規範とで区別した上で，それぞれが排除される場面における判断枠組・衡量要素について検討することにする。もっとも，ドイツ法においては，そもそも以上に挙げた4つの規範の存在が明示的に認識されていない以上，その適用関係についての自覚的な議論も当然行われていない。そのため，ここでの検討素材はかなり断片的で限られたものにならざるを得ないことを，あらかじめ断っておかなければならない。

第2節　対抗措置規範の排除

まず，ある対抗措置規範の適用が排除され，価値補償規範または他の対抗措置規範の適用が指示される場面における判断枠組・衡量要素について，物損・人損ごとに見ていく。

1　物　損
(1)　自動車の修補費用

物損において，対抗措置規範のうち権利回復規範の排除が問題となる場面の典型は，自動車の修補費用の請求に対して再調達価格が指示される場面である。これは，本書の視角からは，権利回復規範が利益保全規範によって排除される

---

[2]　既に見たように（第3章第4節5(1)），第2章における権利回復説と機能回復説の対立は，実質的にはこうした規範の振分けに関する見解の相違に過ぎないものだった。
[3]　第2章第5節Ⅳ5(3)を参照。

場面ということになる。

　自動車の修補費用の限界については，第 2 章でも触れたように，再調達価値の 130% という基準が確立されており，これは「完全性利益の上乗せ (Integritätszuschlag)」と呼ばれる。もっとも，そこでも述べたように，判例は同等の中古自動車の再調達をも原状回復に当たるものと位置づけているため，これは判例においては異なる原状回復方法相互の関係に関するものということになる。これに対し，学説上は一般に 251 条 2 項 1 文に言う原状回復の「不相当性」の要件の問題と位置づけられているのであるが，この位置づけの相違は実質的判断には違いをもたらさないものと理解されている[4]。そこで，以下でもこの位置づけの違いは度外視して検討する。

　(a)　判例における判断枠組　　判例上，この基準は原状回復手段相互の関係に関するものとされるところ，そこでは，「必要な金額」の解釈として，原状回復手段が複数ありうる場合には，「経済性の要請」に基づき，最も費用の低いものを選択しなければならないとされる[5]。これを出発点としつつ，修補が自動車所有権の完全性利益に資するという特別な価値を持つことから，一定限度でその特別扱いを認めることとしたのが，この基準である。

　したがって，この 130% 基準は，一方で経済的効率性を，他方で被害者の完全性利益を考慮し，後者が前者を上回ると考えられる限度を示したものと理解できる。

　(b)　学説における対立　　学説においても，この基準を，251 条 2 項 1 文における「不相当性」要件についての一応の基準として受け入れるのが一般である。問題は，学説においてこれがいかなる性格のものと理解されているかである。

　㋐　以上の判例の考え方をこの規定の理解として受け入れる見解も，一部に見られる。その例がハルトムート・エトカー (Hartmut Oetker) であり，彼はこの規定の趣旨について，（次に見る加害者保護に加えて）次のように言う。「賠償請求権を被害者の価値利益に限定することは，非経済的な損害除去措置

---

[4]　MünchKommBGB[7]/*Oetker*（2016）§ 251 Rn. 42. これは，利益保全規範に当たるものを 249 条 2 項 1 文と 251 条のいずれに位置づけるかという問題（すなわち，権利回復説と機能回復説の対立）が実質的意味を持たないことを改めて示すものでもある。

[5]　BGH 20. 6. 1972 (NJW 1972, 1800).

を止めるインセンティヴを与え，これによって249条以下の賠償規範の経済的効率性に寄与する。この目的を実現するために，(251条) 2項は債務者を『手段として』利用する。すなわち，彼は損害賠償の範囲をできるだけ狭くすることについて自然的な固有の利益を有するため，通常彼は与えられた代替権限を行使し，それによって非経済的な損害除去措置がなされないことになるというわけである」[6]。

　(イ)　しかし，こうした説明は学説上はむしろ例外的であり，多くの教科書・注釈書類においては，この規定は不相当な費用の負担から加害者を保護するための規定であるとだけ述べられる[7]。これによると，そこでの「不相当性」は加害者・被害者間の利益衡量によって判断されることになる[8]。以下では，こうした理解を自動車の修補費用に関して最も明確に打ち出すアンドレアス・ロート (Andreas Roth) の見解を紹介する。

　ロートによると，「ドイツ民法においては，損害除去の経済性というものは，加害者の負担と無関係に考慮されるべき一般的な原理としては知られていない」ため，「不合理な修理を阻止するという目的は，251条 2項においては考慮されない」。そもそも，「経済的合理性の評価は包括的な経済分析を必要とする」。例えば「逆に，自動車市場をこれ以上活性化させず，それにより原材料や生産力を節約するために，または日本の製造業者よりもドイツの自動車工場を支援するために，いかなる修補も合理的だと言うこともできる」。しかし，こうした経済性の保護者になることは民事裁判官の役割ではない。「彼はただ当事者の利益に関する限りで経済的に考えれば足りる」のであり，251条 2項による限界は「その利益が251条 2項の不相当性判断において考慮されるべきところの債務者の負担のみに即して判断される」[9]。

　こうした理解によると，被害者の完全性利益と対立するのは経済的効率性で

---

[6]　MünchKommBGB[7]/*Oetker* (2016) §251 Rn. 35.
[7]　*Lange/Schiemann*, Schadensersatz[3] (2003) S. 237; Palandt[75]/*Grüneberg* (2016) §251 Rn. 1; *Medicus/Lorenz*, Schuldrecht I[20] (2012) Rn. 632; *Looschelders*, Schuldrecht Allgemeiner Teil[13] (2015) Rn. 1043.
[8]　もっとも，第3章で見たように，従来原状回復と補償としての金銭賠償の区別が明確に意識されてこなかったことから，この規定について十分に議論がされているとは言えない状況にある。古くはあるが同旨の指摘として，*Medicus*, Naturalrestitution und Geldersatz, JuS 1969, S. 449.
[9]　*Roth*, Integritätsinteresse des Geschädigten, JZ 1994, S. 1093 f.

はなく，できるだけ賠償額を低く抑えるという加害者の利益であることになり，この両者の大小の境目が再調達価格の130％というラインだということになる。

(c) 思考枠組の相違の帰結　以上の対立は，説明の仕方の違いにとどまるものではなく，実際の結論に違いをもたらすこともある。それは，加害者の過責の程度を考慮すべきかどうかという問題においてである[10]。

すなわち，経済的効率性を問題にするのであれば，加害者の過責の程度はそれと無関係である以上考慮されないことになると考えられる[11]。これに対し，加害者の財産的利益を問題にするのであれば，「加害者の過責の程度が大きいほど，その財産的利益の被害者との関係における要保護性は低下する」と考えることで，そうした考慮を正当化することも（論理必然ではないが）可能となる[12]。

(d) 完全性利益の評価　なお，以上のいずれの枠組をとるにせよ，完全性

---

[10]　この他，いずれの枠組に従うかによって結論に相違が出る問題として，再調達価格の130％を超える費用を要する修補が実際に行われた場合に，被害者はその限度までの修補費用を加害者に請求できるかどうかというものがある。

連邦通常裁判所はこれを否定し，その場合には修補を行わなかった場合と同様，再調達価格の賠償のみが認められるとする（BGHZ 115, 375）。これは，「そうでなければ，経済的に不合理な修補のインセンティヴがもたらされることになる……。それを判例が助長することは許されない」ことによるとされる。

これに対し，当事者間の利益衡量の枠組で問題を捉える見解を一貫させると，異なる結論に至る。先に挙げたロートによると，被害者が再調達価格の130％までの賠償を請求できるかどうかは，「その完全性利益が保護に値し，したがって加害者の負担を正当化するかどうかによって決まる」ところ，「この利益がなぜ高価な修補において，少なくとも安価なそれにおけると同程度の保護を受けられないのか」，「それはなぜ突然ゼロと評価されることになるのか」，理解しがたい。「確かに，自動車の客観的価値よりも高い金額をそれに費やすことは不合理に映るかも知れないが，しかしこの判断は被害者の処分に属する」。したがって，「加害者が修理によって過度な負担を受けるかどうか」だけが問題であり，「これはこの場面では認められない。なぜなら債務者は，再調達価格の130％ちょうどの費用を要し，したがって合理的であり，『許された』ものと認められる修補におけるのよりも高額の給付を求められることはないからである」（前掲箇所）。

この後者の見解によると，ここでの問題はもはや規範相互の単純な適用関係というよりも，ある規範に基づく賠償が，他に加害者に有利な規範があることを理由に，一定の制限を受けるかどうかというものであることになる。もっとも，以下では，過度の複雑化を避けるため，こうした理解の可能性については度外視して議論を進める。

[11]　経済的効率性にも着目するエトカーは否定説に立つ。MünchKommBGB^7/*Oetker*（2016）§251 Rn. 38.

[12]　権利間衡量の枠組を前提とするものと見られるランゲは肯定説に立つ。*Lange/Schiemann, Schadensersatz*^{3}（2003）S. 238 f.

利益の重要性を一方の衡量対象とすることになる。そこで、そうした重要性をいかなる観点から評価すればよいかが問題となるが、この点について正面から論じるものは見当たらない。もっとも、判例上完全性利益の保護が語られる際、「慣れ親しんだ車両を保持することについての」利益という表現がされることからすると、当該車両の客観的価値だけでなく、被害者の愛着のようなものも考慮されるものと見られる。

(2) 代車賃料

(a) 問題の所在　次に、利益保全規範が価値補償規範により排除される場面として、代車賃料の賠償の限界に関する問題を扱う。ここでは、不法行為により自動車が使えなくなった場合に、被害者はどこまで代車賃料を請求でき、どこからは自動車が使えないことによる具体的または抽象的利用利益の賠償に甘んじなければならないのかが問題となる。

代車賃料は、通説においては自然的原状回復と位置づけられているため、ここでも251条2項1文の問題となる。これに対し、その賠償を251条に位置づける見解においても、それは権利回復規範の時間的・対象的拡張としての利益保全規範によるものであるから、その限界は同規定の（おそらく類推）適用によって判断されることになる[13]。このように、こうした位置づけの違いは、ここでも判断の実質に影響しない。

(b) 判　例　この問題に関しては、次の判例が参考になる。

【22】連邦通常裁判所1993年10月19日判決（NJW 1993, 3321)

〔事案〕タクシー事業者であるAが、被告の責めに帰すべき事故により、事業に使用していた唯一のタクシーを1ヶ月ほど修理に出さなければならなくなった。そこでAは原告から代車を賃借し、それにより事業を継続し、それにより約6,200マルクの収益を上げた。一方、当該代車の賃料は約13,000マルクに上った。Aから損害賠償債権の譲渡を受けた原告が、被告に対し当該代車賃料の賠償を請求した。

〔判旨〕裁判所は次のように述べ、賠償額を制限した原審を破棄し自判した。

損害を受けたことにより自動車が使用できなくなった場合、その用途が個人的であれ事業用であれ、代車の調達により最もよく原状回復（249条1項）が

---

13)　*Würthwein*, Schadensersatz für Verlust der Nutzungsmöglichkeit? (2001) S. 355 ff.

達成されるのであり，加害者にはその費用を賠償する義務がある（249条2項1文）。その限界については251条2項1文が定めているところ，そこに言う不相当性の判断に当たっては，代車の賃料と，それがなかった場合の逸失利益の額との比較が意味を持つことに疑いはない。

「しかし，これは事業の妨害なき継続につき被害者が有する利益について行われるべき総体的な評価の中の多くの視点のうちの1つに過ぎない。なぜなら，事業の評判を危機にさらしたくないとか，車両保有総数を確保しておきたいとか，残余の自動車の生産能力をあまり酷使したくないといった，その他の保護に値する利益もまた同様に考慮されるべきだからである。代車の賃料がそれを控えた場合に生じうる利益の減少を（たとえ大幅にであれ）上回ったというだけで，251条2項（現1文）の限界を超えることにはならない。それを超えるのは，経済的に思考する被害者が，標準的な見通しをもった視点から見たときに，代わりのタクシーの賃借が経営者として全く是認できないような例外的な場合に限られる」。

本件では，Aがタクシーを1台しか保有していなかったため，代車を賃借しなければ修理期間中休業せざるを得なくなり，固定客への役務提供ができなくなるなどの不利益が生じることから，その賃料が見込まれる収入を大きく超えるとしても，それは商人の判断として是認できる。

ここでは，相当性判断に際して，タクシーの利用に関して被害者が有する多様な利益を総体的に評価するとされている点が注目される。これは，ここまでの検討の成果を踏まえて見れば，権利により保障される利用利益の重要性を評価する際に，それにより得られる金額にとどまらない有形無形の利益を考慮に含めるべきことを意味する。それに対し，加害者側の事情としては，代車の賃料と，それがなかった場合の逸失利益の額との比較，つまり賠償額の増価分が考慮されることになる。

(c) 経済政策的見地からの制約　他方，シュトル[14]およびシーマン[15]は，こうした判例の流れとは逆を行く見解を唱える。ここでは理由を詳しく述べるシーマンの見解を見る。

---

14) *Stoll*, Haftungsfolgen（1993）Rn. 142.
15) *Schiemann*, Anmerkung zu BGH, Urteil v. 7. 5. 1996, JZ 1996, S. 1079 f.; Staudinger/*Schiemann*（2005）§ 251 Rn. 75 ff.

シーマンは，代車賃料の賠償を広く認める判例の影響により，代車賃料が責任保険による支払額のうちかなりの割合を占める状況になっていることを問題視する。また法的に見ても，――代車の賃借は原状回復に当たらず，251条1項によって賠償されるとの理解を前提に――自動車の利用喪失という同一の損害につき，代車を賃借した場合としなかった場合とで賠償額の不均衡が3倍近くになるのは矛盾だとする。この矛盾を解消するため，代車賃料の賠償は，それがさらなる財産損害の回避または減少に寄与する場合に限られるべきだとし，私的領域においてはこれはきわめて例外的にのみ認められるとする。

この見解においては，代車賃料が損害回避費用に当たるとの理解は共有された上で，そこで回避されるべき損害は「さらなる財産損害」に限定され，利用喪失それ自体（すなわち，抽象的利用利益の喪失）は除外されている。責任保険の負担（による保険料の高額化）を軽減するという経済政策的見地から，その限度で一般的な理解よりも賠償が制限されているわけである。そうすると，こうした理解は，物の利用が所有権によって保障されているとの理解からは[16]，そうした利用についての「利益」を経済政策的な見地から制限するものと位置づけることができる。

(3) 動物の治療費

(a) 251条2項2文の意義　なお，物損における原状回復の限界に関しては，251条2項2文という特別規定があり，その治療費は当該動物の価値を著しく上回っただけで不相当となるものではないとされている。これは，1990年の「民法における動物の法的地位を改善するための法律」によって追加されたものである。

この規定は当初，251条2項1文の一般原則の下では当該動物の価値を超える治療費の賠償が認められないとの理解を前提に，その特則として設けられたようである[17]。しかし，このような理解はこの法改正以前にも，自動車につい

---

16)　もっとも，この点，シーマンはこのような理解をせず，抽象的利用賠償を単に判例法の一種と理解していた（第3章注5）参照）。また，シュトルにおいては，抽象的利用利益は権利の保障内容に含まれるものの，非財産損害として捉えられるため，独立に賠償の対象となるのは特別な事情がある場合に限られるとされていた（第3章第2節第1款Ⅳ2(2)(c)参照）。彼らにおいては，こうした抽象的利用利益の要保護性に対する低い評価が，代物賃料の制限に結びついているものと考えられる。

17)　BT-Drucks. 11/7369, S. 7.

てすらとられていなかった。動物についても，例えばメディクスは，第2章でも参照した1969年の論文において既に，相当性判断においては「愛着利益」も衡量要素に含まれるとして，財産的価値のない飼い猫の傷害においてもその治療費の賠償が一定限度で認められるとしている[18]。こうしたことから，上記法律の名称にもかかわらず，この規定は1文の一般原則を確認したものに過ぎないというのが一般的な理解である[19]。

(b) 考慮要素　そこで，この規定における考慮要素を見ておくことは，251条2項1文の相当性判断一般の理解についても有益だろう。これについては，一般に，人と当該動物の結びつき，いわゆる「愛着利益」の強さ，当該動物の種類，年齢や健康状態等，さらに治療の成功確率といったものが挙げられる[20]。当該動物の財産的価値も意味を持つものの，それはきわめて限定的なものとされる。なお，当該動物の種類は，愛着利益の強さを示す指標として考慮するものとされる。

これらのうち，治療の成功確率以外のものは，動物の所有権の被害者にとっての重要性に関する要素だと考えられる。ここでは，モムゼン以来一般にそれ自体としては賠償の対象とならないとされる愛着利益の考慮が，正面から認められていることが注目される。また，これとは別に，治療の成功確率という，自動車の修理の場面では見られなかった要素が挙げられている。後者の場面でこれが見られなかったのは，自動車の修理においては成功するかどうか分からないという状況はあまり生じないことによるものと考えられる。

2　人　損

次に，人損において原状回復が排除される場面を扱う。ここでは，特に議論のある手術費用の賠償の限界について検討する。ここでは，権利回復規範が価値補償規範によって排除され，被害者は非財産的利益の喪失による慰謝料に甘んじなければならないことになるかどうかが問題となる。

---

18) *Medicus*, Naturalrestitution und Geldersatz, JuS 1969, S. 452. この点からも窺われるように，こうした理解は，補償としての金銭賠償に対する原状回復の固有性が意識されるようになったことと裏腹の関係にある。こうした事情が，251条2項2文の立法における前提の誤解にも関係しているものと推測される。
19) Staudinger/*Schiemann*（2005）§251 Rn. 27; MünchKommBGB[7]/*Oetker*（2016）§251 Rn. 53.
20) Staudinger/*Schiemann*（2005）§251 Rn. 29; MünchKommBGB[7]/*Oetker*（2016）§251 Rn. 61 ff.

第4章　各規範の適用関係

こうした場面が論じられるきっかけとなったのは，次の判例である。

【23】連邦通常裁判所 1974 年 12 月 3 日判決（BGHZ 63, 295）
　〔事案〕被告の責めに帰すべき事故によって，原告の顔の右耳の前に約 2.5 センチの傷跡が残った。これを除去するための手術費用として，原告は被告に対し 2,590 マルクを請求した。
　〔判旨〕裁判所はまず，この費用が 249 条 2 項 1 文に言う原状回復費用に当たるとしたうえで，これに 251 条 2 項 1 文の適用があるかどうかについて，次のように述べる。「当該規定（251 条）は財産的価値への侵害を前提としている。251 条 2 項（現 1 文）が賠償義務者に認めるところの金銭賠償は，この（財産的）損害の塡補のみに役立つ。これに対し，非財産的不利益は 251 条の金銭賠償によって把握されないのが原則である」。「こう見ると，251 条 2 項（現 1 文）に言う原状回復費用の不相当性というメルクマールもまた，財産的損失と密接な関係に立つ」。したがって，本件のようにもっぱら非財産損害が問題となる場合には，この規定は直接には適用されない。「251 条 2 項（現 1 文）を適用するならば，十分な財産的利益によって快復が『正当化』されない限り，被害者は通常その費用が『不相当』であることを理由に原状回復を請求できないことになってしまう」がそれは妥当でない。
　しかし他方で，「当該規定は……信義誠実の一般原則の具体化に過ぎないところ，後者は非財産的不利益の塡補が前面に出てくる損害事件においても妥当する。いかなる原状回復費用が『不相当』であるかは，こうした事例においても『両当事者の期待可能性』を踏まえた利益衡量によって判断できる」とする。
　これを前提に，「少なくとも些細ではない身体的侵害においては，被害者がその（可能な）除去を放棄することは，通常，身体的完全性を含む人格に対し法秩序が中心的意味を与えているというだけの理由で既に，期待できない」として，手術費用の賠償が原則として排除されないことを強調する。「しかし，事故による侵害の除去についての被害者の利益が，それにつき責任を負う者の経済的利益に例外なく優先するというわけではない。特に，被害者の人格を十分に尊重してもなお重要とは言えないような侵害については，例外的に，利益衡量の結果，被害者の原状回復請求が，それに要する費用が不相当であることを理由に，信義誠実の原則に反することになる」として，本事案における原告の請求を棄却した。

ここでは，人損への 251 条 2 項 1 文の適用は否定されつつ[21]，その基礎にあるとされる信義誠実の原則に基づき一定の衡量が行われている。それは，手術費用の賠償の相当性については，被害者の身体的完全性という利益と加害者の財産的利益とを衡量し，きわめて例外的な場合を除き前者の優位を認めるというものであり，その枠組および結論は，学説上も広く支持されている。なお，ここでは物損と異なり，被害者の完全性利益の対抗利益として経済的効率性に言及する見解は見られない。

3 検 討

以上に概観したところから，ある対抗措置規範が他の規範により排除されるかどうかの判断においては，概ね共通の判断枠組が見られることが分かる。一方において，回復される権利ないし保全される利益の重要性が考慮されることに疑いはない。そこでは，侵害の程度や対象自体の価値の他，対象と被害者との精神的結びつき（愛着利益）の程度も考慮されており，結局当該権利ないし利益の被害者にとっての重要性に影響すると見られる全ての事情が考慮されると考えてよいだろう。また，動物の治療費に関して，手術の成功確率という要素も見られた。これが他の類型に見られなかったのは，自動車の毀損の場合には修理の失敗ということは事実上多くなく，また人損においては，人格的法益の要保護性の高さゆえに，成功確率が低いことを理由に手術費の賠償を否定すべきだと考えられる場合が事実上少ないことによるものと推測される。そうであれば，これらの場面においても，問題となる措置の成功率が衡量要素となりうること自体は肯定できよう。

一方，これに対峙する対抗利益として，物損においては加害者の財産的利益を置く見解と経済的効率性を置く見解が分かれていたのに対し，人損においては後者の見解は見られなかった。これは，経済的効率性の見地から人格的法益の回復を制約するという発想が受け入れがたいことによるものと思われる。前者の見解からは，さらに加害者の過責の程度をも考慮する可能性があった。もっとも，これは衡量要素そのものというよりも，上述の衡量においてどちら

---

[21] この点については異論もあり（MünchKommBGB³/*Grunsky*（1994）§ 251 Rn. 17），信義則を根拠とする判例の衡量のあり方は 251 条 2 項 1 文によるものと特に異ならないことからすると，この見解の方がおそらく正当だろう。しかし，いずれにせよこれは実質に関わることではない。

が上回るかを判断する際の尺度に関わるものと見るのが実態に即しているだろう。

以上を要するに，ここでは回復・保全されるべき完全性利益の重要性および回復・保全の可能性と，それにより失われる加害者の財産的利益または経済的効率性との衡量という判断枠組がとられる。その優劣の判断に際し，見解によっては加害者の過責の程度によって規準が変わってくる。

第3節　価値補償規範の排除

1　問題の表れ方——損害軽減義務

次に，価値補償規範に基づく補償としての金銭賠償の請求に対し，いずれかの対抗措置規範に基づく対抗措置費用の賠償が指示される場合について検討する。こうした場面は，対抗措置により補償としての金銭賠償の対象となる利益の喪失が阻止される場合に生じうる。この場合，対抗措置をとらなかったことにより生じた損害についての補償としての金銭賠償の請求に対し，それをしていれば要したであろう費用の賠償が（もちろん，そちらの方が低額である場合に限り）指示されることが考えられるわけである。こうした扱いは，既に触れた[22]損害軽減義務の法理（254条2項）によって実現されることになる。

2　人損における損害軽減義務

既に述べたように，物の再調達の有無にかかわらず再調達価値の賠償がされる場面は，実は損害軽減義務の法理により価値補償規範が排除され利益保全規範が指示される場面である。しかし，ここでは一般に損害軽減義務という視点はおよそ意識されていないため，そこでの衡量要素についても特に手がかりは得られない[23]。そうした手がかりが得られうる事例は，むしろ人損の場面において見られる。以下，特に参考となる類型について検討する。

---

22)　第3章第5節4(2)を参照。
23)　この他，下級審裁判例には，抽象的利用賠償が認められることを前提に，その賠償額の累積を軽減するためにできるだけ迅速に修理ないし再調達をする義務が問題となる場面があり，ここでは修理ないし再調達の時期が損害軽減義務との関係で問題とされる。もっとも，そこでも判断枠組およびその因子を抽出しうるほどの素材は見出されない。

第3節 価値補償規範の排除

(1) 医療的処置・手術義務

まず，原状回復措置としての医療的処置や手術が義務づけられる場合についてである。こうした措置をとることで，労働能力が回復して逸失利益が減少したり，精神的苦痛が除去・軽減されたりすることから，その損害軽減義務としての義務づけが問題となるわけである。これは，権利回復規範によって価値補償規範が排除される場面である。

一般に，人損においては，損害の拡大を防ぐため，被害者は医療的処置を受ける義務を負うとされる。これは，例えば食事制限といった被害者にとっての負担を伴う場合であっても同様である[24]。

もっとも，手術については，通常の医療措置よりも侵襲の度合いが大きいことから，より制限的な態度がとられている。すなわち，損害軽減のための手術が義務づけられるのは，それが単純かつ安全であり，特別な苦痛をもたらすことがなく，さらに快復または相当の改善の見込みが確実である場合に限られるとされ[25]，それがチャンスとリスクを考慮した上で，医療的観点から推奨されるものであるというだけでは足りないとされる[26]。このように，手術についてはかなり厳格な規準が用いられており，その義務が認められた例はほとんど見られない。

以上の議論においては，措置の安全性，苦痛の大きさといった被害者の負担の程度に関わる要素と，快復・改善の見込みの確実性という措置の成功確率に関わる要素が見られる。

(2) 転職・再訓練義務

また，人損による労働能力の低下により被害者が現在の職業を遂行できなくなった場合には，転職によって残った労働能力を活用し，逸失利益を軽減する義務が課される場合がある。これは，利益保全規範によって価値補償規範が排除される場面である。

これについては，次の判例がリーディングケースである。

---

24) MünchKommBGB[7]/*Oetker*（2016）§254 Rn. 79; *Lange/Schiemann*, Schadensersatz[3]（2003）S. 578.
25) BGH 13. 5. 1953（BGHZ 10, 18）.
26) BGH 15. 3. 1994（NJW 1994, 1592）.

【24】連邦通常裁判所 1953 年 5 月 13 日判決（BGHZ 10, 18）

〔事案〕自動車組立工であった原告が，自動車事故により重大な傷害を被り，その職を継続できなくなった。被告は，原告に対し，再訓練を受けて事務機械の修理工として働くよう提案しており，そのための費用および再訓練終了後に自宅で働くのに必要な道具を調達する用意があると述べていたが，原告はこれを受け入れることなく逸失利益の賠償を請求した。

〔判旨〕被害者は，原則として，残された労働力を有効に活用する義務を負う。被害者は損害をできるだけ回避し，場合によってはそのために再訓練を伴う転職をすることに真剣に取り組まねばならない。この義務については，遂行できなくなった元の職業が被害者にどこまでの努力や家族との離別を強いるものだったかが重要な意味を持ちうる。その他，被害者に具体的に何を期待できるかは，被害者の個人的事情，家族による世話の必要性，新しい職によって損害を軽減できる見込みなどによって左右される。転職義務の判断については，治療の義務におけると異なり，結果の見込みがあるだけで転職が期待可能である。もっとも，結果の見込みと被害者への要求の度合いは相関関係にあり，その見込みが小さいほど被害者の義務の程度も小さくなる。そこでは，年齢，家族構成および侵害の態様が考慮される。再訓練を受けるために，被害者が多少の期間家族と離れることは，原則として期待可能である。結論として，以上について原審は審理していないとして差し戻した。

以上のやや雑然とした説示においては，被害者の負担に関する要素として，新しい職業自体に要する努力，年齢の他，家族との離別が考慮されている。従前の職業におけるこれらの負担を考慮するのは，従前との差異が小さいほど被害者にとっての負担も小さいと考えられるからだろう。これらの要素に加えて，ここでも結果の見込みが重視されている。そして，それと損害軽減義務の程度とが相関関係にあるとされている。

3　検　討

以上においては，まず衡量の枠組として，一方で被害者の負担の程度が考慮されている。さらに，措置の成功確率という要素も見られ，それと義務づけの程度とが相関関係にあるとされる。他方で，これの衡量対象として何を観念するかは，明らかでない。損害軽減義務である以上，当然に加害者の財産的利益

が念頭に置かれているとも理解しうる一方で，とりわけ転職・再訓練義務に関しては，その内容からして，経済的効率性が考慮されていると見ることも不可能ではない。

以上を要するに，対抗措置の義務づけ，すなわち対抗措置規範による価値補償規範の排除は，措置による被害者の負担と，措置により得られる加害者の免責による財産的利益あるいは経済的効率性，さらにその成功確率とを衡量して，後者が前者を上回ると判断される場合に認められる。なお，この場面で加害者の過責の程度が考慮されるかどうかについては明らかでないが，理屈としては対抗措置規範の排除の場面と同様の議論が妥当しうる。

第4節　小　括

検討素材が十分とは言いがたいが，以上の検討は概ね次のようにまとめられよう。ある対抗措置規範とその他の規範（価値補償規範ないしその他の対抗措置規範）とが共に適用可能であり，かつその適用が両立しない場合において，当該対抗措置規範の適用により回復・保全されるべき権利・利益の重要性および回復・保全の可能性が，失われる加害者の財産的利益または経済的効率性の大きさを上回るときには，その適用は排除され，その他の規範の適用が指示される。逆に，価値補償規範といずれかの対抗措置規範とが共に適用可能であり，かつその適用が両立しない場合において，対抗措置により保全される加害者の財産的利益または経済的効率性の大きさおよびその可能性が，当該措置による被害者の負担を上回るときには，価値補償規範の適用は排除され，当該対抗措置規範が指示される。これらにおいて，加害者の財産的利益を衡量の対象とする場合には，その過責の程度を考慮する可能性もある。

これらはいずれも，いわゆるハンドの定式と類似の枠組により，被害者に対する一定の義務づけの可否を判断するものと見ることができる。と言うのも，後者においては，一定の対抗措置の被害者への義務づけが問題となっているところ，前者の類型においても，一定の対抗措置をあきらめることの義務づけが問題となっていると見ることもできるからである[27]。この点に着目すると，次のようにさらに一般化することができるかも知れない。つまり，被害者が適用

第4章　各規範の適用関係

を主張する規範よりも加害者（ないし経済的効率性）に有利な規範が適用可能な場合に，後者の適用が指示されるか否かは，それによる被害者の負担（義務づけられる対抗措置の負担ないし対抗措置の制限により失われる利益）とそれにより得られる加害者の利益（あるいは経済的効率性）とを衡量して判断するということである。

---

27) その意味で，広い意味での損害軽減義務の問題であると言えなくはない。もっとも，通常は一定の対抗措置を放棄する義務までこの概念に含めないと思われるため，あくまで責任内容確定規範相互の優劣関係の問題としておいた方がよいだろう。

第5章　ドイツ法の総括と補足

第1節　総　括

1　獲得された規範群

　以上において，古典的類型としての物損・人損を中心に，ドイツ損害賠償法の基礎にあると見られる責任内容確定規範を探求してきた。ドイツにおいて，とりわけ補償としての金銭賠償については，今なお「差額説」が支配的であり，その基礎にある規範的評価は明らかにされていない。しかし，そこでの議論を筆者なりの視点から検討してきた結果，次のような責任内容確定規範が浮かび上がってきた。

　①　侵害された権利の完全性を回復するために支出された費用は，被害者の立場から見て合理的に必要な限度において，その費用が賠償される（権利回復規範）。これについては，前払いも認められる。また，被害者が自ら回復措置を行った場合，そのための労力の投下もここに言う「費用」に含まれ，その報酬として相当な額が賠償される[1]。

　②　侵害された権利によって保障される「権限」またはその行使により得られる「利益」が損なわれた場合には，それらの価値が賠償される（価値補償規範）。もっとも，そうした「利益」の賠償については，加害者の利益あるいは社会的負担軽減の観点から，一定の重要性を備えていることを要求する可能性もある。

　③　権利の侵害を回避するために支出された費用についても，①と同様に賠償される（権利保全規範）。

---

1)　さらに，第2章注182）に見たように，特に人損の場合，加害者が賠償を遅らせることでもはや権利の回復ができなくなった場合には，そうした遅延の抑止による権利の回復可能性確保という観点から，適時に賠償がされれば支出されたであろう額の賠償を認める可能性もある。

225

④　侵害された権利が保障する「権限」の行使によって得られる「利益」の喪失を回避するために支出された費用についても，①と同様に賠償される（利益保全規範）。

⑤　これらの規範の適用が，目的が共通するため両立しない場合，いずれが適用されるかは，原則として被害者の選択による。もっとも，他に適用可能な規範がある場合には，被害者の選択した規範が排除され，当該他の規範が指示される場合がある。その判断は，概ね，当該排除による被害者の不利益ないし負担の程度と，当該排除により実現される加害者の財産的利益（さらには過責の程度も）または経済的効率性との衡量（いずれを衡量の対象とするかは立場による）という，ハンドの定式と同様の判断枠組による。

叙述の便宜のため，以下では，以上のような責任内容確定規範の総体を指して「規範群」と表記することにしよう。

2　「規範群」の特徴

(1)　回復の方向性の違い

「規範群」のうち，対抗措置規範と価値補償規範との間には，前者は侵害された権利ないしそこから得られる「利益」を現実に回復ないし保全することを目指すのに対して，後者は金銭による価値的な回復を目指すものであるという違いがある。前者のような現実の回復は，しばしば被害者にとってより有利である一方，多くの費用を要することがある点で加害者には不利なものでありうる。ここに，第4章で見たような衡量問題が生じる淵源がある。

(2)　「権利」概念との結びつき

他方で，「規範群」は，その内容から明らかなように，いずれも侵害された（またはそのおそれのある）権利を中心に据えているという点で共通する。ここでは，それらがドイツにおける権利概念の理解とどのような関係に立つのかを見ておこう。

権利概念をどう理解すべきかについては，いわゆる意思説と利益説の2つの系統が存在することが知られている[2]。すなわち，サヴィニーに由来する前者は，権利とは「個々の人格に属する力」ないし「人格の意思が支配する領域」

---

[2]　ドイツにおけるその他の権利論の諸相につき，青井『法理学概説』(2007) 160頁以下，山本（隆）『行政上の主観法と法関係』(2000) 33頁以下等を参照。

であるとする³⁾。これに対し，ルードルフ・フォン・イェーリング（Rudolf von Jhering）に始まる後者によると，「権利とは，法的に保護された利益である」⁴⁾。

その後，この両者は必ずしも対立するものではなく，異なるレベルに位置するものであると理解されるようになった⁵⁾。その結果，「権利は，概念的には法秩序により個人に与えられている法的力であるが，その目的からみると，人間的利益を充足するための手段である」⁶⁾といったように，両者の定義を組み合わせる見解が，現在では一般的である。

「規範群」の基礎には，権利は一定の「権限」を権利者に割り当て，さらに当該権限およびその行使により得られる「利益」の価値を権利者に保障している，という見方がある。このうち，「権限」とは上の定義に言う「法的力」に対応し，その行使により得られる利益（の価値）とは「人間的利益」に対応する。権限自体の価値というのも，後者に含めることができよう。そして，「権限」＝「法的力」の回復ないし保全を目指すのが権利回復規範および権利保全規範であり，「利益」＝「人間的利益」の補償ないし保全に向けられたのが価値補償規範および利益保全規範に他ならない。

このように見ると，「規範群」はドイツで一般的に用いられている権利理解とも整合的なものであることが分かる。このことは，それらがドイツにおいて実質的に妥当していることのさらなる証左ともなる。

第2節　射　程

日本法への示唆を得るという観点からは，さらに，以上の議論の射程について検討すべき点がいくつかある。

---

3)　*v. Savigny*, System des heutigen Römischen Rechts I (1840) S. 7. 紹介として，末川『権利侵害と権利濫用』(1970) 22 頁以下［初出 1927 年］。

4)　*v. Jhering*, Geist des römischen Rechts III⁵ (1906) S. 339. 紹介として，末川『権利侵害と権利濫用』(1970) 35 頁以下［初出 1928 年］。

5)　*Fezer*, Teilhabe und Verantwortung (1986) S. 229; *Jansen*, Struktur des Haftungsrechts (2003) S. 462.

6)　*Enneccerus/Nipperdey*, Allgemeiner Teil des Bürgerlichen Rechts I¹⁵ (1959) S. 428 f.

第5章　ドイツ法の総括と補足

1　対抗措置規範の射程

　まず，ドイツ法において権利回復規範を定めているのは249条2項1文であるが，その適用対象は本書で主として検討した物損と人損に限られている。そこで，権利回復規範は果たしてこれら以外の類型には妥当しえないのかが問題となる。同じことは，同規範の拡張として位置づけられる権利保全規範および利益保全規範についても問題となりうる。

　これについては，まずその起草過程を振り返るのが有益である。これに対応する規定が第2委員会において提案された当初は，このような限定はされておらず，被害者が自ら原状回復を行う権限が一般的に規定されていた。それが，同委員会の審議の最終段階において，「結局，被害者の選択的な権利についての説明では，物の毀損または人の傷害が問題となる事例しか出て」こないということから，それらの事例へ限定する文言が付け加えられたものである[7]。こうした経緯からすると，この限定は必ずしも権利回復規範に内在的な制約ではないと見ることができる。

　実際，この制約はドイツにおいて必ずしも墨守されてはいない。と言うのは，かねてより判例上自動車の全損の場合に中古自動車の再調達が原状回復と位置づけられ，その費用としての再調達価格の賠償が認められているからである。これに対しては，再調達を原状回復と認めてしまうと，1項により加害者自身が再調達をする義務および権限があることになってしまい，現実的でないとの批判がある[8]。しかし，そこでは249条2項1文が物の滅失の場合に類推ないし拡張適用されていると見るべきであり，実際に同旨の見解もある[9]。このように，人の傷害または物の毀損以外にも，前提とされる原状回復概念に応じて249条2項1文の適用範囲を拡張することが認められているわけである。

　以上のことからすると，権利回復規範を初めとする対抗措置規範は，ドイツ民法の解釈としてすら必ずしも249条2項1文に規定された場面に限られるものではなく，まして日本法への示唆という観点からは，そのような制約を設ける合理的理由はない。

---

[7]　第2章第2節Ⅳ4を参照。
[8]　*Lange/Schiemann*, Schadensersatz³ (2003) S. 216.
[9]　*Staudinger/Schiemann* (2005) § 249, Rn. 218.

2　「権限」と「法的地位」

次に、「規範群」がその内容上どのような権利にまで妥当しうるかという点について述べる。と言うのも、ここまでは、自由ないし決定という要素を含む「権限」が権利によって保障されていることを前提に検討を進めてきた。もっとも、ヤンゼンが指摘していたように[10]、例えば生命に典型的なように、自由とか決定という要素が認められない権利もある。こうした権利については、「権限」を語ることが難しいゆえに、上記の規範群は、少なくともそのままでは適用できない。

もっとも、類似の発想が全く妥当しないわけではない。損害軽減費用について述べた際、入院雑費がそれに当たると述べたが、これがこの点についての手がかりとなる。そこでは、入院雑費により保全される精神的利益の源としては、「自らの日常生活のあり方を好きなように決定する権限」とでも言うべきものが考えられるとした。しかし、日常生活のあり方などであれば確かに自由・決定という要素があるだろうが、例えば補聴器とか車いすといった、被害者にとってそれがなければそもそも人間らしい生活を送るのが困難なものを考えると、それらの調達によって保全される精神的利益は、被害者が何らかの「権限」を行使することで生じるものと見るのは実態に即しておらず、むしろ身体・健康が維持されているという状態から直接に生じるものと見るのが自然だろう。ここで、ヤンゼンが自由・決定といった要素を捨象した概念として「法的地位」を語っていたことを想起するならば、上記利益の発生源は「人間らしい生活を送ることのできる地位」とでも定式化できよう。こうした「法的地位」についても、その回復に要する費用や、そこから生じたであろう精神的利益の賠償が認められるべきことは自明である。このことを本書の検討結果に即して言えば、権利により保障される対象には、自由ないし決定という要素を含まず、それゆえ「権限」とは言えないような「法的地位」も含まれうるのであり、それについても概ね「権限」と同様の責任内容確定規範が妥当すると見るべきことになる。

1点だけ異なるのは、そこでは「権限」の（仮定的）行使は利益発生の要件ではなく、ただ当該「地位」から法によって想定された内容の利益が生じてい

---

10)　第3章第2節第1款Ⅳ 3-1(3)を参照。

たかどうかだけが問題となる点である。その他，当該「地位」自体に価値が帰属するかどうかとか，それを時間的に細分されたものと見るかどうかといったことは，各権利ごとの保障内容の解釈問題ということになる。

3 行為規範型の構成要件への適用

最後に，本書の検討結果が823条1項以外の不法行為にも妥当しうるかどうかである。と言うのも，「規範群」に属する責任内容確定規範はいずれも侵害された権利・法益を中心に据えるものであるところ，823条2項，826条などの，行為規範によって定められた構成要件においては，責任設定の要件として権利・法益侵害に当たるものが掲げられていないため，そもそも「規範群」は理論上適用の余地がないようにも見えるからである。この問題は結局，823条2項や826条の解釈として，権利・法益侵害に当たるものをその構成要件要素とするかどうかに帰着する。

(1) 否 定 説

従来は，823条2項，826条の解釈としてそのような構成要件要素を認めないのが一般だった。そこでは，責任成立のための構成要件要素は保護法規違反ないし良俗違反に尽き，当該保護法規ないし良俗によっていかなる者のいかなる法益が保護されているのかといったことは責任充足の問題領域に属するものとされる[11]。これに応じて，行為と権利侵害との間の責任設定的因果関係と，権利侵害と損害との間の責任充足的因果関係との区別は，これらの規定においては存在せず，単に行為と損害との間の因果関係が問題となるだけだとされる[12]。

こうした理解においては，「規範群」が機能する余地は理論的に存在しない。むしろ，そこで責任内容を確定するための規範的評価として唯一考えられるのは，侵害された規範の保護目的ということになる。これは，（責任内容論を含む）責任充足の問題一般について規範の保護目的説が適用されるとする通説と一致する。むしろ，こうした理解を，権利・法益侵害の要件が存在する823条1項の理解にまで推し及ぼしたのが通説であると見ることもできる。

---

11) MünchKommBGB[6]/*Wagner* (2013) §823 Rn. 385 ff.
12) *Lange/Schiemann*, Schadensersatz[3] (2003) S. 77.

(2) 肯 定 説

　もっとも，これに対して，近時のドイツでは反対の見解も有力である。その先駆けとなったのは，ここでもやはりシュトルである。シュトルは，「民事上の責任構成要件の核心は，法定責任と契約責任のいずれについても，法益ないし法律上保護された利益の侵害であ」り，「中心となる法益侵害なくして民事上の責任はあり得ない」と言う。そして，行為規範により定められた構成要件においても，「それぞれの下で保護された法益および利益が，行為規範とその目的の解釈によって確定され，それによって責任構成要件が具体化されなければならない。この場合にも，責任構成要件は行為規範からの逸脱に尽きるものではない。むしろ，行為規範によって保護された法益または利益の侵害によって初めて責任が基礎づけられる」として，そこでも「保護対象は財産それ自体や人の行為・発展の自由ではない。むしろ，それは常に特定の，解釈および判例による法の継続形成によって定義される財産的・人格的利益であり，不法行為法はそれらの保護を目的とするのである」とする[13]。

　カナーリスも，直接には侵害利得に関する箇所において，これと同様の見方を示す。それによると，およそ不法行為法はある財貨がある者にそもそも，またどの範囲で帰属しているかを決定するルールであり，これは823条2項や826条においても異ならない。それらにおける財貨の割当は包括的なものではなく，限定された文脈においてのみ認められるものではあるが，だからと言ってそうした割当が否定されることにはならない[14]。これに対応して，体系書の

---

13) *Stoll*, Haftungsfolgen (1993) Rn. 297 f. 彼は *ders.*, Kausalzusammenhang und Normzweck (1968) S. 22 においても既に同旨を説いていたが，本文では後の体系書におけるより充実した記述を引用する。なお，前者における彼の実践的意図は，823条2項における過失は保護法規違反についてのみ存在すればよいとの通説では責任が広がりすぎるとして，そこでも保護された利益の侵害についての過失を要求するという点にあった。しかし，この点は，責任設定の構成要件をどう捉えるかとは別個の問題として考えるべきである。実際，次に見るカナーリスもこの点に対しては批判を向けている（*Canaris*, Schutzgesetze—Verkehrspflichten—Schutzpflichten, FS Larenz (1983) S. 52 ff.）。

14) *Larenz/Canaris*, Lehrbuch des Schuldrechts II¹³ (1994) S. 170 f. 紹介として，村田「侵害利得論における『割当内容をもつ権利』の判断構造」(2009) 631頁以下。なお，これを支持するものとして，*Zimmermann*, Unjustified Enrichment, 15 Oxford J. Legal Stud. (1995) pp. 418; *Koziol*, Bereicherungsansprüche bei Eingriffen?, FS Wiegand (2005) S. 449 f.; *ders.*, Gewinnherausgabe bei sorgfaltswidriger Verletzunggeschützter Güter, FS Medicus (2009) S. 238; *ders.*, Grundfragen des Schadenersatzrechts (2010) Rn. 2/34. ヤンゼンも，2016年の論稿において，こうした方向を

不法行為の箇所でも，826条に言う良俗違反とは「法的倫理の最小限の要求」と言う観点から具体化すべきだとしつつ，まずは保護される利益の正確な把握から始めるべきだとする[15]。そして，823条2項に言う保護法規については，不法行為法の全体系との整合性という観点からは制限的な理解が求められるとした上で，法益に即した区別の必要性を説く。すなわち，823条1項の具体化ないし補足と理解できる規定は保護法規に当たることに問題がないが，そうでない場合には，それが「法的倫理の最小限の要求」を具体化するものかどうか，つまり826条の良俗を具体化ないし補足するものかどうかが問われなければならないとする[16]。なお，第3章で取り上げたルソスも，このカナーリスの見方を支持している[17]。

同様の構想を一連の論稿においてさらに推し進め，明確な形で提示しているのがエドゥアルト・ピッカー（Eduard Picker）である[18]。彼によると，私法の体系は権利の割当（Rechtszuwiesung）とその保護（Rechtsschutz）という枠組からなる[19]。権利（実質権〔Substanzrecht〕）の割当は，権利の創設という形で行われる場合もあれば，行為規範の設定による場合もあるが，これは，どちらが保護される利益をより明確に記述できるかという立法技術の相違に過ぎない[20]。そして，このように割り当てられた権利に対し，その侵害の態様に応じて，差止・妨害排除請求，不当利得返還請求ないし損害賠償請求の3つの保護（保護権〔Schutzrecht〕）が与えられ，これをもって割り当てられた権利の完全な保障（Rundumschutz）が図られる[21]。ピッカーは，826条による責任については明

明確にするに至っている（*Jansen*, Gesetzliche Schuldverhältnisse, AcP 216 (2016) S. 212 f. なお，第3章第2節第1款Ⅳ **3-1** (3)(d)も参照）。

15) *Larenz/Canaris*, Lehrbuch des Schuldrechts II¹³ (1994) S. 451 f.
16) *Canaris*, Schutzgesetze—Verkehrspflichten—Schutzpflichten, FS Larenz (1983) S. 47 ff.; *Larenz/Canaris*, Lehrbuch des Schuldrechts II¹³ (1994) S. 436 f.
17) *Roussos*, Schaden und Folgeschaden (1992) S. 86 f.
18) その紹介として，根本『差止請求権の理論』(2011) 192頁以下がある。
19) *E. Picker*, Der „dingliche" Anspruch, FS Bydlinski (2002) S. 313 ff.; *ders.*, Der deliktische Schutz der Forderung, FS Canaris (2007) S. 1016 ff.; *ders.*, Rechtszuweisung und Rechtsschutz im Deliktsrecht, FS Medicus (2009) S. 316 ff.; *ders.*, Deliktsrechtlicher Eigentumsschutz, JZ 2010, S. 546 ff.
20) *E. Picker*, Der privatrechtliche Rechtsschutz gegen baurechtswidrige Bauten, AcP 176 (1976) S. 39 f., 78; *ders.* Buchbesprechung, AcP 178 (1978) S. 502; *ders.*, Negatorische Haftung und Geldabfindung, FS Lange (1992) S. 681; *ders.*, Der „dingliche" Anspruch, FS Bydlinski (2002) S. 314 f.

確に述べていないようだが，上述のような体系把握に照らせば，そこでも個別の良俗規範によって権利の割当がなされると理解することになるだろう。

(3) 小 括

このように，823条2項や826条といった行為規範型の構成要件の要素は義務違反に尽きるとする伝統的通説に対して，それらにおいても権利侵害に当たるものを責任成立要件と捉えるべきだと見る見解が相当有力になってきている。そして，本書の検討において参照したシュトルやルソスにおいては，そうした理解が権利の保障内容を責任内容の規準とする彼らの構想と結びついていることは明らかである。そして，そのような理解をとる限り，行為規範型の構成要件であるがゆえに上述の規範群は適用の余地がないということにはならない。まして，日本への比較法的示唆という観点からは，日本民法は（少なくとも文言上は）709条という権利侵害型の責任構成要件しか持たない以上，そうした問題はなおのこと存在しないと言える。

第3節 背 景

1 問題の所在

ドイツ法の検討の最後に，責任内容論をめぐる以上の議論の背後に何があるのかを考えておきたい。既に述べたように，本書においてドイツ損害賠償法の基礎に見出された「規範群」は，そこでの一般的な権利理解にも基礎づけられうるものであるが，それにもかかわらず，ドイツでこれと同様の方向を進む論者は必ずしも多くない。むしろ，判例および教科書・体系書レベルでの通説は，第1章にも述べたように，責任充足と責任内容とを区別しないまま，その両者の問題を規範の保護目的を規準によって解決すべきものと理解している。ドイツ法から比較法的示唆を得るという観点からは，これが何を意味するのかが重要な問題となる。

---

21) *E. Picker*, Der „dingliche" Anspruch, FS Bydlinski (2002) S. 310 ff.; *ders.*, Der deliktische Schutz der Forderung, FS Canaris (2007) S. 1017; *ders.*, Rechtszuweisung und Rechtsschutz im Deliktsrecht, FS Medicus (2009) S. 320. もっとも，こうした「完全な保障」が常に与えられなければならないとする点に対しては，当然ながら，批判もある（*Jansen*, Gesetzliche Schuldverhältnisse, AcP 216 (2016) S. 223 ff.）。

2 ドイツ不法行為構成要件論(責任成立論)の展開

(1) 行為不法論の台頭

もっとも，その背景を知るためには，効果論（責任内容論）のみを眺めるのでは不十分であり，戦前から戦後にかけての不法行為構成要件論（責任成立論）における理論展開を視野に入れておく必要がある[22]。そのような展開としてここで注目すべきなのは，いわゆる行為不法論（Handlungsunrechtslehre）の台頭である。

これは，不法行為の成立要件としての違法性の本質を，権利・法益の侵害という結果（結果不法）にではなく，加害者の行為が行為規範に違反しているという点（行為不法）に見出す考え方である。この立場は，1940年のドイツ法アカデミーによる損害賠償法改正草案において既に明確な形で採用されていたが[23]，戦後，その起草において主導的な役割を果たしたハンス・カール・ニッパーダイ（Hans Carl Nipperdey）の見解を初めとして，不法行為法学説の主流を形成するに至ったものである[24]。

(2) その背景——命令説とその影響

このような展開については，いくつかの要因を考えることができる。1つには，823条1項の「その他の権利」の拡張である。戦前より帝国裁判所によって営業権（設立されかつ稼働中の営業上の権利〔Recht am eingerichteten und ausgeübten Gewerbebetrieb〕[25]）がこれに含まれるとされていたのに加えて，戦後の基本法改正を受けて一般的人格権[26]もまた承認されるに至った。これらは，「枠の権利（Rahmenrecht）」とも呼ばれるように，その内実が初めから明確には定まっておらず，具体的な加害行為との関係で初めて権利侵害の有無が決まる。その点で，侵害があれば原則として違法とされる所有権などのいわゆる「絶対権」とは異なるわけである。しかしこれは，その限りで，侵害された権利ではなく加害行為の態様に違法判断の視点を移す契機を有していた。これに加えて，現代社会における技術の発達により，結果的に権利・法益を生じさせ

---

22) 以下の概観は，*Jansen*, Struktur des Haftungsrechts (2003) S. 466 ff. に多くを負う。
23) *Nipperdey* (Hrsg.), Grundfragen der Reform des Schadenersatzrechts (1940) S. 90 を参照。
24) その展開を詳細に紹介するものとして，前田（達）『不法行為帰責論』(1978) 6頁以下がある。
25) その展開を詳細に紹介するものとして，錦織「ドイツにおける営業保護の法発展」(1977) および和田「ドイツの不法行為法における権利論の発展」(1989) がある。
26) その展開を詳細に紹介するものとして，斉藤『人格権法の研究』(1979) 第I部がある。

た行為であっても一定の限度で「許された」ものとする必要が出てきたという社会的背景もあった。

　しかし，より根本的な要因は別のところに見出すことができる。それが，先に見た2つの権利論とは別の系統に属するもう1つの権利論，すなわち命令説（Imperativentheorie）と呼ばれるものである。

　命令説とは，権利に限らず法全体の法実証主義的把握という観点から，アウグスト・トーン（August Thon）によって提唱されたものであって，あらゆる法命題は法による命令，すなわち禁止規範または命令規範からなると理解するものである[27]。これによると，権利と呼ばれるものも基本的に他人に向けられた禁止・命令規範に解消され，ただそれら規範の実現が一定の者に，請求権の付与という形で委ねられている場合にのみ，そうした請求権付与の見込みが権利と称されるに過ぎない[28]。

　この見解は，法全体の把握方法としては，少なくとも私法の領域においてはそれほど大きな支持の広がりを見せなかった[29]。しかし，権利概念の捉え方のレベルでは，後世に少なからぬ影響をもたらした[30]。それは，まずヴィントシャイトのパンデクテン教科書に現れた。ヴィントシャイトは，それまでサヴィニーと同様の権利意思説を採っていたが[31]，その第6版では，明示的にトーンを引用しつつ，そこで言う意思とは「法秩序の意思（Wille der Rechtsordnung）」であるとの重要な改説をした[32]。これによると，権利の内容が法秩序の意思，すなわち法命令によって形成されることになり，その実質は命令説と異ならない[33]。

---

27) *Thon*, Rechtsnorm und subjectives Recht（1878）S. 8.
28) *Thon*, Rechtsnorm und subjectives Recht（1878）S. 218.
29) もっとも，それは必ずしも積極的な理由に基づくものではなかった。例えば，トゥールは，トーンを引用しつつ「権利を付与する法規は，論理的には規範に解消できる」と認めつつ，「それでは法概念の見通しが悪くなってしまう」と言うのみである（*v. Tuhr*, Der Allgemeine Teil des Deutschen Bürgerlichen Rechts I（1910）S. 22）。次に述べる権利論への影響の大きさには，こうした背景もあったのだろう。
30) 来栖三郎によると，「トーンの学説は爾後の権利論に決定的な影響を持った」（来栖「民法における財産法と身分法」（1942-43/2004）312頁）。
31) *Windscheid*, Lehrbuch des Pandektenrechts I^4（1875）S. 91 f.
32) *Windscheid*, Lehrbuch des Pandektenrechts I^6（1887）S. 99（*Windscheid/Kipp*, Lehrbuch des Pandektenrechts I^9（1906）S. 158 でも同様）。
33) *Fezer*, Teilhabe und Verantwortung（1986）S. 219 f.（「ヴィントシャイトの権利概念は，サヴィ

第5章　ドイツ法の総括と補足

　このように，権利の内容が法命令からなるとすると，823条1項による不法行為責任の要件たる権利侵害もまた法命令への違反として理解されることになる。実際，ヴィントシャイトの教科書の補訂者であるテオドール・キップ（Theodor Kipp）は，別のところで「権利侵害とは，権利の内容をなす具体的な法命令への違反以外の何物でもない」と説き[34]，またトゥールの教科書にも，権利とは法益を主体の排他的支配の客体として把握し，それゆえに支配領域へのいかなる干渉をも禁止するところ，この・侵・害・禁・止への違反によって823条1項による不法行為責任が基礎づけられるとの記述が見られる[35]。さらに，823条1項の権利につき早い時期に本格的なモノグラフィーを著したルードルフ・シュルツ-シェッファー（Rudolf Schulz-Schaeffer）は，法が一定の利益を包括的に保護するために，当該利益をその侵害禁止に向けた「法命令の源泉（Imperativpotenz）」とすることがあるところ，823条1項に言う「権利」とはこうした法命令の源泉に他ならないとする[36]。

　さらに，純粋法学で知られるハンス・ケルゼン（Hans Kelsen）も，客観法と権利＝主観法の二元論を自然法理論の残滓であるとして批判し，権利＝主観法を意思表示によって他人の法的義務を生じさせるための授権（Berechtigung）と捉えることにより，権利＝主観法は客観法に解消できると説く[37]。

　これら有力論者の権利論を受けて，不法行為の領域では，次のような理解が不動のものとして定着することとなった。それは，823条1項の領域においても権利の侵害がそれ自体として不法行為責任を基礎づけるのではなく，むしろ，権利は直接にはその侵害に当たる行為の禁止を表すに過ぎず，加害者の行為がその禁止に違反することによって初めて責任が基礎づけられる，というものである[38]。つまり，責任を基礎づけるのはあくまで加害者の義務違反であり，権

　　ニーの意思説と，1878年にアウグスト・トーンによって提唱された命令説とを結びつけたものである」）。なお，ヴィントシャイトの命令説への傾倒については，赤松「ヴィントシャイトの債権法論」（2009）をも参照。

34)　*Kipp*, Ueber den Begriff der Rechtsverletzung, FG Gierke (1910) S. 4.
35)　*v. Tuhr*, Der Allgemeine Teil des Deutschen Bürgerlichen Rechts I (1910) S. 150 f.
36)　*Schulz-Schaeffer*, Das subjektive Recht im Gebiet der unerlaubten Handlung (1915) S. 111 ff. 紹介として，来栖「民法における財産法と身分法」（1942-43/2004）314頁以下。
37)　*Kelsen*, Reine Rechtslehre (1934) S. 39 ff. なお，ケルゼンの権利論につき，その後の変遷も含め，新『ケルゼンの権利論・基本権論』（2009）35頁以下を参照。
38)　*Jansen*, Struktur des Haftungsrechts (2003) S. 470.

第3節 背　景

利というのはそうした義務違反の一契機に過ぎないというわけである。

　ちなみに，このような権利論の影響は，不当利得の場面でも明確な形を伴って現れた。それが，侵害利得に関するいわゆる違法性説に他ならない[39]。しかし，それはすぐに割当内容説に取って代わられた。これは，侵害利得においては侵害行為が違法でなくても利得の返還が認められるべき場合があるため，違法性説には明らかに無理があったという事情による[40]。しかし，不法行為に関してはこの点は事情が異なる。と言うのも，そこではまさに行為の違法性が条文上要件とされているからである。

(3)　行為不法論の先鋭化

　先に述べた責任成立要件の行為不法化の傾向は，以上のような権利論の展開を踏まえて初めてよく理解することができる[41]。これと並行して，戦後もなお命令説の系譜に属する権利論が散発的に唱えられているが[42]，その理由もこうした背景を踏まえることで理解できる。と言うのも，不法行為法に関する限り，行為不法論の延長線上に位置するのが命令説に他ならないからである[43]。こう

───

　　こうした見方は，一方で，義務違反を前提とする過失責任とそうでない危険責任とを原理レベルで峻別する考え方（責任法の複線性〔Zweispurigkeit des Haftungsrechts〕）につながった（こうした考え方とその動揺につき，増田「ドイツにおける民事責任体系論の展開」(1994-95) を参照）。他方でそれは，権利の他人を義務づけるという消極的な側面の重視を通じて，権利をそれにより義務づけられる相手方が不特定人か特定人かにより絶対権と相対権とに区分する（そして，前者にのみ不法行為法上の保護を与える）という，ドイツ法学を規定してきた理論とも結びついている（赤松『物権・債権峻別論とその周辺』(1989) 7 頁以下を参照）。

39)　Schulz, System der Rechte auf den Eingriffserwerb, AcP 105 (1909). なお，侵害利得における違法性説と割当内容説の対立と，不法行為における違法性アプローチと権利侵害アプローチとがパラレルなものであることを指摘するものとして，藤原「侵害不当利得法の現状」(1994) 190 頁注18。また，戦後における違法性説の主唱者の一人であるホルスト・ハインリヒ・ヤーコブス (Horst Heinrich Jakobs) の見解 (Jakobs, Eingriffserwerb und Vermögensverschiebung (1964)) につき，それと命令説的権利理解との結びつきを（命令説という用語こそ用いないものの）指摘するものとして，川角『不当利得とはなにか』(2004) 85 頁以下，94 頁以下，108 頁以下。

40)　Larenz/Canaris, Lehrbuch des Schuldrechts II[13] (1994) S. 169.

41)　既に柳沢「ケメラーの民事不法理論（一）」(1965) 95 頁以下も，すぐ後で見るケメラーの見解と命令説との結びつきを指摘している。

42)　Bucher, Das subjektive Recht als Normsetzungsbefugnis (1965) S. 55 ff.（ケルゼンの見解を基礎としつつ，客観法の最下層にある個別的な規範の設定を個人に授権するものが権利であるとする）。Aicher, Das Eigentum als subjektives Recht (1975) も同様の方向である。これらの見解の紹介として，青井『法理学概説』(2007) 181 頁注36。なお，侵害利得論においても，戦後違法性説の系譜に属する見解が散発的に登場しているが（本章注39）で言及したヤーコブス等），これも本文に述べた点とパラレルな現象と見ることができる。

した展開の先に，20世紀終わり頃には，権利とは「行為要求の束」に他ならず，したがって権利侵害による責任を定める823条1項は，保護法規違反による責任を定める同条2項の特別類型に過ぎないとする見解が複数の論者によって説かれている[44]。これはまさに行為不法論，さらにはその背後にある命令説を不法行為の領域で極限まで貫徹したものと見ることができる。

このように行為不法論が先鋭化していく背後では，既に見てきたとおり，例えば人格的法益に割当内容は認められないといったドグマが，財産損害における「対象領域性」といったメルクマールを通じて，サヴィニー以来今なお影を落とし続けている。これは，そうした傾向のほぼ必然的な帰結と見ることができる。

(4) 新たな潮流——権利の積極的側面（割当内容）の重視

もっとも，これに対し，最近では，権利に行為規範に解消されない独自の意義を見出そうとする不法行為法学説も次第に有力になってきている。そのような独自の意義は，侵害排除という権利の消極的側面に対比される積極的側面，すなわち主体に財貨ないし権限を積極的に割り当てるという面に見出される。これは，既にその内容から窺えるように，直前に触れた侵害利得における割当内容説の影響を受けたものである。

---

43) その教授資格論文を行為不法論の集大成に捧げたヴォルフガンク・ミュンツベルク（Wolfgang Münzberg）も，命令説と実質的に同じ立場に依拠して自説を展開している（*Münzberg*, Verhalten und Erfolg (1966). なお，彼は自身が依拠する „Lehre von der Bestimmungsnorm" と „Imperativentheorie" との違いを強調するが〔S. 9 ff., 49 ff. 等〕，そこでは責任無能力者にも命令違反が認められるかどうかといった細かな点についての違いが問題となっているに過ぎず，彼が本文に述べたような意味での「命令説」をとっていることに変わりはない）。なお，このミュンツベルクは，四宮和夫の違法論に大きな影響を与えている（同『不法行為』(1987) 308頁参照）。

44) *Rödig*, Erfüllung des Tatbestandes des §823 Abs. 1 BGB durch Schutzgesetzverstoß (1973) S. 56 ff.; *Brüggemeier*, Gesellschaftliche Schadensverteilung und Deliktsrecht, AcP 182 (1982) S 431. ブリュッゲマイアーの見解については，増田「ドイツにおける民事責任体系論の展開（一）」(1994) 1086頁以下，同「現代ドイツにおける不法行為法理論の動向について」(1996) を参照。クリスティアン・フォン・バール（Christian von Bar）も，その体系書の中で同様の構想を示す（権利侵害は責任を基礎づける要素として適切でなく〔*v. Bar*, Gemeineuropäisches Deliktsrecht II (1999) Rn. 29〕，過誤行為による責任を基礎づけるのは行為義務への客観的な違反である〔*ders.*, Gemeineuropäisches Deliktsrecht II (1999) Rn. 209 ff.〕）。

なお，これらの立場は，具体的な解釈論レベルでは，社会生活上の義務（Verkehrssicherungspflicht）による総体財産の保護を認める見解と結びつく。この問題については，中村「純粋財産損害とドイツ不法行為法」(1988) を参照。

第3節 背　景

　その発端は，戦後のドイツ不法行為法学に多大な影響を与えたケメラーに見られる。彼は目的的行為論に大きな影響を受けた行為不法論者だったが，他方で侵害利得においてはヴィルブルクの割当内容説を基本的に支持し，さらにその発想を不法行為構成要件論にも活かそうと試みた。とりわけ，権利の主眼は財貨ないし利益領域の割当にあるとした上で[45]，営業権にはそうした割当内容を認めることができないからその権利性を否定すべきであるとした[46]点は，多くの支持を見出した[47]。

　これを受けて，占有[48]や債権[49]が「その他の権利」に当たるかという問題や，

---

45)　*v. Caemmerer*, Wandlungen des Deliktsrechts, FS Deutscher Juristentag II (1960) S. 55.
46)　*v. Caemmerer*, Wandlungen des Deliktsrechts, FS Deutscher Juristentag II (1960) S. 89 f.; *ders.*, Die absoluten Rechte in § 823 Abs. 1 BGB, Karlsruher Forum 1961, S. 22 f.
47)　*Esser*, Schuldrecht² (1960) S. 849; *Deutsch*, Entwicklung und Entwicklungsfunktion der Deliktstatbestände, JZ 1963 S. 387; *Raiser*, Stand der Lehre vom subjektiven Recht, JZ 1961, S. 469; *Larenz*, Lehrbuch des Schuldrechts II⁵ (1962) S. 371 Fn. 3 (*ders.*, Lehrbuch des Schuldrechts II¹² (1981) S. 632 Fn. 7 でも同様）。
　　　さらに，ケメラーは，割当内容の概念を直接侵害・間接侵害の区別に関連づけ，権利者に割り当てられた行為を他人が行うことは，直接侵害として，間接侵害におけるように注意義務違反を問うことなく，直ちに違法となるとする（*v. Caemmerer*, Wandlungen des Deliktsrechts, FS Deutscher Juristentag (1960) S. 131 f., *ders.*, Die absoluten Rechte in § 823 Abs. 1 BGB, Karlsruher Forum 1961, S. 19 f.）。しかし，この点は，彼が立脚する目的的行為論および行為不法論と整合しないとして批判を浴びた（*Stoll*, Unrechtstypen bei Verletzung absoluter Rechte, AcP 163 (1963) S. 205 ff. 柳沢「ケメラーの民事不法理論（三）」（1966）118頁以下も参照）。見方によっては，このこともまた行為不法論からの離脱の傾向に間接的に一役買ったと言えるかも知れない。
48)　*Raiser*, Rechtsschutz und Institutionenschutz (1963/1977) S. 130（固有の割当内容を有しない占有に権利性を認めるのは誤りであり，必要な限りで823条2項による〔彼の言う「制度保護」としての〕保護を認めれば足りる）; *Medicus*, Besitzschutz durch Ansprüche auf Schadensersatz AcP 165 (1965) S. 115 ff.（占有は占有者に権限の割当がある場合にのみ権利として保護されるとの出発点の下，権限ある占有の他，果実収取権の認められた〔993条1項〕善意占有など一定の占有を「その他の権利」に含める。なお，無権原占有者の物の利用の文脈では，ケメラーを引用しつつ「それは法が定める財貨秩序によると占有者に帰属していない。このことは，単なる占有に割当内容がないことが侵害利得法において考慮されるべきであるのと全く同様に，損害賠償法において重視されなければならない」と述べる〔S. 121〕）。
49)　*Koziol*, Beeinträchtigung fremder Forderungsrechte (1967) S. 152 ff.（行為不法論から出発し，権利の侵害排除機能を重視しつつも，その前提として債権者の権利の内容に着目する。諸々の実定法規の分析から，そこには給付行為に対する権利の他，債務者の義務遵守に向けられた意思方向に対する権利および満足を受ける権利も含まれるとし，その侵害は不法行為になるとする）; *Larenz/Canaris*, Lehrbuch des Schuldrechts II¹³ (1994) S. 397（「財産客体としての債権は債権者に——この者にのみ——帰属しており，この点において排除機能および割当内容を有する」。*Canaris*, Schutz obligatorischer Forderungen, FS Steffen (1995) S. 90 ff. も同様）; *Medicus*, Forderung als

単なる利用の妨害がどこまで所有権侵害を構成するかといった問題[50]について，権利の割当内容の有無および範囲をその規準とする見解が相次いで登場した。こうした規準は，さらに，823条1項の権利（特に「その他の権利」）に関する一般論的叙述としても，一部の体系書・注釈書類に取り入れられるようになった[51]。これらは，823条1項の領域に関するものであるが[52]，前節3で見たシュトル，カナーリス，E. ピッカーらおよびそれを支持する一連の見解は，こうした方向を不法行為法全体に及ぼそうとするものと見ることができる。

(5) 学説の展開が意味するもの

比較法的示唆を得るという観点からは，以上のような責任成立論における展開が何を意味するのかが興味を引くところである。行為不法論隆盛の契機となったのが命令説による権利理解（その否認）であったと考えられることは既

„sonstiges Recht"?, FS Steffen (1995) S. 340（債権については人格から切り離された客体が存在しないことを理由に，カナーリスに反対して割当内容および排除機能を否定する）．

50) この問題は，いわゆる水路事件（Fleetfall, BGH 21. 12. 1970 [BGHZ 55, 153]）を契機に盛んに論じられるようになったものである。この事件は，管理者の過失により水路が通行不能となったため原告の船舶の一部が港内に閉じ込められ，一部が港外に閉め出されたというものであり，連邦通常裁判所は閉じ込められた船舶についてのみ所有権侵害を認めた。本文の文脈で注目すべき見解として，*Larenz/Canaris*, Lehrbuch des Schuldrechts II[13] (1994) S. 388 f.（上記判例を支持しつつ，閉め出された船舶については「まさにこの水路を通行できるということは，所有権の割当内容に含まれていない」のに対し，閉じ込められた船舶については，所有権は「動産の所在地を定める権限を含む」ところ，この権限が完全に奪われているとする）; *Boecken*, Deliktsrechtlicher Eigentumsschutz gegen reine Nutzungsbeeinträchtigungen (1995) S. 163 ff., 263 ff.（利用権限が所有権により保障された地位であることから，物と外界との関係の変更に由来する物の利用妨害は全て所有権侵害の構成要件に当たるとした上で，違法性レベルで個別具体的に行為自由との調整を図る）; *E. Picker*, Deliktsrechtlicher Eigentumsschutz, FS Koziol (2010) S. 827 ff., *ders.*, Deliktsrechtlicher Eigentumsschutz, JZ 2010, S. 546 ff.（所有権の保護のあり方はそれによって割り当てられた権限の内容および範囲によって決められるべきだとする）等．

51) *Larenz/Canaris*, Lehrbuch des Schuldrechts II[13] (1994) S. 373 ff., 392; Staudinger[13]/*Hager* (1999) Vor §§ 823 ff. Rn. 34, § 823 Rn. A 15, B 124; MünchKommBGB[6]/*Wagner* (2013) § 823 Rn. 205（ただし，選別規準としての有用性は大きくなく，むしろ排除機能の方が決定的だとする）．

もっとも，ヤンゼンの論述として既に紹介したように（第3章第2節第1款IV 3-1 (3)(a)），割当内容と言っても所与のものではなく，それをそもそも，またどこまで認めるべきかにつき解釈が分かれうることは，ここまでの注で示した見解の多様性からも明らかだろう。言い方を変えれば，それは権利の保障内容についての解釈問題である。

52) この領域に限って権利の意義を再確認し，その他の領域を制度保護（Institutionsschutz）の概念に依拠して構想するのが，日本でも広く知られたルートヴィヒ・ライザー（Ludwig Raiser）の見解に他ならない（紹介として，山下「ライザーの『制度』理論について」[1992]）。その意味では，彼の見解は過渡期の議論と位置づけることができる。

第 3 節　背　景

に述べたとおりだが，この命令説が権利の否認に至ったのは，権利の法技術的意味は突き詰めれば禁止・命令規範に解消されると理解した上で，そのような権利概念を形而上学的な自然法の残滓として法実証主義的意義を有しないと見たからである。このことと，訴権と区別された権利の概念の歴史の浅さを考え合わせれば，命令説が自覚的に，または（行為不法論の形で）無意識のうちに流布したことは，権利の行為規範に解消されない積極的な側面が適切に認識されていなかったことにその一因があるとの推測が成り立つ[53]。仮にそうだとすると，以上の展開は，ドイツ不法行為法において権利の積極的な側面，すなわち積極的に主体に権限ないし利益を割り当てるという，侵害禁止に解消されない側面が次第に明らかにされてきた過程と見ることができるように思われる。

3　ドイツ不法行為法における権利／秩序の対立軸

さて，ここで本書の本来のテーマに立ち戻れば，責任成立論において行為の規範違反，行為不法を中心に据える立場の展開が，責任内容論における規範目的説と理論的な対応関係にあることは他言を要しないだろう。そして，この規範目的説が責任内容論において（も）通説化していく背後では，第 2 章で見たように，本来権利の完全性の回復を目的としていた原状回復が埋没し，財産損害へと解消されていったのである。権利というものが法による禁止・命令の反射でしかないのだとすると，その完全性の回復などといった視点は出てきようがないから，この両者は不可分に結びついたものと見られる[54]。また，第 3 章では，とりわけ物の具体的利用利益の賠償制限の場面などに典型的に見られたように[55]，権利の保障内容に規範の保護目的の衣を着せることで，まさに権利

---

53)　さらに，ノイナーの権利追求思想がその後必ずしもその趣旨を適確に理解されなかった（第 2 章注 67）参照）ことの遠因も，こうした背景に見出すことができるように思われる。権利の積極的な側面が把握されていないならば，残るのは権利侵害＝規範違反に対する制裁という視点だけだからである。実際，「権利追求」の思想に制裁思想を読み込むエルンスト・シュタインドルフ（Ernst Steindorff）は，抽象的損害計算を権利の割当内容によって説明することはできないと明言している（*Steindorff*, Abstrakte und konkrete Schadensberechnung, AcP 158（1959-60）S. 457 f. もっとも，その理由は，加害者が客体の利用をしていないからという意味不明なものであり，そもそも権利の割当内容の概念が適切に理解されていたのかどうかが既に疑わしい）。
54)　逆に，第 2 章で見たように権利回復説の流れを（ミスリーディングな形ながらも）通説の座に導いたメディクスが，本章注 48）に見たように占有侵害に関して権利の割当内容の有無を保護の規準として用いるべき旨を説いたことも，単なる偶然の一致とは思われない。
55)　第 3 章第 2 節第 2 款 3 を参照。

の秩序への統合とでも言うべき現象が生じていることを見た。ドイツにおいて特に自覚されているわけではないようだが，これらはたまたま同時期に無関係に起こったのではなく，まさに要件面と効果面いずれにおいても，ドイツ不法行為法が規範違反，行為不法を重視する方向へと進んでいく様子を如実に示すものと見ることができよう。こうした傾向の基礎には，不法行為法は客観法としての法秩序を維持することを目的とし，被害者の損害賠償請求権はそこから導かれる反射的利益に過ぎないとの理解を見出すことができる。

これに対して，823条1項の権利を「割当内容」を持つものとしてその積極的意義を認め，行為規範型の構成要件においても権利・法益侵害の要件を独立に認識し，そして責任内容についても，以上で検討してきたような被侵害権利・法益を中心に据えた責任内容確定規範を採用する，といった傾向は，（必ずしも全てが同一の論者によるものではないにしても）以上に対するアンチテーゼとして，不法行為法の目的を権利の保護・救済に見出す理解を打ち出すものと見ることができる。

このように見てくると，山本敬三が日本不法行為法に関して描き出した権利／秩序という対立軸[56]に対応するものが，ドイツ不法行為法の根底にも横たわっていることが分かる。

4　小　括——権利論と，「規範群」との結びつき

ドイツ法の状況からは，この対立軸に関して，若干の比較法的示唆が得られる。すなわち，権利論と秩序思考との対立軸は，要件論と効果論の双方を視野に入れて考えなければならないということである。つまり，秩序思考においては，要件論（責任成立論）における行為不法的違法論と効果論（責任内容論）における規範の保護目的論とがセットになっているわけである。そうだとすれば，これに対抗して権利論を打ち出す際には，要件論（責任成立論）における権利侵害要件の復権に併せて，効果論（責任内容論）においては権利関連的な責任内容確定規範が採用されなければならない。そうした責任内容確定規範に当たるのが，ここまでの検討で得られた「規範群」に他ならない。

これに対し，従来日本において，不法行為法の文脈で権利論が語られるとき，

---

56)　これについては，次章第1節で詳しく取り上げる。

第 3 節　背　景

「不法行為法は個人の権利を保護するための制度である」とは言うものの，ではどうやって保護するのか，そこでの「保護」ということの内実は必ずしも明らかでなかった。

　上述のように，権利論と秩序思考の対立に関して，日本とドイツの不法行為法はまさに同様の対立構造を抱えている。そうだとすると，ドイツにおける法状況の分析から得られた「規範群」は，以上の点について，1つのありうる回答を与えるものであることが予想されよう。

第6章　日本法へのフィードバック

　本章では，前章までのドイツ法の検討により得られた4つの責任内容確定規範（前述のように，それらを総称して「規範群」と表記している）が，日本の不法行為法における責任内容論にとってそもそも，またいかなる範囲で意味を持ちうるかを明らかにする。その方法として，まず，不法行為制度目的論との接合を通じて，少なくとも一定の領域において「規範群」が採用されるべき理論的必然性があることを示す（第1節）。その上で，「規範群」が，従来の主要な判例法理（第2節）および先行学説（第3節）とも概ね整合するだけでなく，そのより適切な理解をもたらすものでもあることを示す。

第1節　不法行為制度目的論との接合

　序章で述べたように，従来，（真の意味での）不法行為制度目的論の不在が責任内容論の空虚さをもたらしてきたところ，最近になって制度目的に関する議論の活発化が見られる[1]。もっとも，そこで何が問題とされているのかは論者ごとに多様であり，錯綜の感がある。しかし，責任内容論を充実させるためには，その基礎となるべき制度目的論の内実を明らかにすることが不可欠と言えよう。
　そこで，本節では，本書のメインテーマである責任内容論を一旦離れてこの不法行為制度目的論をそれ自体として検討し[2]，その根底にどのような立場の

---

1) 議論の概観として，潮見『不法行為法Ⅰ〔第2版〕』（2009）13頁以下を参照。その後に現れた主要な文献として，淡路「不法行為法における『権利保障』と『加害行為の抑止』」（2011），瀬川「不法行為法の機能・目的」（2012），窪田「不法行為法における法の実現」（2014），田中「不法行為法の目的と過失責任の原則」（2015）等がある。
2) これに応じて，事案類型に関して本書で設けている物損・人損事例への限定も，本節では一旦取り払うことにする。

第6章　日本法へのフィードバック

対立が見られるのかを明らかにした上で，それらと責任内容論との接合を試みることにする。

I　議論の概要と検討の方針

まずは，不法行為制度目的に関してこれまで展開されている議論を，そこでどのような対立軸が意識されているかに着目しつつ概観することから始めよう。

1　損害塡補／抑止・制裁

最も伝統的かつ多く見られるのは，損害塡補と抑止・制裁とを対置させる議論である。すなわち，不法行為法の制度目的は損害の塡補に尽きるのか，抑止・制裁目的ないし機能をも積極的に認めていくべきではないかという議論である[3]。教科書類でも，「制度目的」ないし「機能」といった項目の下で通常この対立軸が言及される[4]。なお，制度目的として「原状回復」が言われるときにも，通常，特に損害塡補と異なるものが想定されているわけではない[5]。

もっとも，そこでの具体的な問題関心は多様であり，利得吐出し型の損害賠償を認めようとするもの[6]，「『社会的に望ましいレベルの行為』を惹起させることを目指すようなインセンティヴを設定しようとすること」を目指すもの[7]，「制裁を課されるべき加害者の行為態様や主観的要件を考慮すべき」旨を説くもの[8]などが見られる。

この文脈では，「抑止」に加えて「制裁」が併記されることが通例だが，その趣旨は多くの場合明らかでなく，抑止の手段としての不利益賦課の面を言い表すに過ぎない場合が多い。これは特に，それによって利得吐出し型の損害賠

---

[3]　代表的なものとして，窪田「不法行為法と制裁」(2000) 667頁以下，同「不法行為法における法の実現」(2014) 77頁以下，森田＝小塚「不法行為法の目的」(2008) 10頁以下，廣峰『民事責任における抑止と制裁』(2010) 等が挙げられる。

[4]　森島『不法行為法講義』(1987) 451頁以下，平井『不法行為』(1992) 4頁以下，前田(陽)『不法行為法〔第2版〕』(2010) 3頁以下，野澤『事務管理・不当利得・不法行為』(2011) 90頁以下等。

[5]　澤井『事務管理・不当利得・不法行為〔第3版〕』(2001) 84頁以下，吉村『不法行為法〔第5版〕』(2017) 16頁以下。

[6]　窪田「不法行為法と制裁」(2000) 685頁以下，同「不法行為法における法の実現」(2014) 88頁以下。

[7]　森田＝小塚「不法行為法の目的」(2008) 13頁。

[8]　廣峰『民事責任における抑止と制裁』(2010) 203頁。

償の必要性が説かれる際に当てはまる。しかし，この意味での「制裁」を「抑止」と区別して並べる必要があるとは思われない。「抑止」に解消されない独自の意味として考えられるのは，悪質な行為者に対して不利益を課し，もって社会ないし被害者の応報感情を満足させるといった機能であろう。この発想は特に，加害者の主観面に応じて賠償額を高める必要性が説かれる際に窺われる[9]。以下では，「制裁」をこのようなものとして理解しておく。

2　権利・自由の保護／法秩序の維持・回復——山本敬三

この他に，近時高まりを見せているとされる権利論をめぐる議論を挙げなければならない。もっとも，これについてはやや異なる対立軸が見られる。

1つは，権利論の主唱者の1人である山本敬三によるものであって，権利・自由の保護と法秩序の維持・回復とを対置させるものである[10]。これは，不法行為法の中では，主として責任成立論を念頭に置いて展開されてきたものであるが，本来それに限られるものではなく，私法秩序全体の構成原理に関わるものである[11]。

そこでは，「権利侵害」要件を「違法性」に読み替えるという考え方——いわゆる違法性論——およびそれを（暗黙のうちに）承継したそれ以降の学説は，社会秩序あるいは社会的有用性の観点から権利・自由の相対化を認める「社会本位の法律観」に基づき，秩序思考，すなわち「法の目的を秩序の形成と維持に求め，秩序に反する行為や事態を是正するところに法の主たる役割があるとする考え方」を前提とする点で共通するとされる[12]。これに対し，山本自身は，起草者の理解とも一致するとされる権利論，すなわち「個人の権利を保障することに他の社会的な目標の実現に優先する価値を認める立場」[13]をとる。

---

9)　前注の文献の他，窪田「不法行為法と制裁」(2000) 681頁注29。
10)　山本(敬)「不法行為法学の再検討」(2004) 292頁以下，同「基本権の保護と不法行為法の役割」(2008) 77頁以下，80頁以下。
11)　公序良俗論に関してこの対立軸を明確に打ち出したものとして，山本(敬)「公序良俗論の現況と課題」(2005) 385頁以下。
12)　山本(敬)「不法行為法学の再検討」(2004) 326頁，341頁以下。
13)　山本(敬)「不法行為法学の再検討」(2004) 294頁。

3 「厚生対権利」——山本顯治

　もう1つは，山本顯治による「厚生対権利」という対立軸である。これは，「個人の私権を基盤とした伝統的な私法秩序観（権利論的私法秩序観）」と「『社会的厚生』の極大化を目的とする私法秩序観（目的論的私法秩序観）」とを対置させるものである[14]。これもまた，山本敬三におけると同じく，不法行為法のみに限定された議論ではなく，私法秩序全体の構成原理を対象とするものである。

　これは，具体的には3つのレベルにおいて展開されている。第1は，法制度の目的論のレベルである。具体的には，独占禁止法の目的論に関して，それを消費者などの個人の権利の保護に見出す見解と，社会的厚生の最大化という政策的考慮に見出す見解との対立が指摘される[15]。そこでは，付随的にではあるが，「この問題は不法行為法学においては『個人の権利保護』を中心として不法行為法学を構想するのか，それとも『社会の秩序維持』を中心として不法行為法学を構想するのかという問いとして現れることになる」とされている[16]。第2は，権利制約の正当化のレベルであって，具体的には，不法行為法におけるハンドの定式に関して，社会的有用性を衡量因子とするかどうかに関して厚生対権利の対立が見出される[17]。第3は，権利の正当化のレベルであって，私法上の権利の典型例としての「財産権」についてすら社会的厚生の最大化という観点からの正当化がありうることが指摘される[18]。

4　個人的正義／全体的正義／共同体的正義——棚瀬孝雄

　最後に，棚瀬孝雄による，不法行為法の「道徳的な含意」に関して個人的正義・全体的正義・共同体的正義を対置させる議論も，この文脈で取り上げることができる。「個人的正義」とは，「他者の自由，すなわち身体，財産に対する排他的な権利を不法に侵害した者は，そのかぎりで，その侵害に対し賠償の責任を負う」という「自由の論理」であるのに対し，「全体的正義」とは，同種

---

14)　山本（顯）「競争秩序と契約法」(2006) 272頁以下，270頁。さらに，同「現代不法行為法学における『厚生』対『権利』」(2006) 875頁以下。
15)　山本（顯）「競争秩序と契約法」(2006) 232頁以下。
16)　山本（顯）「競争秩序と契約法」(2006) 270頁。
17)　山本（顯）「現代不法行為法学における『厚生』対『権利』」(2006) 877頁以下。
18)　山本（顯）「現代不法行為法学における『厚生』対『権利』」(2006) 897頁以下。

の事故を集合的・行政的に管理して救済の普遍化を図る「保障の論理」である。これに付加すべきだと棚瀬が説くのが「共同体的正義」であって，濃密な生活世界における関係性を不法行為法にも反映すべきだとする「コミュニタリアンな連帯の論理」である[19]。

5 問題の所在と検討の方針

　以上が，不法行為制度目的に関して論じられる主要な対立軸である。もっとも，それぞれの対立軸が制度目的として具体的にどのような意味を持つのかは必ずしも明らかでなく，さらにその相互関係も不明確である。そのため，不法行為制度目的に関して結局どのような立場がありうるものとして対峙するのかが一向に明らかになっていないという問題がある。この意味で，従来の制度目的論は，議論自体の活性化にもかかわらず，十分な成果を挙げているとは言いがたい。

　こうした状況に鑑みると，制度目的論にとって現在必要なのは，それぞれの見解の細かなニュアンスの違いを一旦捨象して，不法行為制度目的に関して一体どのような立場がありうるのかを，図式的な思考モデルの形で提示することではないかと思われる。

　このような問題意識から，以下では，以上に見た4つの対立軸に即して，それぞれからどのような制度目的モデルが得られるかを検討することにしたい。

Ⅱ　制度目的モデルの抽出

1　損害填補／抑止・制裁

(1)　不法行為制度目的論か？

　まずは損害填補／抑止・制裁という対立軸についてであるが，既に序章でも述べたように，そもそも「損害填補」とは，不法行為制度目的についての言明とは認められない。と言うのも，そこに言う「損害」とは何かが明らかにならない限り，これは不法行為の法律効果を言い表したものに過ぎないし，また一旦それが明らかになったならば，むしろその中にこそ本来の制度目的理解が含まれているはずだからである。

---

[19]　棚瀬「不法行為責任の道徳的基礎」(1994) 9 頁以下。

同様のことは，抑止および制裁についても多かれ少なかれ妥当する。すなわち，加害の抑止と言っても，抑止されるべき「加害」とは何かが明らかにならない限り，その内実は明らかにならないし，制裁と言っても，何を制裁するのかが明らかにならない限り，同様である。

このように見ると，損害塡補／抑止・制裁という対立軸には，不法行為制度目的論と呼ぶに値するほどの実質的内容を見出すことができないと言わなければならない[20]。

(2) 議論の意味——制度目的論と責任内容論との架橋

もちろん，だからと言って，直ちにこの議論におよそ意味がないということになるわけではない。むしろ，この議論は，瀬川信久が整理するように[21]，損害賠償という法律効果の作用の仕方，そのベクトルの違いに関するものと見ることができる。

すなわち，損害塡補とは，法律効果としての損害賠償が，既に特定の被害者に発生したとされる「損害」（それが何かは措くとして）に向けられているという理解を前提とするのに対して，「加害の抑止」とは，それが将来ありうべき不特定の「加害」（それが何かは措くとして）に向けられているという理解を前提とする。前者は，損害賠償の機能を個別的・回顧的なものとして捉えるのに対し，後者はそれを一般的・展望的なものとして捉えるというように対比でき

---

[20] 同じことは，制度目的としての「原状回復」についても言える。この点に関して，近時，「被害者を損害以前の状態に戻す」という意味での原状回復の理念を（改めて）強調する見解が見られる（廣峰「原状回復的賠償ノススメ」(2012) 228 頁以下，廣峰「原状回復と損害の規範的評価」(2016) 654 頁以下）。それによると，「損害を規範的に評価するためによりどころとなる準則は」「シンプルに，『被害者を損害以前の状態に戻すこと』，『あるべき法的均衡を回復すること』であろう」とされる（廣峰「原状回復と損害の規範的評価」(2016) 662 頁）。しかし，一旦権利侵害が生じた以上それ以前の状態と全く同じ状態を実現することは通常不可能なのだから，そのような「シンプル」な言明には意味がなく，いかなる視点から従前と同じと評価される状態が実現されるべきかを示す必要がある（本書の立場は，その視点を権利の保障内容に求めるものである）。しかるに，廣峰にあっては，この点の検討を抜きにしたまま，「損害の規範的評価」というマジックワードを介することにより，利得吐出しという，以上の「シンプル」な言明とどのように整合しうるのか明らかでないものが認められるかのようである（特に，廣峰「原状回復と損害の規範的評価」(2016) 678 頁。同種の議論は既に窪田「不法行為法と制裁」(2000) 688 頁以下にも見られ，廣峰はこれを引用する）。これは，少なくとも議論のあり方として適切とは言えないだろう。このような議論の温床となるという点でも，損害塡補ないし原状回復を不法行為制度目的として位置づけることには問題がある。

[21] 瀬川「不法行為法の機能・目的」(2012) 355 頁注 3 参照。

よう。

　この視点からすると，制裁というのも，個別的・回顧的な作用である点で損害塡補と異ならない。この両者の違いは，むしろ，被害者と加害者のいずれにその作用が向けられているかという点にある。この視点は，一般的・展望的な対応についても論理上は観念することができる。

　このように，この対立軸の基礎には，一定の制度目的を所与とした場合に，法律効果としての損害賠償が当該目的に対してどのような形で作用するかという点に関する理解の相違を見出すことができる。これに対し，そこで実現を目指されるところの制度目的自体は，この議論からは読み取れない。そして，損害賠償という法律効果がどのような形で作用すべきかは，自ずから制度目的それ自体によって規定されることになると考えられる。このように見ると，損害塡補／抑止・制裁の対立軸の背後にあるのは，損害賠償という法律効果の作用のベクトルを設定することで，制度目的論と責任内容論とを架橋しようとする視点であるということができよう[22]。

　そこで，以下では，この最後の点を念頭に置きつつ，残りの3つの対立軸の検討を通して（真の意味での）制度目的論の輪郭を明らかにしたい。

2　権利／秩序
2-1　問題の所在

　そのうち，まずは権利／秩序の対立軸について検討する。この一方の極に「権利の保護とその調整」を制度目的とする理解があるのは明らかであるが，それに対立する制度目的理解としてどのようなものがありうるのかは，一定の検討を要する。

　と言うのも，第1に，直接それと対置されているのは「法秩序の維持・回復」を制度目的とする理解（違法性理論）であるが，これは，そこで言う「法秩序」の実体が多少なりとも明らかにならない限り，制度目的論としては不明確に過ぎる。そこで，ありうる制度目的モデルを提示するためには，「法秩序」の内実を（多少図式的になることを厭わず）もう少し具体化する必要がある。

　第2に，山本敬三は，このような「法秩序の維持・回復」を制度目的と見な

---

[22]　もっとも，このようなベクトルの設定に，そのような視点としての意味すら満足には認められないのではないかということは，以降の論述で明らかになる。

い多くの見解においても，民法の起草者が依拠していた「権利本位の法律観」からの転換が見られ，それらは「その限りで」違法性理論を承継しているとして批判を向ける[23]。しかし，仮に「権利本位の法律観」からの転換という点でそれらの間に共通点が見られるとしても，制度目的理解としてはそこには自ずから相違が見出されよう。

そこで，以下では，この両者の見解それぞれについて，その基礎に窺われる制度目的理解を検討する。

2-2 社会本位の法律観——違法性理論
(1) 社会倫理秩序の維持・回復

上述のように，不法行為法の目的を「法秩序の維持・回復」に求めるとされるのは，末川および我妻による違法性理論である[24]。周知のように，末川によると，709条の本質的な要件は，「法律秩序」を破るという意味での違法性であるが[25]，この「法律秩序」が実定法規（「顕現的法規」）によって与えられていない場合には，「法律の根本理念」としての公序良俗からその規準を導かねばならないとされる[26]。また，我妻は，「加害行為が道義に反し，社会的秩序を紊すにも拘らず，権利侵害なしといふ理由の下に不法行為の成立が否認せられる」のでは「社会の向上発展を阻止する」ため，「個人の権利を侵害せずとも，社会の規範を逸脱する加害行為はなほ不法行為となると謂はねばなるまい。しかも，単に社会の法律的規範に違反する場合のみならず，公序良俗に違反する場合にもなほ不法行為の成立を認めねばなるまい」と述べる[27]。ここには，究極的には公序良俗の実現ないし維持を不法行為法の目的と見る理解を窺うことができる。これは，末川および我妻において公序良俗が「法律の最高理念」[28]とされることの必然的な帰結と言える。

---

23) 山本（敬）「不法行為法学の再検討」(2004) 319頁以下，333頁以下。
24) 違法性理論をめぐる学説史については，中村「民法709条の一般条項化と個人の利益」(1983) を参照。
25) 末川『権利侵害と権利濫用』(1970) 472頁以下［初出1930］。
26) 末川『権利侵害と権利濫用』(1970) 413頁以下，470頁以下［初出1930］。
27) 我妻『事務管理・不当利得・不法行為』(1937) 100頁。
28) 末川『権利侵害と権利濫用』(1970) 590頁［初出1922］（「現行の法律の全体系を貫流する根本理想が『公ノ秩序又ハ善良ノ風俗』という語で表わされている」），我妻『事務管理・不当利得・不法行為』(1937) 143頁，我妻『新訂民法総則』(1965) 270頁（「公序良俗は，法律の全体系を支配

第1節　不法行為制度目的論との接合

　そして、彼らにおいて公序良俗とは、「反社会性を有する社会現象の発生を防圧することによって、社会の存立と発展とを確保」すること、あるいは「社会的妥当性」を意味するものであり、それが「国家『協同体』の理念」として、「法律の最高理念」とされるわけである。このように、個人の権利・自由とは区別された国家的・全体的利益の実現が不法行為法の目的とされている点で、まさに「社会本位の法律観」がとられていると言える。もっとも、「反社会性」、「社会的妥当性」と言っても、その内実は明確でなく、多様なものを含みうる。しかし、傾向としては、「道義」とか、公序良俗違反の類型における「人倫」、「正義の観念」などに窺われるように、倫理的・道徳的な要素が前面に出ていると言えよう[29]。

　こうした理解が正しいならば、末川や我妻における不法行為制度目的としての「法秩序の維持・回復」とは、より具体的には、国家的・全体的利益としての社会倫理秩序の維持・回復を意味することになる。こうした理解を突き詰めると、不法行為法によって権利の保護が図られるのは、その侵害が社会倫理秩序に違反するがゆえのことであり、またその限りにおいてであるということになろう[30]。もちろん、こうした理解は、戦前の全体主義的な時代背景との関連において理解すべきものだろう[31]。

する理念と考えられる」）。こうした理解（公序良俗＝根本理念説）につき、詳しくは山本（敬）『公序良俗論の再構成』（2000）12頁以下参照。
　　なお、公序良俗とは「法律の最高理念」、「法律の全体系を支配する」ものとされる以上、法律行為法におけるそれと不法行為法におけるそれとは当然に同じものであり、したがって同じ議論が妥当すると見てよいだろう。

[29]　末川『権利侵害と権利濫用』（1970）552頁［初出1943］（「広く違法といふときには全体の立場からする価値判断が為さるべきことは言を俟たぬところであって、共同生活における条理とか公序良俗とかいったやうなものも規準となり得るのだから、そこには倫理的な要素が強くはたらくことになる」）の他、こうした傾向を顕著に示すものとして、戒能『債権各論』（1946）422頁（「不法行為は寧ろ社会的倫理性に違反する行為に対する制裁組織の一部であり、その中核的な観念は、違法性若くは反社会倫理性と言ふことになくてはならぬ」）等が挙げられる。

[30]　言い換えれば、権利は（本文のような意味での）秩序に統合・解消されることになる。公序良俗論におけるこれと同様の考え方について、山本（敬）「公序良俗論の現況と課題」（2005）410頁以下を参照。

[31]　したがって、戦後になってから、「社会本位の法律観」があまり強調されなくなり、違法性理論が「通俗化」していった（山本（敬）「不法行為法学の再検討」（2004）309頁以下）のは、必然的な展開だったと言えよう。

(2) 損害の公平な分配

　もっとも，これもよく知られているように，我妻は他方で「法律の指導原理が個人の自由を保障することをもって最高の理想となさず，社会協同生活の全体的向上をもって理想となすに及んでは，不法行為は社会に生ずる損害の公平妥当なる負担分配を図る制度と考へられるやうになる」[32]として，「損害の公平妥当な分配」の思想が「不法行為法の指導原理」となったとも述べている。ここからは，我妻は上述のような公序良俗よりも，むしろこうした理念の実現を不法行為法の制度目的と捉えていたのではないかとも考えられる。

　我妻において，公序良俗と損害の公平な分配とがどのような関係に立つのかは，明らかではない。わずかに，「適法行為に基づく損害賠償」として論じられていた問題について「因って生ずる損害を賠償せずしてこれを為すことが公序良俗に反する」ことが行為の違法性の根拠となりうると述べるところから[33]，損害分配の不公平さは公序良俗違反の一契機として理解されているのではないかと推測される程度である。

　もっとも，我妻においてこの点がどう理解されていたかをひとまず措けば，「損害の公平な分配」というものを維持・回復されるべき「法秩序」の内実と捉える理解を，上記(1)のものとは別個にありうる立場として位置づけることは不可能ではない。実際，不法行為法の教科書類においてもそのようなものが制度目的として掲げられることが多く，これはこの文脈に位置づけることができる。

　しかし，序章でも示唆したように，これだけでは「公平」の内実が明らかでないために，制度目的論たるにふさわしい実質的内容を備えているとは言いがたい。そうした実質的内容を備えるためには，別途「公平」の内実を明らかにする必要があるところ，一旦そのような内実が明らかになったならば，初めからそれを制度目的として掲げれば十分であって，「公平」という中間項を介する必要はない。このように見るならば，「法秩序」の内実を「損害の公平な分配」と見る立場は，独立に制度目的モデルとして掲げるに値するものではないと言うべきだろう。

---

32)　我妻『事務管理・不当利得・不法行為』(1937) 95 頁。
33)　我妻『事務管理・不当利得・不法行為』(1937) 101 頁。

(3) 経済的効率性

　以上が,「法秩序の維持・回復」を目指すとされる末川および我妻の立場についての検討である。しかし,「法秩序」の捉え方には様々なものがありうるから, その内実の理解も以上に限られるわけではない。とは言え, ありうる理解の可能性を全て網羅することはもとより不可能であるため, ここでは, 現在の議論状況において既に窺われる理解を取り上げることで満足する他ない。

　そのような理解として, まず, 経済的効率性に着目するものを挙げることができる。こうした方向性を違法性論と関連づけつつ志向するものとして, 林田清明の見解がある。林田は, 法の経済分析を出発点としつつ, 不法行為法はいわゆる外部不経済の内部化によって事故の抑止を図るためのものであり, したがってそこでの違法性要件は経済的効率性を規準として判断されるとする[34]。

　ここでは, もちろん「法秩序の維持・回復」などといった言い回しがされているわけではない。しかし, 上述のように判断されるところの違法性要件がいかなる「法秩序」を前提としているかは, 自ずと明らかである。それはすなわち経済的効率性, 厚生経済学の用語によれば社会的厚生の改善を志向するものである。このことは, 次項に見る厚生／権利の対立軸との交錯を直ちに思わせるのであるが, ここではひとまず, 制度目的としての「法秩序の維持・回復」の内実として, このような理解もありうるということだけを確認しておこう。

(4) 権利割当秩序？

　さらに, 差止論の文脈においてではあるが,「自由・権利と法秩序との関係」につき, 既に見たE.ピッカーに倣い私法秩序を「権利割当秩序」と捉えた上で, 両者の両立可能性・相補性を説く見解が, 根本尚徳によって説かれている[35]。

　私法が一般にこうした機能を果たしていることには, 疑問の余地がないだろう。しかし, 不法行為法の制度目的として, このような意味での「法秩序」の維持・回復というものを掲げ, 権利の保護とその調整という制度目的と対置させることには意味がない。両者は内容上同一に帰すると思われるからである[36]。

---

34)　林田「効率性対違法性」(1991) 373頁以下, 林田『《法と経済学》の法理論』(1996) 62頁以下(「違法とは効率的かどうかの法的な表現である」)。

35)　根本『差止請求権の理論』(2011) 201頁, 248頁注227。根本によると, こうした「権利割当秩序」の意味での「法秩序」は,「例えば特定の実体的内容を備えた共同体的価値や思想（特定の「善き生の構想」）に従うことを個人に強制するものではない」。

したがって，以上のような理解を不法行為制度目的論における「法秩序」のありうる理解として掲げるのは適切でない[37]。

(5) 補　論——いわゆる「外郭秩序」論の位置づけ

最後に，最近有力になっているいわゆる「外郭秩序」論についても，不法行為制度目的論の視点からごく簡単に触れておきたい。

(a) 概　要　　この議論は，広中俊雄の民法体系論に依拠したものである[38]。それによると，市民社会の基本的諸秩序のうち根本的なもの（根本秩序）として，「個別主体……への財貨の帰属および帰属主体の意思に基づく財貨の移転という仕組み」としての「財貨秩序」および「個々の人間がすべて人格的利益の帰属主体として扱われる仕組み」としての「人格秩序」が挙げられる。そして，それぞれに対応する外郭秩序として，「財貨獲得に関する競争という仕組み」としての「競争秩序」，「環境からの生活利益の享受の仕組み」としての「生活利益秩序」が構想される[39]。根本秩序においては，財貨ないし人格的利

---

36)　前田(達)「違法一元論について」(2009/2012) 305頁以下が「権利自由も憲法以下の法によって与えられたものであり，……『法秩序維持』と『権利自由』は，これこそ"コインの表裏"といえよう」と述べるのは，「法秩序」を権利割当秩序の意味で捉えた上で本文と同旨を説くものと理解できる。

　　もっとも，前田はその直後に「もっとも，どちらを重視するかは，重大な問題である。それは，現代の日本社会において，官における汚職・公権力の濫用（例えば，無駄な行政支出）など，民における偽装問題など，あるいは『エコ』ならぬ『エゴ』の横行（例えば，交通ルール無視）といった『法秩序』無視の現状が，マスメディアを賑わさない日はない。しかも，『権利自由』の重視は，社会の格差の拡大につながっている。そのことが，現代日本社会において，大きな"ひずみ"を生み出していることも周知のところである。このような状況にあっては，『権利自由』を重視することは危険であり，むしろ『法秩序維持』を重視すべきである。すなわち，憲法や法律で保護された権利や自由も，憲法や法律によって与えられたものであり（信託されたものであり），それは，『公共の福祉』のために，これを利用する責任を負うのである（憲法第21条や民法第1条）という『法秩序維持』の観点を重視すべきである」と続ける（前掲306頁）。ここでは「法秩序」が権利を割り当てるというよりも，それを制約するという側面が前面に出てきており，その限りで先の引用部分とはやや異なる「法秩序」観が前提とされているようである。これは，むしろ前述の社会倫理規範の維持という発想や，後に触れる共同体主義に近いものと見られる。

37)　山本敬三自身も，権利に対置されるところの「秩序」を，「主体相互間の権利義務関係への限定を含まない規範」としての「客観法」と表現している（山本(敬)「基本法による権利の保障と不法行為法の再構成」(2011) 73頁，81頁）。なお，念のため付言しておけば，根本もこのような文脈で「権利割当秩序」の概念を持ち出しているわけではない。

38)　それ以前にも，原島重義によって同様の議論が展開されていた（原島『市民法の理論』(2011) 530頁以下［初出1980］）。なお，原島と広中の見解の異同につき，山本(敬)「基本権の保護と不法行為法の役割」(2008) 100頁以下参照。

第1節　不法行為制度目的論との接合

益の主体への「帰属」が認められ，それゆえその侵害は直ちに「秩序」に反するものと評価され，差止・妨害排除や（故意・過失があれば）損害賠償が認められる[40]。これに対し，外郭秩序においてはそのような帰属は問題とならない[41]。そこでは，（実質的意義における）民法よりもむしろ行政的規制が重要な地位を占める[42]。しかし，それぞれの秩序からの個別主体の利益の享受は問題となりえ，そうした利益の侵害に対しては（行政的規制と並んで）差止・妨害排除が認められることがあり，また故意・過失があれば損害賠償が認められる[43]。

こうした体系に依拠しつつ，「外郭秩序」における私法の役割につき議論を展開する論者として，特に吉田克己が挙げられる。吉田によると，外郭秩序が確保する利益は市民総体の公共的利益であると同時に私的・個別的利益でもあるという二重性を帯びる（私益と公益のオーバーラップ）。そこでは，秩序違反を理由に差止や損害賠償が認められ，これにより「直接的には外郭秩序によって市民に割り当てられた利益の維持を目指すわけであるが，それが市民を主体とする外郭秩序の維持に結びつくことになる」とされる[44]。

(b)　位置づけ　さて，ここでの問題関心は，この議論を不法行為制度目的論としてどう位置づければよいかである。この点，吉田のように，外郭秩序においては私益と公益がオーバーラップし，前者の維持が後者の維持につながると理解するのであれば，その限りで，不法行為制度目的論としてはそうした私

---

39)　広中『新版民法綱要　第一巻』(2006) 3頁以下，13頁以下。
40)　広中『新版民法綱要　第一巻』(2006) 4頁以下，15頁以下。
41)　広中『新版民法綱要　第一巻』(2006) 9頁以下，19頁以下。
42)　広中『新版民法綱要　第一巻』(2006) 89頁以下。
43)　広中『新版民法綱要　第一巻』(2006) 10頁以下，20頁以下。
44)　吉田（克）『現代市民社会と民法学』(1999) 270頁以下。その後も，同「現代不法行為法学の課題」(2005) 144頁以下，同「総論・競争秩序と民法」(2007) 42頁以下，同「民法学と公私の再構成」(2008) 420頁以下等において同旨の主張を展開する。
　なお，吉田と同様「外郭秩序」論に依拠する藤岡康宏は，かつて次のように述べていた。外郭秩序においては社会構成原理として基本的でないものが問題となり，その例としては「権利……といえるほど定型化されていない個人的法益のほか，外郭秩序の形成に関わる利益，公共化されつつある（個人的）法益が考えられる」。そして，これらについては「侵害行為の態様を重視して違法判断を行なわざるを得ない」が，その際「保護法益の特性とそれに対応する保護のあり方を探ること」が必要である（藤岡『法の国際化と民法』103頁〔初出2006年〕）。ここでは，吉田のように私益と公益のオーバーラップをそもそも，またどこまで認めるのか明らかでなかった。しかし，その後の体系書においては，そのような視点が前面に出てきているようであり（藤岡『不法行為法』(2013) 92頁，246頁，255頁以下等），その限りで吉田の立場への接近が認められる。

第6章　日本法へのフィードバック

益の保護に着目しておけば足り，後はそのような帰属を語りえないとされる
——そのことの意味ももちろん問題であるが——利益を権利と呼ぶかどうかの
問題が残るに過ぎない[45]。

　これに対し，外郭秩序においてはもっぱら公益が問題となる，あるいはそれ
とオーバーラップする私益の保護には尽くされない——そうでありながら民法，
この文脈ではとりわけ不法行為法によって対処されるべき——要素があると見
るならば，そこでの不法行為制度目的論は，そこに言う「公益」の内実によっ
て規定されることになる。それは，既に見た社会倫理規範の維持とか，後に見
る厚生主義ないし共同体主義に依拠したものとなることが予想される。もっと
も，「外郭秩序」論においては，これまでのところその「秩序構成原理」，すな
わち「そこでいう『秩序』がなぜ認められ，どのようにして基礎づけられる
か」ということが十分明らかにされていないため[46]，このような予想が当たる
保証はない。いずれにせよ，不法行為制度目的論の観点からは，「外郭秩序」
の構成原理を問い，法的議論として有用な程度に具体化した上で，そこにその
他の制度目的論に解消されない内実が見出されるならばそれに依拠したモデル
が構想されるべきところ，現段階において「外郭秩序」論にそうした内実は見
出されないように思われる。

2-3　「権利本位の法律観」からの転換——その他の見解

　次に，山本が批判の対象とする見解のうち，以上のような「社会本位の法律
観」を共有しないとされるものについて検討する。具体的には，平井による
「過失一元論」および幾代通，森島昭夫，星野英一らによる「権利侵害と故
意・過失の二元構成論」である。これらはいずれも，違法性理論からの脱却を
図り，「違法性」要件を採用しない点で共通するとされる。
　山本は，これらの見解について，社会本位の法律観や法秩序の維持という観
点を積極的に主張しているわけではないとしつつ，「権利本位の法律観からの
転換」という点に関する限り，違法性理論を暗黙のうちに承継しているとする。

---

[45]　吉田自身も，競争秩序に関する公共的利益が民事訴訟によって実現されることについて，それ
は「同時に，個人の利益実現という性格を持っており，『権利論を基盤とした民法』の実現でもあ
る」と言う（吉田（克）「総論・競争秩序と民法」（2007）43頁）。
[46]　山本（敬）「基本権の保護と不法行為法の役割」（2008）106頁以下参照。

その主たる論拠とされるのは、これらの見解における過失の判断要素である。すなわち、そこでは、いわゆるハンドの定式に従い、具体的な当事者の権利・利益を超えて、「行為の社会的効用」といった要素をも考慮することが認められている。これは、「功利主義的な立場を基礎とし」て、「政策的な観点から権利・自由を相対化する可能性を積極的に認めているのであり、〈権利・自由の保護とその調整〉という当初の構想から離れていることに変わりはない」というわけである[47]。要するに、ここで問題視されているのは、政策的観点からする権利・自由の相対化ということである[48]。

もっとも、この点の当否は本書の直接の関心事ではなく、ここで明らかにすべきは、これらの見解が前提とすると見られる制度目的理解である。この点、これらの見解と、先に見た末川および我妻のように、社会倫理規範の維持・回復を一義とし、個人の権利はそれに合致する限りでのみ保護するという理解との間には大きな隔たりがあることは明らかである。むしろ、幾代らの見解において権利侵害要件が維持されていることにも窺われるように[49]、これらの見解において不法行為法の本来の目的はやはり権利の保護であり、ただそれに対する政策的な観点からの相対化が予定されているにとどまると見るべきだろう。言い換えれば、山本が「権利・自由の保護とその調整」と言うとき、その他の要素との間の調整は認めないという含意があるものと思われる。しかし、「そもそも何を目指すか」という点と、「それをいかなる限度で目指すか」という点は、一応切り離して考えることができるだろう。そして、ありうる制度目的論の提示という観点からは、その方がより見通しがよくなるように思われる。

むしろ、不法行為制度目的を権利保護と社会倫理秩序の維持のいずれに見出すかという問題との関連では、責任充足の問題において後続侵害と損害とを区別するかどうかという問題[50]が試金石となる。と言うのも、秩序思考を前提に、社会倫理秩序の維持を損害賠償の目的と見るならば、権利・法益侵害という要件は、そうした秩序が破られたかどうかという問題との関係でのみ意味を持つに過ぎない。一次侵害としての権利・法益侵害によって一旦秩序が破られたこ

---

47) 平井につき、山本(敬)「不法行為法学の再検討」(2004) 319頁以下。その他の論者については、同333頁以下。
48) 山本(敬)「不法行為法学の再検討」(2004) 341頁以下。
49) なお、平井における「権利」の位置づけについては、序章2(1)(b)を参照。
50) 第1章第2節を参照。

とが確定すれば，後は当該秩序の内容をなす規範の保護目的に従って責任内容が決まるのであり，他にどのような後続侵害が生じ，そしてそれが帰責されるのかどうかといったことは，それ自体としては問題とならない。要するにそこでは，権利・法益侵害という要件は責任設定のために超えられるべき（社会倫理秩序が破られたと言えるための）ハードルに過ぎず，どの程度超えたかなどということは意味を持たない。

これに対し，権利論に基づき権利の保護・救済を目的と見るならば，権利・法益侵害は，その有無だけが問題となるのではない。むしろ，権利の保護・救済を図るには，その前提として，いかなる権利・法益がどのように侵害されたのかが明らかにされる必要がある。そこで，責任設定の要件を充たした場合にも，残りの問題を責任充足として十把一絡に扱うことはできず，どこまでの権利が侵害されたのかという後続侵害の問題（責任範囲論）を独立に検討する必要があるわけである。

2-4 小 括

権利／秩序の対立軸をめぐる以上の検討からは，ありうる不法行為制度目的論のモデルとして次のものを抽出することができよう。

第1に，権利の保護を制度目的と見る理解である。これは，当該目的に対する功利主義的観点からの政策的な制約を排除するものと，許容するものとに分けられる。これらを以下では，「権利保護説A」，「権利保護説B」と呼んでおく。

第2に，社会倫理秩序の維持・回復を制度目的と見る理解である。以下ではこれを「社会倫理説」と呼んでおこう。

これらの他，厚生の改善を制度目的と見る理解も見られた。しかし，こうしたモデルについては，次に厚生対権利の対立軸に即してより詳しく検討することになるため，ここで独立のモデルとして掲げることはしない。

3 厚生対権利

3-1 緒 論

次に，厚生／権利の対立軸について検討する。もっともこれは，冒頭で既に見たように，複数のレベルの議論を含んでいるために，制度目的論としての全

体像の把握は容易でない。そこで，以下では，既に検討した権利保護の極を描いて厚生の極にのみ対象を限定しつつ，およそ不法行為法による厚生改善の形態としてどのようなものがありうるかを考える。その上で，それぞれの可能性が持つ不法行為制度目的論としての意味を，ここまでの議論と照合しつつ検討する。

3-2 不法行為法による厚生改善の諸相

不法行為法による厚生の改善には，少なくとも次の2つのパターンが考えられる。それぞれ，本節Ⅰ3に見た3つのレベルのうち第3および第1のものに対応する[51]。

(1) 権利設定・保護による厚生改善

1つは，厚生改善を目的とした権利を設定し，その保護を不法行為法を通じて実現するというものである。法の経済分析の立場からは，使用・収益・処分権能を備えた財産権（property right）一般がこのようなものとして捉えられる[52]。

こうした見方は，権利設定の段階で厚生改善を考慮しておき，それが侵害された時点では単に当該権利の保護のみを考えるという点で，いわゆるルール功利主義的な発想と位置づけることができよう。以下ではこれを，「厚生改善説A」と称しておこう。

---

[51] ちなみに，第2のレベルに対応する視点は，次の2点において窺われた。第1は確定規範間の適用関係の文脈であり，そこでは物損，とりわけ車両損害の事例において，権利回復規範の適用を経済的効率性の見地から制限するという議論が，特に判例において見られた（第4章第2節1(1)）。第2に，いわゆる抽象的利用利益の賠償が（価値補償規範に基づき）問題となる場面において，当該利用利益につき一定の重要性が要求されるという文脈である。そこでは，必ずしも明示的に説かれているわけではないものの，保険料などの社会的な負担を軽減するという観点が意味を持つ可能性が示唆された（第3章第2節1款V(5)）。これらの場面では，権利の保護という観点からは本来認められるべき規範の適用が，社会的厚生の見地から排除されるという構図が見られる。これは，社会的厚生によって権利が制約されるということを意味しよう。

もっとも，これらについては，とりわけ前者において，加害者の財産的利益との権利間衡量によって判断すべしとの異論もあった。これは，その議論の構図からも明らかなとおり，過失判断に関するハンドの定式において社会的有用性を考慮に入れることの是非に関する議論とパラレルなものと見ることができる。

[52] シャベル『法と経済学』(2010) 12頁以下を参照。

(2) 不法行為法それ自体による厚生改善

もう1つは，事前の権利の設定を経ることなく，個別の事案ごとに，不法行為法が直接に不効用としての損害の内部化を目指すというものである。上述のモデルとの対比では，いわゆる行為功利主義的な発想ということになろう。不法行為法が経済分析の対象とされる際には，一般にこのモデルが前提とされているようである。

このモデルに即して考えるときに問題となるのは，効用，したがってまたその裏返しとしての損害が（少なくとも標準的な厚生経済学によれば）純粋に主観的な満足ないし選好充足として捉えられることである[53]。しかし，この主観的な満足の有無・程度を客観的に計測することは通常できないから，この発想を私法においてそのままの形で用いることは，現実的でもなければ望ましくもないだろう。そうだとすると，そのような個人の効用は，何らかの手段によって客観化する他ない。問題はそれをどのようにして行うかであるが，さしあたり以下の3つの可能性が考えられる。

(a) **効用の外部化** 第1に，被害者が選択した一定の行動によって，被害者が一定の効用を有していることが外部的に示された場合に限り，それを効用として把握するというものである。これは，顕示選好理論（revealed preference theory）[54]と呼ばれる考え方に概ね一致するものと言えよう。なお，本書で検討したドイツにおける議論のうち，挫折理論[55]はこれによって説明することができる。被害者が一定の利益獲得のために支出をしたというその外部的行為を捉えて，その利益に当該支出に対応する価値を認めるものだからである。

(b) **効用の平準化** 第2に，個別の具体的な人の選好に着目することを諦め，社会における合理的通常人の選好を規準として代用するということも考えられる。ここで，仮にそのような合理的通常人の選好が市場における取引に反映されると考えるならば，ある利益は，市場において取引の対象となっている場合に，その限度でのみ効用として把握されるということになる。法の経済分析において，厚生に代えて富の最大化を価値規準として用いる立場は，「富」の捉え方次第では，この発想に近いものとなるかも知れない[56]。なお，本書で

---

53) シャベル『法と経済学』（2010）692頁以下を参照。
54) 若松「行動経済学とパターナリズム」（2013）450頁以下を参照。
55) 第3章第2節第1款Ⅲ(2)(a)参照。

検討したドイツにおける議論の中では、商品化論[57]の考え方がまさにこれに対応する。

以上の2つはいずれも、効用が事実的に把握されるべきものであるという前提において共通しており、ただその把握の手法が異なるに過ぎない。このように、効用をあくまで事実的に捉える立場を、以下では「厚生改善説B」と称しておこう。

(c) 効用の規範化　こうした前提は、標準的な法の経済分析に忠実なものと言える。しかし、この前提を度外視するならば、第3に、いかなる効用が保護に値するかを一定の規範的な見地から判断するという可能性も、ありえないものではない。一般に、個人の効用の捉え方として、その人の趣味、態度等に依存した仕方でそれを把握する主観的基準と、依存させない客観的基準とが区別されるが[58]、ここでの第3の可能性はこの後者に対応するものである。このように、効用を規範的な観点から把握する立場を、以下では「厚生改善説C」と称することにしよう。

3-3　ここまでの議論との接合

以上から、厚生改善を目指す不法行為制度目的論として、3つのモデルが得られたことになる。問題は、これらが、権利／秩序の対立軸の検討から得られた制度目的論とどのような関係に立つかである。

(1)　厚生改善説A

まず、厚生改善説Aにおいては、厚生の考慮は権利設定の段階で終了しており、不法行為法適用の段階ではそのようにして設定された権利を保護することだけを目指せばよいはずである。つまり、これは不法行為制度目的論として

---

[56]　もっとも、富最大化基準の提唱者であるリチャード・ポズナー（Richard A. Posner）は、富が価格（price）によって把握されるとの理解の下に同基準を批判する見解に対し、それは生産者余剰・消費者余剰を含まない点で不正確だと批判している（Posner, A Reply to Some Recent Criticism, 9 Hofstra L. Rev.（1981）p. 786. 林田『《法と経済学》の法理論』（1996）110頁以下、113頁も参照）。なお、シャベル『法と経済学』（2010）771頁は、この立場における「富」の概念の不明確さを指摘する。

[57]　第3章第2節第1款Ⅲ(2)(b)参照。

[58]　若松『センの正義論』（2003）34頁。若松によると、ロナルド・ドゥオーキン（Ronald Dworkin）やアマルティア・セン（Amartya Sen）などが（程度の差はあれ）客観的基準を志向するものとされる。

は権利保護説と同一に帰する。そこでは，権利の設定も究極的には厚生改善を目的とするという視点が前面に出るため，そのような権利の保護は，具体的事案における政策的な制約を認めやすい傾向にあると考えられよう。すなわち，権利保護説の中でもBと親和性が高いことが予想される[59]。

この点に関連して，「他の社会的な目標の実現よりも個人の権利を優先する」権利論をとりつつ，「その前提たる権利自体は『社会の集団的目標に照らして創設される』という」のは「一見して奇妙な結合」であるとの指摘も見られる[60]。しかし，法律上あるいは判例上一定の権利が設定される場合に多様な考慮が働くことは十分ありうる[61]。山本敬三の言葉を借りて言えば[62]，「尊重されるべき基本権として何を認め，それを誰にどのように割り当てるのか」というレベルで厚生の最大化を含む多様な要素を考慮することは，「あくまでも権利・自由を秩序には還元されない独自のものとして尊重するという立場，つまり権利論を採用」することと矛盾するものではないだろう。

(2) 厚生改善説C

次に，厚生改善説Cについて見よう。そこでは，規範的な見地から保護に値すると見られる利益が効用として把握されることになるわけだが，これは，そのような利益につき権利を認め，それを保護するということと異ならないように思われる。この点，このモデルにおいては，具体的な場面ごとの効用につきその要保護性が問われるのだから，事前に何らかの権利を設定するという手法とはなじみにくいように見えるかも知れない。しかし，権利の要保護性には濃淡があり，中には具体的事案における対立利益との衡量を経て初めて権利性の有無が決まるものもあるのだから[63]，この点は障害とならない。さらに，本来効用とは主観的な満足ないし選好充足を言う以上，いくら「規範化」と言っ

---

[59] もっとも，これは論理必然というわけではない。ルール功利主義的発想を貫き，あらゆる厚生改善に関する政策判断は（一般的行為自由を含めた）権利設定の段階で尽きている，と考えるならば，厚生改善説Aにおいても，責任内容論レベルで権利・自由以外のものを考慮してはならないことになりえよう。

[60] 山本（顯）「現代不法行為法学における『厚生』対『権利』」（2006）892頁。

[61] 例えば森村進も，財産権について，「財産権という極めて広汎な制度の唯一の正当化原理を求めることは的外れだろう。財産権は多種多様な目的や価値に仕えることができるし，実際仕えてきた」と述べている（森村進『財産権の理論』（1995）21頁以下）。

[62] 山本（敬）「公序良俗論の現況と課題」（2005）413頁以下。

[63] 潮見『不法行為法Ⅰ〔第2版〕』（2009）31頁。

ても限度があるとも思われるかも知れない。しかし，近時はセクハラ事件などを中心にいわゆる法益の主観化という現象が不法行為法学において意識され，一定の範囲で受け止められる傾向にあり[64]，これは本来主観的な「効用」の受け皿として作用しうる。

これによると，厚生改善説Cもまた，厚生改善説Aと同様，権利保護説（のうちおそらくB）と同一に帰することになる。これらの間には，権利設定のレベルでの考慮に違いが見られることが予想されるが，そのように設定された権利の保護が不法行為法の制度目的となるという点では違いがないわけである。

(3) 厚生改善説B

以上の結果，厚生改善を制度目的と見るモデルのうち，厚生改善説Bだけが，既出のモデルに解消されずに残ることになる。

3-4 小 括

このように，権利に対峙する厚生の極には，いくつかのタイプの不法行為制度目的論が観念できるものの，その多くは制度目的論としては権利保護説と同一に帰する。そこに解消されない独立のモデルとして残るのは，上に厚生改善説Bと称した立場だけである。

4 個人的正義／全体的正義／共同体的正義

最後に，棚瀬の議論についても，以上を踏まえつつ簡単に検討しておこう。まず，そこに言う個人的正義が権利保護説（のいずれか）に対応することにはそれほど問題ないだろう。また，全体的正義というのは，保険や立法論としてのいわゆる総合救済システム論を念頭に置いたものなので，この文脈ではひとまず度外視することができる。

そうすると結局，棚瀬がその必要性を説く共同体的正義が残ることになる。これは，共同体に着目する点で，先に見た社会倫理説と近いと見ることもでき

---

[64] 吉田（克）「現代不法行為法学の課題」（2005）143頁，城内「不法行為法における『傷つきやすい被害者』」（2009）439頁以下，藤岡『不法行為法』（2013）236頁以下等参照。その他の事案類型につき，木村「近時の裁判例にみる『人格権』概念の諸相」（2016）153頁以下，石橋「名誉毀損と名誉感情の侵害」（2016）44頁以下等を参照。「シンポジウム　新しい法益と不法行為法の課題」（2011）35頁［能見善久発言］も参照（「少なくとも人格的な利益に関しては」「主観的な利益を主観的な利益のままで保護する」という方向を志向すると言う）。

る。しかし，同説（の典型的なモデル）においてはおよそ個人を超越して存在する社会倫理規範の維持が図られるのに対し，共同体的正義においては，具体的な当事者間の「濃密な関係性」の回復が目指されることになると考えられる。その限りで，両者の間には無視できない相違があるため，後者の立場を独立の制度目的モデルとして認識することには意味があると言えよう。

そこで，共同体主義の視点から当事者間の関係性の回復を不法行為制度目的と捉える理解を，以下では「共同体的関係説」と称しておこう。

5 小括と補足

以上の不法行為制度目的論の検討からは，結局，①権利保護説A，②権利保護説B＝厚生改善説A＝厚生改善説C，③厚生改善説B，④社会倫理説，⑤共同体的関係説の5つが得られたことになる。

もっとも，念のために付言しておけば，実際には不法行為制度目的に関する全ての立場がこのいずれかにぴったり当てはまるというようなものではない。そもそも，これらモデル相互の間にはかなりの交錯が見られる。例えば，権利の保護や厚生の改善は社会倫理秩序や共同体的正義の観点から見ても望ましい場合が多いだろうし，逆に社会倫理とか共同体的正義が権利の内容や個人の選好に影響することもありうる。

さらに，これらのモデルは必ずしも排他的なものでもない。これは，複数の事案類型ごとに異なるモデルが妥当しうるということにとどまらない。さらに，同一の事案類型について複数の制度目的が並存し，場合によってはその間の調整が必要となるといったことも想定しうる。

このような意味で，以上の作業は，初めにも述べておいたように，細かなニュアンスの違いを捨象して図式的な思考モデルを提示したものに過ぎないことに留意しておく必要がある。

Ⅲ 責任内容論との架橋

1 各モデルからの責任内容論の方向性

さて，本書の目的からして次に問題となるのは，それぞれの制度目的モデルからどのような責任内容論の方向性が求められることになるかである。これについては，損害填補／抑止・制裁の対立軸に関して述べたように，損害賠償の

作用の複数の方向性に着目することが，両分野の架橋のために一定の意味を持ちうる。以下では，こうした視点から各モデルに即して検討しよう。

(1) 権利保護説Ａおよび権利保護説Ｂ＝厚生改善説Ａ＝厚生改善説Ｃ

権利保護説からは，まずは最低限の要請として，被害者についての回顧的対応として，被侵害権利の回復という対応が必要となるはずである。さらに，これに加えて，権利侵害の抑止を目的とする展望的な対応をとることも考えられるが[65]，この両者の関係についてはすぐ後で論じる。

以上のことは，厚生改善の観点から権利の設定がされ，あるいは効用の規範化がされる場合にも，同様に当てはまる。前者については，ある権利が厚生改善という政策判断に基づいて設定された場合であっても，責任内容確定に際してそこでの政策判断を忠実に反映するためには，やはり当該権利の回復が必要となるはずである。また，後者についても，そこでの規範的評価の内実は同様の形で尊重されなければならないことになろう。

(2) 厚生改善説Ｂ

厚生改善説Ｂの下では，法の経済分析の発想からは，何らかの手法で事実的に把握されるところの不効用＝損害を内部化することによって，将来に向けた非効率な加害行為を抑止するという展望的な対応が基本となる[66]。

もっとも，このモデルにおいても，回顧的な対応を観念することができる。いわゆるディープ・ポケットの発想に基づき，損害の負担能力が大きな者に損害を負担させることにより不効用の程度を低減するという対応がそれに当たる[67]。「損害の公平な分担」を説く見解は，実質的にはこのような意図を有していたのではないかと推測されるが[68]，仮にそうであれば，その限りでこれは厚生改善説Ｂの中に解消することができる。

(3) 社会倫理説

社会倫理説によると，社会倫理秩序への違反を犯した者に対して制裁を科すという回顧的対応が原則とされるのが一貫するだろう[69]。これは，基本的には

---

65) 権利保護説をとったとしても，権利侵害の抑止のための対応を認めることは，その前提と反するものではない。この旨を説くものとして，潮見『不法行為法Ⅰ〔第2版〕』(2009) 49頁注75，田中「不法行為法の目的と過失責任の原則」(2015) 25頁等。
66) 森田＝小塚「不法行為法の目的」(2008) 16頁以下。
67) こうした考え方につき，藤倉「不法行為責任の展開」(1968) を参照。
68) その趣旨が明確なものとして，森島『不法行為法講義』(1987) 461頁以下。

加害者に対する個別的対応であるが，将来に向けて社会倫理が破られないような抑止の意味を兼ね備えることもありうる。これに対し，被害者に対する個別的対応がありうるかどうかは，問題となる社会倫理秩序の内容次第ということになろう。

(4) 共同体的関係説

最後に，共同体的関係説においては，当事者間の関係性の修復に向けられた回顧的対応が基本となると考えられる。そこでは，棚瀬自らが説くように，「不法行為を，加害から回復まで通時的にみて，その上で，加害者が，被害者と向き合い，その苦痛を除去するために自分として何ができるか考えていく，そうした不法からの回復のプロセス」[70]が重視されることになろう。もっとも，こうしたプロセスのあり方を実体法レベルの責任内容確定規範の形でそもそも記述できるかどうかは明らかでない。

2 権利保護説と「規範群」

既に述べたように，権利保護説およびそれと同一に帰する立場においては，少なくとも被侵害権利の回復を実現する責任内容論が要請される他，それに加えて権利侵害の抑止を図る可能性もある。ここでは，これらの課題と「規範群」とがいかなる関係に立つかを見てみよう。

(1) 「規範群」の位置づけ——個別的対応

「規範群」のうち，権利回復規範は被侵害権利それ自体の回復に向けられたものであり，価値補償規範は権利によって保障された権限または利益の価値を塡補するものである。これらは，現実に，あるいは価値的に，被侵害権利の回復という最低限の回顧的対応を実現するものと位置づけられる。

これに対し，利益保全規範は，権利侵害に際して，当該権利が保障する利益の保全に向けられたものであり，権利保全規範は，侵害が差し迫った権利の保全に向けられたものである。これらは，将来の利益喪失ないし権利侵害の回避が問題となっている点で，厳密な意味での回顧的対応には尽きない面がある。もっとも，前者においては権利侵害自体は既に生じているのであるし，後者においても，権利侵害が生じる危険自体は既に生じている。したがって，これら

---

69) 戒能『債権各論』(1946) 463頁以下を参照。
70) 棚瀬「不法行為責任の道徳的基礎」(1994) 19頁以下。

第 1 節　不法行為制度目的論との接合

も広い意味では回顧的対応に含まれると見ることもできよう。いずれにせよ，これら 2 つの規範も，権利を適切に保護するためには不可欠のものと言ってよいだろう。

このように，「規範群」は，権利保護説を前提とした場合に責任内容論において実現されるべき不可欠の要請に応えるものであり，したがって，それが妥当する限りにおいては，責任内容確定規範として承認されるべき理論的必然性を有するものと言える[71]。

(2)　抑止の可能性

さらに，これに加えて権利侵害の抑止を目指すとした場合，これと「規範群」はどのような関係に立つだろうか。上述のように，「規範群」が（広い意味での）回顧的対応に属するものだとすると，抑止はその枠外で，それと全く切り離した形でしか問題となりえないようにも見えるが，実はそうではない。

これについては，既に見たように，「規範群」のうち利益保全規範および権利保全規範には狭い意味での回顧的対応に尽きない要素があるということを指摘することもできる[72]。しかし，より重要なのは，当の権利，したがってまたその保障内容を設定する際にいかなる要素が考慮されうるかという点である。

---

[71]　もっともこれは，言うまでもなく，およそ「権利」という言葉ないし概念が用いられてさえいれば「規範群」が妥当するという趣旨ではない。例えば，宮澤俊昭は，集合的・公共的利益の維持に対する私法上の権利を構築するに際し，そこから「利益の帰属・享受」の要素を外したうえで（宮澤「集合的・公共的利益に対する私法上の権利の法的構成（三）」(2008) 55 頁以下），それを「集合的・公共的利益に関して形成された秩序に基づいて義務を課せられている主体がその義務に違反している場合に，その義務を負っている主体に対して，その違反している状態の是正を求めることのできる地位」と定義する（同「集合的・公共的利益に対する私法上の権利の法的構成（五）」(2009) 92 頁）。しかしこれは，先に見た命令説，したがってまた客観法一元論＝権利否認論からの権利理解に他ならない。確かに，そこでは，市民個人の私的利益の個別性が維持されていることが必要とされているが（同「集合的・公共的利益に対する私法上の権利の法的構成（五）」(2009) 95 頁），これは権利概念の枠外で，公共哲学における「共福」の概念から導かれるものとされる（同「集合的・公共的利益に対する私法上の権利の法的構成（二）」(2007) 116 頁以下）。しかし，仮にその推論が適切であるとしても，言うところの「公共哲学」ないし「共福」の概念がいかなる場面で妥当するのかは定かでなく，それが妥当しない場合には以上の要請は容易に脱落しよう。このような「権利」観がとられる際には，「規範群」が妥当することはないものと思われる。

[72]　その他，権利回復規範（ひいては，対抗措置規範全体）において，加害者の賠償の遅延により対抗措置がもはや不可能となったような場合には，そうした支払遅延の抑止のためになお対抗措置のための費用が（例外的に）認められるとする見解もあった（第 2 章注 182）参照）。これも，加害それ自体の抑止ではないにしても，加害発生後における加害者の一定の行為態様を抑止するという発想を含む点で，個別的・回顧的救済の枠を超えるものと見る余地がある。

この点に関しては、本書で検討したドイツにおける議論のうち、ヤールが利用可能性についての賠償を基礎づける際の議論に見られたように、権利の侵害をできるだけ抑止するという観点が1つの考慮要素とされる可能性があったことが想起される[73]。この点を一般的な形で明言するのが、同じ箇所でも取り上げたヤンゼンである。彼によると、個人への法益の割当は損害賠償や不当利得返還請求、場合によっては利得吐出し請求といった一連の請求権を生じさせるため、個々の加害行為につき制裁を課すよりも、そのような手段によった方が法益侵害の抑止をよりよく実現できるとして、「個人への法益の割当という思想は、責任法における抑止の考慮に体系上適切な立ち位置を与える」とされる[74]。

同様の視点は、日本において田村善之が知的財産権について規範的損害論を語る際にも窺われる。田村は、特許権侵害による損害賠償に関して、特許法は「特許発明の需要に対する市場機会の利用の決定権を特許権者に排他的に付与し、もって特許発明の実施により獲得が期待される利益が、特許権者の選択した形態により彼に還流するシステム」を採用しているとの理解を示す。特許法102条2項は、「特許権者が喪失した市場機会につき常に適正な対価を損害賠償として特許権者に与えることで、特許権者に適正な救済を付与し、もって特許制度の機能の維持を図る」ものだというわけである[75]。ここにおいて、市場機会の利用の決定権という権限を観念し、その行使としての実施により得られる利益の保護を図るという視点は、「規範群」からは、まさに特許権という権利の保障内容が何かを明らかにする議論として理解できる。そして、別途実際に得られたであろう逸失実施料を逸失利益として請求することも可能だとする[76]文脈において、「侵害行為をなした者は、常に、適法に行為した場合に支払うべき額と少なくとも同額かそれ以上の額を支払わなければならないということになるから、侵害行為抑止のインセンティブがその限度で果たされること

---

[73] 第3章第2節第1款Ⅳ 3-1 (2)を参照。
[74] *Jansen*, Struktur des Haftungsrechts (2003) S. 521 ff.
[75] 田村『知的財産権と損害賠償〔新版〕』(2004) 213頁以下。
[76] この点は、「規範群」からは、「権限」の行使による「利益」の価値を評価によって算定するか、現実の収入をもってその価値とするかの違いとして捉えられる。つまり、物の抽象的利用利益と具体的利用利益との関係に対応する。

　もっとも、田村は、侵害者がひとたび特許権の実施行為に及んだ以上、逸失実施料の賠償は「常に」認められるべきだと説くが、この点には検討の余地がある。詳しくは、別稿で述べる。

になる」[77]と述べる。これは，特許権の保障内容を上述のように構築する際に，「侵害行為抑止のインセンティブ」をも1つの考慮要素に含めていることを示唆する[78]。

(3) もう1つの対立軸——従属的理解と独立的理解

このように，一見個別的・回顧的救済に当たるものであっても，その延長線上に切迫した侵害の予防が位置づけられたり，救済されるべき権利自体の保障内容がその侵害の実効的抑止を考慮した上で定められる可能性がある。そうすると，少なくとも加害の抑止に関する限り，回顧的対応と展望的対応というのは必ずしも意味のある対立軸ではないのではないかとの考えが浮かぶ。むしろ，権利の設定に際しては多様な要素が考慮されうるという既に述べた点を考え合わせるならば，その背後にはより基本的な分岐点が見出されるように思われる。それは，私法秩序における権利の設定によって考慮された，侵害の抑止をも含みうる様々な規範的・政策的考慮が，不法行為法においてできるだけ忠実に実現される（言わば「あるべき状態」が回復される）べきなのか，それとも，不法行為法はそうした考慮に拘束されることなく独立に一定の規範的・政策的目的の実現を追求する——そして，そうした目的の1つとしてたまたま一定の行為の抑止とか制裁というものが問題となりうるに過ぎない——のかという対立である。言い換えれば，不法行為法の制度目的が，権利や厚生に関して不法行為法以前に私法秩序によってなされる規範的・政策的判断（明文の法規定によると解釈によるとを問わず）に対し従属的か独立的かという対立である。仮に前者を従属的理解，後者を独立的理解と称しておく。

先に見た山本敬三や山本顯治において，不法行為法の制度目的として権利／秩序とか厚生対権利とかが語られるとき，それは不法行為法に限った議論ではなく，むしろ私法秩序全体の構成原理が問題とされているのであった。そうす

---

77) 田村『知的財産権と損害賠償〔新版〕』(2004) 210頁。
78) 田村が出発点とするインセンティヴ論は，フリーライドを抑止することによって創作のインセンティヴを創出し，もって厚生の改善に資するという点に知的財産権の根拠を見出すものであり，そこには初めから一定の行為の抑止という視点が組み込まれている。こうした彼のよって立つ前提からすれば，本文に述べたのはある意味で当たり前のことである。
　さらに，不法行為法の外に目を向ければ，例えば，債権の効力としての詐害行為取消権の内容を論じるに当たって，(責任財産への侵害という形による債権侵害と捉えうるところの) 詐害行為の抑止という目的が考慮される際にも（「法制審議会民法（債権関係）部会第82回議事録」54頁参照），抑止を考慮したうえでの権利内容設定という視点が窺われる。

ると，彼らにおいては，そのようにして構成されるところの私法秩序をできるだけ忠実に保護ないし維持するのが不法行為法の制度目的であると理解されているものと考えられ，したがってこれは従属的理解に出たものと位置づけることができる[79]。これに対し，例えば利得吐出し型の損害賠償を正当化するために「不法行為による利得を許さないという規範的判断」[80]といったものが語られる際には，不法行為法に固有の目的設定ないし価値判断という視点が前面に出ている点において，独立的理解を窺うことができよう[81]。

こうした対立軸を観念することは，1つには不法行為法の制度目的理解，あるいは同時に私法秩序のあり方を考える上で一定の意味を持ちうる。しかし，本書での問題関心からは，「規範群」の射程を確認するという意味がある。すなわち，それらは不法行為法以前に様々な考慮によって設定された権利を前提に，その完全性の回復とかその保障内容に対する価値的な補償を図るものであり，従属的理解になじむものである。したがって，仮に責任内容論において独立的理解が妥当する領域があるとすれば，その限りで当該規範は妥当せず，別途そこで不法行為法により独立に目指されるところの規範的・政策的目的が何かという観点から責任内容確定規範が定立されるべきことになろう[82]。もっと

---

[79] 同じことは，E. ピッカーが示す権利の割当と保護という構想（第5章第2節3(2)）についても言える。

[80] 窪田「不法行為法と制裁」(2000) 689頁。

[81] これに対し，潮見が「『利益吐き出し型損害賠償』といわれているものは，本来の意味での『損害』を問題とするものではないし，権利主体に帰属する『権利の価値』をあらわすものでもない以上，損害賠償制度として構想するのには問題がある。しかしながら，他方で，『利益の吐き出し』が一般予防・抑止の目的にとって有効であることは否定できない。そうであれば，利益吐き出しの問題は，損害賠償とは別個の制度として構想すべきである」と説くのは（潮見『不法行為法Ⅰ〔第2版〕』(2009) 54頁），不法行為制度目的に関して独立的理解をすることは（少なくともこの場面においては）できないとの見方を示すものと理解できる。

この他，責任内容論の外にも目を向けるならば，独立的理解のうち最も重要なものとして，（仮にそれが制度目的として位置づけられるのであれば）不法行為法の権利生成機能と呼ばれるものを挙げることができよう（窪田「不法行為法学から見たパブリシティ」(2006) 746頁以下等）。また，これと密接に関わるが，要件論（責任成立論）のレベルにおいて，いわゆる違法性論において，ある利益が保護に値するものかどうかは不法行為法上独立に判断すればよいと理解するならば（こうした理解を示すものとして，窪田『不法行為法』(2007) 96頁），これは特に責任成立論に関する独立的理解に当たると言える。このように見ると，窪田の見解は独立的理解を強く指向する点において一貫していると言えよう。

[82] 念のため付言すると，既に見たように，「規範群」においても将来の侵害を防止するという視点が含まれており，さらにその中心となる権利自体の内容についても抑止を考慮した設計の可能性が

も，従属的理解が私法秩序の構成原理と結びついたものであることからすると，それが完全に独立的理解に取って代わられるということはありえず，独立的理解はあくまで従属的理解を前提とした上で，それに対し付加的な形での採用が検討されうるに過ぎないものと考えられる。

IV 小　括

1　要　約

以上の検討をまとめると，次のようになる。

(1)　損害填補／抑止・制裁の対立軸は，不法行為制度目的に関するものとは言えず，せいぜい一定の制度目的と責任内容論とを架橋する視点にとどまる。もっとも，そのようなものとしてすら表層的なものでしかない。

(2)　権利／秩序の対立軸および厚生対権利の対立軸からは，ありうる制度目的モデルとして以下のものが得られる。すなわち，権利の保護を目的とするもの（権利保護説。権利の政策的制約を許容するかどうかによりAとBに分かれる），厚生改善に制度目的を求めた上で，そこで考慮される効用を何らかの手法により事実的に捉えるもの（厚生改善説B），社会倫理秩序の維持を目的とするもの（社会倫理説），共同体的な関係性の回復を目的とするもの（共同体的関係説）の4つである。厚生改善を目的とする立場には，他にも2つのタイプのものが考えられるが（厚生改善説AおよびC），いずれも，不法行為制度目的論としては権利保護説（のうちおそらくB）と同一に帰する。

(3)　以上のうち，権利保護説が妥当する場合には，その限りにおいて，被侵害権利の回復という回顧的対応を実現する「規範群」が責任内容論において妥当すべき理論的必然性がある。もっとも，同説の下でも，被侵害権利の回復を超える目的が不法行為法それ自体によって独立に目指される場合には（独立的理解），その限りで「規範群」は妥当しないことになる。

これに対し，その他の制度目的理解が妥当する場合には，その限りで，「規範群」が必然的に妥当することはない。そこでは，何らかの手法により事実的に計測されるところの（不）効用の内部化，社会倫理秩序違反への制裁あるいは共同体的関係の修復といった，それぞれの考え方に対応する責任内容確定規

ありうることに鑑みれば，独立的理解の下で抑止が目指されることは「規範群」と何ら矛盾するものではない。

2　補　論——関連する諸制度との協働

　不法行為制度目的としての損害塡補との関係で，最後に1点補足をしておこう。従来，不法行為制度目的との関係では，損害塡補目的を前提に，目的を同じくするとされる他の制度との協働が模索されてきた。その方向を突き詰めたのが，いわゆる総合救済システム論である[83]。この点を考える際には，やはり損害塡補を不法行為制度目的として位置づけることが必要になるようにも思える。

　しかし，そうした他制度においても，およそあらゆる不利益が救済の対象とされているわけではない。実際には，その主たる対象は人身への被害に関するものである。この点を捉えて，藤岡康宏は，「そこで問題とされている救済の対象が人身被害であるため，この主張（筆者注。社会的救済システムを構成する各種の制度を統合すべきだとの主張）は，生命，身体，健康など人格権の身体的側面が侵害された場合における権利の回復，権利の法実現を制度的に保障しようとする試みであると位置づけることもできよう」[84]と述べている。このように見るならば，損害塡補を目的とするとされる他制度との関係ないし協働のあり方を考えるに当たっても，権利保護としての不法行為制度目的理解を前提とした上で，権利のよりよい実現[85]のためにはどのような諸制度の設計が望ましいかを論じる方が生産的だと言えよう。したがって，結局この関連でも損害塡補を制度目的と捉える合理性はない。

---

83)　加藤(雅)「損害賠償制度の将来構想」(1997) 289頁以下等を参照。
84)　藤岡『不法行為法』(2013) 23頁。
85)　不法行為法（少なくとも過失責任の領域）においては権利の「侵害」が問題となるのに対し，社会保障の領域ではそのような他人による「侵害」がない場合もある。しかし，権利による「権限」および「利益」の保障という側面に着目すれば，それについては侵害だけでなく「実現」の有無および程度をも問題とすることができる（こうした発想につき，若松『センの正義論』(2003) 96頁以下から示唆を得た）。不法行為法および各種の社会保障法は，こうした意味での権利を共通の土台として協働することができるのである。
　ちなみに，命令説の立場から権利を他人に対する禁止・命令規範に解消してしまうならば（第5章第3節参照），権利の「実現」などという視点は出てこない。そこでは，社会保障法は「一定の条件の下での国家に対する救済命令」として，不法行為法とは全く別の枠組で捉えられざるを得ず，その結果両者の協働などといったことは理論的に不可能となろう。ここにも，命令説の不当性が現れている。

第 2 節　判例法理との接合

　以上によって，制度目的としての権利保護説が妥当する限りにおいて，「規範群」が妥当する理論的必然性があることを示すことができたと考える。ここで，本書が直接の対象とする問題領域である物損・人損について言うと，ここでの不法行為制度目的が権利保護にあることにはほぼ異論がないのではないかと思われる。そうだとすると，この領域においては「規範群」が妥当しなければならないという推論が演繹されよう。

　ここで，この「規範群」が，従来日本において展開されてきた責任内容論に関する判例法理および先行学説と概ね整合するものであるだけでなく，むしろそれらについてのよりよい理解を提供するものであるということが明らかになったならば，上述の演繹的推論が日本法において十分な事実的基盤を備えたものであるということの論証となるだろう。そこで，本節および次節では，この点を示すことを試みる。

1　物損に関する判例法理

　周知のように，日本の判例上は，不法行為についても 416 条を類推適用するとの見解が採用されているわけだが，その下でも同条に言う「通常損害」「特別損害」という枠組が常に用いられているわけではない。ただし，物損における責任内容に関しては，比較的この枠組が実際に用いられることが多い。そのことを踏まえて，以下ではまず，物損に関する典型的あるいは判例上問題となった損害項目を概観する[86]。

(1)　交換価値

　まず，物それ自体の価値（本体価値）については，いわゆる富喜丸事件[87]に

---

[86]　福島の原発事故をめぐる賠償問題の文脈で，車両損害を中心に発展してきた従来の物損算定法理の限界がしばしば指摘される（例えば，窪田「原子力発電所の事故と居住目的の不動産に生じた損害」（2015）141 頁等）。しかしながら，序章にも述べたことではあるが，従来の物損算定法理の基礎にいかなる理論が見出されるのかが従来どれほど真剣に検討されてきたかは疑わしく，この点を抜きにしてその限界を語ることはそもそもできないだろう。本書における以下の検討は，この点の間隙を埋めることをも狙いとしている。

よって,「滅失毀損当時の交換価値」が通常損害として賠償されるとされた。問題は,この「交換価値」をどのように定めるかである。

これについて,車両損害に関する従来の下級審実務においては,課税ないし会計学上の減価償却について用いられる定率法または定額法による方法と,事故車両と同等の車両を中古市場において取得するのに要する費用を基準とする方法の2つが見られたところ,昭和49年の最高裁判例[88]がこの両者の関係について判示している。それによると,「いわゆる中古車が損傷を受けた場合,当該自動車の事故当時における取引価格は,原則として,これと同一の車種・年式・型,同程度の使用状態・走行距離等の自動車を中古車市場において取得しうるに要する価額によって定めるべきであり,右価格を課税又は企業会計上の減価償却の方法である定率法又は定額法によって定めることは,加害者及び被害者がこれによることに異議がない等の特段の事情のないかぎり,許されないものというべきである」。

この判例をめぐっては,子細に見ると,2つの異なる理解が見られる。1つは,減価償却の手法は一般的・抽象的な算定であるのに対して,この判例は,中古車市場における同等車両の価額を,車種や使用状態,市場の動向といった要因を元に具体的・個別的に判断することが必要だとしたという理解である[89]。もう1つは,被害者には,原状回復として,同等の車両を購入しうるだけの金銭の賠償がなされる必要があるのであり,この判例は,事故前の車両がいくらで売れたかではなく,事故前の車両と同等の車両はいくらで買えるかという観点からの算定を要求するものだという理解である[90]。

前者の理解は,後者の理解が正当に指摘するポイントを外したものと言うべきだろう。後者の理解が言うように,判例が原則とする再調達価値と,事故前の車両の処分によって得られたであろう価格(処分価値)とは異なる[91]。そして,減価償却の手法は,既に取得した資産に現在どれだけの価値が残存してい

---

87) 大連判大正15年5月22日民集5巻386頁。
88) 最判昭和49年4月15日民集28巻3号385頁。
89) 柴田「判例解説」(1977) 114頁以下。
90) 西岡「物損事故の損害賠償額算定についての一試案」(1984) 474頁,児玉「車両損害算定上の問題点」(1989) 399頁以下。
91) この点については,ドイツ法の文脈ではあるが,第3章第5節1を参照。付加価値税の有無などの相違はあれど,日本でも事情はそれほど異ならないだろう。

るかを概算するためのものだから，少なくともその発想において処分価値を意図したものと見ることができる。そうすると，判例は，加害者および被害者に異議がない等の場合を除き，処分価値ではなく再調達価値が賠償されるべき旨を述べたものと理解できる。

これについては，処分価値が目的物の利用・処分権限の価値を塡補するものとして価値補償規範に，再調達価値が代物調達による目的物の利用利益の保全を目指すものとして利益保全規範に，それぞれ対応するものである[92]ことを踏まえることによってよりよく理解できる。すなわち，代物調達は，それによって将来の利用利益が保全されるという点で被害者に有利であり，賠償されるべき利用利益が延々と集積していくのを防ぐという点では加害者にも有利である。したがって，これの賠償が原則とされるべきであるが，被害者が当該目的物の利用利益を放棄し，利用・処分権限の価値としての処分価値のみの賠償を望むのであれば，賠償額が低くなる限り加害者にも異議はないだろうから，そのような賠償を認めて差し支えない。このように，判例の準則は，利益保全規範と価値補償規範の機能，および両者間での被害者の選択の自由という角度から適切に理解することができる。

(2) 修補費用

次に，物の毀損の場面における修補費用は，物の所有権の完全性を回復するという意味において，権利回復規範に対応するものであることに問題はない。

問題は，それと先に見た交換価値（正確には，それと目的物の売却代金との差額＝買替差額）の賠償との関係をどのように理解するかである。両者が同時に賠償されるわけではないのは自明だから，そのいずれが賠償されるかがどのように決まるのかという問題である。

この点につき，先述の昭和49年判例は，その判決要旨において，「交通事故により自動車が損傷を被った場合において，被害車両の所有者が，これを売却し，事故当時におけるその価格と売却代金との差額を損害として請求しうるのは，被害車両が事故によって物理的又は経済的に修理不能となったときのほか，フレーム等車体の本質的構造部分に重大な損傷を生じたことが客観的に認められ，被害車両の所有者においてその買替えをすることが社会通念上相当と認め

---

[92] 第3章第5節4を参照。

られるときをも含むと解すべきである」とする。この判例を受けて，一般には，修補が物理的・経済的に可能かどうかで区別がされ，可能の場合には修補費用が，不能の場合には交換価値が，それぞれ賠償の対象となるとされる[93]。そして，判例の言う「買替えをすることが社会通念上相当と認められるとき」は，修補不能と同視されるべき場合だとされる[94]。

　こうした整理には，ある前提がある。それは，買替差額の賠償が請求できる場合と，修補費用の請求ができる場合とが截然と分けられ，両者に重なる領域は存在しないというものである。しかし，この前提は果たして妥当なものか。

　このような問題意識の下に，いわゆる経済的修補不能の具体的な基準に関する議論を眺めると，そこには2つの異なる方向の議論を見て取ることができる。1つは，修補費用が買替差額を上回る場合には直ちに修補不能と認められるとするものである。そこで理由とされるのは，本来であれば買替差額の賠償が認められるべきところ，修補費用がそれを下回る場合には，被害者は修補を行うことによって損害を最小ならしめる義務を負うということである[95]。もう1つは，修補が可能な場合には，それが最も分かりやすい原状回復の方法であるところ，それが買替差額によって上限を画される根拠は被害者の損害抑止義務にあるとするものである。こうした理解においては，修補費用が買替差額を上回るとの一事をもって常に被害者が修補をあきらめなければならないとするのは不当と感じられることから，被害者が目的物に格別の愛情を抱いているなどといった一定の場合には，買替差額を上回る修補費用の賠償を認める余地が認められる[96]。

　その内容から明らかなとおり，この2つの議論は異なる問題を念頭に置いたものである。すなわち，第1のものは，被害者はいつまで修補をしなければならないのか，いつから買替差額の賠償を請求できるのかという問題に答えるものであるのに対し，第2のものは，被害者はいつまで修補を（加害者の負担にお

---

93) 藤村＝山野『交通事故賠償法〔第3版〕』(2014) 209頁，小林「車両損害」(1985) 239頁。
94) 藤村＝山野『交通事故賠償法〔第3版〕』(2014) 209頁，児玉「車両損害算定上の問題点」(1989) 395頁。
95) 宮川「物損の損害賠償額」(1987) 44頁，田島「車両損害」(2003) 241頁以下。
96) 園「物損事故の原状回復」(1993) 377頁以下，児玉「車両損害算定上の問題点」(1989) 397頁，田上「車両損害の賠償をめぐる諸問題（下）」(1987) 170頁以下。裁判例として，東京高判昭和57年6月17日交民15巻3号611頁。

いて）してよいのか，いつから買替差額の賠償に甘んじなければならないのかという問題を想定するものである。そして，両者の間で結論に違いが生じているのは，この点に由来するものと見ることができよう。このような目で先の判決文を見直すと，そこで直接に扱われているのはこのうちの前者の問題だけであり，後者の問題については何ら述べられていないことに気づく。そうだとすると，先に見たこの判例に関する一般的な理解は，これらを混同するものであって適当でないと言わなければならない。

そして，「規範群」を踏まえて以上の問題を見れば，第1の問題は，買替差額の賠償を基礎づける利益保全規範が修理費の賠償を基礎づける権利回復規範によって排除されるのはいかなる場合かという問題であるのに対し，第2の問題は，利益保全規範によって権利回復規範が排除されるのはいかなる場合かという問題であって，それらが異なる問題であることは明らかである。そうすると，ここでの問題は，（それが不可欠というわけではないものの）「規範群」を踏まえることで適切に把握することができると言える。

(3) 転売利益

次に，いわゆる転売利益については，富喜丸事件判決によって特別損害と位置づけられ，その賠償には，転売利益を確実に取得すべき特別の事情と，それについての予見可能性とが必要とされた。「規範群」によると，転売利益の賠償は処分権限の行使により得られる利益を補償するものとして価値補償規範によって基礎づけられることになるが，そこで予見可能性が要求されるのであれば，それは同規範の内容と整合しないことになる。

もっとも，この点はいわゆる価格騰貴と密接に関連するところ，これについては周知のように判例の変遷がある。すなわち，昭和37年の最高裁判例[97]によって，いわゆる現有価値についてはもはや転売利益としてではなく，目的物の価値の基準時問題として処理されることとなった。いわゆる中間最高価格の事例については，同判例の傍論においてもなお転売利益として位置づけられるけれども，そこでは，「その騰貴した価格により損害賠償を求めるためにはその騰貴した時に転売その他の方法により騰貴価格による利益を確実に取得したのであろうと予想されたことが必要であると解するとしても」とされており，

---

97) 最判昭和37年11月16日民集16巻11号2280頁。

必ずしも予見可能性を問題としないようにも読める。これを，有力な学説は，「判例が中間最高価格問題に関して416条2項類推から脱却し始めていることを示すもの」と評価した上で，従来の予見可能性要件は逸失利益における利益取得の確実性に解消されるものとする[98]。

こうした確実性の要件は，価値補償規範においても，どこまでの「利益」が取得しえたはずのものと言えるかという形でその中に矛盾なく組み込むことが可能である。したがって，結局，転売利益に関する判例法理は価値補償規範と少なくとも矛盾するものではない。

(4) 利用利益

(a) 判例における利用利益の諸相　利用利益については，判例上の扱いは一様ではない。そこには，少なくとも次の3つの類型が見出される。

第1に，目的物滅失の場合である。この場合，富喜丸事件によると，目的物の交換価格は通常その物の使用収益をなすべき価値に対応しており，その物の通常の使用価格を包含するとして，交換価格と別に通常の利用利益が賠償されることはないとされる。

第2に，目的物毀損の場合である。この場合には，滅失の場合と異なり，通常の利用利益が少なくとも一定の限度で通常損害として賠償される。これにつき，車両損害に関するリーディングケースである昭和33年の判例[99]が「被控訴会社（上告会社）の自動車が右衝突により損傷を蒙ったため，これを休車としたことによる得べかりし利益の喪失」であると述べていることからすると，そうした利益の取得の蓋然性が当然の前提となるものと考えられる。

第3に，目的物の不法占有の場合であって，不動産に関して賃料相当額の賠償を認める判例の集積がある[100]。興味深いことに，ここでは，そうした賃料相当額を実際に取得できたかどうかが問題とされることはない[101]。

---

98) 四宮『不法行為』(1987) 461頁以下。既に，前田（達）『不法行為法』(1980) 351頁。
99) 最判昭和33年7月17日民集12巻12号1751頁。この点をより明確にするものとして，最判昭和47年4月20日民集26巻3号520頁。
100) 大判昭和16年6月3日新聞4738号12頁，最判昭和34年7月30日民集13巻8号1209頁等多数。
101) これを受けて，学説においても，不法占有事例においては賃料相当額が当然賠償されるものとし，それを超える利用利益についてのみ取得の確実性を問題にする見解が有力である。前田（達）『不法行為法』(1980) 352頁，四宮『不法行為』(1987) 577頁参照。

第2節　判例法理との接合

　以上の法状況は，理論的に分かりやすいものとは言いがたい。その原因は，主として次の2点にあると言えよう。

　1つは，いわゆる交換価値と利用利益との関係が明確でないことである。第1の場合には交換価値が使用価値を包含するとして，両者は一致するかのように見えるが，他の場合には，交換価値が回復され（第2の場合），あるいはそもそも損なわれていない（第3の場合）にもかかわらず，使用価値の賠償が認められるとされる。この両者がどのように整合するのか，明確でない。

　もう1つは，とりわけ第2と第3の場合に示されるように，同じ利用利益といっても必ずしも同じ扱いを受けているわけではないことである。これは，それぞれの場面において性質の異なるものが問題となっていることを窺わせる。

　こうした問題については，「規範群」を踏まえれば，次のように考えられる。まず，交換価格と利用利益との関係について富喜丸事件が述べるところは，ドイツにおいていわゆる抽象的利用賠償を否定する論者が持ち出す理屈[102]と同じものであることが明らかである。そうすると，そこでの検討の結果を踏まえると，ここで利用利益と言われるものは物の利用可能性，あるいは利用・処分権限そのものであることになる。これは，まさしく交換価値の対象でもあるから，両者が一致するのは当然のことである。

　もっとも，こうした利用・処分権限を行使することによって具体的な利益が得られたであろうと言える場合には，当該利益は当該権限自体の価値と別に賠償される必要がある。第2の場面において問題となっているのは，このような利用利益に他ならないと見ることができる[103]。さらに，第3の場面の扱いは，不法占有によってその期間に対応する利用・処分権限の時間的一部が侵害されていると見ることによって説明が可能である。すなわち，そうした利用・処分権限の時間的一部の価値を補償するものが賃料相当額に他ならず[104]，それを超える利用利益が権限行使によって得られていたならば，それがその蓋然性を

---

102)　第3章第2節第1款Iの①を参照。
103)　このように考えるならば，第1の場面においても，少なくとも代物の取得を期待できる時点までは，利用によって得られたであろう利益を賠償する必要があると考えられるところ，実際そのような見解が有力である（加藤（一）「不法行為による損害賠償の範囲」（1973）257頁以下）。
104)　第2の場面においてこれに対応する賠償が認められていないのは，修理によって（少なくとも建前上は）事故前の目的物の状態が回復されるため，権限の時間的一部の喪失という事態が生じないと考えられることによる。

前提として賠償されるということである。

　以上のように，利用利益に関する法状況は，価値補償規範を踏まえることによって整合的に説明できる。

　(b)　特別な利用利益に関する予見可能性要件の理解　　以上は，利用利益が通常損害とされる場合を念頭に置いたものである。これに対し，富喜丸事件判例においては，それが特別損害に当たる場合も想定されており，その後，予見可能性の不存在を理由に実際に賠償を否定した最高裁判例も存在する[105]。そうすると，予見可能性が要件とされる限りにおいて，これは価値補償規範と整合しないのではないかが問題となる。

　しかし，この事案は，原告が目的物たる土地を担保に融資を受け，東京への事業展開を図っていたところ，被告が当該土地に違法な仮処分を申し立てたため，それが叶わなかったというものである。ここでは，東京進出による収益は当該土地自体の利用による利益とは言いがたいことに留意すべきである。このような場合にまで賠償を認めると，その範囲が際限なく広がりうるという法感覚が，賠償否定との結論に結びついたものと考えられる。そうすると，この事案では，「特別事情の予見可能性」の下で，実は当該特別な利用利益が当該土地の所有権の保障内容に含まれるかどうかという判断がなされたと見ることができる。そうであれば，少なくともこの判例に関しては，416条の類推適用よりも，価値補償規範の角度から捉えた方がよりよく理解できると言えよう[106]。

　(5)　代物賃料

　いわゆる代物賃料については，既に車両損害について「代車使用料が相当因果関係を認められるのは，自動車の利用権の侵害に対して，当該利用状況を回復するものであるからである」[107]とも指摘されるように，利用利益の喪失を回避するための費用として利益保全規範により賠償が基礎づけられる。

---

105)　最判昭和48年6月7日民集27巻6号681頁。
106)　なお，ここで，予見可能性があれば東京進出による収益についての賠償が認められるということは，理論的には，当該予見可能性を要件（ないし一要素）として所有権侵害とは別個の（一次ないし後続）権利侵害（この事案では，営業権がそれに当たるだろう）が帰責されることによるものと理解できる。これに関し，四宮『不法行為』(1987) 453頁は，「被害者別人型の後続侵害」について，それは責任設定的帰責の要素が大きいため「予見可能性に近い危険性関連」が必要だとする。これは，後続侵害の帰責において予見可能性という要素が意味を持ちうることを示唆している。
107)　堺「物損」(1998) 345頁。

実務上問題とされるのは，車両損害における代車のグレードである。これについては，被害車両と同種・同程度の代車が常に認められるわけではなく，被害者の損害抑止義務の観点から相当と認められる範囲のものに限られるとするのが一般的であるが[108]，これも利益保全規範の趣旨からよりよく理解できる。と言うのも，同規範の目的が元の目的物から得られていたであろう利用利益を別の形で保全することにあるとすると，代物が必ずしもそれと同種・同程度である必要はなく，元の目的物と同程度の利用利益が得られるような代物であれば足りると考えられるからである[109]。

(6) 仮差押解放金のための借入利息・転売契約上の違約金

最後に，以上のものと比べて非典型的ではあるが，判例上問題となったこともあり，理論的にも興味深いものとして，違法な仮差押えに関する2つの損害項目を取り上げる。その1つは，仮差押えの取消しを求めるために必要な仮差押解放金を調達するために負担した利息である。これについて，最高裁は通常損害に当たるとした[110]。もう1つは，それにより既に締結していた売買契約が履行できなくなったことにより支払を余儀なくされた違約金である。これについて，前述の判決と同日の判決において，最高裁は特別損害としての位置づけを前提に，具体的事案の下でその予見可能性を肯定した[111]。

同日の判決においてこのように異なる扱いが示されていることは興味深いが[112]，これもまた「規範群」からよりよく説明できる。すなわち，仮差押解放金のための借入利息は，目的物の占有を取り戻して所有権（に含まれる利用・処分権限）の完全性を回復することに向けられており，したがって権利回復規範により基礎づけられる。これに対し違約金には，その支払によって所有権の完全性を回復するという意味は見出されない。また，それは売買契約における

---

108) 大阪地判昭和62年1月29日交民20巻1号154頁，小賀野「車両損害の賠償」(1991) 166頁。
109) なお，代物賃料と利用利益が同時に賠償されることはないとされる（藤村＝山野『交通事故賠償法〔第3版〕』(2014) 215頁等)。「規範群」によるまでもなくもとより当然のことだが，権利行使により得られたであろう利益の喪失を防ぐという利益保全規範の目的を踏まえれば，これもまたよりよく説明できると言えよう。
110) 最判平成8年5月28日民集50巻6号1301頁。
111) 最判平成8年5月28日判時1572号53頁。
112) 松浦「四一六条の類推適用の現代的意味」(2011) 462頁以下は，第1の事件においても第2の事件と同様特別損害として予見可能性を問題とすべきだったとするが，すぐ後で述べるように，両者の扱いを異にすることには一定の合理性を認めうる。

特別な合意により初めて生じる義務であるため，それを負担しないという利益
が所有権の保障内容をなしているとも解しがたい。したがって，「規範群」に
よる限り，違約金の賠償は所有権侵害の責任内容としては認められないと考え
　　　　　　　　　　　　　　　・・・・・・・・・・・・
られる。そして，ここでそれについて別途予見可能性を問うことは，所有権侵
害とは別個の（一次ないし後続）権利侵害としての帰責[113]を可能にするものと
理解できる。

2　人損に関する判例法理

次に，人損に関する損害項目として典型的な，あるいは判例上問題となった
ものを検討する。

(1)　治療費・逸失利益

人損における典型的な損害項目は治療費および逸失利益であり，これらはそ
れぞれ権利回復規範と価値補償規範に対応する。前者において，しばしば「相
当因果関係」による賠償額の制限がなされるのは，権利回復規範における費用
の「必要性」の要件に対応する。

後者の逸失利益として，具体的な収入の喪失が問題となる限りでは，身体・
健康に対する権利に含まれる「人的資源を投入する権限」と言うべきものの行
使による「利益」の賠償が問題となっていると説明できる。これに対し，主婦
や幼児の事例を中心に行われるいわゆる抽象的損害計算については，逸失利益
の推定ではなく，労働能力の喪失という積極的損害の賠償が行われていると理
解する見解（いわゆる労働能力喪失説）が，裁判例上も理論上も一定の支持を受
けている[114]。これは，上記「権限」自体の価値の賠償を認めるものに他なら
ない。ここまでは，それほど問題ないだろう。

(2)　後発事情の影響の有無

さらに，「規範群」を踏まえることで従来よりもよりよく説明できると思わ
れる問題として，加害後に被害者が別原因により死亡した場合において，そう
した後発事情が損害賠償の内容に影響を与えるかどうかという問題を挙げるこ
とができる。これについては，周知のように判例上損害項目が何かによって異

---

113)　違約金の負担がいかなる権利侵害に当たるのかは1つの問題であるが，契約関係への干渉を受
　　けた点を捉えて，契約侵害の一種と見ることが考えられる。
114)　四宮『不法行為』(1987) 581頁等。

なる扱いがされている。逸失利益については，平成8年の2つの最高裁判決において，「労働能力の一部喪失による損害は，交通事故の時に一定の内容のものとして発生している」ことを主たる理由として，別原因による被害者の死亡は逸失利益算定に当たって考慮されなかった[115]。これに対し，平成11年の最高裁判決は，傷害の結果必要となった介護費用については，「介護費用の賠償は，被害者において現実に支出すべき費用を補てんするものであり，……被害者が死亡すれば，その時点以降の介護は不要となる」などとして，別原因による被害者の死亡後の期間についての請求はできないとした[116]。

　これらのうち，前者は労働能力喪失説をとるがゆえに，不法行為時において損害が発生していることになるため，その時点でそれに関する責任内容が確定するのに対し，後者は個々の介護費用の支出を損害と捉えるがゆえに，支出により初めて損害が発生するため，被害者死亡によりそれがもはや生じなくなったならば賠償されるべき損害自体が存在しない，というのが素朴な理解である。しかし，このような議論は必ずしも決定的な役割を果たしていないという指摘もある[117]。実際，「損害」という明確に捉えがたい概念を用いて，その発生の有無から一定の結論を演繹するという議論がもし真剣になされているのだとしたら，それは概念法学的思考との誇りを免れないだろう。

　最高裁の判断においては，こうした概念法学的思考とは異なる何らかの価値判断ないし法感覚が働いたのだろう。そして，それは「規範群」によって明らかとなる。逸失利益においては，身体・健康に対する権利の保障内容の中核の1つである「人的資源を投入する権限」（≒労働能力）が損なわれているため，価値補償規範に基づきそれ自体の価値の賠償を請求できる。これが，逸失利益に関する平成8年判決の基礎にある規範的評価だと考えられる。これに対し，介護費用はむしろ利益保全規範によるものと見られる。具体的に言うと，身体・健康についての権利の保障内容の別の中核として，「人間らしい生活を送ることのできる地位」と言うべきものが含まれると考えられるところ[118]，介護費用はその「地位」に基づいて得られる「利益」の喪失を回避するものと捉

---

115) 最判平成8年4月25日民集50巻5号1221頁，同年5月31日民集50巻6号1323頁。
116) 最判平成11年12月20日民集53巻9号2038頁。
117) 水野「損害論のあり方に関する覚書」(2001) 3頁。
118) 第5章第2節2を参照。

えられる。こうした「利益」は，仮に失われたならば慰謝料による賠償の対象となるため，こうした保全費用の賠償が，当該利益と加害者の財産的負担[119]とを衡量した上相当な限度において認められるわけである。そして，これは対抗措置規範に属するものであるところ，そこではその目的からしていわゆる処分自由は認められるべきでなく，現実に要した費用あるいは支出の予定のある費用のみが，客観的に必要な限度を上限として賠償される。これが，介護費用に関する平成11年判決の基礎にある規範的評価だと考えられる[120]。このように見ると，両判決における結論の相違は，対抗措置規範と価値補償規範との異質性ないし目的の相違を言い当てるものに他ならない。

(3) 建物設計・施工者の第三者に対する責任

「規範群」によってよりよく説明できるもう1つの例として，建物設計・施工者の第三者に対する責任に関する平成19年の最高裁判決[121]を取り上げる。

そこでは，売主との請負契約に基づき建物を設計・施工した者の過失により当該建物に瑕疵が生じ，これを取得した買主が修補費用の支出を余儀なくされた場合に，買主は当該費用につき当該設計・施工者に対して不法行為に基づく損害賠償を請求できるかどうかが問題となった。これにつき最高裁は，設計・施工者等は「建物としての基本的な安全性」すなわち「建物利用者や隣人，通行人等……の生命，身体又は財産を危険にさらすことがないような安全性」が欠けることがないよう配慮する注意義務を負い，その違反により「建築された建物に建物としての基本的な安全性を損なう瑕疵があり，それにより居住者等の生命，身体又は財産が侵害された場合には，設計・施工者等は……これによって生じた損害について不法行為による賠償責任を負う」とした。さらに，

---

[119]　ドイツ法の検討でも見たとおり（第4章第2節3），こうした人損の場面において経済的効率性による制約を観念するという議論は成り立ちにくいだろう。

[120]　水野「損害論のあり方に関する覚書」(2001) 7頁が「逸失利益は，被害者の『原状』を回復する費用の代替物という側面を持っている。これに対して介護費用にはそのような性格がなく，むしろ後遺症確定後の被害者の『現状』を維持（ないし改善）するための費用という側面が強い。このように権利侵害後の不利益状態に関して，一方では原状回復（の代替）が要求され，他方では現状維持が問題となっていると整理するならば，後発的事象が生じた場合の評価されるべき損害の内容が，それぞれ異なることは比較的理解されやすいだろう」と述べるのは，本文と同様の発想に出たものと考えられる。

[121]　最判平成19年7月6日民集61巻5号1769頁。これは人損にのみ関わる事案ではないが，便宜上ここで扱う。

その後の平成 23 年の再上告審判決[122]では,「第一次上告審判決にいう『建物としての基本的な安全性を損なう瑕疵』とは,居住者等の生命,身体又は財産を危険にさらすような瑕疵をいい,建物の瑕疵が,居住者等の生命,身体又は財産に対する現実的な危険をもたらしている場合に限らず,当該瑕疵の性質に鑑み,これを放置するといずれは居住者等の生命,身体又は財産に対する危険が現実化することになる場合には,当該瑕疵は,建物としての基本的な安全性を損なう瑕疵に該当すると解するのが相当である」として,必要とされる危険の程度につきより立ち入った説明をしている。

ここでは,「居住者等の生命,身体又は財産」が現実に「侵害された」ことが必要とされているようである。そのため,判例評釈には,そこで「侵害された」権利が何かの検討に腐心するものが多い。そこでは,被侵害権利として,危険にさらされない利益とか[123],建物自体の所有権とか[124],売主に対する債権とか[125],一般財産とか[126]が言われている。しかし,最後の理解に対しては,

---

[122] 最判平成 23 年 7 月 21 日判時 2129 号 36 頁。

もっとも,他方でこの判決は,修補費用の賠償請求権につき,「所有者が,当該建物を第三者に売却するなどして,その所有権を失った場合であっても,その際,修補費用相当額の補塡を受けたなど特段の事情がない限り,一旦取得した損害賠償請求権を当然に失うものではない」としており,評釈類も,松本「建物の安全性確保義務と不法行為責任」(2011) 214 頁以下を初め,これに好意的なものが多い。しかし,これはドイツにおいて処分自由論として論じられてきたのと同じものであって,不当である。対抗措置規範においては,対抗措置を行うためにその費用の賠償が認められるのだから,そうした措置がもはやしえなくなった場合にまで当該費用の賠償を認めるという理屈は (第 2 章注182) に述べたような考え方を取らない限り) 成り立たない (なお,青野「損害賠償金の使途の自由」(2012) 106 頁は,ドイツの処分自由論を参照しつつこれを正当化する。しかし,この処分自由論が現在では判例上も学説上も純粋な形で維持されていないことは,第 2 章で見たとおりである。字面に囚われた外国法の導入には,慎重であるべきだろう)。

むしろ,同判決のような事案では,まず契約による,または従たる権利としての損害賠償請求権の移転の有無を検討した上で,それが否定される場合には,所有権の行使としての譲渡によって得られる売却利益の低下分 (それは修補費用に相当することが多いだろう) について価値補償規範に基づく賠償を認めるべきだろう。仮に結論が同じだとしても,修補費用として賠償されるのではない。もっとも,譲渡人が事情を秘して売却した場合の処理など,検討すべき点はなお多い。

[123] 円谷「判例評釈」(2008) 90 頁,荻野「『建物としての基本的な安全性を損なう瑕疵』の意義」(2009) 187 頁。石橋「建築士および建築施工者の不法行為責任」(2009) 66 頁以下も,出発点は同様だが,結論としては安全性を損なう瑕疵の存在によって買主の瑕疵不存在に対する信頼 (「安全性信頼利益」) が損なわれたことを権利侵害と見ており,これはむしろ第 3 の見解の発想に近い。

[124] 松本「建物の安全性確保義務と不法行為責任」(2011) 202 頁。

[125] 新堂「建築請負人の建物買主に対する不法行為責任」(2008) 60 頁。

[126] 鎌野「建物の瑕疵についての施工者・設計者の法的責任」(2008) 14 頁は,修補費用相当額の

橋本佳幸により「設計・施工者の行為義務は，元々，生命身体・所有権の侵害の危険性を基礎に設定されたものであって，総体財産までを当然に保護目的の範囲に含むとはいえない」との正当な指摘がされている[127]。同様のことは，第2および第3のものについても妥当しよう。

橋本は，この指摘に続けて，平成19年判例につき以下のような理解を示す。「この点については，生命身体の侵害（その危険性）と瑕疵修補との特別の関係が説明を与えよう。『建物としての基本的な安全性』を欠いた建物の取得者＝居住者Xは，生命身体に対する差し迫った危険性にさらされており，Xは，この危険を除去して生命身体の侵害を回避するために――すなわち権利侵害に対する防御措置として――，瑕疵の修補を行う。その意味で，瑕疵修補費用の支出は，生命身体の侵害と裏腹の関係にある。このような場面では，権利が現実に侵害された場合に準じて不法行為責任を成立させることが，権利保護という不法行為制度の目的に資する。設計・施工者の不法行為責任は，このゆえに，Xによる修補費用の支出にまで及ぼされるのである」[128]。こうした理解について，注で「不法行為制度（不法行為による損害賠償）は，本来，権利侵害に対する事後的保護を担うところ，この場面では，例外的に，これを事前の権利保護として機能させるわけである」[129]と補足されている。

設計・施工者の注意義務に関して最高裁が述べるところを視野に入れて考えるならば，こうした理解こそが（判決文の定式上の問題にもかかわらず）同判例の基礎にある規範的評価を言い当てるものというべきである[130]。そして，これ

損害が「財産権の侵害に当たる」と言う。
127) 橋本「不法行為法における総体財産の保護」（2009）413頁。
128) 橋本「不法行為法における総体財産の保護」（2009）413頁。
129) 橋本「不法行為法における総体財産の保護」（2009）416頁注81。
130) これに対しては，「『権利が現実に侵害された場合に準じて』不法行為責任が成立したと評価するために，『建物の瑕疵がはらむ生命身体に対する差し迫った危険』が必要であるとして，上告審判決よりも不法行為の成立要件を加重している。これは，再上告審判決が否定した差戻審判決の『現実的危険性論』にも通じる『危険な論理』と言えよう」との批判がある（松本「建物の安全性確保義務と不法行為責任」（2011）207頁）。「差し迫った」との言葉からどの程度の危険をイメージするかの問題に過ぎず，必ずしも第一次差戻控訴審（福岡高判平成21年2月6日判時2051号74頁）のような結論に至る必然性はないのだが，仮にこの批判のとおりであるとしても，権利保全規範を正面から認識するならば，「権利が現実に侵害された場合に準じて」扱うために不当に高い危険を要求する必要はもはやなくなる。したがって，その限りで，橋本の見解は権利保全規範を踏まえることでよりよく理解できると言えよう。

は言うまでもなく権利保全規範の考え方に他ならない。そうであれば，先の第1の見解のように，従来の枠組の中で権利の認定を前倒しし，その結果その外延を拡散させるよりも，むしろ最高裁が同規範に当たるものを実質的に承認したという事実を正面から見据えた上で，その要件および射程を明らかにしていくことこそが学説の任務と言うべきである[131]。そして，以上のような議論状況に鑑みれば，それは「規範群」を認識することで初めて可能となろう。

(4) 弁護士費用

最後に，人損に限られるわけではないが，弁護士費用に関する議論を見ておく。判例上，弁護士費用は「事案の難易，請求額，認容された額その他諸般の事情を斟酌して相当と認められる額」が賠償されるところ[132]，平井はこれを「弁護士費用を誰に負担させるべきか（敗訴者負担の制度を採るべきか）についての司法制度上の問題が，保護範囲に含まれるべきか否かという形をとってあらわれたものと解するほかな」く[133]，「司法制度利用のため負担すべき費用であって損害賠償の問題ではない」[134]とする。これは権利行使費用に関するシュトルの見解に近いものであり，その限りで「規範群」とも整合する。

---

[131] この問題は，必ずしも説明の仕方の問題にとどまるものではない。と言うのも，被侵害権利として建物自体の所有権とか一般財産といった財産的な権利，あるいは危険にさらされない利益という一段階前の権利しか問題とならないのであれば，生命・身体等それ自体が問題となる場合に比べて，設定される注意義務の程度が低くなることがありうるからである。例えば，石橋「建築士および建築施工者の不法行為責任」(2009) 84 頁注58 は，「建物の価値低下のすべてが，建物の『基本的な安全性』の欠如に基因するものではない。これに対し，『基本的な安全性』の欠如は，必然的に建物の価値低下をもたらす。こうした関係を前提とするならば，平成19年判決が判示する注意義務違反を，『安全性信頼利益』侵害の回避義務違反と捉えることは十分可能である」と述べる。このように理解することは，確かに可能ではあるだろう。しかし，そのことは，そこでの注意義務を「建物の安全性欠如を通じて買主の瑕疵不存在に対する信頼を害しないよう注意しなければならない」という，財産的法益のための義務に後退させることと引き換えである（これに対しては，言うところの「信頼利益」には「安全性への期待」が加味されている［石橋「建築士および建築施工者の不法行為責任」(2009) 68 頁以下］ことが見落とされているとの反論があるかも知れない。しかし，「信頼利益」に「『基本的な安全性』が欠けることによって」侵害されうるものという限定を付すことによって，当の「信頼利益」の要保護性が増すことになるとは思われない）。

[132] 最判昭和44 年2 月27 日民集23 巻2 号441 頁。

[133] 平井『不法行為』(1992) 127 頁。

[134] 平井『不法行為』(1992) 143 頁。

3 小　括

 ここまで，物損・人損の領域に限って，判例法理の概要および若干の個別問題と「規範群」との接続を試みた。その結果，それは基本的な部分において特に矛盾なく「規範群」と接続できるばかりか，若干の問題においては，まさにそれらを前提として初めて適切に説明できることを明らかにしえたのではないかと思われる。

 そうであれば，逆に「規範群」という理論枠組から判例法理ないしは一般的な理解に対し見直しを迫るということも考えられるところであるが[135]，こうした見直し作業をここで包括的に行う余裕はない。

第3節　先行学説との接合

 次いで，本節では，序章で概観した責任内容論に関する先行学説との接続を試み，それらと本書の検討結果との関係を明らかにする。

1　差額説＋相当因果関係論，金銭的評価説

 まず，通説および平井の見解を，2つの典型的理論モデルとして序章に掲げた。これらは，もともと「相当性」や「金銭的評価」の内実が明らかでない点に問題を抱えるものだったから，本書の検討結果である「規範群」は，まさにそれらの基礎にある規範的評価を明らかにしたものと捉えることで，何ら問題なく接続できる。その上で，そうした規範的評価にどのような表現上のラベリングをするかという問題が残るに過ぎない。

---

[135] 1点だけ挙げるとするならば，利用利益と代物賃料の関係についてである。車両損害に関する裁判例においては，いわゆる休車損害は営業車両についてのみ認められる一方，代車賃料は営業車両のみならず自家用車についても認められうるとされている（田島「車両損害」（2003）261頁等）。これにより，ドイツ法の検討で扱ったいわゆる抽象的利用利益の賠償は否定されているわけである。しかし，これによると，自家用車が問題となる場面で，被害者が代車の賃借をしなければ何の賠償も受けられないのに対し，それをすれば賃料の賠償が受けられることになる。前者は，加害者との関係で抽象的利用利益を被害者が負担しなければならないとの評価を基礎とするのに対し，後者は加害者がそれを負担しなければならないとの評価を基礎としており，両者間の矛盾は看過しがたい。両場面での扱いをいずれかの方向で統一するのでないと，一貫しないというべきだろう。

第 3 節　先行学説との接合

2　義務射程説ないし規範の保護目的説

次に，ここまでの叙述から既に明らかなように，責任内容論における義務射程説・規範の保護目的説に対しては，日本においてそのようなものがそもそも，また自覚的に主張されているのか明らかでないものの，大きな問題がある。

それは，1 つには同説が要件論（責任設定論）における違法性論ないし行為不法論および制度目的論における秩序思考と理論的に結びついているという理論レベルでの理由によるが，それだけではない。実用レベルにおいても，同説によっては適切に把握できない問題が存在する。それは，第 4 章で見た規範間の適用関係の決定に際しての衡量問題である。ここでは，権利の回復ないし補償の態様に複数のものがありえ，それをめぐって被害者・加害者間の利害が対立するということが問題の出発点になるところ，このような事態は権利を中心とした「規範群」を踏まえることで初めて把握されるからである[136]。

このように，責任内容論における義務射程説・規範の保護目的説には，不法行為法理論としても実用性の点からも問題があり，少なくとも不法行為法の制度目的が権利の保護に求められる限りにおいて，明確に反対すべきである[137]。

3　不可避性・確実性説

さらに，前田達明が判例分析から析出した不可避性・確実性との関係について見る。その前提として，前者の不可避性の内実について触れておく。これは，

---

[136]　実際，このような問題の典型例の 1 つである，物損における修補費用賠償の上限の問題は，教科書・体系書類においては，所有権侵害に関する各論的叙述の中で一般理論との関連が明らかにされないまま触れられることが通例であり（例えば，澤井『事務管理・不当利得・不法行為〔第 3 版〕』（2001）231 頁，吉村『不法行為法〔第 4 版〕』（2010）168 頁等。そもそも触れないものも多い），これまで適切な理論的立ち位置が与えられてきたとは言いがたい。

[137]　米村も，近時の論稿において，「権利・法益侵害（または上位概念としての「損害」）と損害（または下位概念としての「算定項目」）の関係をどのように構成するか」（米村「損害帰属の法的構造と立法的課題」（2015）166 頁）という問題（「賠償範囲連関」）につき，その判断は「必ずしも行為規範に由来する判断ではなく，権利・法益侵害の内容やその背景をなす規範的・政策的判断に依存するものと考え」るとしている（前掲 169 頁）。なお，米村によるそこでの問題整理につき，序章注 29）を参照。

　なお，念のため付言しておけば，ここで否定されるべきはあくまで責任内容論としての義務射程説・規範の保護目的説に限られる。責任設定論において（立場によっては，責任範囲論においても）権利侵害の帰責の可否を判断するための理論としてそれらを採用するかどうかは，全く別問題である。

前田の規準を支持するとする四宮和夫や澤井裕においては「必要性」と称されている[138]。この表現の違いは，権利侵害の裏返しに当たる損害（いわゆる侵害損害）とそれに後続する損害（いわゆる結果損害）との区別を採用するかどうかに起因するものと見られる。四宮や澤井においてはこれを区別し，上記規準は結果損害の賠償範囲に関する規準とされるため，そこでの積極損害としては被害者による何らかの形での支出といったものしか考えられない。そして，支出については「必要性」を問うのが自然である。これに対し，前田においては侵害損害に当たるものも含めて上記規準の対象とするため，積極損害として侵害損害に当たるものをも包摂する必要があり，それが「不可避性」との表現につながったものと見られる。要するに，前田における「不可避性」とは，侵害損害+「必要性」である。

以上を踏まえて，「規範群」との接合を行うと，その対応関係は明白である。すなわち，「必要性」規準は対抗措置規範によって一定の費用支出についての賠償が認められる場合に対応する。侵害損害は，権利が保障する「権限」ないし「地位」が損なわれた場合に，価値補償規範によってその価値の賠償が認められる場合に当たる。「確実性」は，同じく価値補償規範によって，権利が保障する「権限」ないし「地位」から得られたであろう「利益」の賠償が認められる場合に対応する。

このように見ると，前田による上記規準と「規範群」とを接続させることで，第1に，前者に，不法行為法を権利保護のための制度と見る理解を基礎とした理論的基礎を与えることができる[139]。第2に，前田による規準においてやや不明確であった点が明らかとなる。まず，「不可避性」の判断方法については，そのうち上述の「必要性」として一体何のための必要性が問われるのかが特に問題となる。これについては，被害者が必要と感じたものならば何でもよいのではなく，権利の完全性回復，または権利ないしその保障内容に含まれる「利益」を保全するために客観的に必要と評価される費用のみが賠償されると補足

---

138) 四宮『不法行為』(1987) 460 頁，澤井『事務管理・不当利得・不法行為〔第3版〕』(2001) 230 頁。
139) 橋本ほか『事務管理・不当利得・不法行為』(2011) 209 頁〔小池泰執筆〕も，この見解を「権利・法益の事後的保護の観点からも，十分に支持できる」と評価する。藤岡『不法行為法』(2013) 186 頁が，結果損害の賠償範囲の問題を「権利保護の範囲」の問題と捉えるべき旨を説くのも，明確でないが同様の趣旨か。

できる。また、「確実性」についても、取得が確実であればいかなる「利益」でも賠償されるのか、またそれは総体財産の差額の形で表れる必要があるのかどうかという点に疑問の余地があるとした。これについても、権利の保障内容に含まれる「利益」のみが賠償されるし、それに当たれば差額が生じる必要はないと補足できる。

4 規範的損害論

最後に、序章で規範的損害論として括った一群の見解との接続を試みる。

(1) 生活保障説——淡路剛久

まず淡路剛久の見解のうち、「評価段階説」については次の潮見佳男の見解に発展的に解消されたものと見て、そこでの検討に譲る。ここでは残る「生活保障説」について検討する。

淡路において、「生活保障」の下で具体的に念頭に置かれているのは、「包括的評価」に関するものを除けば、①将来の介護費用、②リハビリテーション費用、③各種補助具、住宅改造費用などの「できる限り支障の少ない家庭生活、社会生活を送るための物的条件整備の費用」[140]、④無所得者や収入が平均賃金より低い者についての平均賃金による逸失利益算定などである[141]。

これらのうち、④はいわゆる労働能力喪失説に連なる発想であり、「規範群」によるならば、時間ごとの「人的資源を投入する権限」の価値が抽象的に算定されているものと理解できる。より注目に値するのはその他のものであって、これらの費用は、「自らの日常生活のあり方を好きなように決定する権限」[142]または「人間らしい生活を送ることのできる地位」[143]から得られる精神的利益の喪失を回避するための費用に当たり、したがって利益保全規範により正当化されうるものである。そうすると、淡路の「生活保障説」は、生命・身体に対する権利の保障内容には上記のような「権限」および「地位」が含まれているという主張として理解できる。この見解に対しては、「何ゆえに個人間の民事責任論の場で、社会政策的な『生活保障』なる概念が使用されるのか、それを

---

140) 淡路『不法行為法における権利保障と損害の評価』(1984) 78頁。
141) 淡路『不法行為法における権利保障と損害の評価』(1984) 116頁以下。
142) 第3章第4節Ⅰ5(1)を参照。
143) 第5章第2節2を参照。

民事賠償法理のなかに取り込むための論拠が必要であろう」[144]との指摘がされているが，まさに上述のように理解することによって，その「論拠」を示すことができるだろう。すなわち，上記「利益」は初めから生命・身体に対する権利の保障内容に含まれており，だからこそ，それは単なる「社会政策」ではなく，「民事賠償法理のなかに取り込む」べきものなのだと説明できるわけである[145]。

なお，以上からも分かるように，淡路において「原状回復」が言われるとき，そこでは対抗措置規範に対応するものが理解されており[146]，そこに次に見る潮見との視点の相違を見てとることができる。

(2) 権利追求機能の観点からの規範的損害論——潮見佳男

潮見は，2010年の論稿において従前の議論をさらに展開させ，一部変更しているため，まずはそれを概観する。

そこでも，損害賠償の権利追求機能を規範的評価の視点とし，権利・法益の価値を金銭で実現・回復するという根幹部分は維持されている。その上で，次のように述べる。「第1に，権利・法益の客体に対する加害行為によって，当該客体に結びつけられた権利・法益が侵害され，不法行為の成立要件を充たした場合，権利・法益が帰属する権利主体（被害者）に対して，当該客体の有する価値（交換価値・使用価値・担保価値など）を金銭で実現・回復してやれば，少なくともその限りで，当該権利・法益の有する価値が被害者に実現・回復される。権利主体には，当該権利・法益の客体に割り当てられた価値を保持することが保障されているからである」[147]。「第2に，……当該客体の価値そのもの

---

144) 岡本「人身事故損害賠償のあり方」(1998) 139頁。
145) 既に潮見「人身侵害における損害概念と算定原理（二・完）」(1991) 726頁も，「人身の完全性により享受しえた価値というものは，生業利益にとどまらず，生活利益にまで及ぶ包括的なもの……である。そして，この点を指摘した意味では，『包括的損害把握』は高く評価されるべきである」として，同様の理解を示す。

また，いわゆる「居住福祉法学」の観点から「居住に関わる所有論（賃借権論も含む）の洗い直し」の必要性が説かれるのは（吉田(邦)『多文化時代と所有・居住福祉・補償問題』(2006) 45頁），解釈学的な見地からは，本文に述べたような権利の保障内容の拡充をそのような文脈における所有権（あるいは賃借権）についても進める必要性を説くものとして受け取ることができる。
146) さらに，序章注48) に見た太田の見解との関係では，彼が挙げる原状回復の類型のうち①は概ね権利回復規範に，②は概ね権利保全規範に当たることが分かる。これは同時に，太田における原状回復概念に理論的説明が与えられることを意味する。すなわち，それは，権利およびそれによって得られる利益が回復ないし保全されなければならないということから正当化されるのである。

を金銭で実現・回復しただけでは，当該権利・法益の有する価値が被害者に実現・回復されたといえない場合がある。被害者が社会生活のなかで自己に帰属する権利・法益の客体を用いて人格を自由に展開すること……を通じて財産的利益を享受している場合がこれである。権利・法益が帰属する権利主体には，権利の客体をどのように管理・処分するかにつき，自由に決定し行動することが，国家により……保障されている（財産管理・処分の自由，人格の展開の自由の保障）。このことを視野に入れたとき，権利主体に対し，当該客体の価値だけでなく，当該客体を用いた行動がこの者の総体財産にもたらしたであろう利益……の実現・回復もされてはじめて，当該権利・法益の有する価値が実現・回復されたということができる」[148]。

　以上においては，潮見が従来「私法秩序が権利・利益に対して割り当てた価値」「権利の客観的価値」と呼んできたものが，「客体の有する価値」と「当該客体を用いた行動がこの者の総体財産にもたらしたであろう利益」に区分されている。そして，従来その上乗せとして「具体的損害計算」を認めてきた部分は，後者に統合されているようである。これにより，いかなる観点から具体的損害計算が認められるのかが必ずしも明らかでないという，序章で述べた問題点が解消されたことになる。

　後者に関して「権利・法益が帰属する権利主体には，権利の客体をどのように管理・処分するかにつき，自由に決定し行動することが，国家により……保障されている」とされるのは，「規範群」の視点からは，権利が保障する「権限」について述べるものと理解できる。そして，前者についても，ドイツ法の検討から，「客体の価値」と言っても結局はこの「権限」の価値として捉えられ，算定されるものであることが分かった。そうすると，上記区分は，権利の保障内容の中核としての「権限」ないし「地位」の価値と，それによって得られる「利益」との区分に対応するものと理解できる。

　また，後者について，「賠償されるべき総体財産損害の範囲および損害額は，まず，社会生活のなかで権利・法益の客体を用いて人格を自由に展開することが，国家により当該権利主体に対しどこまで保障されるべきかという観点からの，被害者の権利・法益面への規範的評価によって定まる。その結果，社会生

---

147)　潮見「不法行為における財産的損害の『理論』」(2011) 33頁。
148)　潮見「不法行為における財産的損害の『理論』」(2011) 34頁。

活のなかで権利・法益の客体を用いて財産的利益を得る行動が権利主体みずからのリスクのもとでおこなわれるべきであるとされるときには，(過失相殺・損害軽減義務違反の問題となるよりも前に，既に)総体財産に生じた損失が，そもそも賠償されるべき損害から除外される」[149]とされていることもまた，「規範群」と整合する。ここでは，責任内容論において規準となるのは規範の保護目的とか義務射程などではなく，本書で言うところの「権利の保障内容」であるということが示されているわけである。

以上のように見ると，潮見の見解はまさに価値補償規範に即して展開したものと捉えられ，その妥当性の1つの裏づけとなるものである。それと同時に，潮見における「原状回復」が価値的なそれを意味していることがよく分かる。これは，本書の検討からは，対抗措置規範に関する理解が補充されるべきことを意味する。その他，権利の保障内容の中核には「権限」だけでなく，権利主体の自由な決定および行動といったものが観念しがたい「地位」もあるという点も，本書の検討結果の示すところである。

(3) 分析的損害論——水野謙

最後に，被侵害権利の捉え方およびその事後経過について共に分析的な視点を用いる水野謙の見解についても触れておく。水野の議論のうち，権利・法益を具体化させるという視点は，まさに権利の保障内容を具体的に明らかにしようとする試みに他ならない[150]。

一方，事後のプロセスを分析的に捉えていくという視点には，多様なものが含まれているようだが[151]，労働能力喪失や修理費の支出などに際して被害者の特別の努力や出費の節約を規範的に考慮すべきだとする点は，対抗措置規範において被害者が自ら対抗措置を行った場合の「費用」の評価に関わる。また，別原因による被害者死亡により介護費用の賠償がされなくなるという判例法理

---

149) 潮見「不法行為における財産的損害の『理論』」(2011) 35頁。
150) もっとも，その後の水野の論稿では，「個々の被害者を，そこから脱落してしまった社会のネットワークに再び復帰させる」という「新しい『原状回復』理念」を志向する方向へのシフトが見られる（水野「逸失利益概念に対する一つの疑問」(2010) 52頁以下，同「震災関連自殺の法的諸問題」(2015) 61頁）。こうした発想は，おそらく既存の権利・法益の規範的観点からの具体化という枠組にはもはや収まらないだろう。そうすると，そうした方向を目指すためには，人と人との関係性に着目した新たな権利論を構想するか，共同体主義の思想をとり入れるかのいずれかだと考えられるところ，水野がどちらの（あるいは全く別の）道を進むのかは未だ明らかでない。
151) 水野「損害論のあり方に関する覚書」(2001) 7頁。

もこの文脈で取り上げられているが，これは先述のように対抗措置規範の目的から基礎づけられることである。このように見ると，この後者の点は，対抗措置規範において，被害者の費用支出やその必要性という不法行為後の事情によって初めて賠償の内容が決まってくるということを言い当てたものと見ることができる。

以上のように理解できるならば，本書の議論はまさに水野の論旨を責任内容確定規範の角度から明確化し，展開したものに他ならないと言っても過言ではない。

5　補　論

序章で概観した先行学説と本書での検討結果たる「規範群」との接合については以上のとおりだが，最後に，従来の議論との関連づけという観点から言及を要するその他の点につき補充的に触れておく。

(1)　権利保全規範について

第1に，権利保全規範の位置づけである。これについては，以上の論述からも明らかなように，従来の責任内容論に関する先行学説には，それに対応するものは特に見出されなかった。しかしこれは，積極的な否定を意味するというよりも，むしろ，それらが「不法行為責任の発生には権利の『侵害』が不可欠である」との思考に囚われていたことによるものだろう。その点では，従来の見解には積極的な批判が向けられるべきである[152]。そもそも，多様なリスクにさらされた現代社会においては，しばしば説かれるように加害の一般的抑止を図ることも重要かも知れないが，それよりもまず，各個人に一定の範囲において自らの判断に基づく防御措置を行えるようにすることこそが，私的自治を根幹とする私法上の一制度としての不法行為法が充たすべき最低限の要請だと言うべきだろう[153]。

これに関連して，最近では，環境法の領域に端を発する，科学的な因果関係の証明ができなくても，健康や環境に対する深刻で不可逆的な被害が発生する

---

152)　もっとも，最近では，一般理論のレベルで権利保全費用の賠償請求権を認める見解も説かれるに至っている（潮見『債権各論Ⅱ〔第2版増補版〕』(2016) 62頁）。
153)　福島の原発事故に関して，除染費用や自主的避難による損害の賠償が重要な課題となっている現状においては，本文に述べたことはより強く当てはまる。

おそれがある場合には規制が正当化されるとの考え方（予防原則〔precautionally principle〕）が，原発賠償の問題を契機に注目を集めている[154]。こうした考え方に対応するためには，安全性ないし安心感に対する新たな法益を認めることも考えられる[155]。しかし，「新たな法益」による構成は，背後にある規範的評価——権利が実際に侵害されるに至っていなくても，一定の場合にはその予防のための費用が賠償されるべきだという評価——を適切に表現していないように思われる。最終的には立法的解決が図られるべきだろうが[156]，当面は，不法行為法の制度目的としての権利保護は侵害前に最もよく実現しうるということを根拠とする拡張ないし類推解釈によるべきだと考える[157]。

(2) 山本敬三の見解

第2に，近時，山本敬三が，本書の提示する「規範群」の内容にも触れつつ，責任内容論に関する分析を行っている。最後に，これと本書の立場の異同を明らかにしておこう。

(a) 内 容　山本は，権利侵害要件と損害要件との関係を論じる中で，「損害」には2つの意味があるとする。1つは，「『権利又は法律上保護される利益』の価値が失われたという意味」であり，これとの関係では，「『損害』要件は，『権利又は法律上保護される利益』が侵害されたことを受けて，その価値がどのようなものであり，それがどこまで失われたかということを判定するための要件として——つまり『権利又は法律上保護される利益』の侵害要件とは独立のものとして——位置づけられる」[158]。

「損害」の持つ意味のうちもう1つは，「『財産管理・処分の自由，人格の展

---

154) なお，いわゆる「予防原則」と権利保全規範の関わりを示唆するものとして，潮見「中島肇著『原発賠償 中間指針の考え方』を読んで」（2013）43頁を参照。
155) そうした方向を目指すものとして，例えば，大塚「不法行為・差止訴訟における科学的不確実性（序説）」（2015）826頁等。
156) 実際，諸外国の立法動向やヨーロッパの法統一に向けた動きに目を向けると，そこには，権利保全費用に当たるものの賠償を認める独立の規定を定める例が多く見出される。長野「賠償額算定規定の立法論に向けた論点整理」（2015）181頁以下を参照。
157) もちろん，その際の重要な問題は，どのような場合に権利保全措置に必要性ないし合理性が認められるかであるが，これについてここで立ち入ることはできない。もっとも，第3章第4節Ⅰ5(2)(b)で見たカナーリスの見解や，吉村「原子力損害賠償紛争審査会『中間指針』の性格」（2014）139頁，潮見「福島原発賠償に関する中間指針等を踏まえた損害賠償法理の構築」（2015）113頁以下での予防原則に関する議論が（異なる観点からのものであるが）手がかりとなろう。
158) 山本(敬)「不法行為法における『権利又は法律上保護される利益』」（2015）113頁。

開の自由』が侵害を受けたことによる損失という意味」だとされる。「各人は，それぞれに利用可能な資源——自己の財産や労力だけでなく，公共の用に供されるものも含めて——をどのように利用するかを決めて，経済活動を行う」ところ，被害者の総体財産に生じた収支上のマイナスは，こうした「経済的自由」の侵害に当たる。このマイナスが「損害」と評価されるのは，そのためだというわけである[159]。

　(b)　評　価　　以上の2つの類型が，それぞれ価値補償規範と対抗措置規範とに対応することは言うまでもない。これは，山本において両規範の区別が実質的に承認されているということであり，その限りで本書の立場と重なる。

　問題は，後者の類型に関する理解である。ここで山本は，総体財産の減少を，経済的資源の利用に関する決定権としての「経済的自由」の侵害という説明により損害と評価する。これは，そのような「経済的自由」の客体である資源の価値を損害と見ることと異ならないだろう。そうすると，第1の類型との相違は，権利侵害と価値喪失としての損害との間に「経済的自由」の侵害という中間項（おそらく後続侵害の一種に当たるのだろう）を挟むかどうかに過ぎないことになる。つまり，山本の立場は，本書の用語で言えば，価値補償規範一元論と言うべきものである。その点で，これは先に見た潮見の立場に近い[160]。

　このような理解は，権利利益説に好意的と見られる潮見においては[161]，自然なものと言うこともできる。しかし，山本は，まさにこうした「『利益』の『帰属』という権利観からの転換をはかる」権利論として，「主体がするかしないかを決める可能性が保障されるところに，『権利』を認める主眼がある」とする「決定権的権利観」を提唱しているのである[162]。ここで言う「主体がするかしないかを決める可能性」とは，権利によって保障される「権限」のことと理解してよいだろう。このような権利観の下で，「主体がするかしないかを

---

159)　山本(敬)「不法行為法における『権利又は法律上保護される利益』」(2015) 113頁。
160)　山本が潮見の見解をも参照していることから（山本(敬)「不法行為法における『権利又は法律上保護される利益』」(2015) 111頁以下），これはある意味で当然である。
161)　債権につき，潮見『債権総論Ⅰ〔第2版〕』(2003) 22頁以下，同『プラクティス債権総論〔第4版〕』(2012) 2頁以下。もっとも，不法行為法の文脈では，権利の多様性が強調されている（潮見『不法行為法Ⅰ〔第2版〕』(2009) 11頁）。
162)　山本(敬)「人格権」(2007) 47頁，同「基本権の保護と不法行為法の役割」(2008) 127頁以下，同「基本法による権利の保障と不法行為法の再構成」(2011) 84頁以下。

決める可能性」としての「権限」が損なわれたときに，その回復に要する費用の賠償が，なぜそうした「可能性」を回復するという理由のみによって直ちに正当化されないのか，なぜ「経済的自由」を持ち出した上でその客体の価値減少ということによって説明されなければならないのかは，明らかでない。要するに，山本の見解は，その基礎とする権利観との間に不整合があると言うべきだろう。

6 小 括

ともあれ，以上に見てきたように，本書の結論としての「規範群」は，責任内容論の先行学説と呼べるものと多くの部分において整合し，ある意味でそれらの優れた部分を寄せ集めたものとも言えるばかりか，一部においてはそれらの見解の必ずしも十分ではなかった部分を補足することができる。

そして，第1節における不法行為制度目的論との接合，第2節における物損・人損に関する判例法理との接合の結果をも踏まえれば，少なくともこれらの（今後も最も重要であり続けるであろう）領域においては，実は既に「規範群」が日本においても妥当していると結論づけてよいのではないかと考える。

結　章

1　責任内容論の体系

　以上を要するに，不法行為法の制度目的が権利の保護に求められる限りにおいて，理論的に妥当すべきであり，かつ物損・人損に関し既に日本において妥当していると筆者が考える責任内容確定規範は，以下のものである。

　①　侵害された権利の完全性を回復するために支出された費用は，必要な限度で賠償されなければならない（権利回復規範）。そのための前払いも認められる。

　②　侵害された権利が保障する権限ないし地位またはそこから得られたであろう利益が損なわれた場合には，それらの価値が賠償されなければならない（価値補償規範）。

　③　権利の侵害を回避するために支出された費用についても，①と同様に賠償されなければならない（権利保全規範）。

　④　侵害された権利が保障する権限ないし地位から得られたであろう利益の喪失を回避するために支出された費用についても，①と同様に賠償されなければならない（利益保全規範）。

　最後に，ここまでの検討の総括として，以上の「規範群」を前提とすれば責任内容論の体系はどのようなものとなるかを略述する。これは，（本書ではもはやなしえないものの）それらが物損・人損以外にどこまで射程を及ぼせるかを見定めていくための前提として有用だろう。

　(1)　権利の保障内容の解釈

　(a)　権利の保障内容の解釈という視点　　「規範群」のうち，権利回復規範・権利保全規範はいずれも権利の完全性，すなわち権利の保障内容の中核をなす「権限」または「地位」に向けられたものである一方，価値補償規範・利益保全規範はいずれも権利の保障内容をなす「利益」，すなわちその中核たる「権限」または「地位」に基づき得られたであろう「利益」に向けられたものであ

る。そうすると，これらの規範の適用に際しては，「権利の保障内容」をどう理解するか，その解釈が決定的である[1]。

　これは，契約責任の賠償範囲において契約解釈が重要とされる（契約利益説）[2]のとパラレルなものである。ここでは，一般論として，当該権利の保障の趣旨（厚生や抑止に関する規範的・政策的判断を含む）とか他の主体に対する介入の程度（「過剰介入」でないかどうか）といった要素を考慮することが考えられる。その上で，そうした解釈に際しては，上述のような権利の構造分析が手がかりとなりうる[3]。以下では，本書のまとめに代えて，ここまでの検討を踏まえた解釈枠組のための一試論を示すことにする。

　(b)　「権限」または「地位」の内容　　第1に，保障内容の中核にいかなる「権限」または「地位」が認められるのかを明らかにすべきである。それが権利者の自由とか選択といった要素を含むものであれば前者，そうでなければ後者である。

　なお，ここでは，1つの権利に1つの「権限」または「地位」が対応するとは限らないことに注意すべきである[4]。例えば，本書におけるここまでの検討に現れたように，身体・健康に対する権利は，「人的資源を投入する権限」（≒労働能力）の他，少なくとも「自らの日常生活のあり方を好きなように決定する権限」，「人間らしい生活を送ることのできる地位」の2つを含むと解すべきである[5]。

---

[1]　藤岡『不法行為法』(2013) 421頁注1が「損害の金銭的評価が行われる前提として，『権利』侵害の意味内容が制度目的（権利保護）の視点から規範的にとらえられる必要がある」とするのも，おそらく同様の方向を目指すものと考えられる。

　なお，プライバシーに関してこの課題に取り組む水野「プライバシーの意義に関する序論的考察」(2010) 1頁以下，同「プライバシーの意義」(2010) 29頁以下，名誉に関してこの課題に取り組む必要性とその指針を示す建部『不法行為法における名誉概念の変遷』(2014) 24頁以下，219頁以下，環境権ないし環境共同利用権に関しこの課題に取り組む中山『環境共同利用権』(2006) 103頁以下などは，本文に述べたような視点からは，責任内容論に関する先行研究として捉えることもできる。

[2]　奥田編『新版注釈民法(10) Ⅱ』(2011) 354頁以下［北川＝潮見執筆］参照。

[3]　確かに，契約法における債権の構造分析は最近ではもはや重視されていないが，これは契約においては契約当事者の意思というより重要な手がかりがあることによるものである。権利についてそれに対応するのは法の意思とでもいうことになろうが，法の意思によって権利内容を解釈するというのでは何も言っていないに等しい。

[4]　さらに，同種の権利であっても，目的物や社会的文脈の相違によってその保障内容を異にする可能性もありうるだろう。

(c) 「権限」または「地位」の価値　第2に，そうした「権限」または「地位」それ自体に価値が保障されて（割り当てられて）いるかどうかを明らかにすべきである。これは，いわゆる財産権に含まれる「権限」については一般的に肯定されよう。

人格的権利についても，身体・健康に含まれる「人的資源を投入する権限」，いわゆる労働能力についての賠償が，学説および一部下級審裁判例において相当有力であることに鑑みれば，「主体から切り離せないこと」のみをもって価値の割当を否定すべきではない。「人格的法益に割当内容はない」と考える理由はない。そこでは，特に当該「権限」または「地位」の経済的利用可能性が意味を持つ他，同種の権利における取扱いとの比較の視点といった点も考慮されうるだろう。

(d) 「権限」または「地位」の単位　「権限」または「地位」自体の価値が肯定されたとして，第3に，当該「権限」または「地位」が全体として単一のものなのか，または時間的に細分されたものなのかが問題となることがある。

これは，いわゆる物の抽象的利用賠償に対応する事例，すなわち一定期間当該「権限」または「地位」からの利益享受が不可能となったものの，当該期間中に当該「権限」の行使または当該「地位」からの利益発生の予定がなかったという事例に当てはまる。この場合に，「権限」または「地位」が時間的に細分されているならば，当該「権限」または「地位」自体が一部失われたことになり，具体的な「利益」の有無に関わらずその価値の賠償が認められるわけである。ここでは，客体の無断利用に対する抑止の必要性が意味を持ちうる他，客体の性質による区別も必要となろう。

(e) 権利の保障内容に含まれる「利益」　第4に，以上のような「権限」または「地位」がどのような「利益」を保障しているのか，換言すればそれらは何のために（いかなる「利益」を得るために）保障されているのかを明らかにする必要がある。権利侵害がなければこうした「利益」が発生していたであろうと言えれば，それが賠償の対象となる。

なお，その判断においては，「権限」と「地位」との区別が意味を持ちうる。

---

5) 楠本『人身損害賠償論』(1984) 19頁以下が「労働能力喪失損害の外側にそれと並列的なものとしていわば『日常生活能力の喪失損害』を肯定する余地がある」とする点にも，既に同様の視点を窺うことができる。

前者ではその行使がされていたであろう場合にのみ「利益」の発生が認められるのに対し，後者では，被害者の意思・計画にかかわらず，法が予定する態様および種類の利益が生じていたかどうかだけが問題となる。

(2) 対抗措置規範における必要性

次に，権利回復規範，権利保全規範[6]および利益保全規範においては，一定の費用の支出（の予定）が主張・立証されたことを前提として，問題となる費用の「必要性」が問題となる。ここでは，そこでの目的（権利の回復・保全，「利益」の保全）のために，被害者の立場にある合理人であればどのように行動したかが規準となる。

なお，被害者が自ら対抗措置を行った場合にも，それに対する報酬を与えるという観点から一定の賠償が認められるべきである。また，特に人損の場合，加害者が賠償を遅らせることでもはや権利の回復ができなくなった場合には，そうした遅延の抑止による権利の回復可能性確保という観点から，適時に賠償がされれば支出されたであろう額の賠償を認めることが考えられる。

(3) 価値補償規範における価値の算定

一方，価値補償規範においては，「権限」または「地位」自体の価値，あるいはそれに基づき得られる「利益」の価値を算定しなければならない。前者については，収益価値による算定が原則となる。もっとも，市場価格が存在する場合（所有権を初め，財産権の多くがそうだろう）には，それが通常の利用の価値を表すと考えられる。

後者の「利益」については，具体的な金額の形で生じる場合には当然それが基準となる。そうでない場合にも，ドイツにおける抽象的利用利益の算定方法が示唆するように，場合によっては具体的な金額を得る可能性があったならば，それを基に抽象的な利益の価値を算定すべきである。もっとも，これについては，加害者の利益あるいは社会的負担軽減[7]の観点から一定の閾値を設け，最低限の要保護性に達しないものについては賠償適格性を否定する可能性を留保しておくことが考えられる（些事原則）。

---

6) 以下に述べる点の他，権利保全規範については，具体的な特定の侵害の危険が生じている必要がある。これは，整理としては責任成立論に位置づけられる。

7) 具体的には，ドイツの議論において窺われたのと同様責任保険に関して問題となる余地もあるし，裁判手続のコストを抑えるという観点からの制限も，議論としてはありえよう。

(4) 規範間の適用関係

　これらの規範の適用が，目的が共通するため両立しない場合，いずれが適用されるかは，原則として被害者の選択による。もっとも，他に適用可能な規範がある場合には，被害者の選択した規範が排除され，当該他の規範が指示される場合がある。その判断は，当該指示による被害者の不利益ないし負担の程度と，当該指示により得られる加害者の財産的利益または経済的効率性との衡量という，ハンドの定式と同様の判断枠組による[8]。

2 「損害」要件について

　(1) 以上において責任内容の判断枠組を整理した際，そこでは「規範群」を出発点に据えたため，「損害」という概念は登場しなかった。この点につき，補足をしておく。

　まず，そこにおいても，冒頭で触れた典型的理論モデルにならって，最終的に賠償すべき額を「損害」としたり，逆に帰責の対象，すなわち権利侵害自体を「損害」とすることはもちろん不可能ではない。しかし，これは結局法技術的に意味のない条文との辻褄合わせ以上の意味を持たず，「要件」と呼ぶに値しない。

　一定の法技術的意味を備えた「損害」概念としては，第3章で見たヴュルトヴァインの見解[9]が参考になる。そこでは，権利侵害に当たる「狭義の損害」と将来の不利益な展開を意味する「広義の損害」とが観念されていた。これは，権利の保障内容における「権限」ないし「地位」とそれに基づく利益の区別に対応する。したがって，権利回復規範・権利保全規範においては「狭義の損害」が，価値補償規範・利益保全規範においては「広義の損害」が，それぞれ要件となると整理することには，一定の意味がありうる。しかし，これによると，権利保全規範・利益保全規範が適用される場合，「損害」は回避されるわけだから，「損害」が生じていないにもかかわらずその賠償を認めるということになり，やや奇妙である。

---

8) なお，(2)で述べた支出の「必要性」とここでの両立しない規範の適用排除によって，不法行為における過失相殺のうちいわゆる「損害の拡大についての過失」の場面は尽くされていると思われるため，これを過失相殺において別途検討する余地はないと思われる。責任の成立についての過失相殺および損益相殺が別途問題となることは，言うまでもない。
9) 第3章第2節Ⅳ 3-2 を参照。

結 章

　結局，体系的な有用性のない「損害」要件を立てることにことさら腐心する必要があるのかという疑問が湧いてくる。

　(2)　日本においてこの点を正面から論じるほぼ唯一の論者が，高橋眞である。高橋は，損害概念ないしそれを論じることの積極的意義を評価する文脈で，次のように述べる。「損害の把握は，この（筆者注。損害の）算定論の出発点をなす。その役割は，算定論で展開される金銭評価の前提として，評価の対象を明らかにし，また賠償の目的と，賠償によって実現されるべき状態とを明らかにすることにある。すなわち，権利侵害という事実そのものから，それによる不利益へと分析の対象を移行させることによって，以後の算定論の展開を可能にする点に，損害概念の意義が存在する。そして，金銭評価の問題を分離した上においては，『法益に被った不利益』『利益状態の差』という把握は，損害概念としてなお意味を持つものと考える。概念としては著しく抽象的であるが，その不利益の内容は何か，またその回復のために何が必要かという具体的内容は，算定論の展開の中で充実されるべきものである。算定論において様々な要素を具体的に評価するにあたり，各々の評価が矛盾したり，重複したり，あるいは評価すべきものが脱落したりしないために，賠償の対象や目的を全体として示す統括概念として，損害概念が必要であると考える」[10]。

　こうした問題意識自体は，本書の問題意識と大幅に重なるものである。しかし，その上で言うと，「評価の対象を明らかにし，また賠償の目的と，賠償によって実現されるべき状態とを明らかにする」という役割は，「法益に被った不利益」ないし「利益状態の差」の意味での「損害」概念よりも，本書で示したような責任内容確定規範によってよりよく達成され，またそれによって「不利益の内容は何か，またその回復のために何が必要か」をより直接に明らかにできるように思われる。

　(3)　むしろ，「損害」要件を立てることによる弊害にも目を向けるべきだろう。例えば，「損害」要件を独立に定立する場合には，いきおいその本質とか統一的理解といったものを志向しがちになるが，これにはそれぞれの責任内容確定規範の内容の違いを見えにくくしてしまうという問題点がある。実際，ドイツにおいても，モムゼンに由来する統一的な財産損害概念，すなわち「差額

---

10)　高橋『損害概念論序説』（2005）226 頁以下。

説」が長らく影響を及ぼしてきたことが，原状回復が財産損害の賠償に埋没していった一因であることを第2章において見た。

さらに，「損害」要件を立てることは，例えば「既に損害は生じているから，その後の事情は賠償内容に影響しない」といった思考様式に至りやすいが，既に水野が論じているように[11]，こうした説明に説得力はない。このように，「損害」なるものを存在論的な実体と捉えることは，まさに責任内容確定規範を隠蔽するものであり，そこから一定の解釈論的帰結を導くとしたら，それは概念法学的思考との謗りを免れない。

(4) 以上のような点に鑑みれば，責任内容論の体系において「損害」要件を独立に立てることは有害無益ではないかと考える[12]。もちろん，ここでの議論は理論体系に関してのものであり，「責任内容確定規範に照らした場合に一定の責任内容を基礎づける具体的事実」が主張立証されるべき要件事実となることは言うまでもない。

3 残された課題

以上が，本書の検討結果である。もっとも，これに対しては，問題を全て「権利の保障内容」の解釈に押し込むものだといった批判が想定される。しか

---

11) 水野「損害論のあり方に関する覚書」(2001) 4頁。
12) 平井『不法行為』(1992) 75頁も，「結局，日本民法では，損害を定義する法技術的意味に乏しく……損害賠償の内容に解消されると認むべき」だとする。なお，民法709条の文言との関係では，「損害」の「賠償」ではなく「損害賠償」と読めば足りる。

これに対し，損害要件は責任の外延を画し，もって制裁や抑止という目的のために不法行為法が無限定に利用されることを防ぐ役割を果たすと説く近時の文献として，窪田「不法行為法における法の実現」(2014) 83頁，98頁。そのような限定が必要となるのは，おそらく制度目的に関する独立的理解（第6章注80）および81）とそれに対応する本文を参照）と無関係ではないだろう。

なお，本文のような理解に対しては，消滅時効の規定（民法724条）や民訴法上の損害額の認定に関する規定（民事訴訟法248条）などにおいて，実定法上「損害」要件を前提とした規律がなされているとの批判がありうる。もっとも，現段階において既に「損害」概念として一般に何が理解されているのか明らかとは言いがたいところ，それによってこれらの規定の適用に関して問題が生じているわけではなさそうである。内容が不明確でも問題がないのならば，存在しなくても別段問題はないようにも思われる。さらに言えば，こうした状況下において，それら規定の適用に際して問題が生じた場合には，当該規定の趣旨と不法行為法における責任内容確定規範とを併せ考慮して解決する他はなく，そして一旦そうした解決がなされれば，やはり「損害」要件は必要がないことになろう。結局，「損害」要件を形式上維持することによって解決される法律問題は存在しないのではないか。

結　章

し，仮に本書の検討が的を射ているのならば（そして制度目的論における権利論の高まりにも照らせば）それこそが真の問題点なのだから，それはある意味でやむを得ないものであると同時に，個別の権利に即した各論的検討によって，各権利の「保障内容」，そして上記「規範群」の射程を明らかにすることが，今後に残された大きな課題となる。本書では物損・人損という古典的・普遍的な類型に即して，責任内容論の最も根幹的な部分を明らかにしたに過ぎず，その解明のためのまさに第一歩に過ぎない。

　また，本書の検討結果は，（仮にそれを受け入れるならば）各方面に及ぼす影響が少なくない。何よりもまず，いわゆる利得吐出しの問題を含めて，侵害利得論における「割当内容説」との関係が問題となる。また，差止論において語られることのある，不法行為法はあくまで「損害」を賠償するものであって権利状態を回復するものではないといった素朴な不法行為法理解には反省を迫りうるし，そこでのいわゆる不法行為構成にも新たな光を当てることができよう。さらに，「規範群」のうち権利回復規範と価値補償規範ないし利益保全規範との関係は，契約責任における履行請求と損害賠償との関係を想起させ，本書が結論とした両者間の自由選択の原則はいわゆるレメディ・アプローチをも想起させる。これらの間に何らかの関係が見出されるのかといったこともまた，検討に値する。

　これらのいずれも非常に困難な課題を前にしつつ，ひとまず本書を閉じる。

引用文献一覧

○ 引用は，原則として「著者名・タイトル（の略称）・発行年・頁数」の形式で行う。ただし，特殊な表記をするものについては，個別の文献ごとに指示する。
○ 後に論文集等に収録された文献をその論文集等により引用するときは，発行年度に代えて「元の文献の発行年／論文集等の発行年」を掲げる。
○ 特に頁数を示さず引用するときは，その文献全体の参照を意味する。

I．欧　文

Aicher, Josef: Das Eigentum als subjektives Recht（1975）
Askenasy, Robert: Über den immateriellen Schaden nach dem BGB, Gruchot 70（1929）S. 373 ff.
von Bar, Christian: Gemeineuropäisches Deliktsrecht, Band II（1999）
Baur, Fritz: Entwicklung und Reform des Schadensersatzrechts（1935）
Bergmann, Andreas: Der allgemeine materiellrechtliche Kostenerstattungsanspruch, AcP 211（2011）, S. 813 ff.
Boecken, Winfried: Deliktsrechtlicher Eigentumsschutz gegen reine Nutzungsbeeinträchtigungen（1995）
Bötticher, Eduard: Schadensersatz für entgangene Gebrauchsvorteile, VersR 1966, S. 301 ff.
Brüggemeier, Gert: Gesellschaftliche Schadensverteilung und Deliktsrecht, AcP 182（1982）S. 431 ff.
Bucher, Eugen: Das subjektive Recht als Normsetzungsbefugnis（1965）
Bydlinski, Franz: Probleme der Schadensverursachung nach deutschem und österreichischem Recht（1964）
―: Der unbekannte objektive Schaden, JBl 1966, S. 440 ff.
von Caemmerer, Ernst: Das Problem des Kausalzusammenhangs im Privatrecht（1956）
―: Wandlungen des Deliktsrechts, in: Hundert Jahre deutsches Rechtsleben. Festschrift zum hundertjährigen Bestehen des Deutschen Juristentages 1860-1960, Band II（1960）S. 49 ff.
―: Die absoluten Rechte in § 823 Abs. 1 BGB, in: Karlsruher Forum 1961. Referate und Diskussionen zum Thema: Grundprobleme der Haftung in § 823 Abs. 1 BGB（1961）S. 19 ff.
―: Das Problem der überholenden Kausalität im Schadensersatzrecht（1962）
―: Die Bedeutung des Schutzbereichs einer Rechtsnorm für die Geltendmachung von Schadensersatzansprüchen aus Verkehrsunfällen, DAR 1970, S. 283 ff.
Canaris, Claus-Wilhelm: Zivilrechtliche Probleme des Warenhausdiebstahls, NJW 1974, S. 521 ff.
―: Schutzgesetze – Verkehrspflichten – Schutzpflichten, in: Festschrift für Karl Larenz zum 80. Geburtstag（1983）S. 27 ff.
―: Der Schutz obligatorischer Forderungen nach § 823 I BGB, in: Festschrift für Erich Steffen zum 65. Geburtstag（1995）S. 85 ff.
Crome, Carl: System des deutschen bürgerlichen Rechts, Band II（1902）
Degenkolb, Heinrich: Der spezifische Inhalt des Schadensersatzes, AcP 76（1890）S. 1 ff.
Deutsch, Erwin: Entwicklung und Entwicklungsfunktion der Deliktstatbestände. Ein Beitrag zur

Abgrenzung der rechtsetzenden von der rechtsprechenden Gewalt im Zivilrecht, JZ 1963, S. 385 ff.

—: Haftungsrecht, Band I Allgemeine Lehren (1976)

—: Allgemeines Haftungsrecht (2. Aufl. 1996)

Deutsch, Erwin/Ahrens, Hans-Jürgen: Deliktsrecht (6. Aufl. 2014)

Ehrenzweig, Armin: System des österreichischen allgemeinen Privatrechts II/1 (2. Aufl. 1928)

Ellger, Reinhard: Bereicherung durch Eingriff (2002)

Enneccerus, Ludwig: Lehrbuch des Bürgerlichen Rechts, Band I/2 Recht der Schuldverhältnisse (10. Bearbeitung 1927)

Enneccerus, Ludwig/Nipperdey, Hans Carl: Allgemeiner Teil des Bürgerlichen Rechts, Halbband I (15. Bearbeitung 1959)

Esser, Josef: Schuldrecht (1949)

—: Schuldrecht (2. Aufl. 1960)

—: Schuldrecht, Band I Allgemeiner Teil (3. Aufl. 1968)

Esser, Josef/Schmidt, Eike: Schuldrecht, Band I Allgemeiner Teil (6. Aufl. 1984)

Fezer, Karl-Heinz: Teilhabe und Verantwortung (1986)

Fikentscher, Wolfgang/Heinemann, Andreas: Schuldrecht (10. Aufl. 2006)

Fischer, Hans Albrecht: Der Schaden nach dem Bürgerlichen Gesetzbuche für das Deutsche Reich (1903)

Friese, Ulrich: Haftungsbegrenzung für Folgeschäden aus unerlaubter Handlung, insbesondere bei § 823 Abs. 1 BGB (1968)

Frotz, Gerhard: Der „Ersatz in Geld" nach § 250 S. 2 BGB, JZ 1963, S. 391 ff.

Gebauer, Martin: Hypothetische Kausalität und Haftungsgrund (2007)

Gotthardt, Peter: Wandlungen schadensrechtlicher Wiedergutmachung (1996)

Gottwald, Peter: Schadenszurechnung und Schadensschätzung (1979)

Gotzler, Max: Rechtmäßiges Alternativverhalten im haftungsbegründenden Zurechnungszusammenhang (1977)

Grunsky, Wolfgang: Aktuelle Probleme zum Begriff des Vermögensschadens (1968)

—: Kommentierung der §§ 249-255, in: Münchener Kommentar zum Bürgerlichen Gesetzbuch, Band 2 Schuldrecht Allgemeiner Teil §§ 241-432 (1979) [MünchKommBGB/*Grunsky* (1979) として引用]

—: Der Ersatz fiktiver Kosten bei der Unfallschadensregulierung, NJW 1983, S. 2464 ff.

—: Kommentierung der §§ 249-255, in: Münchener Kommentar zum Bürgerlichen Gesetzbuch, Band 2 Schuldrecht Allgemeiner Teil §§ 241-432 (3. Aufl. 1994) [MünchKommBGB[3]/*Grunsky* (1994) として引用]

Grüneberg, Christian: Kommentierung der §§ 241-432, in: Palandt Bürgerliches Gesetzbuch (75. Aufl. 2016) [Palandt[75]/*Grüneberg* (2016) として引用]

Hagen, Horst: Fort- oder Fehlentwicklung des Schadensbegriffs?, JuS 1969, S. 61 ff.

—: Die Drittschadensliquidation im Wandel der Rechtsdogmatik (1971)

Hager, Johannes, Kommentierung der §§ 823-832, in: Staudinger Kommentar zum Bürgerlichen Gesetzbuch Buch 2 §§ 823-832 (13. Bearbeitung 1999) [Staudinger[13]/*Hager* (1999) として引用]

Haug, Richard: Naturalrestitution und Vermögenskompensation (Teil 1), VersR 2000, S. 1329 ff.

Heck, Philipp: Grundriß des Schuldrechts (1929)

Hohloch, Gerhard: Allgemeines Schadensrecht – Empfiehlt sich eine Neufassung der gesetzlichen Regelung des Schadensrechts (§§ 249-255 BGB)?, in: Gutachten und Vorschläge zur Überarbei-

tung des Schuldrechts, Band I (1981) S. 375 ff.
Honsell, Heinrich/Harrer, Friedrich: Entwicklungstendenzen im Schadensersatzrecht, JuS 1985, S. 161 ff.
—: Schaden und Schadensberechnung, JuS 1991, S. 442 ff.
Huber, Christian: Fragen der Schadensberechnung (1993)
Huber, Ulrich: Normzwecktheorie und Adäquanztheorie, JZ 1969, S. 677 ff.
—: Verschulden, Gefährdung und Adäquanz, in: Festschrift für Eduard Wahl (1973) S. 313
Jahr, Günther: Schadensersatz wegen deliktischer Nutzungsentziehung, AcP 183 (1983) S. 725 ff.
Jakobs, Horst Heinrich: Eingriffserwerb und Vermögensverschiebung in der Lehre von der ungerechtfertigten Bereicherung (1964)
Jakobs, Horst Heinrich/Schubert, Werner (Hrsg.): Die Beratung des Bürgerlichen Gesetzbuchs in systematischer Zusammenstellung der unveröffentlichten Quellen, Recht der Schuldverhältnisse I (1978)
Jansen, Nils: Die Struktur des Haftungsrechts (2003)
—: Kommentierung der §§ 240-253, 255, in: Historisch-kritischer Kommentar zum BGB, Band II/1 §§ 241-304 (2007) [HKK/*Jansen* (2007) として引用]
—: Gesetzliche Schuldverhältnisse. Eine historische Strukturanalyse, AcP 216 (2016) S. 112 ff.
Jhering, Rudolf von: Geist des römischen Rechts auf den verschiedenen Stufen seiner Entwicklung, Teil III (5. Aufl. 1906)
Karakatsanes, Johannes: Zur Zweckgebundenheit des Anspruchs aus § 249 S. 2 BGB bei noch nicht durchgeführter Herstellung, AcP 189 (1989) S. 19 ff.
Kelsen, Hans: Reine Rechtslehre (1934)
Keuk, Brigitte: Vermögensschaden und Interesse (1972)
Kipp, Theodor: Ueber den Begriff der Rechtsverletzung, in: Festgabe der Berliner juristischen Fakultät für Otto Gierke zum Doktor-Jubiläum, Band II Privatrecht, Zivilprozessrecht (1910) S. 1 ff.
Koziol, Helmut: Die Beeinträchtigung fremder Forderungsrechte (1967)
—: Österreichisches Haftpflichtrecht, Band I Allgemeiner Teil (3. Aufl. 1997)
—: Bereicherungsansprüche bei Eingriffen in nicht entgeltsfähige Güter?, in: Norm und Wirkung. Festschrift für Wolfgang Wiegand zum 65. Geburtstag (2005) S. 449 ff.
—: Gewinnherausgabe bei sorgfaltswidriger Verletzung geschützter Güter, in: Perspektiven des Privatrechts am Anfang des 21. Jahrhunderts. Festschrift für Dieter Medicus zum 80. Geburtstag (2009) S. 237 ff.
—: Geringfügigkeitsschwellen im Schadenersatzrecht?, in: Tradition mit Weitsicht. Festschrift für Eugen Bucher zum 80. Geburtstag (2009) S. 419 ff.
—: Grundfragen des Schadenersatzrechts (2010)
Köhler, Helmut: Abstrakte oder konkrete Berechnung des Geldersatzes nach § 249 Satz 2 BGB?, in: Festschrift für Karl Larenz zum 80. Geburtstag (1983) S. 349 ff.
Köndgen, Johannes: Ökonomische Aspekte des Schadensproblems, AcP 177 (1977), S. 1 ff.
Kreß, Hugo: Lehrbuch des Allgemeinen Schuldrechts (1929)
Kuhlenbeck, Ludwig: Kommentierung der §§ 241-432, in: Staudinger Kommentar zum Bürgerlichen Gesetzbuch, Band II Recht der Schuldverhältnisse Teil I §§ 241-580 (5./6. Aufl. 1910) [Staudinger[5/6]/*Kuhlenbeck* (1910) として引用]
Lang, Rolf: Normzweck und Duty of Care (1983)
Lange, Heinrich: Vom alten zum neuen Schuldrecht (1934)

Lange, Hermann: Gutachten für den 43. Deutschen Juristentag (1960)
—: Adäquanztheorie, Rechtswidrigkeitszusammenhang, Schutzzwecklehre und selbständige Zurechnungsmomente, JZ 1976, S. 198 ff.
—: Schadensersatz (2. Aufl. 1990)
Lange, Hermann/Schiemann, Gottfried: Schadensersatz (3. Aufl. 2003)
Larenz, Karl: Die Berücksichtigung hypothetischer Schadensursachen bei der Schadensermittlung, NJW 1950, S. 487 ff.
—: Lehrbuch des Schuldrechts, Band II Besonderer Teil (5. Aufl. 1962)
—: Die Notwendigkeit eines gegliederten Schadensbegriffs, VersR 1963, S. 1 ff.
—: Der Vermögensbegriff im Schadensersatzrecht, in: Festschrift für Hans Carl Nipperdey zum 70. Geburtstag, Band I (1965), S. 489 ff.
—: Nutzlos gewordene Aufwendungen als erstattungsfähige Schäden, in: Festgabe zum 60. Geburtstag von Karl Oftinger (1969) S. 151 ff.
—: Lehrbuch des Schuldrechts, Band I Allgemeiner Teil (11. Aufl. 1976)
—: Zur Struktur „subjektiver Rechte", in: Beiträge zur europäischen Rechtsgeschichte und zum geltenden Zivilrecht. Festgabe für Johannes Sontis (1977) S. 129 ff.
—: Lehrbuch des Schuldrechts, Band I Allgemeiner Teil (12. Aufl. 1979)
—: Lehrbuch des Schuldrechts, Band II Besonderer Teil (12. Aufl. 1981)
—: Lehrbuch des Schuldrechts, Band I Allgemeiner Teil (14. Aufl. 1987)
Larenz, Karl /Canaris, Claus-Wilhelm: Lehrbuch des Schuldrechts, Band II 2 (13. Aufl. 1994)
Leonhard, Franz: Allgemeines Schuldrecht des BGB (1929)
Lieb, Manfred: Personalkosten als Schaden, in: Festschrift für Ernst Steindorff zum 70. Geburtstag (1990) S. 705 f.
Looschelders, Dirk: Schuldrecht Allgemeiner Teil (13. Aufl. 2015)
Lorenz-Meyer, Ulrich: Haftungsstruktur und Minderung der Schadensersatzpflicht durch richterliches Ermessen (1971)
Mädrich, Matthias: Das allgemeine Lebensrisiko (1980)
Magnus, Ulrich: Schaden und Ersatz (1987)
—: Kommentierung der Vor §§ 249–255, §§ 249–251, in: Nomos Kommentar BGB Schuldrecht, Band 2/1 (3. Aufl. 2016) [NK-BGB[3]/*Magnus* (2016) として引用]
Medicus, Dieter: Besitzschutz durch Ansprüche auf Schadensersatz, AcP 165 (1965) S. 115 ff.
—: Naturalrestitution und Geldersatz, JuS 1969, S. 449 ff.
—: Die teure Autoreparatur - BGH, NJW 1972, 1800, JuS 1973, S. 211 ff.
—: Kommentierung der §§ 243–254, in: Staudinger Kommentar zum Bürgerlichen Gesetzbuch §§ 243-254 (12. Aufl. 1980) [Staudinger[12]/*Medicus* (1980) として引用]
—: Die Forderung als „sonstiges Recht" nach § 823 Abs. 1 BGB?, in: Festschrift für Erich Steffen zum 65. Geburtstag (1995) S. 333 ff.
—: Bürgerliches Recht (21. Aufl. 2007)
Medicus, Dieter/Lorenz, Stephan: Schuldrecht I Allgemeiner Teil (20. Aufl. 2012)
Mertens, Hans-Joachim: Der Begriff des Vermögensschadens im Bürgerlichen Recht (1967)
—: Kommentierung der §§ 249–255, in: Soergel Bürgerliches Gesetzbuch, Band 2 Schuldrecht I (12. Aufl. 1990) [Soergel[12]/*Mertens* (1990) として引用]
Mommsen, Friedrich: Zur Lehre von dem Interesse (1855)
Motive zu dem Entwurfe eines Bürgerlichen Gesetzbuches für das Deutsche Reich, Band II. Recht der Schuldverhältnisse (1888)

Möller, Hans: Summen- und Einzelschaden (1937)
Mugdan, Benno (Hrsg): Die gesammten Materialien zum Bürgerlichen Gesetzbuch für das deutsche Reich, Band II (1899)
Münzberg, Wolfgang: Verhalten und Erfolg als Grundlagen der Rechtswidrigkeit und Haftung (1966)
Neuner, Robert: Interesse und Vermögensschaden, AcP 133 (1931) S. 277 ff.
Nipperdey, Hans Carl (Hrsg.): Grundfragen der Reform des Schadenersatzrechts (1940)
Oertmann, Paul: Die Vorteilsausgleichung beim Schadensersatzanspruch im römischen und deutschen bürgerlichen Recht (1901)
—: Recht der Schuldverhältnisse, Erste Abteilung (5. Aufl. 1928)
Oetker, Hartmut: Kommentierung der §§ 249-255, in: Münchener Kommentar zum Bürgerlichen Gesetzbuch, Band 2 Schuldrecht Allgemeiner Teil §§ 241-432 (7. Aufl. 2016) [MünchKommBGB⁷/ Oetker (2016) として引用]
Picker, Eduard: Der privatrechtliche Rechtsschutz gegen baurechtswidrige Bauten als Beispiel für die Realisierung von „Schutzgesetzen", AcP 176 (1976) S. 28 ff.
—: Buchbesprechung: Gerhard Hohloch, Die negatorischen Ansprüche und ihre Beziehungen zum Schadensersatzrecht, AcP 178 (1978) S. 499 ff.
—: Negatorische Haftung und Geldabfindung - Ein Beitrag zur Differenzierung der bürgerlichrechtlichen Haftungssysteme, in: Festschrift für Hermann Lange zum 70. Geburtstag (1992) S. 625 ff.
—: Der „dingliche" Anspruch, in: Im Dienste der Gerechtigkeit. Festschrift für Franz Bydlinski (2002) S. 269 ff.
—: Der deliktische Schutz der Forderung als Beispiel für das Zusammenspiel von Rechtszuweisung und Rechtsschutz, in: Festschrift für Claus-Wilhelm Canaris zum 70. Geburtstag, Band I (2007) S. 1001 ff.
—: Rechtszuweisung und Rechtsschutz im Deliktsrecht am Beispiel des Kaltluftsee-Falles (BGHZ 113, 384), in: Perspektiven des Privatrechts am Anfang des 21. Jahrhunderts. Festschrift für Dieter Medicus zum 80. Geburtstag (2009) S. 311 ff.
—: Deliktsrechtlicher Eigentumsschutz bei Störung der Energieversorgung? Die Stromkabel-Fälle als Prüfstein des modernen Deliktsrechts, in: Festschrift für Helmut Koziol (2010) S. 813 ff.
—: Deliktsrechtlicher Eigentumsschutz bei Störungen der Sach-Umwelt-Beziehung – eine Skizze – , JZ 2010, S. 541 ff.
Picker, Ulrike: Die Naturalrestitution durch den Geschädigten (2003)
Planck, Gottlieb: Bürgerliches Gesetzbuch nebst Einführungsgesetz II. Recht der Schuldverhältnisse (1./2. Aufl. 1900)
Posner, Richard A.: A Reply to Some Recent Criticisms of the Efficiency Theory of the Common Law, 9 Hofstra L. Rev. 775 (1981)
Protokolle der Kommission für die zweite Lesung des Entwurfs des Bürgerlichen Gesetzbuchs, Band I (1897), Band II (1898)
Rabel, Ernst: Das Recht des Warenkaufs, Band I (1936)
Raiser, Ludwig: Der Stand der Lehre vom subjektiven Recht im Deutschen Zivilrecht, JZ 1961, S. 465 ff.
—: Rechtsschutz und Institutionenschutz im Privatrecht, in: ders., Die Aufgabe des Privatrechts – Aufsätze zum Privat- und Wirtschaftsrecht aus drei Jahrzehnten (1977) S. 124 ff. [Erstabdruck 1963]
Reuter, Dieter/Martinek, Michael: Ungerechtfertigte Bereicherung (1983)

Roth, Andreas: Das Integritätsinteresse des Geschädigten und das Postulat der Wirtschaftlichkeit der Schadensbehebung, JZ 1994, S. 1091 ff.
Roussos, Kleanthis: Schaden und Folgeschaden (1992)
Rödig, Jürgen: Erfüllung des Tatbestandes des § 823 Abs.1 BGB durch Schutzgesetzverstoß. Zugleich ein Beitrag zum Deliktschutz verkörperter relativer Rechte (1973)
von Savigny, Friedrich Carl: System des heutigen Römischen Rechts, Band I (1840)
Schack, Haimo: Schadensersatz nach Veräußerung beschädigter Sachen – Zum Verhältnis von Naturalrestitution und Geldersatz, in: Festschrift für Hans Stoll zum 75. Geburtstag (2001) S. 61 ff.
Schickedanz, Erich: Schutzzwecklehre und Adäquanztheorie, NJW 1971, S. 916 ff.
Schiemann, Gottfried: Argumente und Prinzipien bei der Fortbildung des Schadensrechts (1981)
—: Die Grenzen des § 249 S. 2 BGB, DAR 1982, S. 309 ff.
—: Schadensersatz und Praktikabilität – Zur Dispositionsfreiheit des Geschädigten, in: Festschrift für Erich Steffen zum 65. Geburtstag (1995) S. 399 ff.
—: Anmerkung zu BGH, Urteil v. 7. 5. 1996, JZ 1996, S. 1077 ff.
—: Kommentierung der §§ 243-254 BGB, in: Staudinger Kommentar zum Bürgerlichen Gesetzbuch §§ 243-254 (13. Bearbeitung 1998) [Staudinger[13]/*Schiemann* (1988) として引用]
—: Kommentierung der §§ 243-254 BGB, in: Staudinger Kommentar zum Bürgerlichen Gesetzbuch §§ 243-254, Neubearbeitung 2005 [Staudinger/*Schiemann* (2005) として引用]
—: Kommentierung der §§ 823-838, 840-853 BGB, in: Erman Bürgerliches Gesetzbuch, Band II (14. Aufl. 2014) [Erman[14]/*Schiemann* (2014) として引用]
Schmidt, Jürgen: Aktionsberechtigung und Vermögensberechtigung (1969)
Schmidt, Reimer: Kommentierung der §§ 249-253, in: Soergel Bürgerliches Gesetzbuch, Band I §§ 1-432 (9. Aufl. 1959) [Soergel[9]/*R. Schmidt* (1959) として引用]
Schubert, Claudia: Kommentierung der §§ 249-252, in: Heinz Georg Bamberger/Herbert Roth (Hrsg.), Kommentar zum Bürgerlichen Gesetzbuch, Band 1 (3. Aufl. 2012) [Bamberger/Roth[3]/*Schubert* (2012) として引用]
Schubert, Werner (Hrsg.): Die Vorlagen der Redaktoren für die erste Kommission zur Ausarbeitung des Entwurfs eines Bürgerlichen Gesetzbuches, Recht der Schuldverhältnisse, Teil 1 Allgemeiner Teil (1980)
Schulz, Fritz: System der Rechte auf den Eingriffserwerb, AcP 105 (1909) S. 1 ff.
Schulze, Reiner: Kommentierung der §§ 241-304, in: ders. (Hrsg.), Handkommentar BGB (6. Aufl. 2009) [Hk-BGB[6]/*Schulze* (2009) として引用]
Schulz-Schaeffer, Rudolf: Das subjektive Recht im Gebiet der unerlaubten Handlung (1915)
Siber, Heinrich: Planck's Kommentar zum Bürgerlichen Gesetzbuch nebst Einführungsgesetz, Band II/1 Recht der Schuldverhältnisse (Allgemeiner Teil) (4. Aufl. 1914) [Planck[4]/*Siber* (1914) として引用]
Sourlas, Paul: Adäquanztheorie und Normzwecklehre bei der Begründung der Haftung nach § 823 Abs. 1 BGB (1974)
Spickhoff, Andreas: Gesetzesverstoß und Haftung (1998)
—: Folgenzurechnung im Schadensersatzrecht: Gründe und Grenzen, in: Egon Lorenz (Hrsg.), Karlsruher Forum 2007: Folgenzurechnung im Schadensersatzrecht: Gründe und Grenzen (2008) S. 7 ff.
Spindler, Gerald: Kommentierung der §§ 823-838, in: Heinz Georg Bamberger/Herbert Roth (Hrsg.), Kommentar zum Bürgerlichen Gesetzbuch, Band 2 (3. Aufl. 2012) [Bamberger/Roth[3]/*Spindler* (2012) として引用]
Sprau, Hartwig: Kommentierung der §§ 631-853, in: Palandt Bürgerliches Gesetzbuch (75. Aufl.

2016)［Palandt[75]/*Sprau*（2016）として引用］
Steindorff, Ernst: Abstrakte und konkrete Schadensberechnung, AcP 158（1959/1960）S. 431 ff.
Stoll, Hans: Unrechtstypen bei Verletzung absoluter Rechte, AcP 162（1963）S. 203 ff.
—: Abstrakte Nutzungsentschädigung bei Beschädigung eines Kraftfahrzeugs? – BGHZ 45, 212, JuS 1968, S. 504 ff.
—: Kausalzusammenhang und Normzweck im Deliktsrecht（1968）
—: Begriff und Grenzen des Vermögensschadens（1973）
—: Haftungsfolgen im bürgerlichen Recht（1993）
Thiele, Wolfgang: Die Aufwendungen des Verletzten zur Schadensabwehr und das Schadensersatzrecht, in: Festschrift für Wilhelm Felgentraeger zum 70. Geburtstag（1969）S. 393 ff.
Thon, August: Rechtsnorm und subjectives Recht（1878）
von Tuhr, Andreas: Buchbesprechung: Hans Albrecht Fischer, Der Schaden nach dem BGB, KritV 47（1907）S. 63 ff.
—: Der Allgemeine Teil des Deutschen Bürgerlichen Rechts, Band I Allgemeine Lehren und Personenrecht（1910）
Wagner, Gerhard: Das neue Schadensersatzrecht（2002）
—: Neue Perspektiven im Schadensersatzrecht – Kommerzialisierung, Strafschadensersatz, Kollektivschaden. Gutachten A für den 66. Deutschen Juristentag（2006）
—: Kommentierung der §§ 823-838, in: Münchener Kommentar zum Bürgerlichen Gesetzbuch, Band 5 Schuldrecht Besonderer Teil III §§ 705-853（6. Aufl. 2013）［MünchKommBGB[6]/*Wagner*（2013）として引用］
Walsmann, Hans: Compensatio lucri cum damno（1900）
Warneyer, Otto: Kommentar zum bürgerlichen gesetzbuch für das Deutsche Reich, Band I（2. Aufl. 1930）
Weber, Reinhold: § 249 S. 2 BGB: Erstattung der Reparaturkosten oder Ersatz des Schadens an der Sache?, VersR 1992, S. 527 ff.
Weimar, Robert: Der Einsatz der eigenen Arbeitskraft im Schadensersatzrecht, NJW 1989, S. 3246 ff.
Werber, Manfred: Nutzungsausfall und persönliche Nutzungsbereitschaft, AcP 173（1973）S. 158 ff.
Wiese, Günther: Der Ersatz des immateriellen Schadens（1964）
Wilburg, Walter: Zur Lehre von der Vorteilsausgleichung, Jh. Jb 82（1932）S. 51 ff.
Windscheid, Bernhard: Lehrbuch des Pandektenrechts, Band II/1（1865）
—: Lehrbuch des Pandektenrechts, Band I（4. Aufl. 1875）
—: Lehrbuch des Pandektenrechts, Band I（6. Aufl. 1887）
—: Lehrbuch des Pandektenrechts, Band I（7. Aufl. 1891）
Windscheid, Bernhard/Kipp, Theodor: Lehrbuch des Pandektenrechts, Band I（9. Aufl. 1906）
Wolf, Josef Georg: Der Normzweck im Deliktsrecht（1962）
Wolter, Udo: Das Prinzip der Naturalrestitution in § 249 BGB（1985）
Würthwein, Susanne: Beeinträchtigung der Arbeitskraft und Schaden, JZ 2000, S. 337 ff.
—: Schadensersatz für Verlust der Nutzungsmöglichkeit einer Sache oder für entgangene Gebrauchsvorteile?（2001）
Zeuner, Albrecht: Schadensbegriff und Ersatz von Vermögensschäden, AcP 163（1963）S. 380 ff.
—: Gedanken zum Schadensproblem, in: Gedächtnisschrift für Rolf Dietz（1973）S. 99 ff.
Zimmermann, Reinhard: Unjustified Enrichment. The Modern Civilian Approach, 15 Oxford J. Legal Stud. 403（1995）

Ⅱ．和　文

青井秀夫『法理学概説』（有斐閣・2007 年）
青野博之「損害賠償金の使途の自由——ドイツ民法第 249 条第 2 項第 1 文に基づく損害賠償」駒澤法曹 8 号 91 頁以下（2012 年）
赤松秀岳『物権・債権峻別論とその周辺——二十世紀ドイツにおける展開を中心に』（成文堂・1989 年）
── 「ヴィントシャイトの債権法論」社会科学研究年報 39 号 86 頁以下（2009 年）
新正幸『ケルゼンの権利論・基本権論』（慈学社・2009 年）
淡路剛久『不法行為法における権利保障と損害の評価』（有斐閣・1984 年）
── 「不法行為法における『権利保障』と『加害行為の抑止』——フランス・カタラ草案を契機として」加藤一郎先生追悼『変動する日本社会と法』（有斐閣・2011 年）415 頁以下
幾代通＝徳本伸一補訂『不法行為法』（有斐閣・1993 年）
石田穣『損害賠償法の再構成』（東京大学出版会・1977 年）
石橋秀起「建築士および建築施工者の不法行為責任——判例の到達点と新たな法益の生成」立命館法学 324 号 38 頁以下（2009 年）
── 「名誉毀損と名誉感情の侵害」立命館法学 363＝364 号 27 頁以下（2016 年）
植林弘「損害賠償と潜在的・後発的事情の考慮（一）〜（四・完）——ドイツの判例・学説を中心として」大阪市立大学法学雑誌 3 巻 1 号 87 頁以下，2 号 93 頁以下，3 号 64 頁以下，4 号 28 頁以下（1956〜1957 年）
── 「ドイツ法上の因果関係論」法律時報 32 巻 9 号 19 頁以下（1960 年）
── 『慰藉料算定論』（有斐閣・1962 年）
内海博俊「訴訟における損害賠償額の確定に関する一考察（一）〜（四・完）——ドイツ民事訴訟法 287 条を手がかりとして」法学協会雑誌 128 巻 9 号 1 頁以下，10 号 80 頁以下，11 号 80 頁以下（2011 年），129 巻 12 号 1 頁以下（2012 年）
太田知行「損害賠償額の算定と損害概念」私法 43 号 218 頁以下（1981 年）
大塚直「保護法益としての人身と人格」ジュリスト 1126 号 36 頁以下（1998 年）
── 「不法行為・差止訴訟における科学的不確実性（序説）」星野英一先生追悼『日本民法学の新たな時代』（有斐閣・2015 年）797 頁以下
岡本詔治「人身事故損害賠償のあり方」山田卓生編集代表＝淡路剛久編集『新・現代損害賠償法講座 第六巻 損害と保険』（日本評論社・1998 年）129 頁以下
小賀野晶一「車両損害の賠償」加藤一郎＝木宮高彦編『自動車事故の損害賠償と保険』（有斐閣・1991 年）158 頁以下
荻野奈緒「『建物としての基本的な安全性を損なう瑕疵』の意義」同志社法学 61 巻 4 号 175 頁以下（2009 年）
奥田昌道編『新版注釈民法(10)Ⅱ』（有斐閣・2011 年）
於保不二雄『債権総論〔新版〕』（有斐閣・1972 年）
戒能通孝『債権各論』（厳松堂書店・1946 年）
樫見由美子「不法行為における仮定的な原因競合と責任の評価（一）〜（六・完）——ドイツ法の仮定的因果関係等をめぐる議論を参考にして」判例時報 1124 号 17 頁以下，1127 号 17 頁以下，1134 号 12 頁以下，1153 号 17 頁以下，1166 号 18 頁以下，1184 号 6 頁以下（1984〜1986 年）
── 「ドイツにおける損害概念の歴史的展開——ドイツ民法典成立前史」金沢法学 38 巻 1＝2 号 211 頁以下（1996 年）
加藤一郎「不法行為による損害賠償の範囲」柚木馨＝谷口知平＝加藤一郎＝川井健編『判例演習　債権法 2〔増補版〕』（有斐閣・1973 年）249 頁以下

引用文献一覧

――『不法行為〔増補版〕』（有斐閣・1974年）
加藤雅信「損害賠償制度の将来構想」山田卓生編集代表＝山田卓生編集『新・現代損害賠償法講座　第一巻　総論』（日本評論社・1997年）289頁以下
金丸義衡「不法行為法における支出賠償の構造（一）（二・完）」法学論叢156巻1号59頁以下（2004年），157巻1号85頁以下（2005年）
――「契約法における支出賠償の構造」姫路法学47号33頁以下（2007年）
鎌野邦樹「建物の瑕疵についての施工者・設計者の法的責任」NBL875号4頁以下（2008年）
川島武宜「ナチの不法行為法改正論」法学協会雑誌59巻4号74頁以下（1941年）
川角由和『不当利得とはなにか』（日本評論社・2004年）
城内明「不法行為法における『傷つきやすい被害者』――セクシュアル・ハラスメント訴訟の分析」早稲田法学84巻3号403頁以下（2009年）
北川善太郎「損害賠償論の史的変遷」法学論叢73巻4号1頁以下（1963年）
――「損害賠償論序説(一)(二・完)――契約責任における」法学論叢73巻1号1頁以下，3号17頁以下（1963年）
木村和成「近時の裁判例にみる『人格権』概念の諸相」立命館法学363＝364号136頁以下（2016年）
楠本安雄『人身損害賠償論』（日本評論社・1984年）
窪田充見「不法行為法と制裁」石田喜久夫先生古稀記念『民法学の課題と展望』（成文堂・2000年）667頁以下
――「不法行為法学から見たパブリシティ――生成途上の権利の保護における不法行為法の役割に関する覚書」民商法雑誌133巻4＝5号721頁以下（2006年）
――『不法行為法――民法を学ぶ』（有斐閣・2007年）
――「不法行為法における法の実現」長谷部恭男ほか編『岩波講座　現代法の動態2　法の実現手法』（岩波書店・2014年）77頁以下
――「原子力発電所の事故と居住目的の不動産に生じた損害――物的損害の損害額算定に関する一考察」淡路剛久＝吉村良一＝除本理史編『福島原発事故賠償の研究』（日本評論社・2015年）140頁以下
来栖三郎「民法における財産法と身分法（一）〜（三）」『来栖三郎著作集Ⅰ　法律家・法の解釈・財産法・財産法判例評釈⑴〔総則・物権〕』（信山社・2004年）293頁以下〔初出1942〜43年〕
児玉康夫「車両損害算定上の問題点」塩崎勤編『現代民事裁判の課題　八　交通損害・労働災害』（新日本法規・1989年）391頁以下
小林和明「車両損害」吉田秀文＝塩崎勤編『裁判実務大系8　民事交通・労働災害訴訟法』（青林書院・1985年）237頁以下
斉藤博「非財産的損害の金銭賠償とドイツ民法典（BGB）」民商法雑誌64巻6号1013頁以下（1971年）
――『人格権法の研究』（一粒社・1979年）
堺充廣「物損」飯村敏明編『現代裁判法大系6　交通事故』（新日本法規・1998年）334頁以下
澤井裕「新潟水俣病判決の総合的研究――法解釈学的検討(1)〜(6)」法律時報44巻6号117頁以下，9号70頁以下，10号104頁以下，12号110頁以下，14号157頁以下（1972年），45巻1号96頁以下（1973年）
――『テキストブック事務管理・不当利得・不法行為〔第3版〕』（有斐閣・2001年）
潮見佳男「人身侵害における損害概念と算定原理（一）（二・完）――『包括請求方式』の理論的再検討」民商法雑誌103巻4号509頁以下，5号709頁以下（1991年）
――『民事過失の帰責構造』（信山社・1995年）
――『不法行為法』（信山社・1999年）

――「ドイツにおける損害賠償法規定の改正と交通事故賠償法の課題」民商法雑誌125巻2号147頁以下（2001年）
――『債権総論Ⅰ〔第2版〕――債権関係・契約規範・履行障害』（信山社・2003年）
――『不法行為法Ⅰ〔第2版〕』（信山社・2009年）
――「不法行為における財産的損害の『理論』――実損主義・差額説・具体的損害計算」法曹時報63巻1号1頁以下（2011年）
――『プラクティス民法 債権総論〔第4版〕』（信山社・2012年）
――「中島肇著『原発賠償 中間指針の考え方』を読んで」NBL 1009号40頁以下（2013年）
――「福島原発賠償に関する中間指針等を踏まえた損害賠償法理の構築」淡路剛久＝吉村良一＝除本理史編『福島原発事故賠償の研究』（日本評論社・2015年）101頁以下
――『基本講義 債権各論Ⅱ 不法行為法〔第2版増補版〕』（新世社・2016年）
四宮和夫「不法行為法における後続侵害の帰責基準」同『四宮和夫民法論集』（弘文堂・1990年）281頁以下［初出1983年］
――『不法行為法』（青林書院・1987年）
柴田保幸「判例解説（最判昭和49年4月15日民集28巻3号385頁）」『最高裁判所判例解説民事篇昭和49年度』（法曹会・1977年）107頁以下
シャベル，スティーブン（田中亘＝飯田高訳）『法と経済学』（日本経済新聞出版社・2010年）
新堂明子「建物の瑕疵の補修費用に関する建築請負人の建物買主に対する不法行為責任――最二判平成19.7.6を製造物責任法の観点から考察する」NBL 890号53頁以下（2008年）
――「シンポジウム 新しい法益と不法行為法の課題」私法73号3頁以下（2011年）
末川博『権利侵害と権利濫用』（岩波書店・1970年）
菅谷元彦「利用利益の侵害に対する損害賠償について(1)(2・完)――西ドイツにおける判例・学説の動向」六甲台論集34巻3号78頁以下（1987年），4号104頁以下（1988年）
鈴木貞吉『損害賠償範囲論』（公文社・1957年）
瀬川信久「不法行為法の機能・目的をめぐる近時の議論について」淡路剛久先生古稀祝賀『社会の発展と権利の創造――民法・環境法学の最前線』（有斐閣・2012年）349頁以下
園高明「物損事故の原状回復」東京三弁護士会交通事故処理委員会編『交通事故訴訟の理論と展望――創立30周年記念論文集』（ぎょうせい・1993年）367頁以下
高橋眞『損害概念論序説』（有斐閣・2005年）
田島純藏「車両損害」塩崎勤＝園部秀穂編『新・裁判実務大系5 交通損害訴訟法』（青林書院・2003年）240頁以下
建部雅『不法行為法における名誉概念の変遷』（有斐閣・2014年）
田中洋「不法行為法の目的と過失責任の原則」現代不法行為法研究会編『不法行為法の立法的課題』別冊NBL 155号17頁以下（2015年）
棚瀬孝雄「不法行為責任の道徳的基礎」同編『現代の不法行為法 法の理念と生活世界』（有斐閣・1994年）3頁以下
田上富信「車両損害の賠償をめぐる諸問題（上）（下）――西ドイツおよびオーストリアの法状況と対比して」判例評論337号148頁以下，338号168頁以下（1987年）
田村善之『知的財産権と損害賠償〔新版〕』（弘文堂・2004年）
円谷峻「判例評釈（最判平成19年7月6日民集61巻5号1769頁）」『平成19年度重要判例解説』ジュリスト1354号89頁以下（2008年）
中井美雄『民事救済法理の展開』（有斐閣・1981年）
中村哲也「民法七〇九条の一般条項化と個人の利益――相関関係論の学説史的位置付けを中心として」法政理論15巻2号39頁以下（1983年）
――「純粋財産損害とドイツ不法行為法――他人の財産の保護のための社会生活上の義務論をめぐっ

て」法政理論 21 巻 1 号 1 頁以下（1988 年）
中山充『環境共同利用権――環境権の一形態』（成文堂・2006 年）
長野史寛「賠償額算定規定の立法論に向けた論点整理――近時の改正草案・モデル準則を手がかりとして」現代不法行為法研究会編『不法行為法の立法的課題』別冊 NBL 155 号 181 頁以下（2015 年）
西岡芳樹「物損事故の損害賠償額算定についての一試案」財団法人交通事故紛争処理センター編『交通事故損害賠償の法理と実務――交通事故紛争処理センター創立 10 周年記念論文集』（ぎょうせい・1984 年）471 頁以下
錦織成史「ドイツにおける営業保護の法発展（上）（下）――判例にみる民事不法二元論の一局面」判例タイムズ 352 号 2 頁以下（1977 年），353 号 11 頁以下（1978 年）
西原道雄「幼児の死亡・傷害と損害賠償」判例評論 75 号 7 頁以下（1964 年）
――「生命侵害・傷害における損害賠償額」私法 27 号 107 頁以下（1965 年）
――「損害賠償額の法理」ジュリスト 381 号 148 頁以下（1967 年）
根本尚徳『差止請求権の理論』（有斐閣・2011 年）
野澤正充『事務管理・不当利得・不法行為［セカンドステージ債権法Ⅲ］』（日本評論社・2011 年）
橋本佳幸「不法行為法における総体財産の保護」法学論叢 164 巻 1～6 号 391 頁以下（2009 年）
橋本佳幸＝大久保邦彦＝小池泰『民法Ⅴ 事務管理・不当利得・不法行為』（有斐閣・2011 年）
長谷川義仁『損害賠償調整の法的構造』（日本評論社・2011 年）
林幹人『財産犯の保護法益』（東京大学出版会・1984 年）
林良平「不法行為法における相関関係理論の位置づけ」同『近代法における物権と債権の交錯 林良平著作選集Ⅰ』（有信堂高文社・1989 年）267 頁以下［初出 1986 年］
林田清明「効率性対違法性――民事違法の経済理論」北大法学論集 41 巻 3 号 400 頁以下（1991 年）
――『《法と経済学》の法理論』（北海道大学図書刊行会・1996 年）
原島重義『市民法の理論』（創文社・2011 年）
原田慶吉『日本民法典の史的素描』（創文社・1954 年）
平井宜雄『損害賠償法の理論』（東京大学出版会・1971 年）
――「責任の沿革的・比較法的考察――不法行為責任を中心として」同『不法行為法理論の諸相――平井宜雄著作集Ⅱ』（有斐閣・2011 年）1 頁以下［初出 1984 年］
――『債権各論Ⅱ 不法行為』（弘文堂・1992 年）
広中俊雄『新版民法綱要 第一巻 総論』（創文社・2006 年）
廣峰正子『民事責任における抑止と制裁――フランス民事責任の一断面』（日本評論社・2010 年）
――「原状回復的賠償ノススメ」田井義信編『民法学の現在と近未来』（法律文化社・2012 年）228 頁以下
――「原状回復と損害の規範的評価」立命館法学 363＝364 号 654 頁以下（2016 年）
藤岡康宏『損害賠償法の構造』（成文堂・2002 年）
――『法の国際化と民法』（信山社・2012 年）
――『民法講義Ⅴ 不法行為法』（信山社・2013 年）
藤倉皓一郎「不法行為責任の展開――『損害負担』理論にかんする一考察」同志社法学 20 巻 1 号 1 頁以下（1968 年）
藤村和夫＝山野嘉朗『概説 交通事故賠償法［第 3 版］』（日本評論社・2014 年）
藤原正則「侵害不当利得法の現状――代償請求と利益の返還（Gewinnherausgabe）」北大法学論集 44 巻 6 号 1582 頁以下（1994 年）
――『不当利得法』（信山社・2002 年）
前田達明「Hans Stoll 著『不法行為法における因果関係と規範目的』（紹介）」同『判例不法行為法』（青林書院新社・1978 年）40 頁以下［初出 1970 年］

――『不法行為帰責論』（創文社・1978年）
――『民法Ⅵ2（不法行為法）』（青林書院・1980年）
――「違法一元論について」同『民法学の展開』（成文堂・2012年）265頁以下［初出2009年］
前田陽一「損害賠償の範囲」山田卓生編代表＝淡路剛久編『新・現代損害賠償法講座 第六巻 損害と保険』（日本評論社・1998年）61頁以下
――『債権各論Ⅱ 不法行為法〔第2版〕』（弘文堂・2010年）
増田栄作「現代ドイツにおける不法行為法理論の動向について――Brüggemeierの不法行為法理論を中心に」立命館法学249号1114頁以下（1996年）
――「ドイツにおける民事責任体系論の展開(一)〜(三・完)――危険責任論の検討を中心として」立命館法学237号1070頁以下（1994年），239号97頁以下，240号405頁以下（1995年）
松浦以津子「四一六条の類推適用の現代的意味」加藤一郎先生追悼『変動する日本社会と法』（有斐閣・2011年）439頁以下
松本克美「建物の安全性確保義務と不法行為責任――別府マンション事件・再上告審判決（最判2011（平23）・7・21）の意義と課題」立命館法学337号173頁以下（2011年）
水野謙『因果関係概念の意義と限界』（有斐閣・2000年）
――「損害論のあり方に関する覚書――近時の最高裁判決を手掛かりに」ジュリスト1199号2頁以下（2001年）
――「損害論の現在――権利侵害ないし法益侵害との関係に着目して」ジュリスト1253号192頁以下（2003年）
――「プライバシーの意義に関する序論的考察――人は自分の姿とどのように向き合うのか」学習院大学法学会雑誌45巻2号1頁以下（2010年）
――「逸失利益概念に対する一つの疑問――回顧的な視点を設定することの意味」ジュリスト1403号46頁以下（2010年）
――「プライバシーの意義――『情報』をめぐる法的な利益の分布図」NBL 936号29頁以下（2010年）
――「震災関連自殺の法的諸問題――福島原発事故に注目して」法学教室412号55頁以下（2015年）
宮川博史「物損の損害賠償額」判例タイムズ632号44頁以下（1987年）
宮澤俊昭「集合的・公共的利益に対する私法上の権利の法的構成についての一考察(一)〜(五・完)」近畿大学法学54巻3号85頁以下（2006年），4号59頁以下（2007年），56巻3号39頁以下（2008年），57巻1号31頁以下，2号51頁以下（2009年）
村田大樹「侵害利得論における『割当内容をもつ権利』の判断構造」同志社法学60巻7号611頁以下（2009年）
森島昭夫『不法行為法講義』（有斐閣・1987年）
森田修『契約責任の法学的構造』（有斐閣・2006年）
森田果＝小塚荘一郎「不法行為法の目的――『損害塡補』は主要な制度目的か」NBL 874号10頁以下（2008年）
森村進『財産権の理論』（弘文堂・1995年）
柳沢弘士「ケメラーの民事不法理論(一)〜(三)――不法行為法における行為不法理論と不法類型論についての覚書」日本法学31巻1号89頁以下，2号111頁以下（1965年），4号101頁以下（1966年）
山下末人「ライザー（Ludwig Raiser）の『制度（Institution）』理論について――私的自治の濫用（二）」法と政治43巻1号69頁以下（1992年）
山田晟＝来栖三郎「損害賠償の範囲および方法に関する日独両法の比較研究」『我妻先生還暦記念 損害賠償責任の研究 上』（有斐閣・1957年）169頁以下

引用文献一覧

山本敬三『公序良俗論の再構成』(有斐閣・2000年)
── 「不法行為法学の再検討と新たな展望──権利論の視点から」法学論叢154巻4=5=6号292頁以下 (2004年)
── 「民法における公序良俗論の現況と課題」民商法雑誌133巻3号385頁以下 (2005年)
── 「人格権」内田貴=大村敦志編『民法の争点』(有斐閣・2007年) 44頁以下
── 「基本権の保護と不法行為法の役割」民法研究5号77頁以下 (2008年)
── 「基本法による権利の保障と不法行為法の再構成」企業と法創造25号70頁以下 (2011年)
── 「不法行為法における『権利又は法律上保護される利益』の侵害要件の現況と立法的課題」現代不法行為法研究会編『不法行為法の立法的課題』別冊NBL 155号97頁以下 (2015年)
山本顯治「競争秩序と契約法──『厚生対権利』の一局面」神戸法学雑誌56巻3号272頁以下 (2006年)
── 「現代不法行為法学における『厚生』対『権利』──不法行為法の目的論のために」民商法雑誌133巻6号875頁以下 (2006年)
山本周平「不法行為法における法的評価の構造と方法(一)──ヨーロッパ不法行為法原則 (PETL) と動的システム論を手がかりとして」法学論叢169巻2号26頁以下 (2011年)
山本隆司『行政上の主観法と法関係』(有斐閣・2000年)
吉田克己『現代市民社会と民法学』(日本評論社・1999年)
── 「現代不法行為法学の課題──被侵害利益の公共化をめぐって」法の科学35号143頁以下 (2005年)
── 「総論・競争秩序と民法」NBL 863号39頁以下 (2007年)
── 「民法学と公私の再構成」早稲田大学比較法研究所編『比較と歴史のなかの日本法学──比較法学への日本からの発信』(成文堂・2008年) 416頁以下
吉田邦彦『多文化時代と所有・居住福祉・補償問題』(有斐閣・2006年)
吉村良一「ドイツ法における財産的損害概念」立命館法学150~154号794頁以下 (1980年)
── 「ドイツ法における人身損害の賠償」立命館法学159=160号577頁以下 (1982年)
── 『不法行為法〔第4版〕』(有斐閣・2010年)
── 『不法行為法〔第5版〕』(有斐閣・2017年)
── 「原子力損害賠償紛争審査会『中間指針』の性格──審議経過から見えてくるもの」法律時報86巻5号134頁以下 (2014年)
米村滋人「法的評価としての因果関係と不法行為法の目的(一)──現代型不法行為訴訟における責任範囲拡大化を契機とする因果関係概念の理論的検討」法学協会雑誌122巻4号534頁以下 (2005年)
── 「損害帰属の法的構造と立法的課題──因果関係・賠償範囲の問題を中心に」現代不法行為法研究会編『不法行為法の立法的課題』別冊NBL 155号163頁以下 (2015年)
若林三奈「法的概念としての『損害』の意義(一)~(三・完)──ドイツにおける判例の検討を中心に」立命館法学248号673頁以下 (1996年), 251号105頁以下, 252号326頁以下 (1997年)
若松良樹『センの正義論──効用と権利の間で』(勁草書房・2003年)
── 「行動経済学とパターナリズム」平野仁彦=亀本洋=川濱昇編『現代法の変容』(有斐閣・2013年) 445頁以下
我妻榮『事務管理・不当利得・不法行為』(日本評論社・1937年)
── 『新訂 民法總則 (民法講義I)』(岩波書店・1965年)
和田真一「ドイツの不法行為法における権利論の発展(一)~(三・完)──判例法上の営業権を中心として」立命館法学204号178頁以下, 207号593頁以下, 208号719頁以下 (1989年)

索　引

あ　行

違法性関連 …………………………………*164*
違法性理論 …………………*4, 5, 251, 252～, 258*

か　行

外郭秩序（論）……………………………*256*
介護費用 …………………………*285, 286, 293, 296*
確実性（消極損害に関する）……*11, 280, 291～*
価値補償規範 …*160, 203～, 207～, 209～, 225～, 261, 268, 277, 279～, 284, ～292, 299, 301, 304, 305, 308*
完全性利益 ……*75～, 95～, 101, 102, 111～, 152, 186, 211～*
　――の上乗せ ………………………………*211*
完全賠償原則 …………………*1～, 23～, 91, 159*
機能回復説（原状回復の意義に関する）…*116～, 189, 190, 202, 203, 210, 211*
機能的損害概念 ……………………………*136*
規範的損害論 …*8, 11～, 14, 16, 52, 127, 168, 270, 293, 294*
規範の保護目的（説）　→　規範目的（説）
規範目的（説）………*10, 14, 18～, 28, 164～, 177～, 230, 233, 241, 242, 260, 291, 296*
　　個別的―― ……………………………*22～*
　　全体的―― ……………………………*22～*
義務射程（説）………………*2～, 10, 14, 291, 296*
客体関連性（抽象的利用賠償に関する）……*123, 125, 133, 137, 157, 158, 163*
客観的損害論 …………………*57, 127, 132, 169, 170*
共同体の関係説（不法行為制度目的に関する） ………………………………………*266, 268, 273*
金銭的評価　→　損害の――
決定権の権利観 …………………………*299*
現実の支出説 ……*73～, 84, 92, 93～, 106, 107*
原状回復
　　――費用（賠償）……………………*32, 33～*
　　自然的―― ……………………………*31～, 33～*
権　利
　　――意思説 ……………………………*226*
　　――回復説 …*74～, 82～, 101, 185, 190, 204, 210, 211, 241*
　　――侵害の抑止 …*22, 26, 150, 161, 190, 246～, 249～, 255, 266～, 302～*
　　――追求（思想・機能）…*13, 15, 42, 58, 74, 81, 127～, 139, 160, 162, 166, 169～, 241, 294*
　　――追求費用 ……………………………*192～*
　　――の保障内容 …*129, 135～, 159～, 301～, 307*
　　――の割当内容 …*129, 142～, 173～, 237～*
　　――保護説（不法行為制度目的に関する） ………………………………………*260, 267～*
　　――利益説 ………………………*226, 299*
　　――割当秩序 …………………………*255, 256*
権利回復規範 ……*118, 183, 187～, 207～, 209～, 225～, 261, 268～, 277, 279, 283, 284, 294, 301, 304, 305, 308*
権利保全規範 ……*188, 192, 207, 209, 225～, 268, 269, 288, 289, 297～, 301, 304, 305*
行為不法論 ………………………………*234～, 291*
厚生改善説（不法行為制度目的に関する） ………………………………………………*261～*
後続侵害 …*3, 5, 6, 7, 18～, 187, 259, 260, 282, 299*

さ　行

財産損害概念（論）……*81, 121, 124～, 131, 135, 185, 207, 225, 306*
再調達価値 …*79, 95～, 198～, 211, 220, 276, 277*
差額説 ………………………………*1～, 9～, 34, 290*
挫折理論（財産損害概念に関する）…*125～, 135, 185, 187, 198, 206, 262*
事実の因果関係 ……………………………*2, 3, 10*
自然的損害概念 …………………………………*51～*
実害性要件 ………*123, 142, 146, 150, 153, 154*
社会性の制約 ………*134, 136, 137, 154, 162, 204*
社会倫理説（不法行為制度目的に関する）…*260, 265～, 273*
主観的価値 ……………………………*13, 14, 199, 207*
商品化論（財産損害概念に関する）……*125, 126, 127, 169, 171, 263*
処分価値 ………*198, 200, 201, 203, 206, 276, 277*
処分自由（論） ……*67, 72, 74, 84～, 195, 202～,*

322

索 引

侵害利得 …………………142～, 174～, 231, 237～, 210, 286, 287
制限賠償原則……………………………1, 2, 27
制　裁……8, 9, 15, 58, 91, 150, 241, 246～, 249～, 253, 266, 267, 270～, 307
責　任
　——成立論 ……6～, 23, 29, 234, 240, 241, 247, 268, 269, 272
　——内容論…………6～, 9～, 18, 290～, 301～
　——範囲論…………6～, 18, 23, 28, 260, 291
責任内容確定規範…15, 118, 160, 207, 224, 225～, 242, 245, 268, 269, 272, 297, 301, 306～
節約報奨論 ………………………………128
相当因果関係（説）…1～, 9～, 19～, 73, 164, 177, 178, 181, 193, 195, 282, 284, 290
損　害
　——概念（論）…4, 5, 10, 14, 18～, 51, 54～, 63, 75, 77, 79, 85, 157, 306
　——回避・軽減義務…73, 134, 182, 186, 203～, 208, 220～, 296
　——回避・軽減費用 …180, 187, 190, 193, 208, 216
　——事実説………………………………2, 10
　——塡補 ………8, 246～, 249～, 266, 273, 274
　——の金銭的評価 ………………2～, 290, 302
　——の公平な分担（分配）…………9, 254, 267
　最小限の——………13, 127, 132, 149, 199, 200

た　行

対抗措置規範 …207, 209, 210, 219, 223, 226, 228, 269, 286～, 292, 294, 296～, 299, 304
抽象的利用賠償 ………71, 73, 121～, 165, 168～, 173～, 182, 187, 206, 214, 216, 220, 281, 303
特許権侵害による損害賠償 …………………270

は　行

必要損害論 ……50, 70～, 73, 74, 83, 84, 89～, 92, 93, 100, 105～, 124
不可避性（積極損害に関する）……11, 291, 292
不法行為制度目的（論）……7～, 245～, 256, 265, 266, 273, 274, 291, 308
　——の従属的理解 ………………………271～
　——の独立的理解 ……………271～, 273, 307
弁護士費用 ……………………192, 193, 197, 289
法律的財産概念 ……129, 130, 134～, 141, 157, 159, 162
保護範囲…………………2～, 10, 22, 24～, 139, 289
補償としての金銭賠償……………………32, 119～

ま　行

命令説 …………………………143, 235～, 269, 274

や　行

抑　止　→　権利侵害の——

ら　行

利益保全規範 ………188～, 203～, 209～, 268～, 277, 279, 282～, 285, 293～, 301, 304, 305, 308
利用利益
　具体的—— ……121, 139, 163～, 176, 179, 241, 270
　抽象的—— …121, 123, 124, 133, 138, 140, 142, 150, 154, 158, 167～, 206, 216, 261, 270, 290, 304
労働力（喪失）………………………13, 167～, 178

わ　行

割当内容　→　権利の——

〈著者紹介〉

長野　史寛（ながの　ふみひろ）
　1984 年　福岡県に生まれる
　2007 年　京都大学法学部卒業
　2009 年　京都大学法科大学院修了
　現　在　京都大学大学院法学研究科准教授

不法行為責任内容論序説

2017 年 3 月 30 日　初版第 1 刷発行

著　者　　長　野　史　寛

発行者　　江　草　貞　治

発行所　　株式会社　有　斐　閣

［101-0051］東京都千代田区神田神保町 2-17
電話　（03）3264-1314〔編集〕
　　　（03）3265-6811〔営業〕
http://www.yuhikaku.co.jp/

印刷・株式会社精興社／製本・大口製本印刷株式会社
© 2017, Fumihiro Nagano. Printed in Japan
落丁・乱丁本はお取替えいたします。

★定価はカバーに表示してあります。
ISBN 978-4-641-13768-4

JCOPY　本書の無断複写（コピー）は、著作権法上での例外を除き、禁じられています。複写される場合は、そのつど事前に、(社)出版者著作権管理機構（電話03-3513-6969, FAX03-3513-6979, e-mail:info@jcopy.or.jp）の許諾を得てください。